Psychiatrie

David Stafford-Clark / Andrew C. Smith

Psychiatrie

Ein Kompendium

Übersetzung und Bearbeitung von
Klemens Dieckhöfer

1987
Georg Thieme Verlag Stuttgart · New York

Titel der Originalausgabe:
Psychiatry for Students, 6th Edition

Autoren:

David Stafford-Clark, M. D., F. R. C. P., F. R. C. Psych., D. P. M., Consultant Emeritus to Guy's Hospital and Medical School in the Department of Psychiatry; lately Consultant to the Institute of Psychiatry of the University of London, and to the Bethlem Royal and Maudsley Hospitals

Andrew C. Smith, M. B., B. Chir., F. R. C. P. Edin., F. R. C. Psych., D. P. M., Hon. Lecturer and Hon. Consultant in the Department of Psychiatry, Guy's Hospital Medical School; Consultant Psychiatrist at Bexley Hospital, Greenwich District Hospital and Dreadnought Seamen's Hospital

Übersetzung und Bearbeitung:
Prof. Dr. K. Dieckhöfer, Oberarzt der Universitäts-Nervenklinik und Poliklinik -Psychiatrie-, Sigmund-Freud-Str. 25, 5300 Bonn 1 (Venusberg)

CIP-Kurztitelaufnahme der Deutschen Bibliothek

Stafford-Clark, David:
Psychiatrie : e. Kompendium / von David
Stafford-Clark u. Andrew C. Smith. Dt.
Übers. u. Bearb. von Klemens Dieckhöfer. –
Stuttgart ; New York : Thieme, 1987
Einheitssacht.: Psychiatry for students
<dt.>
NE: Smith, Andrew C.:

Wichtiger Hinweis: Medizin als Wissenschaft ist ständig im Fluß. Forschung und klinische Erfahrung erweitern unsere Kenntnisse, insbesondere was Behandlung und medikamentöse Therapie anbelangt. Soweit in diesem Werk eine Dosierung oder eine Applikation erwähnt wird, darf der Leser zwar darauf vertrauen, daß Autoren, Herausgeber und Verlag größte Mühe darauf verwandt haben, daß diese Angabe genau dem **Wissensstand bei Fertigstellung des Werkes** entspricht. Dennoch ist jeder Benutzer aufgefordert, die Beipackzettel der verwendeten Präparate zu prüfen, um in eigener Verantwortung festzustellen, ob die dort gegebene Empfehlung für Dosierungen oder die Beachtung von Kontraindikationen gegenüber der Angabe in diesem Buch abweicht. Das gilt besonders bei selten verwendeten oder neu auf den Markt gebrachten Präparaten und bei denjenigen, die vom Bundesgesundheitsamt (BGA) in ihrer Anwendbarkeit eingeschränkt worden sind.

Printed in Germany
Satz: Satz-Offizin Hümmer GmbH, Waldbüttelbrunn (System: Linotronic 300)
Druck: Druckhaus Dörr, Inhaber Adam Götz, D-7140 Ludwigsburg

ISBN 3-13-693901-8 1 2 3 4 5 6

Vorwort des Übersetzers

Das Angebot zur Übersetzung des im angelsächsischen Sprachraum erfolgreichen Lehrtextes mit dem „griffigen" Titel „Psychiatry for Students" erreichte den Übersetzer noch bei Vorliegen der 5. Auflage. Der kontinuierliche Erfolg des Buches, das sich offensichtlich bei den englischen Studenten als eine Art „Renner" erwies und ein hervorragendes Echo fand, war den Autoren David Stafford-Clark und Andrew C. Smith Verpflichtung genug, eine grundlegende Revision und Erweiterung des Textes vor Erscheinen einer weiteren Auflage durchzuführen, so daß auch der Übersetzer umdisponieren mußte. Die Fassung der neuesten 6. Auflage wollte nun in die bereits vorliegende Übersetzung der 5. Auflage eingearbeitet werden. Das erforderte zwar seine Zeit, war aber schließlich mit der Genugtuung und Gewißheit verbunden, dem deutschen Leser den aktuellen Stand der Psychiatrie aus der Sichtweise der beiden bekannten Londoner Universitätskliniker Stafford-Clark und Smith nahe zu bringen.

Das Buch zeichnet sich durch eine hervorstechende Klarheit und Präzision in der Schilderung klinischer Fakten aus, die dem jungen klinischen Leser, aber auch dem gestandenen Praktiker und Nervenarzt eine einleuchtende Perspektive zum Verständnis dieser schwierigen Fachdisziplin eröffnen.

Besonderes Gewicht haben die Verfasser dabei auf die Kasuistik und die sozialpsychiatrischen Dimensionen psychischen Krankseins gelegt, ein Aspekt, der hierzulande, wo vielfach klinische Psychopathologie ohne eingehende sozialpsychiatrische Exkurse gelehrt wurde und noch wird, der besonderen Beachtung bedarf.

Ergänzt wurde der eigentliche psychiatrische Lehrtextkern durch die Übersichtskapitel „Psychotherapie" und „Kinderpsychiatrie" seitens der Verfasser. Hierbei handelt es sich ja in der Tat um Disziplinen, auf deren allgemeine Kenntnis der Arzt heute nicht mehr verzichten kann. Auch hier zeigte sich, daß der souveräne Stil der Verfasser, die ebenso den historischen Aspekt gerade dieser Kapitel berücksichtigten, selbst den fortgeschrittenen Leser nicht enttäuscht.

Anstelle des nur im englischen Bereich gültigen Kapitels „Psychiatry and the Law" gab der Übersetzer einen Einblick in die forensisch-psychiatrische Situation in der Bundesrepublik Deutschland, insbesondere in die straf- und zivilrechtlichen Aspekte sowie in das Verfahren bei der Unterbringung psychisch Kranker. Um die Praxisnähe der Gesamtdarstellung auch hier zu gewährleisten, wurde bewußt auf u. U. verwirrende Kommentare verzichtet, ohne allerdings die notwendigen gesetzlichen Details zu übergehen, die für den praktischen Arzt und Gutachter bei psychiatrischen Fragestellungen unabdingbar wichtig sind.

DAVID STAFFORD-CLARK und ANDREW C. SMITH kommt das uneingeschränkte Verdienst zu, in ihrem Buch die heutigen Möglichkeiten und Grenzen, aber auch die uns bedrängenden, noch offenen Probleme des Faches Psychiatrie mit großem Feingefühl und tiefem Respekt vor der menschlichen Würde für den Leser besonders prägnant dargestellt zu haben. Für den Übersetzer bleibt zu wünschen, daß es auch ihm gelang, diese Prägnanz ins Deutsche übertragen zu haben. Die oft knappe, aber präzise Terminologie des Englischen war dabei immer wieder bestechend. Ein Satz aus dem Kapitel „Cerebral Disorder" – „Zerebral-organische Zustandsbilder" mag hier abschließend für das Gesagte als eine Pars pro toto stehen: „Dementia is a remorseless enemy of the natural dignity of man" – Demenz ist ein unbarmherziger Feind der natürlichen Würde des Menschen.

Dem Georg Thieme Verlag, Stuttgart, und seinen Mitarbeitern, besonders Frau Dr. GERTRUD VOLKERT, gebührt der Dank für Sympathie und Langmut, die der Übersetzung und Bearbeitung des Buches entgegengebracht wurde.

Bonn, im August 1986 KLEMENS DIECKHÖFER

Inhaltsverzeichnis

1 Das Fach Psychiatrie

Begriffbestimmung und Vorbemerkungen

Die Psychiatrie als medizinische Disziplin beschäftigt sich hauptsächlich mit Störungen des Denkens, Fühlens und Verhaltens. Eigentlich bewirkt jede Krankheit oder Beeinträchtigung, überhaupt jedes Leiden eine Störung des Fühlens; gerade deshalb sind die Grundlagen der Psychiatrie für das richtige Verständnis der Medizin insgesamt wichtig. Das eigentliche Gebiet der Psychiatrie aber ist die Kenntnis der Störungen des subjektiven Erlebens oder des objektiven Verhaltens, die eine Leistungsbeeinträchtigung verursachen können.

Diese Störungen können primär oder sekundär Ausdruck einer anderen Krankheit oder einer Schädigung der Persönlichkeitsstruktur sein. Ist die Beeinträchtigung des Erlebens und Verhaltens für den Betroffenen klar erkennbar, dann heißt es, er sei krankheitseinsichtig; oder aber er ist sich seiner Krankheit nicht bewußt bzw. nicht fähig, sie als solche zu erkennen und schreibt sein Erleben und seine Lage einer Veränderung der Umwelt zu. Jeder Arzt muß das erkennen, verstehen, diagnostizieren und schließlich auch bis zu einem gewissen Grade behandeln können. Die Psychiatrie sieht in ihrem Aufgabenbereich den Menschen unter einem menschlichen Aspekt: im Hinblick auf das Bewußtsein seiner selbst und seiner Fähigkeit zu kommunizieren.

So gesehen umfaßt das Gebiet der Psychiatrie ein weites Spektrum: Es schließt die normale Gefühlsreaktion auf Krankheit oder körperliches Unwohlsein aller Art ebenso ein wie psychisch bedingte Auswirkungen auf Körperfunktion und -struktur, besonders aber die abnormen Reaktionen auf überschießende und aufgestaute affektive Regungen.

Störungen, die aus einer Rückwirkung der Affekte auf Körperfunktion oder -struktur entstehen, werden häufig als psychosomatische Krankheiten bezeichnet. Obgleich sich aber aus ihrem Studium lohnende und klärende Aspekte der modernen psychologischen Medizin ergeben haben, liegt ihre größte Bedeutung in der Ursachenforschung von Krankheiten im allgemeinen. Am psychosomatischen Zugang zu vielen Problemen der allgemeinen Medizin, der Chirurgie, der Geburtshilfe sowie der Kinderheilkunde wird deutlich, daß die Psychiatrie einen der größten Beiträge zum allgemeinen klinischen Wissen und Verständnis überhaupt geleistet hat.

Zum Gebiet der Psychiatrie gehören Störungen, die von einem funktionellen Versagen des Gehirns und Nervensystems herrühren. Es kann sich um Entwicklungsstörungen, um Krankheiten oder sonstige Schädigungen handeln. Schließlich gibt es Krankheiten, die als Abweichungen des Verhaltens oder der Anpassung der menschlichen Psyche als Reaktion auf die Umwelt in Erscheinung treten. Solche Normalabweichungen werden in Verbindung gebracht mit hereditären oder konstitutionellen Faktoren, der Einwirkung von übermäßigem Streß oder Ursachen, die bis jetzt nur unvollständig bekannt sind.

Die Krankheiten dieser letzteren Gruppe werden manchmal pauschal als *funktionelle* psychische Störungen bezeichnet. Sie unterscheiden sich voneinander und werden verschieden klassifiziert. In der Praxis wird häufig unterschieden zwischen der einen Gruppe psychischer Störungen, die man *Neurosen* nennt, und der anderen, die als *Psychosen* bezeichnet werden. Ob richtig oder falsch, so hat sich diese Unterscheidung als nützlich und zweckmäßig erwiesen. Ausgehend von diesen Bezeichnungen versteht man unter Neurosen Störungen der affektiven und intellektuellen Funktionen, die den Kontakt eines Patienten zur Realität nicht unterbrechen; Psychosen sind charakterisiert durch eine tiefgreifende und nachhaltige Störung der Beziehung des Patienten zur Umwelt und seine Reaktion darauf.

Die praktische Auswirkung dieser Differenzierung kann an einem Beispiel über die einfachste Möglichkeit von Unwohlsein, von der ein Patient betroffen sein kann, nämlich der Furcht vor Krankheit, illustriert werden. Erscheint ein Patient mit Herzklopfen und Engegefühl in der Brust und bekennt möglicherweise etwas verschämt, er befürchte, sein Herz könne aufhören zu schlagen, oder er glaube sich in der Gefahr, nach einer Anstrengung tot umzufallen, dann kann sich dies als ein Angstsymptom erweisen, das als neurotisch anzusehen ist. Schildert er aber, er glaube, sein Herz habe schon aufgehört zu schlagen, als Reaktion auf eine unmittelbar gegen ihn gerichtete Atomstrahlung, und er lebe nur noch mit geliehener Zeit, dann lassen diese bizarren und wahnhaften Gedanken vermuten, daß die zugrundeliegende Störung eine psychotische ist. Während das Beispiel den Sinn der genannten Differenzierung veranschaulicht, soll die Bedeutung im Hinblick auf Art und Schwere einer Krankheit erst in späteren Abschnitten dieses Buches erörtert werden.

Alle Leidenszustände sind für den betroffenen Patienten in unterschiedlichem Ausmaß unangenehm; erstens durch eine Beeinträchtigung seiner Fähigkeit, eigene Erfahrungen zu interpretieren und sie anderen mitzuteilen; zweitens folgt daraus auch eine Beeinträchtigung seiner Fähigkeit, eine normale Beziehung zum Mitmenschen herzustellen. Es ist eine traurige, aber ständige Erfahrung, daß Patienten mit psychischen Störungen bei dem Versuch, ihre Gefühle und Beschwerden auszudrücken, Menschen, denen sie sonst vertrauen, mit Feindseligkeit, Mißachtung oder Mißtrauen begegnen.

Jeder praktische Arzt sollte darauf vorbereitet sein, sich mit solchen Störungen bei seinen Patienten befassen zu müssen und sollte dann den Schilderungen ohne Spott oder Geringschätzung folgen. Nichts ist damit gewonnen, solche Angaben als absurd oder unvernünftig abzutun. Entweder weiß der Patient darüber Bescheid und ist sehr unglücklich, oder er weiß es nicht und ärgert sich bestimmt über die schwerfällige Haltung, zumal sie ihm zeigt, daß der Arzt seine Schilderungen nicht versteht.

Normalerweise kann sich jeder ohne allzu große Anstrengung und auch ohne besonderes Einfühlungsvermögen in die körperlichen Beschwerden eines Patienten hineinversetzen. Patienten mit einer körperlichen Erkrankung oder einer Verletzung sind zumindest in dieser Hinsicht einer verhältnismäßig günstigen Kategorie zuzuordnen. Selbst wenn sie ihre Beschwerden klinisch noch so unpräzise beschreiben, akzeptieren die Ärzte das meist ohne weiteres. Da manche Patienten mit Symptomen wie Angst, Verstimmung oder emotionaler Spannung dies spüren, beziehen sie ihre Beschwerden auf körperliche Vorgänge, um vom Arzt wenigstens unmittelbare Sympathie und Hilfe zu erlangen. Gegenüber den Neurotikern, mit ihrer unerschöpflichen Fähigkeit zu dauernden Klagen ohne jeden objektiven Befund, fühlt mancher geplagte Arzt sich zum Angriff als der besten Art der Verteidigung getrieben. Als Reaktion klammert sich der Patient dann häufig um so hartnäckiger an die Vorstellung von der organischen Bedingtheit seiner Symptome und umschreibt sie mit Begriffen aus dem körperlichen Bereich. Nicht nur der Patient hält dies für achtbarer oder schicklicher, er setzt sogar voraus, daß auch sein Arzt so denkt. Außerdem können viele Patienten Selbstbetrachtung und Selbstanalyse nur als physische Beschwerden äußern und nur auf diesem Weg ihr Erleben und ihre Hilfsbedürftigkeit ausdrücken.

Von der Stärke der affektiven Beeinträchtigung – sei sie nun organischer oder psychogener Natur – hängt die Diskrepanz ab zwischen dem Verständnis des Patienten für das Geschehen und seiner Fähigkeit, es der Umwelt erklären zu können oder auf anderem Weg eine normale Beziehung zu ihr aufrechtzuerhalten. Besteht das Leiden eines Patienten hauptsächlich in einer Verstimmung oder Verhaltensstörung, ähnelt also den psychischen Krankheiten, kann die Unfähigkeit des Patienten, zu verstehen, was geschieht, von entscheidender Bedeutung sein. Das gleiche gilt auch für die Schwierigkeiten, vor denen die Umgebung bei der ersten Begegnung mit einem solchen Patienten steht. Verstehen und Behandlung des Patienten kann insofern entsprechend schwierig sein. Der Grund liegt in unserer tiefen Überzeugung, unsere eigenen Gefühle und die Gefühle anderer Menschen verstehen zu können. Darin zeigt sich, daß wir normalerweise sehr viel für selbstverständlich halten. Wir haben Hemmungen zu erkennen, daß ein Zusammenbruch dieser Gefühlsfähigkeiten und objektives Unvermögen bei einer psychischen Erkrankung identisch sind und nicht bloß einen vorsätzlichen Bruch der Regeln des guten Benehmens, des Geschmacks oder des Verhaltens darstellen. Dasselbe gilt für das Auftreten körperlicher Symptome bei Patienten, deren Zustand unmittelbar auf eine körperliche Störung zurückzuführen ist. *Tatsächlich besteht ein großer Unterschied, ob ein Durchschnittsmensch einer psychischen oder einer physischen Störung gegenübersteht.* Wenn die Medizin in der Vergangenheit das wichtige Bedürfnis nach Überbrückung dieser Kluft erkannt hat, so haben auch die Patienten zu diesem Fortschritt beigetragen. Als die Kluft noch bestand, hatte die Medizin ihre Ziele aus den Augen verloren und das Vertrauen in ihre Grundlagen aufgegeben.

Emotionale Auswirkung

Emotionale Störungen im menschlichen Verhalten tendieren dazu, selbst zum Störfaktor zu werden und sich auch auf die sogenannte Umwelt negativ auszuwirken. Die instinktive Reaktion der Umwelt äußert sich zunächst in Überraschung, dann in Ablehnung und schließlich geradezu in Feindseligkeit. Zweierlei ist aus der Reaktion der Menschen gegenüber psychisch Kranken zu lernen:

Einerseits ist die allgemein-menschliche Reaktion gegenüber Andersartigkeit oder Gefahren, Krankheiten oder Beschwerden anderer Leute weit geringer als eigentlich zu erwarten wäre und ist beklagenswert weit entfernt von den Idealen und Grundsätzen, zu denen man sich sonst bekennt. Andererseits braucht sich niemand zu verleugnen und seine Einstellung gegenüber Idealen und Grundsätzen aufzugeben, wenn er sich mit dem Zustand eines Patienten auseinandersetzt.

Der große Biologe Tinbergen, derzeit Professor an der Universität Oxford, früher Professor der Zoologie an der Universität Leiden, hat das an einer Beobachtung belegt und daraus seine Theorie entwickelt. Während er damit beschäftigt war, farbige Beinringe bei einzelnen Silbermöven anzubringen, um sie später während der Beobachtung der ganzen Kolonie wieder identifizieren zu können, erstaunte ihn das Verhalten der Kolonie gegenüber einer zeitweilig gefangenen Möve, die in der ihr ungewohnten und ihr gefährlich erscheinenden Lage wild flatterte. Zuerst stieß die Kolonie laute Schreie aus, wie sie gewöhnlich als Warnung des ganzen Schwarmes dienten, dann zogen sich die Tiere von dem eingefangenen Vogel zurück, kreisten über ihm und beobachteten ihn weiter aus der Distanz. Danach kehrten einige im Sturzflug zurück und griffen ihn an, während der Vogel sich weiter vergeblich wehrte. Der ganze Vorgang lief in einigen Sekunden ab, und der Vogel mit dem harmlosen Ring am Bein war wieder frei. Dennoch ließen sich drei Stadien – Überraschung, Alarm, Rückzug vom Artgenossen und schließlich direkter Angriff auf ihn – bei der Reaktion deutlich unterscheiden.

Tinbergen erläutert: „Man neigt dazu, dies mit menschlichem Verhalten zu vergleichen. In der menschlichen Gemeinschaft, in der primitiven so gut wie in der zivilisierten, ist eine ähnliche Instinktreaktion sehr stark entwickelt." Er fährt fort zu betonen, „wie enorm wichtig es für die Soziologie ist, die Instinktgrundlage solcher Reaktionen zu erkennen und sie vergleichend bei anderen gesellig lebenden Arten zu studieren ...".

Ähnlich wie bei den Vögeln lächeln wir zunächst spöttisch, sind dann ablehnend und greifen vielleicht sogar das Individuum, dessen Verhalten wir nicht akzeptieren oder nicht akzeptieren wollen, an. Wollen wir uns in der Art, wie wir miteinander umgehen, über das Niveau der Tiere erheben, müssen wir eine Alternative finden, gleichgültig, ob das Verhaltensmuster nun hauptsächlich angeboren und instinktiv oder durch die Gesellschaft mit ihrem starken Druck gegenüber abweichendem Verhalten bedingt ist. Vor allem der Arzt muß bei der Behandlung seiner Patienten vorbildlich sein, auch wenn das nicht immer leicht ist. Über den Einfluß einer emotionalen Störung auf die zwischenmenschlichen Beziehungen haben wir erfahren: Der Schlüssel zum eigentlichen Zugang zu einer solchen Störung – spiele sie sich nun vor dem Hintergrund einer psychischen Krankheit ab oder nicht – liegt in dem Versuch zu verstehen, auf welche Weise die Störung oder Krankheit die Beziehung des Patienten zu seiner Umwelt beeinflußt und seine Fähigkeit beeinträchtigt, eigene Erlebnisse und Erfahrungen erklären und mitteilen zu können. Der Einfluß einer Krankheit auf diese beiden Aspekte menschlicher Existenz, die normalerweise völlig selbstverständlich sind, erklärt, warum der Durchschnittsmensch den psychischen Krankheiten häufiger mit Ärger, Tadel oder Furcht gegenüberstand und steht, statt mit Mitleid oder der Bereitschaft, psychische Störungen zu verstehen und zu akzeptieren.

Historische Einflüsse

Der Umfang dieses Buches läßt eine detaillierte Berücksichtigung der Psychiatriegeschichte nicht zu. Die Quellen, in denen darüber nachgelesen werden kann, sind in einer kurzen Bibliographie am Ende des Buches angegeben.

Alles in allem genommen läuft das Ganze auf eine finstere und ekelerregende Darstellung hinaus. Die hippokratische (Hippokrates 400 v. Chr.) Vorstellung vom Menschen als einem ganzheitlichen Wesen von unbegrenztem Wert und potentieller Würde, die als Grundlage für einen angemessenen Zugang zum Studium der Medizin galt, ist nicht lange lebendig geblieben. Hippokrates hatte schlicht und folgerichtig gelehrt, daß es Aufgabe des Arztes sei, eher das erkrankte Individuum als die Krankheit in ihrer abstrakten Entität, also das Ganze und nicht nur einen Teil davon, zu studieren. Indem seine Schüler seine Lehren vergaßen und sich darüber hinwegsetzten, ermöglichten sie erneut eine Spaltung zwischen Geisteskrankheiten und allen anderen Arten von Leiden: Mit einem Schlag konnte psychisches Kranksein als eine besondere Angelegenheit betrachtet werden. Psychisch Kranke wurden von Menschen, die ihr Verhalten nicht verstehen konnten, mit Furcht und latenter Feindschaft behandelt.

Bis zum Anfang des vorigen Jahrhunderts wurden Geisteskranke allgemein so brutal behandelt, daß nur wenige von ihnen überhaupt eine Genesungschance hatten. Ihre Krankheit wurde durch Isolation, Finsternis, Kälte, Schmutz, Hunger, Purgieren, Schläge und Ketten unterhalten und sogar noch verstärkt. Es übersteigt heute unser Vorstellungsvermögen, daß Ärzte und Öffentlichkeit ohne Mitleid oder Gewissensbisse den Anblick von Mitmenschen ertragen konnten, die nackt, fröstelnd und hungernd, mit den Krusten ihrer eigenen Ausscheidungen bedeckt in finsteren Steinfluren angekettet waren. Aber man vermochte das sehr wohl und tat es auch; nur durch die Anstrengungen und das Beispiel außergewöhnlicher Männer und Frauen konnten diese entsetzlichen Zustände überwunden werden.

Ein anschauliches Beispiel der Selbstzufriedenheit, mit der etwa die Elisabethanische Gesellschaft in England solche Zustände tolerierte, gibt in „Wie es euch gefällt" die als Mann verkleidete Rosalinde. Sie kokettiert mit Orlando:

„... Liebe ist eine bloße Tollheit, und ich sage Euch, *sie verdient ebensogut* eine dunkle Zelle und die Peitsche wie andere Tolle..."

Die Kursivschrift stammt von uns: Denn Shakespeare hat dies weder ironisch noch sozialkritisch gemeint. Es war in jugendlichem Leichtsinn einfach nur so dahergeredet, und seine Zuhörerschaft teilte ohne Bedenken diese Vorstellung.

Als ungefähr 200 Jahre später, im Jahre 1793, Philippe Pinel, der ärztliche Direktor des Bicêtre-Hospitals in Paris, seinen Patienten die Ketten abnahm, befreite er mit diesem Akt nicht einfach nur seine Patienten als Personen, sondern letztlich auch die Ansichten seiner Kollegen von dem Vorurteil, Grausamkeit und Schrecken seien zulässige Wege, den psychisch Kranken zu behandeln. Sogar heute noch lastet dieser Schatten auf der öffentlichen Einstellung gegenüber der Behandlung psychisch Kranker. Nur Verständnis, Mitgefühl und Respekt gegenüber dem Mitmenschen als Patient können diesen Eindruck endgültig verwischen.

Folgerungen aus sozialer Sicht

Psychisches Kranksein im weitesten Sinne stellt einen der allgemeinsten und wichtigsten Aspekte der Medizin in ihrer Gesamtheit dar. Epidemiologische Studien haben die genaue Verbreitung dieser Störungen untersucht.

Von der Gesamtbevölkerung suchen 60 Prozent im Laufe eines Jahres ihren Hausarzt auf und davon wahrscheinlich wenigstens ein Drittel mit Beschwerden, die eine belangvolle psychogene Komponente aufweisen.

Wenigstens zehn Prozent der Konsultationen sind psychischer Natur (überwiegend Angstsyndrome und Depression, oft in Mischformen), weitere fünf Prozent eindeutig psychosomatische Störungen. Der Rest des Drittels wird wahrscheinlich auch von Ärzten mit Blick für psychiatrische Probleme nicht erkannt. Immer ist ein Riesenberg seelischer Not mit im Spiel, teils chronisch, teils wiederkehrend oder manchmal auch nur vorübergehend. In einer Langzeitstudie zeigte sich, daß zwei Drittel der psychiatrischen Patienten nach sechs Monaten wieder ihrer gewohnten Arbeit nachgingen; eine andere Studie bewies, daß es um das Befinden der Hälfte des beobachteten Patientengutes sieben Jahre später sehr schlecht bestellt war. Probleme verschiedener psychiatrischer Behinderungen werden in späteren Kapiteln besprochen. Was den Alkoholismus anlangt, so kennt der Durchschnittspraktiker sicher eine Handvoll chronischer Alkoholiker, aber er kennt nicht die genaue Zahl in seinen Unterlagen.

Numerisch betrachtet liegt das Hauptproblem im Bereich des Hausarztes verankert. Denn nur einer von 20 psychiatrischen Patienten aus der Sprechstunde des Allgemeinpraktikers wird in die psychiatrische Spezialambulanz der Kankenhäuser überwiesen. Die Zahl der Langzeitbehinderung bei schwereren Erkrankungen ist enorm hoch. Die Bevölkerung Englands beträgt etwa 46 Millionen Menschen, davon befinden sich gegenwärtig 75 000 in psychiatrischen Krankenhäusern oder Anstalten und 48 000 in Häusern für geistig Behinderte, darüber hinaus noch viele Tausend in Heimen, Gemeinschaftsunterkünften und natürlich in ihren eigenen Wohnungen. Einer von zehn Mitbürgern kann damit rechnen, eines Tages in seinem Leben in eine psychiatrische Einrichtung eingewiesen zu werden.

Die sozialen Auswirkungen einer psychiatrischen Störung sind nicht auf die persönliche Notlage des Patienten oder seiner Familie, die Minderung der Berufszeiten und die Belegung der Krankenhausbetten begrenzt. Ein Drittel bis ein Viertel aller Krankschreibungen gehen hauptsächlich zu Lasten psychischer Erkrankungen. Die ständige Abwesenheit vom Arbeitsplatz aus einem solchen Grunde liegt höher als die Abwesenheit wegen Arbeitskonflikten.

Was in der Praxis die Psychiatrie untrennbar mit der allgemeinen Medizin, der Chirurgie und der Geburtshilfe verbindet, ist letztlich die Unmöglichkeit, psychische Zustände getrennt von körperlichen und körperliche Zustände getrennt von psychischen zu behandeln. Wäre das der einzige Beitrag, den die Psychiatrie zur Ausgewogenheit der allgemein-medizinischen Ausbildung leistet, wäre dieser immerhin schon unschätzbar wertvoll. In der Vergangenheit wurden körperliche Zustände zwar erschöpfend beobachtet und peinlich genau studiert, die psychischen Zustände aber in der klinischen Ausbildung des Arztes entweder für selbstverständlich gehalten oder als unwesentlich beiseite geschoben.

Der Unterschied zwischen dem klinischen Ausbildungsstoff der Psychiatrie und dem der übrigen Medizin liegt hauptsächlich in der Häufigkeit, mit der die aktuelle Basis der Arzt-Patienten-Beziehung durch die Krankheit selbst kompliziert und beeinträchtigt wird. *Das wichtigste Rohmaterial der klinischen Psychiatrie ist deshalb das sorgfältig beobachtete Verhalten:* Der Begriff Verhalten wird hier in seinem weitesten Sinn gebraucht. Er schließt Sprache und Schrift ebenso ein wie das Handeln, was der Patient sagt genauso wie das, was er tut. Die genaue Art der Beschwerdeschilderung durch den Patienten kann für die Diagnose von ausschlaggebender Bedeutung sein, vor allem beim Fehlen objektiver körperlicher Zeichen, *während klare Syndrome zu richtigen und nachprüfbaren Diagnosen führen, selbst wenn sie auf einer objektiv nicht demonstrablen Strukturveränderung beruhen.*

Deswegen ist die klinische Psychiatrie eine schwierige, aber keineswegs langweilige Angelegenheit. Obwohl sie sich mit vielem befaßt, was sich nicht gegenständlich faßbar machen läßt, kann sie es sich trotzdem nicht erlauben, verschwommen, nebulös oder ungenau zu sein. Die Qualifikation des Therapeuten ist das richtige Verstehen. Darin zeichnet sich der wirkliche Arzt gegenüber dem bloßen Arbeitstier aus.

Ein Arzt benötigt gediegene Kenntnisse und als Grundlage seiner klinischen Arbeit eine vernünftige, aber einfallsreiche Untersuchungstechnik, um sich einen Weg durch dieses verwirrende Dickicht von Begriffen, Vorurteilen und Mißverständnissen mit Sorgfalt, Weisheit und Mitgefühl zum Ansehen seines Standes und schließlich auch zum Wohle seiner Patienten bahnen zu können.

2 Klinische Untersuchung

Gegenwärtiges Beschwerdebild

Falls der Patient nicht von sich aus etwas zu beklagen hat, wird, wie auch in der Allgemeinmedizin und Chirurgie üblich, bei der klinischen Untersuchung zunächst nach den augenblicklichen Beschwerden bzw. dem Grund, weshalb der Patient einen Arzt aufsucht, gefragt. Anschließend folgt die Erhebung der Vorgeschichte und die Untersuchung.

Dem Patienten muß unbedingt erlaubt sein, seine Störungen mit eigenen Worten zu schildern. Besondere Aufmerksamkeit sollte man auf den allerersten Satz des Patienten legen, der Nuancen enthalten kann, die die Komplexität der Situation besonders hervorheben. Es gibt einen himmelweiten Unterschied zwischen den Bemerkungen: „Ich fühle mich etwas nervös-gespannt“ und „Ich habe eine schreckliche Spannung und Unruhe in mir“, ferner „Mein Hausarzt sagte, ich bin so gespannt, daher überwies er mich zu Ihnen“ und „Ich bin nervös, und meine Frau sagte, ich solle einen Arzt aufsuchen“.

Hört man dann dem Patienten einige Minuten zu, wird man ihm oft eine Leidensgeschichte entlocken. Der Involvierungsgrad im Denken, Fühlen und der allgemeinen Erfahrung kann klar die Natur der zugrundeliegenden Diagnose zeigen.

Für den Arzt folgt dann eine schwierige Wahl: Er muß sich entscheiden, wieviel Zeit des Interviews er dem Zuhören und der Vorgeschichte widmet, und wann er den Bericht unterbricht, um systematisch unter bestimmten Rubriken Informationen zu sammeln und Fragen des Patienten zu beantworten. Dafür gibt es keine Regel, da der unterschiedliche Stil verschiedener Patienten auf das Urteil des Arztes eine Wechselwirkung ausübt: Manchmal liefert die spontane Darstellung des Patienten nahezu alle Fakten. In anderen Fällen ist frühzeitiges Intervenieren unumgänglich, um eine umständliche Darstellung zu vermeiden, die sowieso keinen Aufschluß über den eigentlichen Hintergrund ermöglicht. Der nächste Schritt besteht in der Erstellung einer adäquaten Krankengeschichte unter folgenden ätiologischen Betrachtungen:

1. Heredität und Konstitution von frühester Kindheit an.
2. Peristatische Faktoren einschließlich früherer physiologischer, psy-

chologischer und sozialer Belastungsmomente sowie gegenwärtige Lebenssituation.
3. Kumulativer Effekt dieser beiden Punkte insofern, als sie eine Störung des normalen psychophysiologischen Gleichgewichts herbeiführen.

Familienvorgeschichte

Die Familienamnese ist wichtig, da sie ein Licht auf die ersten Lebensjahre des Patienten und seine Herkunft wirft. Die Erhebung der Anamnese sollte sich so weit wie möglich auf die Großeltern beiderseits erstrecken. Sie sollte brauchbare Information nicht nur über die Eltern, deren Geschwister und Kinder, sondern auch über die Kusinen und Vettern, Onkel und Tanten ersten Grades enthalten. Besonders sollte man nach dem Vorkommen einer ernsten Krankheit oder eines „Nervenzusammenbruchs" in der Familie fragen. Man sollte sich auch ein Charakterbild von den wichtigsten Verwandten machen können und etwas über ihren Lebensweg, ihre Traditionen, Hoffnungen und Enttäuschungen in Erfahrung bringen. Gibt es Anzeichen für einen genetischen Faktor bei der Krankheit, sollte man intensiver in dieser Richtung nachforschen.

Allgemein sind konstitutionelle Faktoren von größter Wichtigkeit bei geistiger Behinderung, gewissen Antriebsstörungen, erheblicher Stimmungslabilität sowie Schizophrenie. Weniger bedeutsam sind sie bei akuten und emotionalen Reaktionen gegenüber schweren Umweltbelastungen und dadurch bedingten erworbenen Verhaltensmustern.

Biographische Daten

Die Biographie gibt einen Aufriß der Lebensgeschichte von der Kindheit bis zu den gegenwärtigen persönlichen, ehelichen oder beruflichen Schwierigkeiten, ferner von der Persönlichkeitsentwicklung, die diesen Schwierigkeiten vorausging. Die Entwicklung wird geprägt durch die Kindheit und das Verhältnis zu Eltern und Geschwistern, durch die Schulzeit und das Verhältnis zu Mitschülern und Lehrern. Prägungen erfolgen in der Zeit der Adoleszenz mit dem Erwachen psychosexueller Bedürfnisse und der Einstellung zu Mitgliedern des gleichen und anderen Geschlechts, schließlich im Erwachsenenleben mit der Konstellation der gegenwärtigen Beziehungen zu den Zeitgenossen und der übrigen Umwelt. Auf diesem Hintergrund der Lebensgeschichte müssen die Korrekturen, Ambitionen, Tagträume und Enttäuschungen gesucht werden, die dazu beigetragen haben, Charakter und Verhalten des Patienten zu formen.

Eigenanamnese

Die Eigenanamnese muß alle ernsten Krankheiten – körperliche und funktionelle Störungen – umfassen. Besondere Aufmerksamkeit sollte einer unbegründeten Abwesenheit von der Schule oder vom Arbeitsplatz geschenkt werden. Man sollte auf unbestimmte Perioden im Wechsel von Gesundheit und Krankheit achten. Es lohnt sich immer, in der Anamnese nach Nervenzusammenbrüchen oder ähnlichen Erkrankungen zu forschen. Dann sollte man nach einem Zusammenhang zwischen dem Symptom und einem Ereignis suchen, z.B. hatte sich die Verantwortung am Arbeitsplatz gesteigert, oder bestand eine unterdrückte Empörung gegenüber dem Vater, dem Vorgesetzten oder einer Behörde wegen ungerechter Behandlung, oder gab es anderseits jedesmal eine wiederauftauchende körperliche Erkrankung, wurde ein Medikament vernachlässigt, oder bestand eine Vielzahl erdrückender Streßfaktoren?

Persönlichkeit vor Ausbruch der Krankheit

Die frühere Persönlichkeit des Patienten sollte nach der Einschätzung eines glaubwürdigen Verwandten, Freundes oder anderen Informanten transparent gemacht werden.

Beispiel: Energiegeladen, heiter, freundlich...?
Immer ein Plagegeist...?
Unverschämt oder ängstlich; ungestüm oder ruhig...?
Gewissenhaft oder geziert...?

Man sollte nach der allgemeinen Stimmungslage und der Fähigkeit, mit anderen Menschen Kontakt aufzunehmen, fragen. Ein weitgehend vollständiges und vielseitiges Verstehen der sich erschließenden Persönlichkeit kann zum eigentlichen Angelpunkt werden, um das Problem des Patienten zu begreifen.

Spezielle Anamnese

Wann hat sich der Patient zuletzt ganz wohl gefühlt? Unter welchen Umständen haben die Symptome zum damaligen Zeitpunkt eingesetzt? In welcher Situation befand sich der Patient, als die Krankheit begann, z.B. häusliche Umgebung, soziale Situation, Arbeitsbedingungen usw.? Ferner müssen die Entwicklung der Krankheit bis zum jetzigen Zeitpunkt verfolgt und die Faktoren erwähnt werden, die ihren Verlauf beeinflußten.

Eine vollständige Krankengeschichte nach diesen Richtlinien kann durchaus eine halbe bis dreiviertel Stunde in Anspruch nehmen. Die Zeit wird indes gut investiert sein. Eine solche Krankengeschichte wird zwei unschätzbare Ziele erreichen. Es wird nicht nur ein vollständiges Bild des Patienten mit seinen Beschwerden in Erscheinung treten, sondern der Patient wird dem, der so sorgfältig und eindringlich ein Interesse an seinem Falle gezeigt hat, Dankbarkeit und Vertrauen entgegenbringen: Alle Faktoren werden sich als therapeutisch wichtig erweisen.

Körperliche Untersuchung

Die körperliche Untersuchung ist wichtig, um eine körperliche Abnormität festzustellen und zu erfragen, ob der Patient gegebenenfalls über körperliche Symptome klagt. Die körperliche Untersuchung schafft ein Band der Sympathie und inneren Verbindung, wenn sie vorsichtig, aber zielbewußt und fachgerecht vorgenommen wird. Was auch immer der Arzt in der Folge seinem Patienten zu sagen hat, wird Kraft und Autorität von dieser essentiellen Voruntersuchung beziehen, selbst wenn sich keine entsprechenden Hinweise für eine körperliche Krankheit ergeben oder später herausstellen.

Untersuchung des psychischen Zustandes

Hierbei handelt es sich ebenso wie bei der körperlichen Untersuchung um eine genau umgrenzte, wertvolle Technik, die einen unverzichtbaren Teil des Rüstzeugs des Klinikers darstellt. Beobachtungen sollten unter folgenden Gesichtspunkten angestellt und aufgezeichnet werden:

1. Allgemeines Erscheinungsbild und Verhalten,
2. Sprache nach Art und Gehalt,
3. subjektives Befinden hinsichtlich der Stimmungslage und des Verhaltens gegenüber der Untersuchung,
4. Gedankeninhalte,
5. Kontakt zur Realität,
6. Kognition und Intelligenz,
7. Einsichts- und Urteilsfähigkeit.

Einige Beobachtungen der ersten drei Rubriken wird man zumindest schon während der Erhebung der allgemeinen Anamnese und der körperlichen Untersuchung gewonnen haben.

Allgemeines Erscheinungsbild und Verhalten

Das Erscheinungsbild des Patienten kann Ausdruck seines Kummers sein, aber auch Anzeichen einer Denkstörung, einer Gefühlsstörung oder eines Fehlverhaltens zeigen, die dem Patienten selbst nicht bewußt zu sein brauchen. Ein solcher Kummer zeigte sich vermutlich schon bei der Schilderung des Beschwerdebildes und wurde z. B. als Schmerz, körperliches Unbehagen, Befürchtung, Furcht oder vages und allgemeines Gefühl von Unpäßlichkeit beschrieben.

Eine nützliche Information kann man auch vom Verhalten des Patienten im Wartezimmer erhalten. Man achte auf die Art, wie er das Zimmer betritt, seinen Händedruck (bereitwillig, fest, scheu, zögernd, schwitzig), seine Blickrichtung und seine Kleidung. Darüber hinaus kann man noch weitere wichtige Punkte beobachten, wer ihn z. B. begleitet und, wenn ihn jemand kennt, wie der Stil seiner Umgebung ist, die er sich geschaffen hat.

Sprache

Bei Aufzeichnung der Beobachtungen hinsichtlich Art und Umfang der Sprache des Patienten sollte man einigen besonderen Charakteristika Aufmerksamkeit widmen wie z. B. dem langsamen Sprechen, der Ideenflucht, der Inkohärenz, der Umständlichkeit oder einem ausweichenden Verhalten.

Subjektives Befinden

Eine Verstimmung muß im Licht der Lebenssituation des Patienten eingeschätzt werden. Dabei stellt Angst die allgemeinste aller unangenehmen menschlichen emotionalen Erfahrungen dar. Diese kann beim Patienten als frei flottierende Angst imponieren. Häufig spricht ein solcher Patient in der Anamnese über eine gedrückte Stimmung, verbunden mit Traurigkeit und vagen Anzeichen, die die Fähigkeit des Patienten übersteigt, sich zu rechtfertigen oder zu erklären, oder die mit einer allgemeinen und unerträglichen Minderwertigkeit gegenüber sich selbst und der Welt verknüpft ist. Seltener trifft man eine unbegründete gehobene Stimmung an. Der Patient kann auch zunächst eine gehobene Stimmung zeigen, die allmählich in offene Erregung übergeht und dabei offensichtlich als abnorm und unangemessen gegenüber seiner Lage imponiert.

In ähnlicher Weise sollte das Verhalten des Patienten bei der Untersuchung vermerkt werden, und zwar auf dem Hintergrund der Qualität und Evidenz bei der Exploration. Eine argwöhnische Gestimmtheit kann zu einem vorsichtigen, widerstrebenden und ausweichenden Verhalten führen, während Arroganz von einem verächtlichen oder überheblichen Benehmen begleitet ist. Patienten können hilfsbereit, ungeduldig und aufrichtig, scheu und vertrauensvoll, logisch und verworren im Denken sein, aber auch noch viele andere Möglichkeiten des Verhaltens zeigen.

Gedankengang

Dieser soll umfassen:

a) Denkstörungen,
b) Zwangsphänomene,
c) Beziehungsideen und Wahngedanken,
d) andere Themen, von denen das Denken ganz beherrscht ist.

a) Zu den Störungen des Denkens gehört die Gedankenblockade. Dabei ist die Fähigkeit des Patienten, einen Gedankengang beizubehalten, konstant unterbrochen. Es kann zu anderen Störungen kommen, die umfassender unter dem Kapitel über die Schizophrenie beschrieben sind. Eine Verlangsamung des Gedankenganges liegt vor, wenn das Denken merklich verlangsamt ist. Eine Beschleunigung, wenn es dabei im Endeffekt zu einer Zerfahrenheit kommt, verbunden mit einander überstürzenden Ideen, sobald der Patient versucht, seine Gedanken auszudrücken. Ideenflucht, verknüpft mit multiplen Assoziationen, kann sich u. U. schon im Gespräch durch einen unzusammenhängenden Wirrwarr von Reimen oder Wortspielen bemerkbar machen.

b) *Obsessiv-zwanghafte Ideen* tauchen als wiederholt vorkommende geistige Inanspruchnahme auf. Sie werden zwar als unvernünftig erkannt, aber der Patient kann sich nicht von ihnen befreien. Solche zwanghaften Ideen und Handlungen, wobei die Handlungen von den Ideen diktiert werden, bilden eine besondere Gruppe quälender Symptome, die von Patienten nur dann angesprochen werden, wenn sie fühlen, daß der Arzt zumindest mit der Möglichkeit ihres Vorkommens vertraut ist und ihrer Darlegung wohlwollend gegenübersteht. Diese Symptome sind in Kapitel 10 näher beschrieben.

c) *Beziehungsideen* bestehen aus einer Störung der Urteilsfähigkeit und Interpretation der äußeren Realität. Der Patient neigt dazu, die äußeren Umstände auf sich zu beziehen und glaubt, beinahe alle Ereignisse hätten eine besondere Bedeutung, die sich auf ihn richtet. Diese Art der Störung führt natürlich zu Wahnideen, da der Patient sich ein sonst unverständliches Weltbild zu erklären versucht (s. u.).

d) *Andere den Patienten ganz in Anspruch nehmende Themen* sollten auch Erwähnung finden, so etwa Klagen und Beschwerden, eingehende Untersuchung der körperlichen Funktionen usw.

Kontakt zur Realität

Der Kontakt zur Realität kann durch *Wahnvorstellungen, Halluzinationen und Illusionen* gestört sein. Ein Wahn ist ein objektiv falscher oder irriger Glaube, der für den Patienten Überzeugungskraft besitzt und an dem trotz aller Evidenz zum Gegenteil festgehalten wird.

Eine *Halluzination* ist eine Wahrnehmung durch einen der Sinne, die nicht mit irgendeinem Reiz in der Außenwelt korrespondiert. Eine *Illusion* ist eine Wahrnehmung, die, obwohl sie von einem Außenreiz erzeugt wird, durch den Patienten unter rein subjektiven Bedingungen falsch interpretiert wird.

Einige Beispiele sollen diese drei deskriptiven Termini erklären. Glaubt jemand, daß er unter ständiger Beobachtung von unbekannten Feinden durch Radar oder Fernsehen steht, daß seine Nahrung vergiftet ist oder die Luft in seinem Zimmer durch Gas vergiftet ist, das durch die Decke gepumpt wird, und kann nicht dazu gebracht werden, diese Meinung zu korrigieren, obwohl sie nachweislich unrichtig bleibt, dann leidet er an Wahnvorstellungen. Hört er Stimmen oder sieht Erscheinungen, die niemand sonst hören oder sehen kann, oder riecht er z. B. Gas, von dem er glaubt, es dringe in das Zimmer ein, und sind diese Erfahrungen in der Tat Projektionen seiner eigenen Phantasie, die von der Krankheit freigesetzt werden, dann leidet er an Halluzinationen. Hält er andererseits den Arzt oder die Krankenschwester für seinen Vater oder seine Mutter oder gar für den Teufel, der ihn mitnehmen will, dann leidet er an Sinnestäuschungen, die auf die normale Erfahrung sinnlich wahrnehmender Menschen übertragen wird, deren Identität er falsch deutet.

Ein Wahn kann primärer oder sekundärer Natur sein. Primäre Wahnvorstellungen sind Ansichten, die spontan im Gedankengang des Patienten auftauchen und die, obwohl sie augenscheinlich falsch sind, für den Patienten den Grad einer nicht änderbaren subjektiven Gewißheit und Überzeugung besitzen. Die Patienten tragen ein starkes Gefühl wahnhafter Bedeutung mit sich herum. Sekundäre Wahnvorstellungen sind gleichermaßen irrige Ansichten ähnlicher Intensität und Gewißheit. Sie sind aber sekundär in dem Sinne, daß der Patient versucht, eine vernünftige Erklärung für andere abnorme Erfahrungen zu finden, nämlich für Halluzinationen, Beziehungsideen oder primäre Wahnerlebnisse, die sonst unerklärlich wären.

Eine mehr diffuse Kontaktstörung gegenüber der Wirklichkeit entsteht durch den Verlust der subjektiven inneren Gewißheit der wirklichen Identität zwischen sich selbst und dem eigenen Körper oder der Wirklichkeit gegenüber der Umwelt, die normalerweise für selbstverständlich hingenommen wird. Eine solche Beziehungsstörung wird Depersonalisation bzw. Derealisation genannt.

Kognition und Intelligenz

Besondere Aufmerksamkeit sollte dem Neu- und Altgedächtnis, der Aufmerksamkeit, der Konzentration und dem Erfassen von Problemen und Situationen gewidmet werden. Die Fähigkeit des Patienten, das Gesagte zu verstehen und eine angemessene Antwort zu geben, die natürlich mit Halluzinationen oder Wahngedanken, Beziehungsideen oder gelegentlich auch Zwangsideen interferieren kann, muß auch unter dieser Rubrik Berücksichtigung finden.

Eine unmittelbare Prüfung bringt Klarheit über:

a) Orientierung zu Ort, Zeit und Person.

b) Gedächtnis:

I. Altgedächtnis (dieses ist schon bei Erhebung der Vorgeschichte getestet worden);

II. Neugedächtnis: einige wichtige Dinge aus den letzten paar Tagen, die an Hand von Fakten, die dem Prüfer bekannt sind, abgefragt werden, ferner Fragen zu Neuigkeiten in der Welt;

III. Frischgedächtnis: Name, Adresse, Telefonnummer, Farbe und Name einer Blume, gezeigte Gegenstände, Wiederholung einer Reihe von einstelligen Zahlen vorwärts und rückwärts (normalerweise sollten sechs einstellige Zahlen vorwärts und zumindest vier rückwärts behalten werden).
Eine einfache Anekdote, die in nicht mehr als ein oder zwei Minuten erzählt wird, kann vom Patienten mit seinen eigenen Worten wiederholt werden; ferner ein Satz in vorgeschriebener Form, der dem Patienten zur unmittelbaren Wiederholung nach Einübung gegeben wird.
Der traditionelle Satz von Babcock lautet so: „Eines, was eine Nation braucht, um zu Reichtum und Bedeutung zu gelangen, ist eine gut gesicherte Versorgung mit Holz."

c) Aufmerksamkeit: Stetig oder fluktuierend, ablenkbar.

d) Allgemeines Informationsverständnis über Leben und augenblickliche Ereignisse.

e) Fähigkeit, einfache Berechnungen durchzuführen: Wechseln von kleinen Geldsummen; serienmäßiges Subtrahieren mit sieben von 100 (100, 93, 86..., Fehler notieren und Zeit in Sekunden. 20 Sekunden stellen eine gute Leistung dar, 30 Sekunden Durchschnitt).

Bei diesen Tests lassen sich nicht nur erfolgreiche Leistungen oder Mißerfolge beobachten, sondern auch die Fähigkeit in bezug auf Festigkeit und speziell ggf. Verwechslungen bei den Resultaten.

Einsicht und Urteilskraft

Die *Urteilskraft* gegenüber vernünftigen und realistischen Plänen wird vermerkt. Einsicht in die Krankheit wird erkannt, indem man feststellt, ob der Patient seine Erkrankung realisiert. Tut er das, ist er in der Lage, seine Krankheit als verantwortlich für die Symptome zu akzeptieren. Oder ist es etwa so, daß er z.B. die Verfolgung, der er sich ausgesetzt sieht, als Grund und nicht als Ausfluß seiner Krankheit ansieht?

Fremdanamnestische Angaben

Jede andere Auskunft, die dazu beiträgt, ein vielseitiges Bild des Patienten und seiner Schwierigkeiten in seiner Umwelt zu liefern, sollte begrüßt werden. Etwaige Implikationen in der Vorgeschichte sind aktuelle Feststellungen im Befundbericht und verdienen Aufmerksamkeit. Kontaktangebote von Lehrern, Angestellten, Freunden und Nachbarn sind wichtig, solange

Diskretion gewahrt bleibt, der Arzt zuhört und selbst nur begrenzt eingreift.

In den meisten Fällen sind die *übrigen Mitglieder der engeren Familie* in der Lage, Ausgangspersönlichkeit und Wandlung des Patienten zu beschreiben, neu aufgetretene Störungen im Verhalten aufzuzeigen, die der Patient vielleicht herunterspielt oder gar verbirgt. Auch die Verwandtschaft kann Störungen zeigen. Dann tauchen Zweifel auf, wer als eigentlicher Patient angesehen werden muß. Das Problem kann also auch nicht viel Krankheitswert besitzen, ein persönliches Problem oder ein *zwischenmenschliches Problem* sein, z.B. Unfrieden in der Ehe oder eine gestörte Eltern-Kind-Beziehung. Der ursprüngliche Patient kann dann u. U. bloß das erste Mitglied einer gestörten Familie sein, das den Arzt erreicht. Diese Umstände können in einem *gemeinsamen Interview* der entsprechenden Bezugspersonen geklärt werden, wobei die Kommunikation der einzelnen Personen miteinander beobachtet werden muß.

Auswertung der Befunde

Die Untersuchung des psychopathologischen Befundes liefert unter Einbeziehung des Denkens, Fühlens und Verhaltens das Rohmaterial für das klinische Studium der Persönlichkeit in Gesundheit und Krankheit. Der Beitrag von Denken, Fühlen und Verhalten für die Gesamtpersönlichkeit eines Individuums läßt sich mit drei Abstraktionen ausdrücken:

1. Intelligenz,
2. emotionale Integration,
3. Instinktverhalten.

Solche Oberbegriffe liefern ein System für klare Beschreibung und Verständnis ebenso wie die Begriffe Länge, Breite, Dicke und Menge als nutzvolle Abstrakta in der Beschreibung fester Gegenstände.

1. *Intelligenz* kann definiert werden als die Fähigkeit, Erfahrung zu erklären, daraus zu lernen und das eigene Verhalten in ihrem Licht zu modifizieren. Sie kann mit angemessener Objektivität und Sorgfalt gemessen werden und ist in der Bevölkerung in vorhersagbarer Weise verteilt (Abb. 1).

   Das Bild zeigt das charakteristische Diagramm, das man erhält, wenn die Prozentzahlen eines willkürlich herausgegriffenen Bevölkerungsteils im Verhältnis zum Intelligenzgrad der Einzelpersonen aufgezeichnet werden. Man erhält dann eine symmetrische sog. Kurve der Normalverteilung. Nimmt man den Intelligenzquotienten von 100 als Standarddurchschnittsgröße für die Bevölkerung an, so ergeben sich folgende signifikante Merkmale:

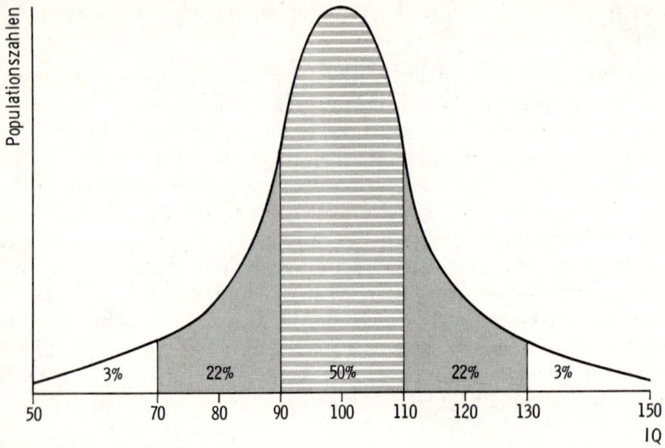

Abb. 1 Intelligenzverteilung

a) 50 Prozent der Bevölkerung haben einen Intelligenzquotienten (IQ) zwischen 90 und 110.
b) Weitere 44 Prozent verteilen sich symmetrisch auf beiden Seiten: zwischen 70 und 90 einerseits und zwischen 110 und 130 andererseits.
c) Die verbleibenden sechs Prozent zeigen eine nahezu symmetrische Verteilung zwischen einem unteren Niveau (über drei Prozent unter einem IQ von 70) und einer herausragenden intellektuellen Begabung (weniger als drei Prozent über einem IQ von 130). Das untere Ende des Diagramms erscheint durch die Gruppe von hirngeschädigten Individuen noch leicht erweitert (s. Kap. 15).

Als allgemeine Richtschnur läßt sich sagen, daß eine erfolgreiche wissenschaftliche Berufsausbildung einen IQ von nicht weniger als 120 erfordert; vier „O"-Grade* im G. C. E. (= General Certificate of Education) erfordern mindestens einen IQ von 110; ein Durchschnitt von 100 befähigt seinen Träger nur zu handwerklicher Betätigung unter Aufsicht. Bei einem IQ von 80 wird nur ungelerntes Arbeiten bewältigt, und bei etwa 70 nimmt die Beschäftigungsfähigkeit ab, meist können nur Gelegenheitsarbeiten übernommen werden.

Formale Intelligenztests, die normalerweise von einem klinischen Psychologen durchgeführt werden, basieren nicht auf dem Wissensstand des Probanden, sondern auf seiner Lernfähigkeit. Sie zielen insbesondere darauf ab, logische Denkmodelle zu erkennen, von Erfahrung zu abstrahieren und diese Denkmodelle zur Lösung von Problemen anzuwenden. Intelligenztests können der vielseitigen Begabung des Probanden während der Prüfung

* etwa unserer „Primareife" entsprechend (advanced level G. C. E. = Abitur)

angepaßt werden. Die natürliche Entwicklung der Intelligenz erreicht, ähnlich wie das körperliche Wachstum, normalerweise ihren höchsten Stand im Alter von etwa 16 Jahren. Klugheit, Urteilsfähigkeit und Erfahrung können zwar wachsen, indes die angeborene Leistungsfähigkeit, die zwischen dem 16. und 19. Lebensjahr oder in den frühen zwanziger Jahren ihren Höhepunkt erreicht hat, wächst später nicht mehr weiter.

2. *Emotion* kann als Kombination des subjektiven Gefühls und der objektiven physiologischen Veränderung definiert werden. Emotionen sind die Ursache für die Spontaneität des Verhaltens, aber auch die subjektiv gefärbte Antwort und die empirische Begleiterscheinung. Eine emotionale Integration steht nicht unbedingt mit Intelligenz in Beziehung. Verdeutlicht wird das durch die Alltagserfahrung, daß kindliches Verhalten bei Erwachsenen nicht auf Debile begrenzt ist. Die emotionale Integration kann als Fähigkeit des Individuums betrachtet werden, Balance und Konsequenz zu bewahren, indem das Individuum über Menschen und Dinge seine Gefühle entwickelt und damit umzugehen lernt. Emotion verschafft einen Indikator für Elastizität und Stabilität einer Persönlichkeit. Sie reift wie die Intelligenz normalerweise mit zunehmendem Alter.

3. *Instinktverhalten* und *Aktivitätsmuster* des Patienten sind weitgehend angeboren, wobei diese Qualitäten im späteren Leben in ihrem Ausdruck modifiziert werden. Ihre Stärke, z. B. beim Geschlechtstrieb, aber auch die Dimension von Schwung, Beharrungsvermögen, Selbsterhaltung und Aggression wechseln wie Intelligenz und emotionale Integration von Individuum zu Individuum. Die Formen, in denen die Triebe zum Ausdruck kommen, wechseln ebenso, was sich z. B. in heterosexuellen, homosexuellen und anderen Erscheinungsformen zeigt.

Die aufgrund der klinischen Analyse erhaltene Information, die durch die relativ einfache Technik der Krankengeschichte und Untersuchung skizziert wird, gibt dem Arzt einen beträchtlichen Einblick in die Situation des Patienten. Der Arzt wird in der Lage sein, die vorgetragenen Beschwerden von affektivem Ballast zu lösen, da er die Genese der Beschwerden zu erfassen vermag. Auch der Patient gelangt im weiteren Verlauf gemeinsam mit dem Arzt dahin, diese Entdeckung nachzuvollziehen.

Die Aussagekraft einer umfassenden Krankengeschichte bei neurotischen Patienten mit verschiedenen Krankheitsschweregraden soll anhand einer kurzen Betrachtung von drei Fällen illustriert werden, die sämtlich durch die Hände von praktischen Ärzten liefen, deren Fachkenntnis und klinische Erfahrung als unbestritten galten.

Fall Nr. 1

Ein Handwerker, Ende vierzig, wurde in eine Poliklinik wegen eines hysterischen Spasmus der rechten Hand überwiesen. Dieser verschwand innerhalb einer halben Stunde durch intensive Suggestions- und Persuasionsmethoden. Am gleichen Abend wurde der Mann in einem Notarztwagen mit durchtrennter Kehle zurück in die Klinik gebracht. Er hatte Selbstmord begangen. Spätere Nachforschungen ergaben, daß er sich schon einige Monate lang zunehmend deprimiert gefühlt hatte. Er war antriebsarm und ängstlich geworden. Seine Leistungsfähigkeit, die eine Menge handwerklicher Fertigkeiten erforderte, hatte weitgehend nachgelassen, so daß er sich Sorgen machte, seine Stelle zu verlieren. Diese Umstände hatten ihn noch stärker bedrückt und beunruhigt, da er verheiratet war und Familie hatte, die auf ihn angewiesen war. Der hysterische Spasmus war im Zuge eines trivialen Arbeitsunfalles eingetreten und stellte den verzweifelten provisorischen Ausweg eines einfachen Mannes dar, eine vollständige Niederlage abzuwehren und einen ehrenvollen Aufschub gegenüber dem verlustbringenden Kampf mit einer schweren Depression zu gewinnen, einen Kampf, den er einhändig mit seiner rechten Hand führen wollte. Die oberflächliche Behandlung hatte sein Schicksal besiegelt.

Fall Nr. 2
Ein junger ehemaliger Soldat von 28 Jahren klagte seit 18 Monaten über Angstgefühle, Schlaflosigkeit, Kopfschmerzen, Rückenschmerzen und allgemeine Befürchtungen gegenüber seiner Gesundheit. Die Symptome stellten die Fortsetzung einer Krankheit dar, derentwegen er 18 Monate zuvor nach neunmonatiger ambulanter und stationärer Behandlung als dienstunfähig aus dem Wehrdienst entlassen worden war. Seit seiner Entlassung hatte er nicht gearbeitet. Er war verheiratet und hatte eine Tochter im Alter von zwei Jahren. Die Angst und die Kopfschmerzen dieses Mannes hatten während der Schwangerschaft seiner Frau begonnen. Während seine Frau sich im Krankenhaus einer Untersuchung unterzog – mit Lumbalpunktion –, erhielt er die Nachricht, daß seine Einheit nach Übersee verlegt werde und er aus dem Wehrdienst entlassen sei. Seine Reaktion darauf bestand in einer Mischung aus Erleichterung, Schuldgefühl und Furcht. Seine Erregung machte sich dabei an dem möglichen Ergebnis und der Bedeutung der Lumbalpunktion fest. Seine Mitpatienten bestärkten ihn in seiner Meinung, daß die Ärzte Syphilis vermuteten. Er war seiner Frau einmal während ihrer Schwangerschaft untreu gewesen, und diese Tatsache hatte sowohl sein Schuldgefühl als auch die Furcht vor einer Geschlechtskrankheit vergrößert. Die Reaktion einiger Psychopathen, die zufällig damals mit ihm in der Abteilung waren, bestand darin, ihm zu gratulieren, indem sie darauf beharrten, daß es seinem überlegenen Scharfsinn zuzuschreiben sei, die Abteilung mit medizinischen Gründen irregeführt zu haben. Dabei gingen sie davon aus, daß es etwas geben müsse, was er über das Sich-Krankstellen hinaus nicht wisse, vorausgesetzt natürlich, daß er sich wirklich eine Syphilis zugezogen hätte. Durch ihre Glückwünsche und Spekulationen wurde er aus der Fassung gebracht, in Angst versetzt und beschämt. Nicht nur seine körperliche Gesundheit, sondern auch seine persönliche Integrität schienen kompromittiert und in Frage gestellt zu sein: Er war verängstigt und voller Zweifel. Seine Angst war oberflächlich zwar auf mögliche Implikationen und das Ergebnis der Lumbalpunktion fokussiert, in Wirklichkeit erstreckte sie sich tief durch seine gesamte Persönlichkeit und unterminierte sie. Sobald dieser Komplex zusammen mit den übrigen Ursachen deutlich wurde, besserte er sich rasch unter einer verhältnismäßig oberflächlichen Psychotherapie, er nahm seine Arbeit wieder auf und erlangte seine sexuelle Potenz wieder, deren Verlust er während seiner Krankheit dem Arzt gegenüber nicht zu erwähnen gewagt hatte. Auch bei Kontrolle nach einem Jahr fühlte er sich wohl und ging seiner Arbeit nach.

Fall Nr. 3
Bei einer unverheirateten 48jährigen Frau, die lange Jahre ihre berentete Mutter gepflegt hatte, bevor diese an Brustkrebs starb, entwickelte sich ein Knoten in der Brust, von dem sie lange Zeit vor lauter Befürchtungen ihrem Hausarzt nichts sagen wollte. Nachdem sie sich schließlich in einem anderen Krankenhaus einer Biopsie unterzogen hatte, wurde sie darüber informiert, daß eine zweite Operation notwendig würde, die einen „tieferen Schnitt" erforderte. Nach Erwachen aus der Narkose bei der zweiten Operation entdeckte sie, daß man eine radikale Mastektomie vorgenommen hatte. Sie wurde zunehmend depressiv und paranoid gestimmt, entwickelte Wahnideen und war überzeugt, daß ihr „Inneres entfernt worden, die Weiblichkeit genommen, überhaupt keine Persönlichkeit mehr, sondern sie in einen lebenden Leichnam verwandelt worden..." sei. Sie wurde daraufhin in eine psychiatrische Abteilung zur Weiterbehandlung überwiesen; die dortige Diagnose lautete: schwere Depressionen mit sekundär paranoiden Zügen und hysterischer Überlagerung. Die Patientin blieb über zwei Monate lang psychotisch, erholte sich indes schließlich, steht aber noch in ambulanter Kontrolle.
Rückblickend klagte die Patientin fortwährend über folgendes: „Warum hatte niemand vor der Operation Zeit gehabt, meine Ängste anzuhören oder mir zu erklären, was man mit mir vor der Operation vorhatte?"

Diese drei Fälle lassen sich leicht multiplizieren. Alle haben einen wesentlichen Grundzug gemeinsam. Bei jedem einzelnen Fall war die vital essentielle Information für jeden Untersucher verfügbar bzw. ließ sich im Laufe der Zeit eruieren. Wurde dies versäumt, resultierte in größerem oder geringerem Grade für den Patienten eine Katastrophe. Im ersten Falle der Tod. Im zweiten Falle zumindest eine Berentung über 18 Monate und der Verlust geregelter Arbeit. Im dritten Falle eine perakute psychotische Episode, die eine Genesung von einer größeren Operation erschwerte.

Die Folge von alldem ist nicht einfach die Forderung nach mehr Forschung, geschulteren Fachärzten und Spezialisten sowie nachgeordnetem Personal in diesem Fachgebiet der Medizin, obwohl dies unzweifelhaft zutrifft. Viel wichtiger ist ein adäquates grundlegendes Verständnis für denjenigen Part, der von psychologischen Faktoren bei alltäglichen Krankheiten beherrscht wird. Sofern der Arzt bei der Erkennung und Behandlung dieses Anteils mitwirkt, muß man von ihm in der gleichen Weise erwarten können, daß er das Vorkommen medizinischer, chirurgischer und geburtshilflicher Bedingungen in seiner Alltagspraxis erkennen und behandeln kann.

Jeder Arzt muß akzeptieren und verstehen, daß psychische Krankheit nicht eine Rolle für sich allein spielt. Sie ist in grundlegender Weise *ein* Aspekt jeder Krankheit, und die psychische Komponente einer Krankheit erfordert einen angemessenen Grad von Aufmerksamkeit, soll einem Patienten adäquate Versorgung zuteil werden.

3 Persönlichkeitsentwicklung

Mit Hilfe der zuvor schon beschriebenen klinischen Befunderhebung erhält der Arzt ein Gesamtbild von der Persönlichkeit des Patienten. Mit drei abstrakten Termini läßt sich dies ausdrücken: Intelligenz, emotionale Integration und Instinktverhalten (s. S. 17). Die effektive Interpretation dieser Begriffe erfordert ein Verständnis der Entwicklung der Persönlichkeit von Geburt an. Die Entwicklung läßt sich mit zahlreichen Methoden und von verschiedenen Gesichtspunkten aus beschreiben: Die hier vorliegende Darstellung zielt auf die inneren Erfahrungen des Individuums und bleibt besonders bei der Beschreibung der frühen Kindheit an einigen Stellen spekulativ.

Das Bewußtsein, das sich als Totalität der subjektiven Bewußtheit im Augenblick definieren läßt, besteht praktisch bereits bei der Geburt. Die erste Antwort des Kindes angesichts des Neubeginns wird später mit einem überwältigenden Gefühl assoziiert werden, und zwar gewöhnlich in unangenehmer Art: Das Kind schreit.

Zu diesem Zeitpunkt wird das Bewußtsein des Kleinkindes durch jeden Rezeptorkanal zwischen der Peripherie seines Körpers und seinem zerebralen Kortex von Signalen oder Gefühlseindrücken überflutet. Signale von den Augen, den Ohren, der Nase und der gesamten Oberflächensensibilität des Körpers zusammen mit Signalen, die in Verbindung mit der gefühlsmäßigen Stellung der Muskeln und Gelenke stehen, überfluten insgesamt das Bewußtsein mit einem Bombardement ankommender Stimuli, die in ihrer Gesamtheit noch nicht in einer Beziehung zueinander stehen, geschweige denn integriert sind, um irgendein erkennbares und assimilierbares Verhaltensmuster zu bilden. Die zunehmende Integration und Assimilation solcher neueintreffender Stimuli, ihre Verbindung untereinander und der Erwerb neuer Verhaltensmuster, die sich aus Gruppen oder Garnituren solcher Stimuli zusammensetzen, die eine konstante Beziehung zueinander haben, stellt die Grundlage des Lernens und der Entwicklung des geistigen Lebens der Persönlichkeit dar.

Dieser Prozeß läuft nicht nur schwierig und äußerst kompliziert ab, sondern ist auch unangenehm. Professor J. Z. Young, der über die Entwicklung berichtet, die er unter dem Begriff „Regeln zur Errichtung der Gewißheit im Hirn" zusammenfaßt, nimmt hierzu in einer besonders lebhaften und allgemein interessierenden Weise Stellung:

„Wir haben keine Möglichkeiten, all das zu prüfen und zu registrieren, was sich in den Gehirnen von Säuglingen und kleinen Kindern ereignet. Aber wir lernen eine ganze Menge – und das ist uns hilfreich – aus den Berichten solcher Leute, die eine ziemlich seltene Form der Blindheit hatten, später operiert wurden und sehen gelernt haben. In diesen Fällen können wir prüfen, wie es aussieht, wenn einzelne Phasen der Kindheit durchlaufen wurden.

Solch ein Patient, der zum erstenmal die Augen öffnet, hat wenig oder überhaupt keine Freude daran. Er empfindet diese Erfahrung als schmerzvoll. Er berichtet nur über eine wirbelnde Masse von Lichtern und Farben. Er kann einzelne Gegenstände vom Anblick her nicht erfassen und nicht erkennen, was sie sind, geschweige denn, sie benennen. Er hat keine räumliche Vorstellung gegenüber Gegenständen, obwohl er alles über die Gegenstände und ihre Namen durch Berührung weiß...

Sofern er genügend begabt und ausdauernd ist, braucht er zeitlebens seine Augen überhaupt nicht zu benutzen. Zunächst erlebt er nur eine Masse von Farben. Stufenweise lernt er, Umrisse zu unterscheiden. Zeigt man ihm einen Farbfleck, der über einem anderen plaziert ist, wird er schnell sehen, daß es zwischen dem Fleck und seiner Umgebung einen Unterschied gibt. Allerdings wird er nicht erkennen, daß er diesen besonderen Fleck schon vorher gesehen hat, auch kann er ihm keinen eigenen Namen geben.

Man hat z.B. einem Patienten eine Woche nach erfolgter Operation eine Apfelsine gezeigt und ihm gesagt, daß sie golden aussehe. Die Frage: ‚Welche Gestalt hat sie?‘ beantwortete er mit der Äußerung: ‚Lassen Sie sie mich anfassen, dann will ich es Ihnen sagen!‘ Danach erst bezeichnete er sie als Apfelsine. Dann schaute er sie lange an und sagte: ‚Ja, ich kann sehen, daß sie rund ist.‘ Legte man ihm dann ein blaues Viereck vor, so bezeichnete er es als blau und rund. Ein Dreieck beschrieb er ebenfalls als rund. Nachdem die Ecken für ihn besonders ausgemalt wurden, sagte er: ‚Ach ja, jetzt verstehe ich, man kann *sehen*, wie sie sich anfühlen.‘

Wochen und Monate, nachdem ein solcher Patient sehen gelernt hat, kann er nur mit größter Schwierigkeit die einfachsten Gestalten unterscheiden, z.B. ein Dreieck und ein Viereck. Fragt man ihn, wie ihm das gelingt, so könnte er sagen: ‚Natürlich, wenn ich sorgfältig hinschaue, kann ich sehen, daß bei dem einen Lichtfleck drei scharfe Ecken am Rand existieren, bei dem anderen sind es vier...‘ Zeigt man ihm die beiden Gegenstände am nächsten Tag erneut, so kann er nicht sagen, welches das Dreieck und welches das Viereck ist...

Dennoch können solche Menschen stufenweise lernen. Werden sie ausreichend ermutigt, können sie nach einigen Jahren ein volles visuelles Leben entwickeln und sogar in der Lage sein, zu lesen.

Es kostet wenigstens einen Monat Zeit, die Namen von nur ein paar Gegenständen zu erlernen. Stufenweise verläßt der Patient das mühsame

Zählen von Ecken und gelangt zur Identifikation von Gegenständen so schnell wie ein normaler Mensch, ohne daß der Prozeß der Identifikationsweise erkennbar ist. Personen, die Defekte an den Augen oder am Gehirn haben, sind also fähig, normal zu handeln. Was diesen Menschen fehlt, ist ein Vorrat von Regeln im Gehirn. Regeln, die normalerweise erst nach langen Jahren der Erfahrung mit den Augen erlernt werden. Diese Menschen haben keine Modelle, mit denen sie den Input vergleichen können, auch keine Matrize oder ein Filter, das sie benutzen könnten, um wesentliche Merkmale ihrer visuellen Erfahrung auszuwählen und geeignete Wörter und andere motorische Antworten hervorzubringen. Der normale Mensch lernt die Regeln des Sehens, indem er einige Teile der sensoriellen Eingangsenergie mit motorischen Handlungen verknüpft, die ihm dann eine Benennung und die Vollziehung einer Verbindung ermöglichen."

Soviel hier über die Schwierigkeiten integrierender Erfahrung. Aus der Neurophysiologie wissen wir darüber hinaus einiges über die Aktivitätseigenschaften des Gehirns, die notwendig sind, dieses komplexe Verfahren zu beherrschen. Elektroenzephalographische Registrierungen von Aktionsströmen im Hirn eines Säuglings zeigen, daß die Aktivität verschiedener Teile des Gehirns weithin noch unkoordiniert ist. Die Zahl, Verschiedenheit und Amplitude der verschiedenen Wellen, die im Elektroenzephalogramm registriert werden, sind hinsichtlich ihrer Länge und Frequenz in diesem Lebensabschnitt außerordentlich kompliziert. Während des Säuglingsschlafes scheint die Mehrzahl der Neuronen eine synchrone Pulsation zu vollziehen. Obwohl man das Gehirn während dieser Zeit als in Ruhelage befindlich betrachten kann, so ist es doch wahrscheinlich, daß die assimilierten Muster der Wachheitsperiode, die mit Aktivität angefüllt sind, gespeichert und integriert werden.

Wächst das Kind heran, und wird es nach Durchlaufen der einzelnen Lebensabschnitte erwachsen, so registriert man einen gesamthaften Wechsel im Elektroenzephalogramm als Vereinfachung von Wellenmustern des Gehirns im Wachheitszustand. Eine Vereinfachung, die mit einem größeren Grad von Aktivitätsintegration und -koordination in den verschiedenen Gehirnteilen verbunden zu sein scheint. Die Komplexität und der Streß, die in dieser Theorie der Aktivitätsart begründet liegen, eine Aktivitätsart, die vom Gehirn gefördert wird, um seine initiale Ordnungsintegration aus dem offensichtlichen Chaos während der ersten Wochen und Monate des Lebens herbeizuführen, läßt eine mögliche Erklärung dafür zu, warum das neugeborene Kind einen so großen Anteil der täglichen 24 Stunden benötigt, um sich dem Bombardement sensorischer Erfahrung durch Schlaf zu entziehen. Neugeborene Kinder benötigen etwa 20 Stunden Schlaf pro Tag. Man kann annehmen, daß sie dem Bombardement für etwa vier Stunden ausgesetzt sind, während sie für die verbleibenden 20 Stunden ruhen und die Effekte jedes nachfolgenden Bombardements zur Vorbereitung auf das nächste integrieren.

Der Säugling macht sich ein Bild von der Welt und seinem eigenen Platz darin. Dieses Bild gewinnt er aus dem kontinuierlichen Bombardement sensorischer Erfahrung, dem er während seiner Wachheitsstunden ausgesetzt ist. Die konstante und forschreitende Auslese sowie Assimilation dieser Erfahrung ermöglichen es dem Säugling im Laufe von Wochen oder Monaten, einige lebenswichtige Entdeckungen über sich und die Welt ringsum zu machen.

Das Ich tritt in Erscheinung

Wahrscheinlich ist es die erste Erkenntnis des Ich, daß es einen Teil des Lebens und der Erfahrung gibt, die fortwährend mit ihm verknüpft ist und die das Ich später tatsächlich als einen Teil seiner selbst erkennt. Darüber hinaus gibt es noch einen anderen Teil, der ständig fluktuiert und wechselt und der sich in gewisser Weise jenseits und außerhalb von ihm befindet. Man könnte sich vorstellen, daß der Unterschied, den das Kind in jenem Stadium erfährt, zwischen dem liegt, was „Ich" und was „Nicht-Ich" ist. In diesem Zusammenhang muß man daran denken, daß jede Beschreibung des Beginns einer Erfahrung und seiner Integration in das sich entwickelnde Gedächtnis des Kindes, will man sie in Worte fassen, zwangsläufig eine wichtige Quelle des Irrtums darstellt: nämlich die Vermutung, daß Säuglinge denken und ihre Gedanken als Worte verstehen.

Als Erwachsene neigen wir dazu, wörtliches Denken als selbstverständlich hinzunehmen. Hier sei daran erinnert, daß ein Kind den Gebrauch von Wörtern als komplexe flexible Werkzeuge zur symbolischen Kommunikation so lange nicht benutzt, bis es zu sprechen beginnt. Sein gesamtes Denken bis zu diesem Zeitpunkt ist nonverbal. Es ist schon ein merkwürdiger Gedanke, daß ein Großteil der schwierigsten Gehirnarbeit eines Individuums zu einem Zeitpunkt geleistet wird, zu dem das Individuum noch kein Kommunikationssystem und keinen symbolischen Ausdruck seiner Gedanken erworben hat, ohne den das spätere Denken unmöglich scheint.

Ein Großteil dieser frühen und integrativen Leistung, die die Grundlage des Geisteslebens darstellt, scheint sich auf einem unbewußten Niveau zu vollziehen. Wie wir später sehen werden, ist es ein Charakteristikum unbewußter geistiger Prozesse, daß sie entweder gänzlich nonverbal ablaufen oder sich ganz anderer Symbole, einschließlich Wörter, bedienen und sich dadurch von bewußten Gedanken unterscheiden. Aber während der Säugling noch nicht über entsprechende Worte gegenüber einer „Ich"/„Nicht-Ich"-Trennung verfügt, ist es die erste und grundlegendste Trennung von vielen, die schließlich sein Weltbild errichten helfen.

Der wichtigste Aspekt der „Nicht-Ich"-Erfahrung kann als beständiges Element gegenüber einem unbeständigen Hintergrund angesehen werden. Das konstante Element ist der erste Eindruck des Kindes von seiner

Mutter als einer anderen Person, die instinktiv als unentbehrliches Glied zwischen dem Ich und allem übrigen akzeptiert wird.

Dies ist ein grundlegendes Verhältnis. Es muß sich ergeben, wenn sich das Kind normal entwickeln soll. Obwohl mit gleichem Ergebnis auch ein anderes Individuum den Platz der Mutter im frühen Leben des Kindes einnehmen kann, sind es das eigene spezielle Verhältnis der Mutter zum Kind und ihre persönlichen Gefühle, die sie zur idealen Person werden lassen, diese Rolle einzunehmen.

Als Auswirkung der „Ich"/„Nicht-Ich"-Trennung wird dem Kind bewußt, ohne die Fähigkeit, dies in Worten auszudrücken, daß es gänzlich von der Gnade seiner äußeren Umgebung abhängig ist. Seine Mutter ist daher nicht nur emotional unentbehrlich, sondern seine einzige beständige Quelle physischer Stärkung und Zuneigung. Die Unsicherheit des Kindes wird von seinem Vertrauen zu und in Abhängigkeit von seiner Mutter ausbalanciert. Doch ist auch diese sehr frühe und fundamental notwendige geistige Anpassung nicht ohne Schwierigkeiten zu verwirklichen. Denn die Mutter ist nicht nur die einzige und wesentliche Quelle der Behaglichkeit, Zufriedenheit, Wärme und Beschützung. Von ihr scheint auch als einziger Person jegliche Art von Frustration auszugehen. Sie ist es, die das Kind aufnimmt, es umarmt und füttert. Aber sie ist es auch, die es hinsetzt, es verläßt oder es versäumt, das Kind jedesmal, wenn es seine Nöte mit Schreien äußert, zufriedenzustellen.

Natürlich ist diese Frustration ein ebenso wesentlicher Teil der Lebenserfahrung wie auch die angenehmeren Aspekte. Das Leben als eine Angelegenheit praktischer Erfahrung wimmelt von Frustrationen ebenso wie von günstigen Umständen. Es ist nur wichtig, ihnen frühzeitig zu begegnen und darin uns selbst und unsere Beziehung zu anderen, mit denen wir im Wettstreit liegen, zu entdecken, um schließlich eine bestimmte emotionale Sicherheit erreichen zu können. Dennoch ist dieser Aspekt des Wachstumsprozesses unwillkommen und unangenehm, und das Kind empfindet keine Dankbarkeit gegenüber der Mutter, die ihren unvermeidlichen Teil dazu beisteuert. So erfährt das Kind, auch wenn es noch physisch und emotional von seiner Mutter abhängig ist, Frustration ebenso wie Genugtuung aus ihren Händen. Die Reaktion des Kindes ist einfach und ganz unmißverständlich. Das Kind liebt und haßt seine Mutter zugleich. Das Kind liebt sie für alles, was sie für es tut, und es haßt sie für alles, was sie unvermeidlich nicht tun kann oder versäumt zu tun. Die Entdeckung zweier so intensiv konkurrierender und daher schmerzhaft antagonistischer Gefühle für die gleiche Person, eine Entdekkung, die irgendwann zwischen dem vierten und dem sechsten Lebensmonat stattfindet, ist ein Stadium, in welchem es zum erstenmal möglich erscheint, Stimmungen des Glücks und der Niedergeschlagenheit zu fühlen, statt einfacher Reaktionen von Genugtuung oder Mißfallen. Auf diese Weise Freude und Traurigkeit zu erfahren, stellt einen langen und wichtigen Schritt nach vorne auf dem Lebensweg dar.

Wichtigkeit des Verhältnisses zur Mutter

Die vitale Wichtigkeit der Mutter im Leben des Kindes – diese Erkenntnis hat sechs Monate im Leben des Kindes gedauert – hat immer mehr Anerkennung während der letzten 50 Jahre gewonnen, und zwar hauptsächlich durch Pioniere auf dem Gebiet der Psychiatrie, wie z.B. JOHN BOWLBY, RENE SPITZ in New York und JAMES und JOYCE ROBERTSON aus dem Tavistock Institut für menschliche Beziehungen in London haben das glänzend dargestellt.

BOWLBY berichtete über kleine Kinder, die unter meist sehr einsamen und unmenschlichen Zuständen in Heime eingewiesen wurden. Er beschrieb den Kummer und den inneren Rückzug, der sich zu einer Art schwerer Depression anschoppte. Zeiträume von einigen Monaten führten zu dauerhaften Veränderungen der Persönlichkeit, besonders zum Verlust der Liebesfähigkeit. Spätere Autoren verknüpften dies mit der Häufigkeit einer gestörten Familie in der Kindheit psychopathischer Persönlichkeiten. Sie vertraten die Ansicht, daß der „mütterliche Entzug" der eigentliche Grund für eine irreversible emotionale Lähmung und Kriminalität sei. Heute kann festgestellt werden, daß die früher vermuteten Langzeitauswirkungen ihren Beweis nicht schuldig geblieben sind. Es gibt Untersuchungen über kurzfristige Trennungen, die die Faktoren exakt auflisten, die das Kind beeinträchtigen. Z.B. die Trennung von der Mutter oder andere störende Merkmale, die die Einweisung in ein Heim mit sich bringen, etwa die unvertraute Umgebung, eigenartige Geräusche, ungewohnte Arbeitsabläufe, Personalwechsel und die Tatsache, daß die Kinder manchmal erkrankten und über Schmerzen klagten.

SPITZ drehte einen denkwürdigen Film mit dem Titel „Grief: a peril in infancy". Der Dokumentarbericht zeigt die Reaktionen von Säuglingen auf längere Trennung von der Mutter sowie das Problem Muttterersatz während des ersten Lebensjahres. Im Film zeigt sich die Entwicklung reversibler Verhaltensmuster bei schwer depressivem Verhalten, bei Abwesenheit der Mutter bis zu drei Monaten. Gravierende Symptome, die einer psychotischen Intensität nahekommen und von schwerer geistiger und physischer Retardierung begleitet sind, tauchen bei längerer oder dauernder Abwesenheit der Mutter auf. Einige Beispiele dieses in Umrissen angedeuteten Inhalts, ausgewählt aus einem Übersichtsreferat, das von dem Health Education Council of America publiziert wurde, sollen dies näher erläutern.

Ein Säugling verliert seine Mutter

Jane, bekannt für ihr gutes Verhältnis zur Mutter, begrüßt einen männlichen Beobachter. Das Mädchen ist munter, aktiv und lächelt froh, als es sich nähert. Die nächste Szene ist ein paar Wochen später aufgenommen. Eine Woche, nachdem Janes Mutter gezwungen war, das Kind im Krankenhaus stationär aufnehmen zu lassen. Die Annäherung des Beobachters erzeugt zunächst Verwirrung, dann Enttäuschung und schließlich Weinen. Die nachfolgenden Szenen erläutern, daß Janes Apathie und Weinen während des gesamten dreimonatigen Zeitraums der Abwesenheit von der Mutter andauern.

Zwei weitere Beispiele betonen die Konsistenz des Musters. Ein zugängliches und glückliches sieben Monate altes Kind wird gezeigt, wie es den Besuch des Beobachters aktiv genießt. Einige Wochen nach Trennung von der Mutter ist dasselbe Kind apathisch und an den Annäherungsversuchen des Beobachters uninteressiert. Bei einem späteren Besuch liegt das Kind, das inzwischen elf Monate alt geworden ist, niedergeschlagen und zurückgezogen da und zeigt sich noch weniger zugänglich und interessiert. Nähert man sich dem Kind, so beginnt es zu schreien, und obwohl wiederholte Beruhigung das Weinen bis zu einem gewissen Ausmaß unterdrückt, so bleibt doch der kindliche Gesichtsausdruck teilnahmslos und freudlos. Verläßt der Beobachter das Kind, so kommt es zu einem neuen Ausbruch von Weinen und Kummer. Ein drittes Kind verbirgt drei Monate nach der Trennung von seiner Mutter sein Gesicht und rollt sich in einer zurückgezogenen Körperhaltung zusammen.

Kleinkinder, die ohne ihre Mutter aufgezogen werden

Dauert die Trennung von Mutter und Kind länger als drei Monate, so wird das Kind apathisch, zieht sich zurück, weint nicht mehr, sondern jammert leise. Daraus können bleibende Veränderungen der Persönlichkeit entstehen. Von 91 Kindern eines Waisenhauses wurden repräsentative Fälle ausgewählt, die alle ihre Mütter während des vierten Lebensmonats verloren hatten. Im Heim wurden sie in hygienischer und medizinischer Hinsicht ausgezeichnet versorgt und gut ernährt. Doch fehlte die Zeit, jedem Kleinkind mütterliche Liebe zu geben. Sechs Kinder im Alter zwischen 8 und 15 Monaten wurden untersucht. Nicht ein einziges war in der Lage, zu sitzen oder zu stehen. Ein acht Monate altes Zwillingspaar zeigte retardiertes Verhalten. Ein Kind verhielt sich wie ein Dreimonatsbaby, ein anderes blieb vollständig passiv. Andere Babys zeigten bizarre Bewegungen, die Kindern mit psychotischen Störungen ähnelten. Ein 15 Monate altes Kind mit dem Verhalten eines Dreimonatskindes war beispielhaft für diese Kinder, die sich nicht regelrecht entwickeln, leicht krankheitsanfällig sind und zusätzlich an interkurrenten Infekten leiden.

Bei älteren Kindern, die im Alter von 1½ und 2½ Jahren in das Heim gebracht wurden, beschrieb ROBERTSON eingehend die Stadien des Protestes, der Verzweiflung und Verweigerung:

„In der *Protest*phase protestiert das soeben von der Mutter getrennte Kind gewöhnlich bitterlich gegen den Verlust der Mutter und versucht, sie durch Schreien und Rufen wiederzuerlangen. Es widersetzt sich der Aufmerksamkeit der Schwestern. Dann, nach ein paar Stunden oder Tagen macht der Protest einer *Verzweiflung* Platz: Das Kind hört auf zu schreien, es ist ruhig und klagt nicht, nörgelt vielleicht ein wenig. Wird es zu diesem Zeitpunkt wieder der Mutter zugeführt, so kann es sich von ihr nur mit Unwillen abwenden. Es ist unsicher und für eine lange Zeit hin schwierig zu behandeln. Dauert die Trennung noch länger in einer Umgebung an, wo das Pflegepersonal wechselt und es keine Möglichkeit stabiler Beziehungen gibt, so folgt der Verzweiflung die *Verweigerung* (die auch manchmal *Absonderung* genannt wird).

In der Endphase ist das Kind oberflächlich zufrieden und durchaus umgänglich. Es ist darüber hinaus aber an einer Kontaktaufnahme desinteressiert, so daß es ungerührt bleibt, wenn seine Eltern zu Besuch kommen und wieder weggehen oder das Pflegepersonal wechselt."

Robertson wurde durch weitere Studien bekannt. Er beobachtete Kinder, die eine ausgezeichnete Pflege erhielten, einige sogar im Hause der Familie Robertson. Diese Beobachtungen wurden in dem Filmstreifen: *Kleinkinder, die für kurze Zeit von ihren Eltern getrennt werden* festgehalten. Die Ergebnisse dieser Untersuchungen sind sehr unterschiedlich.

„Unsere Studie zeigt, daß Kleinkinder durchaus einen Fingerzeig geben, um Zuwendung und zwischenmenschliche Beziehungen in Erwartung von Antworten zu erlangen, die ihnen von zu Hause bekannt waren. Das Ausmaß des Verlustes der Mutter wird durch die Fähigkeit der Erzieher beeinflußt, die solche kindlichen Hinweise erkennen und erwidern, sofern sie angeboten werden.

So versucht John sich wiederholt an die eine oder andere Schwester in einem privaten Kinderheim zu binden. Nachdem alle Erzieherinnen zu einer Erwiderung unfähig waren, wandte sich das Kind in akutem Schmerz, der von einem apathischen Sich-Zurückziehen gefolgt war, ab. Suchten aber unsere vier Pflegekinder in ähnlicher Weise eine Kontaktaufnahme, so wurde dies von der Pflegemutter erwidert. Diese Beziehung stützte die Kinder in emotionaler Hinsicht. Sie zeigten eine gute Entwicklung. Obgleich sie durch den Verlust der Mutter verängstigt waren, waren sie dennoch nicht wie John emotional zugeschüttet worden. Sie litten unter keinem Trauma.

Die Erfahrung der Pflegekinder mit der guten mutterähnlichen Pflege wurde während der gesamten Trennungszeit aufrechterhalten. Daher kehrte jedes Kind zufrieden mit der Erwartung einer guten Bemutterung zur eigenen Mutter zurück. Nur John, der einen empfindlichen Verlust mütterlicher Fürsorge erlitten hatte, war bei seiner Rückkehr feindselig gestimmt."

Diese Untersuchungen zeigen deutlich, daß Kinder die Aufrechterhaltung emotionaler Beziehungen zu ihren Müttern oder ähnlichen Bezugspersonen benötigen, und zwar in der gleichen Weise wie sie Nahrung, Obdach und andere lebensnotwendigen Dinge zu ihrer vollständigen Entwicklung brauchen. Diese Umstände enthüllen, wie eng der extreme Kummer eines Kindes dem eines Erwachsenen in seiner ultimativen Ausdrucksweise ähnelt.

Auswirkungen von Bedrohung und Frustration

Es ist ganz natürlich, daß das normale Kind Trennungen von der Mutter zu vermeiden sucht. Die Bedeutung einer Trennung für die Kindheit wurde erst in den letzten 25 Jahren wissenschaftlich erforscht. Der fortgesetzte Druck von seiten der Umwelt auf das Leben des Kindes ruft, wie wir gesehen haben, noch andere, leichter zu handhabende Frustrationen hervor. Die nächstwichtigste Frustration stellt wahrscheinlich das Auftauchen des Vaters in seiner dualen und geteilten Rolle dar. Dabei handelt es sich um die Basis dessen, was FREUD den Ödipuskomplex nennt und den er als Hauptquelle potentieller Neurosen bei beiden Geschlechtern ansieht.

Das Kleinkind kann mit einem unlösbaren emotionalen Konflikt zwischen der eigenen Eifersucht gegenüber dem Vater als einem Rivalen einerseits und der Bewußtheit der Abhängigkeit von ihm als dem stabilen Hintergrund des Familienlebens andererseits konfrontiert werden. Folge der kindlichen Eifersucht und des Gefühls für die eigene Unzulänglichkeit in Rivalität zum Vater sind aggressive Wünsche und Gefühle. Sie sind gegen den Vater gerichtet, wenn der Einfluß des Vaters und die Ansprüche gegenüber der Mutter mit dem eigenen Wunsch des Kindes für ausschließliche Aufmerksamkeit von seiten der Mutter in Konflikt geraten. Darüber hinaus sind diese heftigen feindseligen Gefühle nicht nur in der Vorstellung des Kindes verboten, sondern es stehen ihnen auch die Liebe, der Respekt und das Vertrauen entgegen, daß das Kind normalerweise gegenüber seinem Vater als Person empfindet. Wenn es sich dabei um einen Jungen handelt, so ist sein natürliches Verlangen, seinem Vater nachzueifern und ganz wie er zu sein. Das Kind ist mit dem Konflikt zwischen Groll und Liebe zu einer Person konfrontiert. Einerseits dient der Vater als wundervolles und bewundertes Ideal zur eigenen Nacheiferung, andererseits besteht der Wunsch, dieses Ideal zu vernichten oder zum Verschwinden zu bringen, damit das Kind selbst seinen Platz einnehmen kann.

Der Konflikt zwischen der Liebe gegenüber einem Rivalen und dem Gefühl, Glück und eigene Sicherheit durch die Eifersucht des besten Freundes bedroht zu sehen, sind ein Motiv, das sich durch das ganze Leben zieht – ein beliebtes Thema der Literatur und des Dramas. Die gedankliche Vertiefung der frühesten und äußerst akuten emotionalen Probleme der

Kindheit – übertragbar auf ein weitgespanntes Raster der Erwachsenenerfahrung – sind nur ein Beispiel. Heftige Gefühle, die von unseren frühesten und vielleicht am wenigsten integrierten emotionalen Erfahrungen begleitet sind, führen zur Einflußnahme auf all unsere späteren Interessen, Ängste und Befürchtungen. Das Kind erfährt den Gefühlskonflikt mit seinem Vater zum erstenmal in den ersten Lebensjahren, zu einer Zeit, wo sich noch keine mögliche Lösung anbietet, die das Kind zu einer endgültigen oder entscheidenden Befriedigung führen könnte. Auch kann das Kind nichts selbst überdenken oder mit anderen darüber sprechen. Wir haben uns erneut daran zu erinnern, daß das Kind keine Worte hat, um seine Gedanken zu symbolisieren oder sie gar anderen zu vermitteln.

Diese Konstellation von Gefühlen und Ideen, verknüpft mit einer starken emotionalen Komponente, im Zusammenhang mit der Rolle des Vaters und den Gefühlen des Kindes seiner Rolle gegenüber und gegenüber der eigenen Position in der Gesamtsituation liefert ein lebhaftes Beispiel überwältigender intensiver Erfahrung. Erfahrungen von solch emotionaler Intensität können einen äußerst bedrohlichen Faktor in der kindlichen Entwicklung darstellen, besonders etwa bei der Trennung von der Mutter. Es gibt allerdings einen natürlichen Mechanismus, den der Mensch im Laufe der Zeit entwickelt, um dem emotionalen Streß, der seine Integration und Entwicklung zur Persönlichkeit überwältigen könnte, zu begegnen. Er versucht solchem Streß zuvorzukommen. Der erste, der den Mechanismus der Repression entdeckte und in verständlichen Worten beschrieb, war SIGMUND FREUD. Er legte großen Wert darauf, daß im Studium der Psychologie diese Umstände Beachtung finden sollten.

Spätere Kindheit

Die Kleinkindperiode endet normalerweise etwa zwischen dem vierten und fünften Lebensjahr. Von dieser Zeit an entwickelte sich beim Kind die Fähigkeit, eigene dauerhafte Bindungen mit der Außenwelt und den Mitmenschen aufzubauen. Während das Kind noch in den emotionalen mütterlichen Lebensbereich einbezogen bleibt und dort bis zum siebten oder achten Lebensjahr verharrt, kann es nun seine Schritte nach vorn setzen und anderen Menschen gegenübertreten, um seine Beziehungen zu diesen auf einer Grundlage von Bindungen, wie sie gegenüber den eigenen Eltern aufgebaut wurden, zu knüpfen. Das Kind besucht die Schule, trifft andere Kinder, spielt mit ihnen und hat Anteil an den Frustrationen und Verantwortlichkeiten des Heranwachsens.

Bisher war es ein gänzlich auf sich selbst bezogenes und emotional explosives Individuum. Jetzt wird es mehr und mehr zu einem Individuum in einer Gemeinschaft mit anderen Individuen, das darin seine Satisfaktion sieht und gleichzeitig auch etwas von seinen Kräften weitergibt, die von seinem Platz in der Gemeinschaft abhängig sind. In diesem Lebensabschnitt wird die Basis für das formale Lernen gelegt, die das Kind später mit dem geistigen Rüstzeug für die Fülle der abstrakten Probleme des Erwachsenendaseins versehen.

Im Gegensatz zur Explosivität der Kindheit zeigt sich in diesem Stadium der menschlichen Entwicklung eine auffällige Stabilität und Plastizität. Diese Periode dauert etwa vom neunten bis zum elften Lebensjahr, bis eine zweite große Welle der Veränderung das heranwachsende Kind zu überspülen beginnt. Dann setzt die physiologische sexuelle Reife ein. Der Sexualtrieb, von Geburt an vorhanden, bisher in mehr vager, diffuser und nur schwacher Form wahrgenommen, fehlte bisher: Nun setzt seine volle physische Entäußerung ein, gleichzeitig wird der körperlichen Entwicklung Vorschub geleistet. Auch kommt es jetzt allmählich zu einer emotionalen Entwicklung des Kindes, das nicht länger mehr ein Kind bleibt.

Adoleszenz

Erreicht der Heranwachsende dieses Stadium der Entwicklung, überflutet eine ganze Lawine zunehmender Spannungen und Konflikte sein Leben. Wiederum erfährt das Kind unbewußt, jetzt aber in intensiver Form, alle Gefühle von Rivalität, Unsicherheit und Aggression der Kindheit, gemeinsam mit den Eltern in deren alten wie auch neuen Rollen.

Junge Menschen in diesem Entwicklungsstadium sind besonders kritisch gegenüber allen Dingen, die ihre Eltern ihnen während ihres Aufwachsens einprägen wollten. Die Kinder scheinen besonders am entgegengesetzten Standpunkt der Eltern über ihre Erziehung Gefallen zu finden. Der überzeugte Kirchgänger kann eine Periode durchwandern, in der er sich schließlich als Atheist bezeichnet. Die Tochter des Freidenkers möchte möglicherweise als Nonne in ein Kloster eintreten. Für die Kinder stellen diese Entscheidungen leidenschaftlich ernste und offensichtlich notwendige Verhaltensweisen dar. Solche Äußerungen empfinden die Eltern allzuoft als schiere Oppositionshaltung.

Alle Beteiligten können eine höchst turbulente und unglückliche Zeit durchmachen. Das Kind fühlt sich jenseits der alten, sicheren und zumindest teilweise explorierten Grenzen der Kindheitserfahrung auf dem Wege in das Niemandsland der Unabhängigkeit und Macht der Erwachsenen: Phänomene, die ihm noch märchenhaft weit entfernt scheinen. Zudem fehlt das Vertrauen oder die Erfahrung für das Erwachsenenleben, aus dem sich das Kind ausgeschlossen sieht, das es vermeiden und dem es sich noch verweigern will.

Die Periode der Rebellion und Feindseligkeit gegenüber einer Autorität im allgemeinen und den Eltern im besonderen stellt den Teil eines natürlichen und unvermeidlichen Entwicklungsstadiums dar. Die Heranwachsenden ihrerseits sind sich teilweise über den beträchtlichen Nachteil in praxi im klaren, der sie in diesem Stadium ihres Lebens umgibt. Man kann sie mit Menschen vergleichen, die in ein fremdes Land ausgewiesen werden. Die Tore der Kindheit schließen sich hinter ihnen, doch haben sie keinen Paß für die Unabhängigkeit und das Prestige der Erwachsenenwelt. Sie stehen unruhig und zeitweilig aggressiv in einer Art Niemandsland zwischen den Grenzen. Ihre Eltern scheinen nicht mehr länger die mächtigen Vorbilder zu sein, die ihre Kindheit beherrschten und auf die sie sich verlassen konnten, was Schutz und Unfehlbarkeit anlangte. Wenn sie ihre Eltern schon nicht akzeptieren können, so können sie sich selbst noch viel weniger akzeptieren.

Sie sind sich über die sich entwickelnden Emotionen mit einem bewußt sexuellen Anstrich, dessen Intensität sie erregt und verwirrt zugleich, durchaus im klaren. Sie sind zugleich selbstbewußt, aber auch auf die Erwachsenen ärgerlich, die sie halb beneiden und halb bewundern. Und bei alledem wollen sie am liebsten ihre unglücklichen Eltern tadeln, denen numehr fast ihr ganzes Prestige entzogen ist. Jetzt scheinen die Eltern nur noch Hindernisse der Freiheit, die der Heranwachsende leidenschaftlich wünscht, doch noch teilweise fürchtet.

Die Eltern stehen jetzt symbolisch für alles, was eher in Frage gestellt und kritisiert werden muß, als für das, was man befolgen muß. Dennoch werden die Eltern jetzt mehr als in Zukunft gebraucht.

Viele Menschen können sich an diese Zeit ihres Lebens nicht mehr in Einzelheiten erinnern. Wer sich erinnern kann, für den ist die Erinnerung selten besonders glücklich. Trotzdem neigt man dazu, zum Schutz vor schwerwiegenden Störungen, ausgelöst durch das Wiederaufflackern vergangener Schmach, Unsicherheit, Ängste, Enttäuschungen oder Erniedrigungen, sich nur an das zu erinnern, was man ertragen kann. Die objektiven Charakteristika eines durchschnittlichen Heranwachsenden können mit Prozessen in der Persönlichkeitsentwicklung in Zusammenhang gebracht werden, die wir soeben untersucht haben.

Der normale Heranwachsende ist verhältnismäßig indifferent gegenüber Kindern, aber sehr different in seiner Haltung gegenüber Erwachsenen. Er imponiert abwechselnd als hitzköpfig und zärtlich anderen gegenüber. Es besteht die Tendenz, schützende Freundschaftsbande und Verbindungen mit jungen Leuten dieses Alters herzustellen. Dies ist eine Tendenz, die in unserer Gesellschaft in endlosen Diskussionen über Teenagerprobleme erkannt wurde und eine widerborstige und sensitive Identifikation untereinander als Gruppenphänomen aufwies. Die jungen Menschen werden von ihren eigenen Gefühlen verwirrt, und zwar durch die Intensität und die Bestimmtheit dieser Gefühle. Junge Menschen sind dabei weitgehend in Introspektion und Phantasiedenken verfallen. Diese chaotische Entwicklungsperiode ähnelt weit mehr einem neurotischen Geschehen, wie wir es später kennenlernen werden, als der Lebensperiode eines normalen Individuums.

Die Jugendzeit ist eine Periode voller turbulenter Gefühlsregungen und oftmals voll von gestörtem Verhalten. Eine Zeit, wo Liebe, Toleranz und phantasievolles Verstehen überhaupt nicht mehr verlangt, geschweige denn akzeptiert werden. Die normale Adoleszenz ist keine Periode von ungelindertem Trübsinn oder von Hoffnungslosigkeit, sondern die vielen Trostzuwendungen, Vergnügungen und Aufregungen dieser Jahre ähneln den Eigentümlichkeiten aus der Kindheit oder aus der Periode, die der Reifezeit vorweggenommen wurde.

Reifezeit

Am Ende der Adoleszenz, etwa zwischem dem 17. und 19. Lebensjahr, beginnt die Periode der Reife. Beim normalen Individuum sind alle Muster des triebhaften Verhaltens mit seinen begleitenden Emotionen, die die weitere Entwicklung charakterisieren, mittlerweile zum Vorschein gekommen. Trotz der zunehmenden Komplexität im Existenzkampf mit der Außenwelt sind die äußerst explosiven Phasen der Anpassung gegenüber dem Innenleben, gegenüber sich selbst und der Beziehung zu anderen nunmehr zur Vollendung gelangt. Inzwischen sind die Verhaltensmuster, wie man mit Erfolg oder Mißerfolg umzugehen hat, und die Fähigkeiten, die entwickelt werden müssen gegenüber Liebe oder Haß, Vertrauen oder Mißtrauen, dem Akzeptieren oder Abweisen von anderen Menschen, im wesentlichen ausgebildet. Sie üben ihren Einfluß zwar noch aus, stellen jedoch keine absolut determinierenden Faktoren mehr dar. Eine Modifikation ist natürlich immer noch möglich. Doch ist eine solche Modifikation nicht einfach Sache von Verstand und Intelligenz im Lichte der Erfahrung. Es hängt vielmehr von dem Umfang ab, in dem neue emotionale Antworten, zusammen mit dem begleitenden Risiko neuer und schmerzlicher Anpassungen, innerhalb der Persönlichkeit des betreffenden Individuums toleriert werden können.

Objektive Beobachtung und klinische Erfahrung lehren, daß es für den einzelnen äußerst schwierig ist, eine habituierte emotionale Antwort zu ändern oder aufzugeben, die in den äußerst empfindsamen und formierenden Jahren der Kindheit und im Laufe der Beziehung des Kindes zu seinen nächsten Angehörigen eingepflanzt wurde. Als Beispiel kann der Fall eines Kindes gelten, dessen Beziehung zu seinem Vater unglücklich war. Es war dessen dringender Wunsch, den Vater zu respektieren, zu bewundern und zu lieben, ein Wunsch, der von Groll, Eifersucht oder einem Gefühl von Betrug durchkreuzt und ersetzt wurde. Solch ein Mensch wird, auch wenn er die Kindheit hinter sich gelassen hat, glauben, jede Beziehung zu Älteren oder Autoritätspersonen sei für ihn schwierig und herausfordernd. Manchmal reicht ein ganzes Leben nicht aus, um ihm eine bessere Anpassung seiner emotionalen mißlichen Lage zu ermöglichen, die ihn fortwährend mit Drohungen und dem Schatten an entfernte und in der

Erinnerung halb versunkene Tage belastet, deren gegenwärtigen Druck er allerdings leugnen kann.

Ausbildung neurotischer Verhaltensweisen

Die Tendenz, Verhaltensmuster während der emotionalen Entwicklung auszubügeln oder von ihnen von Zeit zu Zeit beeinflußt zu werden, ist im wesentlichen ganz normal. Werden diese Muster aber besonders morbide oder erfolglos, dann bilden sie die Basis für die vielgestaltigen Manifestationen, die man als Neurosen oder neurotische Verhaltensmuster bezeichnet.

Ein hilfreicher Weg, Neurosen und neurotische Patienten zu erkennen, ist die Betrachtung der Neurose als Perpetuierung von Antwortmustern. Neurosen kommen dadurch zustande, daß eine Serie von erfolglosen und zunehmend unerträglichen Situationen mit entsprechend unerträglichen emotionalen Erfahrungen heraufbeschworen wird. Die verzweifelte und zunehmend erfolglose Antwort des Patienten besteht in der Wiederholung des ursprünglichen Verhaltensmusters. Die Adoleszenz stellt in dieser Hinsicht ein Wiederaufleben der Explosibilität der Kindheit unter neuen Umständen dar. Der Umfang, mit dem sich die Verhaltensmuster der Kindheit wiederholen, entspricht dem Ausmaß, mit dem die Adoleszenz als turbulent, unglücklich und neurotisch erschien. Das Bild, zu dem sich diese chaotische, aber notwendige formierende Lebensperiode ausweitet, bedingt das Auftauchen neuer und mehr flexibler Verhaltensmuster. Sie bestimmt zugleich den Erfolg, mit dem der einzelne von der Adoleszenz in die Reifezeit eintritt.

Der Arzt muß die Ähnlichkeit zwischen neurotischem und normalem Verhalten berücksichtigen, aber auch die Unterschiede beachten. Kann der Durchschnittsmensch in einer schwierigen, bedrohlichen und provokativen Umgebung glücklich und einigermaßen stabil leben, so deshalb, weil die Grundverhaltensmuster, die er sich während der Kindheit und Adoleszenz angeeignet hat, weitgehend intakt sind und seine Kapazität, sie zu modifizieren, nicht abnorm begrenzt ist. Das ist eine der Möglichkeiten, das Konzept emotionaler Reife zu deuten. Emotionale Reife ist eine Kombination von intakten, stabilen und effizienten Verhaltensmustern mit ausreichender Flexibilität und Spannkraft, die dazu befähigen, im Lichte der Erfahrung während des Erwachsenenlebens jeweils modifiziert zu werden.

Die Fähigkeit, sich emotionale Reife anzueignen, ist weitgehend angeboren und konstitutionell bedingt, wie wir später noch sehen werden. Die Varianten in Abstufung und Charakter der Verhaltensmuster, wie sie während der individuellen Lebenszeit zur Entfaltung gelangen, sind überwiegend von den Erfahrungen im Leben abhängig. Von allen Erfahrungen werden die der ersten 15 Jahre immer am stärksten ihren Einfluß auf das Leben des einzelnen ausüben.

Rolle der Intelligenz

Während die objektive Messung der emotionalen Reife eine schwierige und umstrittene Aufgabe ist, ist die objektive Messung der intellektuellen Reife verhältnismäßig einfach. Die Entwicklung der emotionalen Reife und Intelligenz ist nicht miteinander identisch und kann daher separat untersucht werden, obwohl enge Beziehungen bestehen, die während der Kleinkinderzeit, Schulkinderzeit und Adoleszenz sich nebeneinander fortentwickeln. Einer der ersten Versuche, die Anlage der Intelligenz objektiv zu messen, wurde zu Anfang des 20. Jahrhunderts von BINET in Paris unternommen.

Seine Überlegung gründete auf dem Begriff der Intelligenz als einer Eigenschaft, das Verhalten als Antwort auf wechselnde Situationen erfolgreich zu modifizieren und durch Erfahrung zu lernen. Die Technik von BINET bezog auch Kinder ein, die eine ganze Reihe von Problemen und Puzzles lösen mußten, wobei die Aufgabenstellung von der *geistigen Entwicklung* abhängig war. Ein Kind, das die Aufgaben eines vier Jahre alten Kindes in typischer Weise löste, sollte auch den geistigen Entwicklungsstand eines Vierjährigen haben. Schafft es diese Aufgaben nicht und vermag es nur solche Aufgaben zu lösen, die gewöhnlicherweise von drei Jahre alten Kindern zuwege gebracht werden, so würde es den geistigen Entwicklungsstand eines Dreijährigen haben, womit es also um ein Jahr retardiert wäre.

In der Kindheitsentwicklung bleibt das Verhältnis zwischen geistiger und chronologischer Reifezeit weitgehend konstant, gleichgültig ob es sich um langsame oder schnelle Entwicklungen handelt. Multipliziert man das Verhältnis mit 100, so wird dies allgemein als Intelligenzquotient oder IQ mit einem statistischen Durchschnittswert von 100 angegeben.

Nach dem 16. Lebensjahr, wenn die Intelligenzentwicklung abflacht, muß das Diagramm, das die Messung der Intelligenz im Verhältnis zur Norm in der Bevölkerung dieses Alters anzeigt, differenziert betrachtet werden. Die Durchschnittszahl für alle Menschen ist mit 100 festgesetzt, eine mathematische Eichung dient dazu, andere Verhältniszahlen entlang der Verteilungskurve zu fixieren. Wie schon im letzten Kapitel beschrieben, liegen 50% aller Verhältniszahlen in der Bevölkerung zwischen den IQ-Werten von 90 und 110; wendet man die mathematischen und statistischen Eigenschaften der Verteilungskurve an, so können dabei alle Testwerte in die IQ-Diagramme eingetragen werden.

Ein vollständiger Intelligenztest, etwa wie der häufig benutzte Hamburg-Wechsler-Intelligenztest, weist eine Batterie von Unterskalen auf, die eine ganze Reihe verschiedener Aufgaben beinhalten, die mehr oder weniger sichtlich mit der Basisintelligenz in Beziehung stehen. Bei einigen Untertests handelt es sich um abstrakte Probleme, die mit Hilfe der räumlichen Erfahrung gelöst werden müssen, also z. B. der Zahlensymboltest, das Bilderergänzen, der Mosaiktest, das Bilderordnen und das Figurenlegen. Diese fünf Untertests werden üblicherweise in der Leistungsskala zusammengefaßt. Andere Tests berücksichtigen mehr die Sprache, wiederum andere fragen nach Kenntnisstand, Ähnlichkeiten und Zahlenketten. Wortschatz und mathematisches Vermögen des einzelnen stellen dabei den verbalen Teil dar. Es gibt geeignete Tabellen, die diese Werte in eine vollständige Intelligenzskala zusammenfassen.

Man sollte hier einfügen, daß es sich bei der Intelligenzmessung nicht um eine statische, sondern um eine dynamische Qualität handelt. Bedienen wir uns einer einfachen Analogie, so können wir sagen, daß es sich dabei eher um ein Kräftepotential zur Beschleunigung und nicht zur Höchstgeschwindigkeit bei einem Auto handelt, allenfalls um die Geschwindigkeit, in der sich das Auto gerade zur Zeit der Messung befindet. Ein solcher Beschleunigungsgrad ist stets unmittelbar mit Kraftaufwand verbunden; kennen wir nun die Kraft einer Maschine, so können wir uns auch ein hinlängliches Urteil über ihre mögliche Leistung erlauben, ob es sich hier also um eine dauerhafte Leistung handelt oder nicht.

Die Analogie mit dem Auto kann weiterhin dazu dienen, die tatsächliche Intelligenzentwicklung eines Menschen zu illustrieren. Wir können uns ein Auto vorstellen, wie es aus dem Stand heraus startet und stetig bis zu einer Höchstgeschwindigkeit beschleunigt; diese Höchstgeschwindigkeit hält das Fahrzeug während einer beträchtlichen Zeit; mit allmählicher Abnutzung und zunehmendem Alter flacht die Geschwindigkeitskurve dann stufenweise ab. Schließlich kommt es zum Verschleiß von wichtigen Teilen des Mechanismus oder gar zum Totalausfall, so daß das Fahrzeug stoppt.

Die Beschleunigungsperiode aus der Ruhe heraus korrespondiert mit der Intelligenzentwicklung von der Geburt an bis etwa zum 16. Lebensjahr; jenseits dieses Alters bleibt der tatsächliche Grad der angeborenen Intelligenz, obgleich Urteilskraft, Erfahrung und Klugheit sich fortentwickeln, die ihrerseits von einer Kombination der erstgenannten Kriterien resultieren, weitgehend konstant, bis die Kurve schließlich in der zweiten Lebenshälfte stufenweise, wenn auch zunächst nahezu unmerklich, abnimmt. Diese Abnahme wird gewöhnlich in der Praxis durch das individuelle Auftreten des einzelnen und in der Einschätzung des zufälligen Beobachters ausgeglichen, wobei die Zunahme der Urteilskraft, der Erfahrung und der Klugheit, die die späteren Lebensstadien charakterisieren, eine maßgebliche Rolle spielen. Dennoch kommt es zu einer Abnahme der angeborenen Intelligenz; dies läßt sich durch geeignete und empfindliche Testmethoden feststellen, lange bevor die Abnahme am Lebensabend manifest in Erscheinung tritt.

Ähnlich wie die Geschwindigkeit eines Autos fluktuieren kann und von der Kontrolle des Fahrers ebenso wie von der Leistungsfähigkeit der Maschine abhängt, z. B. wenn der Motor infolge von schmutzigem Öl oder einem Defekt am elektrischen System ins Stocken gerät, so kann auch die intellektuelle Leistung eines Menschen beeinträchtigt werden, indem sich emotionale Faktoren auf die Neigung oder Fähigkeit, seine Intelligenz zu benutzen, störend bemerkbar machen; andererseits kann aber auch die Gesundheit und besonders die strukturelle Unversehrtheit des Gehirns und des Nervensystems die intellektuelle Leistungsfähigkeit beeinflussen.

Hohes Alter beim gesunden Menschen

Im kognitiven Bereich wurde die Abnahme der Intelligenz bereits erwähnt. Gleichzeitig kommt es aber auch zu einer Abnahme des aufgeweckten, attenten Verhaltens, wobei der einzelne zunehmend geringer in der Lage ist, verschiedene Stoffkomplexe gleichzeitig in sich aufzunehmen. Die Merkfähigkeit beginnt nachzulassen, besonders die Aufnahme und Wiedergabe neuer Erfahrungen. Das Erlernen neuer Wissensgebiete und neuer Erscheinungsformen intellektueller Aktivität wird zunehmend schwierig, weil die Wiedergabe von dem, was auf vielen Umwegen dem Gedächtnis eingeprägt wurde, mangelhaft ist. Der alte Mensch lebt vom intellektuellen Kapital seiner Vergangenheit.

In emotionaler Hinsicht ist eine maximale Stabilität erreicht worden. Schließlich kommt es indes zu zerebralen Veränderungen, wovon das späte Senium unterminiert wird. Jetzt tauchen wieder Labilität, Empfindlichkeit und Tränen der „zweiten Kindheit“ auf. Korrekturen einmal eingenommener Standpunkte lassen sich jetzt nicht mehr erwarten, die Interessen werden begrenzter, der Horizont enger. Die Welt dreht sich nur noch um eine kleine Anzahl von Bekannten und Familien. Es treten Perioden relativer Inaktivität auf, die den größten Teil des Tages einnehmen. Der alte Mensch kann zu einem *Laudator temporis acti* werden, er begrenzt seine Interessen gegenüber den Anforderungen in der modernen Welt. Seine Gesundheit wird zunehmend hinfälliger. Er bezieht die Möglichkeit ein, mittellos zu werden. Zumindest diese beiden letzten Punkte kommen häufig vor. Die sexuelle Aktivität nimmt stetig ab. Es kommt auch vor, daß sie bemerkenswert erfolgreich aufrechterhalten werden kann, soweit sie in jüngeren Jahren ununterbrochen praktiziert wurde.

Der Eintritt ins Rentenalter kann zu einer Entwurzelung und Unruhe beitragen. Bei Menschen, die nicht darauf vorbereitet sind oder die nur über begrenzte Persönlichkeitsreserven verfügen, aber viel Einsatz im früheren Beruf zuungunsten des häuslichen Lebens geleistet haben, können der völlig veränderte Lebensstil und die anders gearteten persönlichen Beziehungen ein psychotisches Bild auslösen. Diesem Risiko läßt sich mit einem reichen und lebendigen Leben, Interessen außerhalb des Berufes oder in Bereichen, in denen der pensionierte Mensch noch immer willkommen ist und gebraucht wird, vorbeugen.

Die Erfahrung, Witwer geworden zu sein, wirft mehr Schatten als die Pensionierung, da der Zeitpunkt gewöhnlich unerwartet kommt. Für den Überlebenden zerreißen tiefe Bindungen, und er geht u. U. in eine vollständige emotionale Isolation. Zusätzlich zu der Tragödie und der Trauer kommt in einer ganzen Reihe von Fällen noch psychische Krankheit oder sogar Tod hinzu.

Die Rückläufigkeit körperlicher und geistiger Kräfte stellt nur ein Beispiel dar für die untrennbare Wechselbeziehung zwischen allen Lebensaspekten, vom biochemischen bis zum persönlichen Aspekt hin, der als eigentlich fundamentale Bedingung für die menschliche Existenz gilt. Das lebensbejahende Verständnis für die Implikationen dieser Wechselbeziehung stellt daher ein unverzichtbares Element in der Ausbildung zum Arzt dar.

Psychodynamische Hypothesen

Einen Schlüssel zu den geistigen Prozessen liefern die Begriffe *Repression* und das *Unbewußte*. Auf das überschießende Verhalten im Kleinkindalter folgt zunächst die relative Fügsamkeit in der Kindheit, dann die Turbulenz der Adoleszenz und schließlich die weitgehende intellektuelle, emotionale und verhaltensbedingte Integration und Reife, das Charakteristikum des normalen Erwachsenen.

Es ist ein wichtiger Grundsatz der psychodynamischen Theorie, daß Kindheitserfahrungen in vereinfachter Form eine Vorbereitung für alle späteren emotionalen Ereignisse des Erwachsenenlebens darstellen, einschließlich störender Gefühle wie sexuelle Eifersucht und Konflikte zwischen Liebe und Haß gegenüber demselben Menschen, wobei diese Eifersucht wachsen kann. Erreicht ein solcher Konflikt einen unerträglichen Intensitätsumfang und bedroht die gesamte geistige und emotionale Stabilität des betroffenen Menschen, kann dieser Konflikt aus dem Bewußtsein heraus vollständig durch einen Prozeß des automatischen und unwillentlichen Vergessens verschwinden. Ein Vorgang, den zuerst FREUD beschrieben hat, und der ihm den Namen Verdrängung gab.

Die besondere Art des Vergessens ist eine normale geistige Funktion in der Kindheit wie auch, wenn auch in geringerem Ausmaß, im Erwachsenenleben. Das vergessene Material ist nicht mehr länger für einen direkten Rückruf verfügbar, geschweige denn im Bewußtsein vorhanden. Eine Konstellation von Ideen, die sich mit intensiver emotionaler Besetzung um eine Erfahrung herum gruppiert, die dann verdrängt wurde, wird Komplex genannt; diesen Terminus hat JUNG seinem Lehrer FREUD entlehnt. Mit der äußerst geschickten Methode, die Ideen durch Gedankenassoziationen wieder heranzuziehen, konnte FREUD demonstrieren, daß tatsächlich vieles von dem vergessenen Material noch in der Erinnerung der Erwachsenen vorhanden war, obwohl es auf direkten Rückruf nicht sofort zur Verfügung stand oder normal zu erkennen war bzw. in irgendeiner Weise erfahrbar war. Die geistige Zone, in der das Material verschüttet liege, nannte FREUD das Unbewußte. Er schlug vor, zur Bestimmung des Verhaltens drei Hauptebenen des geistigen Lebens zu definieren, die wichtige Gedanken und Gefühle enthalten: Das Bewußtsein, das eine Reflexion dessen darstellt, was wir unmittelbar gewahr werden; das Vorbewußte, ein Reservoir von alldem, was auf willentlichen Rückruf zugänglich ist und daher alles enthält, was wir erinnern können; und schließlich die Zone des Unbewußten im Geistesleben. Die Zone des Unbewußten umfaßt die Quellen des Trieblebens, das schließlich das Bewußtsein in Form von Impulsen erreicht, die einem Verhalten in bestimmter Richtung Raum geben, ferner in Form von zurückgedrängten Komplexen, die das Gefühlsleben und die Handlungen beeiflussen können, ohne selbst ins Bewußtsein zu gelangen. Dies geschieht durch Erzeugung einer emotionalen Spannung, deren Ursprung im Unbewußten verbleibt.

Der Effekt, der erzeugt wird, wenn ein zurückgedrängter Komplex durch ein Ereignis in der Erfahrung des Individuums, das ähnliche Assoziationen hat, in Bewegung gerät, stellt das Produkt von Gefühlen dar, die dem Komplex ähnlich sind und insofern wahrscheinlich höchst unerfreulich oder unerträglich erscheinen.

Die Gründe einer Verdrängung liegen in der Besetzung des verdrängten Materials mit Gefühlen starker Feindseligkeit, Schuld, ausgeprägter Furcht oder auch Angst. Es handelt sich wahrscheinlich um die Gefühle, die aufgerüttelt werden, wenn ein Komplex aktiviert wird. Es werden meist unliebsame Gefühle bewegt. Durch die Verdrängung der Erfahrung, mit der sie ursprünglich verknüpft waren, erkennt der Betreffende ihren Ursprung nicht. Das Bewußtsein wird mit unliebsamen Gefühlen überflutet, die von emotionalem oder auch physischem Widerhall getragen sind und Veranlassung dazu geben können, daß die Psychiatrie mit psychischer Krankheit oder einer psychosomatischen Störung konfrontiert wird.

Dennoch ist die Verdrängung ein normaler homöostatischer Mechanismus, bei dem das psychische Gleichgewicht aufrechterhalten wird, indem Bewußtsein und Vorbewußtsein von überwältigend drohenden oder störenden Erinnerungen ausgeschlossen werden. Während der frühen Kindheit ist schiere Hilflosigkeit die Antwort auf irgendeine störende körperliche oder emotionale, überwältigende Erfahrung. Die Fähigkeit des Kleinkindes, sich mitzuteilen oder gar die Eigentümlichkeit einer Bedrohung mit Worten zu verstehen, ist im Grunde genommen nicht existent: Hier muß Verdrängung daher laufend vorkommen.

Als Folge des großen Ausmaßes der Verdrängung wächst die Fähigkeit zu intellektueller Integration und zur Entwicklung komplizierterer Verhaltensmuster und Fähigkeiten, sich der Umwelt mitzuteilen. Der Wechsel von der Explosionsfähigkeit der Kleinkindheit zur offensichtlichen Ruhe der frühen Kindheit liegt darin mitverankert. Während der späteren Periode wird Verdrängung von Zeit zu Zeit noch nötig sein, allerdings seltener, da die zunehmende Fähigkeit des Individuums, in Harmonie mit seiner Umgebung zu leben, seine Erfahrungswelt mehr assimilierbar und weniger überwältigend und unerträglich gestalten hilft.

In der Adoleszenz wächst der Sexualtrieb ungeheuer an und treibt das Individuum zu einer körperlichen und emotionalen Bindung außerhalb der sicheren und erforschten Grenzen seiner Familie. Es kommt in der Adoleszenz zur Reaktivierung von all den frühen persönlichen Konflikten und Unsicherheiten innerhalb der Familie. Unter Umständen wird eine neurotische Situation heraufbeschworen, die der Betreffende bisher noch nicht erfahren hat. Hierin liegen die wesentlichen Komponenten einer Neurose begründet: der mächtige, teilweise unbewußte Trieb, die unvollständige emotionale Integration und die auftauchenden Verhaltensmuster, die noch nicht gänzlich erfolgreich sind, sondern Wurzeln tragen, die tief in der Vergangenheit verankert sind, unbewußt ebenso wie bewußt, so daß es dem jungen Menschen extrem schwerfällt, diese Verhaltensmuster zu kontrollieren oder zu modifizieren. Dennoch ist der Durchschnittsmensch mit einer angeborenen Fähigkeit ausgestattet, eine emotionale Reife zu erlangen, die einer normalen Adoleszenz eine günstige Prognose verleiht, ungeachtet der gelegentlich aufkommenden entsetzlichen Zweifel des Jugendlichen und seiner Eltern. Sicherlich sind Maß, Grad und endgültiger Umfang der emotionalen Reifung mit nachfolgender Spannkraft und Stabilität der Persönlichkeit zu einem großen Teil sowohl der Konstitution als auch dem familiären Hintergrund und der Umgebung zu danken.

Unregelmäßigkeiten im psychodynamischen Gleichgewicht können entweder ein exzessives Wirken des Verdrängungsmechanismus, aber auch sein teilweises oder vollständiges Fehlen zur Folge haben. Eine exzessive Verdrängungshaltung kann mächtige Gefühlsstörungen mit Mangel an Einsicht für ihren Ursprung hervorrufen: Es kommt zu Phobien, ausgeprägten Stimmungsschwankungen oder zu Zwangsphänomenen. Der Mangel an Verdrängungsfähigkeit hingegen führt zu einer Überflutung des Bewußtseins mit bizarren oder wahnhaften Gedanken und halluzinatorischen Sensationen, die der Betroffene nicht von der Wirklichkeit unterscheiden kann.

Solche Beeinträchtigungen des psychodynamischen Gleichgewichts können primär durch Umweltstreß oder durch eine biochemische Störung hervorgerufen werden. Es kommt zu Veränderungen des psychischen Zustandsbildes, das subjektiv vom Patienten als Symptom erfahren und vom Arzt bei der Untersuchung objektiv beobachtet wird.

Was auch immer es mit den biologischen Grundlagen der Denkstörung und der Stimmung bzw. der Veränderung des Kontaktes gegenüber der Realität, ferner dem aktuellen *Inhalt* der Denkstörung, der besonderen

Besorgtheit und den symbolischen Ritualen von Zwangszuständen, der Eigentümlichkeit einzelner Beziehungsideen und der intensiv lebhaften und persönlichen Assoziationen von Angst und Verzweiflung bei einer krankhaften Verstimmung auf sich haben mag: All dies hat direkten Bezug zur individuellen Psychopathologie des Patienten und leitet sich aus den Reserven der unbewußten Erfahrung ab.

Der homöostatische Charakter der Verdrängung wurde oben bereits erwähnt. Es gehört zu den Charakteristika homöostatischer Mechnismen beim Menschen, daß sie in der Lage sind, unter bestimmten Umständen einen Circulus vitiosus in Gang zu setzen, ähnlich der Rolle, die die Niere beim Hochdruck spielt.

Verdrängung gehört nicht zu den Ausnahmen. Der Einfluß der Komplexe, deren emotionale Belastung aktiviert wurde, während die eigentlich relevante Erfahrung verdrängt blieb, ruft auf der Ebene des Bewußtseins eine wiederholte Erfahrung von Angst und Niederlage hervor, die ihrerseits für eine Neurose charakteristisch ist. Die Erfahrung bleibt wiederholbar, da je größer die Angst wird, um so rigider sich die Verdrängungsschranke erweist. Der Patient wird daran gehindert, spontan Einsicht zu gewinnen und dadurch die Möglichkeit zu einer subjektiven Veränderung zu erlangen.

Die neurophysiologische Basis der Verdrängung ist bis jetzt noch nicht bekannt. Ihre hypothetische Existenz gewinnt durch die lebhafte und oftmals äußerst persönliche Qualität von Halluzinationen und primären Wahnideen Nahrung. Dies ist ein Umstand, der als direkter Ausbruch ins Bewußtsein des bis jetzt unbewußt vorliegenden Materials betrachtet werden kann, und zwar zu einem Zeitpunkt, wenn Veränderungen im Gehirn zu einer Aufhebung oder zu einem Mangel der Verdrängungsmechanismen geführt haben. Das ist uns in begrenztem Umfang als normale Begleiterscheinung des Schlafes geläufig und führt zum Träumen. Im Wachzustand kann dies als Komplikation einer akuten zerebralen Intoxikation oder Hypoxie vorkommen, wobei es zu einem deliranten Syndrom kommt. Schließlich kann es zu einem wichtigen Merkmal einer der beiden endogenen Psychosen werden, und zwar in Form von weit komplexeren und andauernden Störungen im Kontakt zur Wirklichkeit.

Verschiedene Ausdrucksmuster

Die obige Darstellung hat weitgehend auf individuelle Ausprägungen verzichtet, wie sie von der Anlage her und offensichtlich von Geburt an bestehen, Differenzierungen, die den Menschen in seiner Entwicklung in divergierende Bahnen lenken. Der Mensch gedeiht in der wechselseitigen Interaktion zwischen den übrigen Mitgliedern seiner Familie und beeinflußt diese ebenso, wie umgekehrt jene ihn beeinflussen: Dieser Umstand multipliziert graduell die Verschiedenheiten auf den differenziert eingeschlagenen Bahnen. Knaben und Mädchen entfalten unterschiedliche Verhaltensweisen von frühester Kindheit an; dieses Verhalten wird von elterlichen Hoffnungen, Erwartungen und Befürchtungen gegenüber den Kindern beiderlei Geschlechts beeinflußt. Andererseits beeinflussen die Kinder dabei ihre Eltern. Die Persönlichkeit wird in Übereinstimmung mit der Kultur geformt, in welcher der junge Mensch aufwächst, wobei sich Stereotype, aber auch echte Unterschiede ausprägen.

Der ganze Prozeß kann – wie in diesem Kapitel gezeigt – als eine unvermeidbare, besonders emotional geprägte Entwicklung beschrieben werden. Andererseits läßt sich aber auch eine Entwicklung mit weit komplexeren Gedankenformen aufzeigen – wie PIAGET es in seiner Untersuchung dargestellt hat – ebenso wie die Entwicklung als Prozeß von Verhaltensmustern im Kontakt mit den Stimuli der Umwelt.

4 Klassifikationssystem

Eine geeignete und praktische Klassifikation psychiatrischer Störungen sollte zunächst von der Entwicklung her betrachtet werden. Außerdem spielen Überlegungen eine Rolle, die auf die Funktion des Gehirns im menschlichen Verhalten zurückzuführen sind, schließlich sind Auswirkungen des eigenen Stresses bei der Auslösung von Syndromen als Reaktion darauf maßgebend.

Störungen, die einer Fehlfunktion des Gehirns zuzuordnen sind

Störungen einer Fehlfunktion des Gehirns sind als *symptomatische oder organische Psychosen* bekannt, da die Struktur oder zumindest das physische Funktionieren des Hirnorgans gestört ist. Es handelt sich um Psychosen, da die Fähigkeit des Patienten, zu begreifen und in der ihn umgebenden Welt zu leben, gespalten ist. Ein wesentliches Charakteristikum ist die Verwirrtheit im geistigen Leben und im Verhalten des Patienten.

Hierzu gehören

1. lokale Hirnstörungen und
2. Systemerkrankungen, die das Gehirn als Körperorgan befallen (s. Kap. 5).

Im Allgemeinwissen des Laien ist die letztere Kategorie bekannt unter der Bezeichnung „Delir“, „Altersschwäche“, „Gehirnerweichung“ usw.

Störungen, die schwerer psychischer Krankheit zuzuordnen sind

Störungen schwerer psychischer Krankheit sind als endogene Psychosen bekannt. Obwohl das Gehirn in seiner Funktion abnorm reagiert, läßt sich die Krankheit zum gegenwärtigen Zeitpunkt noch nicht einer zerebralen Funktionsstörung zuordnen, wie sie unter den oben angeführten Kategorien verstanden wird. Bei diesen Zuständen sind komplexe Interaktionen des Körpers, aber auch Streß zu finden. Die wesentlichsten von ihnen sind:

1. Schizophrene Psychosen – siehe Kapitel 6
2. Endogene Depressionen – siehe Kapitel 7
3. Manien – siehe Kapitel 7

Hierbei handelt es sich um eine Gruppe von Zustandsbildern, die dem Laien als „Geisteskrankheit" bzw. „Gemütskrankheit" und „Wahnsinn" bekannt sind.

Störungen, die auf Streßreaktionen zurückzuführen sind

Bei den Streßformen, die in dieser Gruppe behandelt sind, werden emotionale Erfahrungen, aber auch körperlich bedingte Auseinandersetzungen beschrieben. Die Störungen sind als funktionelle Neurosen oder neurotische Reaktionen bekannt, wobei der Patient im allgemeinen sein Verhältnis zur Umwelt aufrechterhält.

1. Leichte Depressionen – siehe Kapitel 7
2. Angstneurosen und Phobien – siehe Kapitel 8
3. Hysterische Zustandsbilder – siehe Kapitel 9
4. Anankastische Zustandsbilder – siehe Kapitel 10

Hierbei handelt es sich nicht um streng getrennte Kategorien mit scharfen Abgrenzungen, denn unter Streß stehende Patienten können – und in der Tat trifft dies gewöhnlich zu – Symptome mit mehr als einer Reaktion zur gleichen Zeit entfalten und unter ihnen leiden.

Gleichbedeutende umgangssprachliche Ausdrücke sind etwa „Kummer" und „Nervosität", „schlechte Nerven".

Störungen der Persönlichkeitsentwicklung

1. Geistige Behinderung, bei der die Intelligenzschwäche die hervorstechendste Komponente darstellt, aber den Mangel an emotionaler Reifung unvermeidlich einschließt (s. Kap. 15).
2. Reifungsstörungen der Persönlichkeit, die sich im wesentlichen auf emotionale Züge beziehen und nicht unbedingt eine Intelligenzschwäche einschließen (s. Kap. 11).

Die Umgebung des Patienten vermag gut zwischen Geisteskrankheit und Reaktionsbildungen zu unterscheiden, indem sie Ausdrücke verwendet wie: „Er ist schon immer so gewesen."

Andere psychiatrische Störungen können unter folgenden Rubriken klassifiziert werden.

Psychosomatische Störungen

Dieses werden in Kapitel 13 erörtert.

Sexuelle Störungen

Siehe Kapitel 12. Diese umfassen eine Fülle von Zuständen, von denen einige alternativ oben beschrieben werden konnten. Z. B. funktionelle Impotenz, die sich beim Patienten erst kürzlich eingestellt hat, bedeutet letztlich als Reaktion auf Streß eine Neurose oder ein psychosomatisches Zustandsbild. Bei der konstitutionellen Homosexualität handelt es sich um eine Störung der Persönlichkeitsentwicklung.

Alkoholismus und Drogenabhängigkeit

Kapitel 14 ist diesen Themen vorbehalten.

Mit dieser Klassifikation, die im einzelnen unter verschiedenen Rubriken betrachtet wird, läßt sich der gesamte Bereich der klinischen Psychiatrie mit Ausnahme des besonderen Fachgebietes der Kinderpsychiatrie abdekken. Kinderpsychiatrie unterscheidet sich von der Erwachsenenpsychiatrie durch die Häufung emotionaler Störungen, die in der Kindheit öfter in besonderen Verhaltensweisen zum Ausdruck kommen als in irgendeiner Form direkt mitgeteilter Erfahrungen. Eine Situation, die eine untragbare Angst in einem Kind auslöst, kann vom Kind nicht als eine fortdauernde Quelle der Furcht erfahren werden. Manchmal drückt die Angst sich in Appetitmangel, in einer Störung des Schlafrhythmus oder vielleicht in nächtlichem Einnässen aus. Gewohnheiten können unerträgliches inneres Unglück oder Angst manchmal leichter verraten als die Sprache. Häufig findet das Kind keine Worte oder eine subjektive Erkenntnis für seinen Störungsgrad. Die Kinderpsychiatrie baut zwar auf dem gleichen Fundament wie die allgemeine Psychiatrie auf, unterscheidet sich aber von ihr in gewissen klinischen Aspekten und therapeutischen Möglichkeiten. In dieser Beziehung ist ihr Verhältnis zum Ursprungsfach vergleichbar mit dem Verhältnis von Pädiatrie zu allgemeiner Medizin.

5 Zerebral-organische Zustandsbilder: Delir, Epilepsie und chronische Demenz

Einführung

Die Funktion des Gehirns kann bei jeder körperlichen Krankheit, die den Körper oder das Gehirn lokal betrifft, gestört sein. Der Student wird in der medizinischen Praxis mit den hier beschriebenen Syndromen konfrontiert sein, sei es bei Hausbesuchen, in der chirurgischen Intensivstation oder in irgendeiner anderen Krankenhausabteilung. Täglich kann er sich mit psychischen Symptomen und einem gestörten Verhalten innerhalb eines klinischen Syndroms auseinanderzusetzen haben, besonders wenn die entscheidende Diagnose im Bereich einer noch nicht entdeckten körperlichen Störung liegt, die die Zerebralfunktion beeinträchtigt.

Delir (toxisch bedingter Verwirrtheitszustand: akute organische Reaktion)

Definition. Das Delir ist eine globale Schädigung höherer zerebraler Funktionen, die mit einem Zustand von Bewußtseinstrübung einhergeht. Gewöhnlich ist der Verlauf akut oder subakut, oft verbunden mit Halluzinationen und Unruhe, wobei der Grad der Störung deutlich fluktuiert.

Ätiologie

1. Hypoxie und Hyperkapnie des Gehirns infolge verschiedener Ursachen einschließlich Kohlenmonoxidvergiftung und Sauerstoffmangel der Luft, vieler Ventilationsstörungen des respiratorischen Apparates, bei Lungenkrankheiten sowie Kreislaufschwäche von seiten der Blutzufuhr durch die A. carotis interna.
2. Anämie: Hierzu zählen all die verschiedenen Ursachen für eine hämopoetisch bedingte Anämie (die gewöhnlich chronisch verläuft), ferner hämolytische Anämie und Blutverlust.
3. Hypoglykämie.
4. Diabetische Azidose.
5. Nierenschäden.
6. Leberschäden.

7. Infektionen, die mit hohem Fieber, sekundärer Dehydrierung und Hyperventilation einhergehen.
8. Andere Elektrolytstörungen – Dehydratation, Kaliummangel, Hypo- und Hyperkalzämie – sowie Komplikationen bei Steroidtherapie.
9. Zerebrale Intoxikation durch Belladonnapräparate, industrielle und Landwirtschaftsprodukte, Blei und Quecksilber, ferner Alkohol, Cannabis oder Medikamente (Komplikationen bei richtiger und falscher Dosierung oder Mischpräparate mit Amphetaminen, bromidhaltigen Präparaten, Barbituraten sowie Paraldehyd wie überhaupt jedes andere Medikament, dessen wesentlicher Ansatzpunkt im Nervensystem liegt, einschließlich der Anästhetika und einer ganzen Reihe anderer Präparate).
   Plötzlicher Entzug dieser Substanzen kann sich ebenso als wichtiger Faktor erweisen.
10. Ernährungs- und Vitaminstörungen.
11. Akute endokrine Störungen bei Schilddrüsenaffektionen und wahrscheinlich teilweise auch bei Puerperalpsychosen.
12. Akut einsetzendes lokales oder allgemeines Hirnödem, Hirndruck und Hirnschäden, wie sie nach Kopfverletzungen und zerebrovaskulären Ereignissen auftreten, desgleichen bei Hirnabszessen oder anderen raumverdrängenden Verletzungen.
13. Epilepsie, siehe unten.

Zu den besonders häufigen Ursachen dieser Liste zählen vom Arzt verschriebene Medikamente, Alkohol, schwere Krankheitsbilder infolge maligner Prozesse, zerebrovaskulär bedingte Zustandsbilder sowie Anoxie.

Häufig kommt es bei schwerkranken Patienten zu einer Akkumulation der genannten Faktoren, so daß eine exakte Diagnostik äußerst schwierig sein kann, z. B. wenn ein Betrunkener eine Schädelverletzung davongetragen hat oder ein mit hohem Fieber eingewiesener Patient plötzlich Entzugserscheinungen aufgrund zu hoch dosierter Barbiturate zeigt. Mit Fall Nr. 4 wird ein solches Beispiel demonstriert.

Klinische Zustandsbilder

Zu den allgemeinen klinischen Charakteristika zählen:

1. Bewußtseinstrübung.
2. Beeinträchtigung des Frischgedächtnisses.
3. Aufmerksamkeits-, Konzentrations- und Kritikschwäche.
   Bei Schädigung der zerebralen Funktionen ist unvermeidlich auch die höchste Funktion, das Bewußtsein, getrübt; eine solche Schädigung führt stufenweise von der Wachheit über Müdigkeit zu Schläfrigkeit,

Bewußtseinstrübung und später zum Koma. Die Veränderungen gehen schleichend und komplex vonstatten, eine beträchtliche Bewußtseinstrübung kann dabei ohne bemerkenswerte Schläfrigkeit einhergehen, so daß diese erst manifest in Erscheinung tritt, wenn Aufmerksamkeit, Konzentration und Urteilskraft getestet werden. Ist das Gehirn nicht in Funktion, können laufende Wahrnehmungen nicht eingeschätzt und erinnert werden, wird anderentags das Frischgedächtnis überprüft, sind keine Registrierung und keine Erinnerung an die Ereignisse des Vortages gegeben. Hält eine solche Erinnerungslücke an, zeigen sich folgende typische Symptome:

4. Desorientierung zu Raum und Zeit.
   Weiterhin:
5. Emotionale Labilität und
6. Halluzinationen sowie Fehlinterpretationen der umgebenden Wirklichkeit, verstärkt nachts und unter ungünstigen Bedingungen (bei schwacher Beleuchtung oder bei weitgehend blinden oder tauben Patienten). Typischerweise handelt es sich um visuelle Halluzinationen, wenn auch noch andere Formen vorkommen können.

Von diesen genannten sechs Charakteristika leiten sich die übrigen Symptome ab: Wahn und illusionäre Verkennungen (z. B. werden die Nachtschwestern auf der spärlich beleuchteten Abteilung als maskierte Mörder verkannt). Es kann zu Erregung, Panik und Verhaltensstörungen kommen, so daß hier die Phänomenologie eines verängstigten und ängstlich-aggressiven Patienten in Erscheinung tritt, zu dem man zeitweilig keinerlei Fühlung aufnehmen kann und der außerhalb jeder Kontrolle geraten ist.

Diagnostik

Bei der körperlichen Untersuchung des Patienten lassen sich unter Umständen schon eine oder mehrere Ursachen für die zerebrale Störung eruieren. Röntgen- und Laboruntersuchungen können die Vermutung bestätigen. Das charakteristische Syndrom einer Bewußtseinstrübung und ihrer Begleiterscheinungen bestätigt das Vorhandensein einer zerebralen Dysfunktion und schließt andere psychotische Zustandsbilder, wie akute Schizophrenie oder hysterische Verhaltensstörungen, aus. Die charakteristische Einzelfrage lautet: „Welches Datum haben wir heute?" Der verwirrte Patient ist nicht in der Lage zu antworten, da sein Gehirn die entsprechende Wahrnehmung nicht in der richtigen Weise registriert hat; der schizophrene Patient hat, so zurückgezogen und bizarr er auch sein mag, Zugang zu den grundlegenden Fakten seiner Umwelt. Sofern sich ein Kontakt mit ihm herstellen läßt, ist er durchaus in der Lage, das entsprechende Tagesdatum zu nennen, obwohl es ihn vielleicht nicht interessiert und er merkwürdige Ansichten äußert wie z. B., daß als Ergebnis seiner Handlungen das Weltende an diesem Tag bevorstehe.

Fall Nr. 4

Ein pensionierter irischer Eisenbahner, 63 Jahre alt, verheiratet, drei erwachsene Kinder, wurde aus einer internistischen Abteilung überwiesen, nachdem es zu einer nicht mehr beherrschbaren Unruhe gekommen war, verbunden mit lärmendem und ungestümem Verhalten acht Stunden nach der Aufnahme wegen einer schweren Hämatemesis. Aus der Vorgeschichte war ein intermittierend auftretender Alkoholismus bekannt, der sich seit dem Zeitpunkt entwickelt hatte, als er die Geschäftsführung eines Restaurants nach seiner Pensionierung als Eisenbahnbeamter übernommen hatte. Zuvor waren bereits drei Episoden einer Hämatemesis abgelaufen, doch jetzt stellte sich zusätzlich ein Delir ein.

Bei Ankunft in der psychiatrischen Abteilung war er verwirrt, lärmend und ungestüm. Mit schriller Stimme schrie er: „Murphy hat mich in den Hintern geschossen..." Er hatte eineinhalb Stunden vor der Verlegung eine Injektion von 10 ml Paraldeheyd intramuskulär in die linke Gesäßhälfte erhalten. Durch eine angemessene Behandlung in der psychiatrischen Abteilung besserte sich sein Zustand rasch, und er erholte sich bald völlig.

Bei einer anschließenden Erörterung der näheren Umstände ließ sich eruieren, daß er einige Jahre zuvor eine fortgesetzte und wenig ersprießliche Auseinandersetzung mit einem entfernten Nachbarn hatte. Dabei kam es zu einer Episode während der Weihnachtsvorbereitungen. Er wurde irrtümlich von seinem Nachbarn für einen Dieb gehalten, der in seinen kleinen Hühnerstall eingedrungen war, woraufhin der Nachbar mit einer Schrotflinte auf ihn schoß, ihn aber nicht traf.

Diese Krankengeschichte illustriert die übliche Mischung kausal wirkender Faktoren. Die Hämatemesis trug zur Erniedrigung seines Blutdruckes und zu einer Leberschädigung bei. Die Auswirkungen des Alkoholentzugs waren zu berücksichtigen, ferner das schmerzhafte und kräftige Sedativum, das seine Angst und Erregung in einer ihn verwirrenden Krankenhausumgebung noch weiter steigerte.

Behandlung

Pflege

Der Patient ist häufig ängstlich und befremdet und aus diesem Grund oft unnahbar. Unter Umständen lehnt er eine normale klinische Untersuchung ab.

Am zweckmäßigsten pflegt man den Patienten in einem separaten Zimmer, möglichst mit kontinuierlichen Betreuern, die er als Freunde und Beschützer anerkennt; die sich zu ihm setzen, wenn er geängstigt ist, ihn ansprechen, wenn er ruft und ihn mit einfühlendem Verstehen beruhigen. Jeder, der diese Erfordernisse erfüllt, ist von unschätzbarem Wert. Wer sich auf solche Patienten nicht einstellen kann, auch Pflegekräfte, die über keine Erfahrung verfügen oder sich im Umgang mit Krisensituationen als ungeschickt erweisen, sind völlig nutzlos, wenn sie sich nicht rasch und willig in die Situation hineindenken können. Das Zimmer darf natürlich nicht gänzlich abgedunkelt sein, bei Nacht sollte es aber auch nicht hell erleuchtet sein. Bewegende Schatten und dunkle Ecken sollten vermieden werden. Die goldene Regel lautet: so wenig wie möglich körperliche Beschränkung und keinerlei feindseliges Auftreten seitens des Pflegepersonals.

Ursachen aus dem Wege räumen

Die laufende Behandlung und das körperliche Zustandsbild des Patienten sollten überprüft werden, um die zugrundeliegende Ätiologie festzustellen und dann zu behandeln. Hier können ein oder mehrere Faktoren der schon beschriebenen Liste in Frage kommen. Sämtliche Hindernisse müssen aus dem Wege geräumt werden. Einfache Maßnahmen, wie die Zufuhr von Sauerstoff, die Sicherstellung einer adäquaten Lungenventilation, ausreichende Hydratation und ein optimaler persönlicher Kontakt erweisen sich als äußerst wichtig.

Große Dosen von Vitamin B und C

Bei einigen dieser Zustandsbilder herrscht im Gehirn ein relativer Vitaminmangel. Üblicherweise werden täglich intravenöse Dosen über einen Zeitraum von etwa 14 Tagen verabreicht.

Sedierungsmaßnahmen

Paraldehyd und Barbiturate sollten vermieden werden. Sie können nicht mehr länger als geeignete Medikation für diesen Zweck angesehen werden. Diazepam, in großen Dosen von 20 mg oder mehr, erweist sich in flexibler Handhabung als gutes Sedativum und ist auch in entsprechender Dosis zur Nacht äußerst nützlich. Chlormethiazol in Dosen von 500 mg bis zu 1 g mehrmals täglich erweist sich als ähnlich günstig. Chlorpromazin und Promazin wurden lange Zeit bei Verhaltensstörungen eingesetzt, besser bewährt sich jedoch Haloperidol in Dosierungen von 5–15 mg i. v. nach Bedarf (s. auch Kap. 16).

Zur Psychopathologie der Epilepsie

Die allgemeine Diagnostik und Behandlung der Epilepsie gehört normalerweise in die Domäne des Neurologen. Daher soll hierauf nicht näher eingegangen werden. Allerdings müssen einige wichtige psychiatrische Aspekte des umfangreichen klinischen Problemkreises angesprochen werden.

1. Persönliche und soziale Rückwirkung auf den Patienten.
2. Auswirkungen auf die Persönlichkeit des Epileptikers.
3. Implikationen mit verwandten psychologischen Syndromen:
   a) reaktiv ausgelöste Angst- oder Depressionszustände,

b) Delirien, Dämmerzustände und Fugue-Syndrome,
c) paranoide Psychosen,
d) geistige Behinderung sowie zunehmende Demenz

Persönliche und soziale Rückwirkungen auf den Patienten

„Das schlimmste für einen Epileptiker ist nicht zu wissen, daß er Anfälle hat, sondern die Umgebung, die sich verantwortlich fühlt, den Epileptiker zu behandeln, wenn sie in Erfahrung bringt, daß er Anfälle hat." Diesen Satz hat einmal ein Patient stellvertretend für alle seine Mitpatienten formuliert. Solche Patienten reagieren in verschiedener Weise, sei es mit Ängsten, Leugnung und einer verständlichen Empörung gegenüber der sozialen Klassifizierung, mit der die öffentliche Meinung Epileptiker allzuoft verurteilt. Die Rolle des Arztes besteht darin, dies zu erkennen und zu akzeptieren. Bei solchen Patienten müssen zusätzlich supportive psychotherapeutische Maßnahmen ergriffen werden, die sie aktiv dazu befähigen, ihr Selbstvertrauen auch gegenüber der Umwelt und Gesellschaft wieder zu gewinnen. Der Arzt muß intervenieren, wenn dem Patienten eine Ächtung droht: So müssen die Lehrer aufgeklärt werden, daß sie das Kind darin bestärken, auf seiner bisherigen Schule zu verbleiben. Mit dem Unternehmer muß gesprochen werden, daß er den Patienten an einen geschützteren Arbeitsplatz umsetzt, ihn aber nicht entläßt.

Die persönliche Hilfe ist manchmal schwierig. Wenn sich der Arzt, dazu nicht in der Lage sieht oder nicht darauf vorbereitet ist, die Dinge in Angriff zu nehmen, kümmert sich meist keiner darum. In England wurde die British Epilepsy Association* ins Leben gerufen, um im Hinblick auf das öffentliche Erziehunswesen und auf die Verhütung vermeidbarer Absonderung und Isolierung aktiv zu werden. Aber alle Vereinigungen, die Menschen mit chronischen oder rezidivierenden Störungen fördern, müssen sich, um möglichst viel Erfolg zu haben, auf die fachliche Unterstützung des einzelnen Nervenarztes verlassen können.

Auswirkungen des Krankheitsbildes Epilepsie auf die Persönlichkeit

Zwei heterogene und offensichtlich widersprüchliche Ansichten können zu diesem Thema auftauchen. Ein Neurologe kann über Epileptiker, die erfolgreich antikonvulsiv behandelt werden, die Ansicht vertreten, die Assoziation zwischen Epilepsie und Persönlichkeitsstörung liege im Bereich der Mythologie. Zum Beispiel war Dostojewski zeitlebens Epileptiker. Er schrieb die meisten seiner Romane unter beträchtlichen Schwierigkeiten und persönlichen Entbehrungen. Sein vielleicht größtes Werk, *„Die Brüder Karamasow"*, vollendete er nach nicht weniger als 50 Jahren unbehandelter Epilepsie.

* In der Bundesrepublik Deutschland: Liga gegen Epilepsie.

Andererseits hat sich unter Medizinern und Pflegepersonal in Spezialeinrichtungen die Auffassung einer inneren Verknüpfung zwischen epileptischer Krankheit und Persönlichkeit eingebürgert. Von daher ist das klinische Bild der „Epileptikerpersönlichkeit" zu verstehen: Charakteristisch sind periodisch explosive Erregbarkeit, oberflächlicher und allzu leichter Hang zu philosophischen oder dogmatisch-moralischen Glaubensrichtungen, gelegentlich übertriebene Religiosität, Neigung zur Verschlimmerung des Leidens einschließlich intellektueller, emotionaler und verhaltensmäßiger Regression mit der Möglichkeit schleichend verlaufender Demenz.

Der Schlüssel zu diesem Widerspruch liegt in der Erkrankung: Epilepsie besteht aus einem Symptomenkomplex und nicht aus einer einzelnen pathologischen Entität. Der Symptomenkomplex kann sich vor dem Hintergrund eines intakten, reifen Gehirns und Zentralnervensystems abspielen, kann aber ebenso als Aspekt eines unreifen, kongenital geschädigten oder erkrankten Gehirns und Nervensystems imponieren. Liegt kein gleichzeitiger Entwicklungsmangel, keine strukturelle Schädigung oder Krankheit vor, entsprechen Patienten mit Epilepsie in ihrer Persönlichkeit dem üblichen Muster der Normalität. Ist jedoch eine Persönlichkeitsstörung als charakteristisches Merkmal einer chronischen Epilepsie vorhanden, liegt meist eine gleichzeitige Abnormität der Entwicklung, der strukturellen Schädigung oder der Krankheit vor, wobei die Epilepsie nur eine weitere Manifestation darstellt. Die Persönlichkeitsstörung in Verbindung mit Epilepsie muß in gleicher Weise wie andere Persönlichkeitsstörungen behandelt werden.

Epilepsie in Verbindung mit psychopathologischen Syndromen

Angst und Depression

Einzelheiten wurden auf S. 52 bereits erwähnt. Die Syndrome werden in der üblichen Weise behandelt. Bei schwerer Depression schließt das Vorhandensein einer Epilepsie nicht die Anwendung einer Elektroschockbehandlung aus, wenn sie indiziert ist.

Delir, Dämmerzustände und Fugue-Syndrome

Hirnelektrische Störung schädigt die zerebralen Funktionen. Während der Anfälle und auch noch eine Zeitlang danach, bei Anoxie und zerebraler Erschöpfung befindet sich der Patient – wie bereits beschrieben – in einem Verwirrtheitszustand. Es können sich auch länger andauernde Zustandsbilder, sogenannte *Dämmerzustände*, einstellen. Der Patient ist dann für Stunden oder ausnahmsweise auch Tage leicht verwirrt, verlangsamt in seinen Bewegungen, erscheint weitgehend vergeßlich gegenüber seiner Umgebung, obwohl er sich bewegen kann und gezielte Handlungen in einem Zustand von Automatismus durchführt. Wird der Patient nach längerem Umherirren in verwirrtem Zustand gefunden, weit entfernt von zu Hause und ohne Erinnerung für das Ereignis, wird dies als *Fugue* bezeichnet.

Paranoide Psychosen

Persönlichkeitsveränderungen, wie bereits oben erwähnt, schließen oft paranoide Attitüden und Wahnideen ein. Ergänzend soll noch ein charakteristisches Syndrom – von Slater und Mitarbeitern beschrieben – erwähnt werden. Es kommt dabei zur Exazerbation einer Psychose, die einer paranoiden Schizophrenie ähnelt. Das Syndrom tritt typischerweise nach vielen Jahren einer schweren Epilepsie auf. Häufig läßt sich eine Läsion im Temporallappen nachweisen.

Geistige Behinderung

Epilepsie kann mit einer Vielzahl von Formen der geistigen Behinderung einhergehen, die das Zustandsbild komplizieren. Hier zeigt sich erneut, wie verletzbar ein nicht vollständig entwickeltes Gehirn sein kann.

Wesensänderung und Demenz

Bei der Wesensänderung der Persönlichkeit nach Jahren einer Epilepsie handelt es sich um ein kompliziertes Syndrom. Teilweise verschlechtert sich die ursprüngliche zerebrale Störung. Lange Perioden der Zyanose während der Anfälle fordern allmählich ihren Tribut von seiten des zerebralen Kortex in Form einer anoxischen Hirnschädigung. Möglicherweise wird das Bild aber auch durch Intoxitation infolge ungewöhnlich hoher Dosen antikonvulsiver Medikamente, die zur Unterdrückung der häufigen Anfälle verschrieben wurden, ausgelöst.

Behandlungsmaßnahmen

Nicht nur die Epilepsie und ihre Rückwirkungen auf das Leben des Patienten müssen berücksichtigt werden, sondern es müssen auch spezielle Behandlungsmaßnahmen für die bereits erwähnten psychologischen Syndrome eingeleitet werden. Dazu zählen die Beseitigung behandlungsfähiger Ursachen einer geistigen Behinderung oder Demenz, eine umfassende Übersicht über die Blutwerte und die Wirkung der bisher verschriebenen antikonvulsiven Medikamente, insbesondere ihre Auswirkungen auf die Wachheit und mögliche nachteilige Folgen einer Übermedikation.

Formen der chronischen Demenz

Definition

Bei der Demenz liegt das Syndrom einer erworbenen globalen Schädigung der höheren zerebralen Funktion bei einem wachen Patienten vor. Es handelt sich um eine erworbene Störung, da es sich um die Verschlechterung einer zuvor normalen Funktion handelt. Es liegt eine globale Schädigung vor, da alle Qualitäten davon betroffen sind, sich andererseits aber der Patient in seiner Wachheit in typischer Weise von einem deliranten Patienten mit einer Bewußtseinstrübung unterscheidet. Da eine Restitutio ad integrum des Gehirns nach einer Schädigung nur teilweise möglich ist, erweisen sich viele dementielle Formen als irreversibel. Einige Fachgelehrte reservieren den Ausdruck der Demenz nur für solche Formen, bei denen eine progressive Verlaufsform feststellbar und das pathologische Substrat irreversibel ist. Der Terminus wird jedoch hier umfassender angewendet.

Vorkommen

Die beiden Hauptverlaufsformen sind die Alzheimersche „senile" Demenz sowie die zerebrovaskuläre Demenz. Vor dem 60. Lebensjahr ist das Syndrom ungewöhnlich, doch geht aus entsprechenden Populationsübersichten hervor, daß 10% der 65jährigen eine Demenz aufweisen, und dieser Prozentsatz bis über 20% bei den 80jährigen ansteigt. Nur ein Fünftel der an Demenz erkrankten Patienten ist in stationärer Behandlung. Der Rest befindet sich außerhalb des Krankenhauses. Viele demente Patienten leben zu Hause, viele auch in Altersheimen, wo hauptsächlich die leichten Verwirrtheitszustände bei früher Demenz versorgt werden. Geschultes Personal für demente Patienten bedarf der Aufstockung: Die Inzidenz des Zustandsbildes steigt mit der zunehmenden Population alter Menschen deutlich an. Viele Patienten leben allein in verwahrlosten Räumlichkeiten ohne Familie oder aber haben Angehörige, die weit weg wohnen und keine Verantwortung für den alten Patienten übernehmen wollen.

Ungefähr 50% solcher Patienten leiden nur an der Alzheimerschen Form der Demenz, 15% an zerebrovaskulär bedingter Demenz, 20% an beiden Syndromen, während etwa 15% andere Zustandsbilder aufweisen, unter ihnen viele mit Syndromen, die unbehandelbar degenerative Bilder zeigen.

Ätiologie

1. Bei der Demenz, besonders bei der Alzheimerschen „senilen" Demenz, handelt es sich um eine primär degenerative Krankheit des Gehirns. Es existieren jedoch auch andere Erscheinungsformen. Die Alzheimer-

sche Krankheit tritt in jüngeren Jahren auf. Die Picksche Krankheit befällt degenerativ speziell die Frontal- und Temporallappen. Die Huntingtonsche Chorea (s.u.) und die Creutzfeld-Jakobsche Krankheit (eine übertragbare spongioforme Enzephalopathie) gehören ebenfalls zu den Demenzformen.

2. Zerebrovaskuläre Zustandsbilder können sich zur zerebrovaskulären Demenz entwickeln (Multiinfarktdemenz).
3. Demenz infolge anderer Zustandsbilder – siehe unten.

Alzheimer-Demenz

Die Pathologie im Bereich des Gehirns gleicht der „senilen" Demenz und, im Fall der Alzheimerschen Krankheit, den präsenilen Fällen. Es scheint sich dabei um ein einziges Zustandsbild zu handeln, dessen Ätiologie noch nicht erforscht ist. Der Alterungsprozeß scheint dabei eine Rolle zu spielen, wie es bereits an der steil ansteigenden Inzidenz bis ins hohe Alter hinein illustriert wurde. Die seltenen Fälle um das 45. bis 60. Lebensjahr herum stehen wahrscheinlich am Beginn der Altersskala, an dem das Syndrom einsetzt.

Einerseits liegen hereditäre Gründe vor, andererseits ist das Syndrom durch die Langlebigkeit selbst bedingt. Andere Gründe sind nicht bekannt. Der eigentlich pathologische Prozeß besteht in dem Ersatz toter und absterbender zerebraler kortikaler Neurone durch Neuroglia zusammen mit argentophilen Plaques und neurofibrillären Knötchen. Die Ausdehnung einer neuropatholgischen Veränderung steht dabei annähernd proportional zum klinischen Zustandsbild des Patienten. Die gleichen Veränderungen werden aber auch normal im hohen Alter gefunden, doch in weit geringerer Ausdehnung. Im zerebralen Kortex wurde ein Mangel an Cholinazetyltransferase gefunden (die bei der Gewinnung des Neurotransmitters Azetylcholin eine Rolle spielt), und zwar im Verhältnis zum Grad der Demenz.

Bei der *Huntington-Chorea* handelt es sich um eine rein hereditäre Krankheit, die im Sinne der Mendelschen Gesetze dominant vererbt wird. Ein Elternteil des Patienten muß dabei Genträger gewesen sein und an der Krankheit gelitten haben. Das Krankheitsbild setzt typischerweise im mittleren Alter ein, oftmals dann, wenn schon Kinder geboren sind, die zur Hälfte die Krankheit auf eine weitere Generation übertragen. Bei der Huntington-Chorea kommt es zu einer Atrophie des Corpus striatum, zu einer Vergrößerung der Hirnventrikel sowie zu einem diffusen Abbau der kortikalen Zellen. Vom klinischen Bild her können Chorea und Demenz gleichzeitig in Erscheinung treten. Beide Krankheitsbilder verschlimmern sich über die Jahre hinweg, und der Patient bietet schließlich einen traurigen Endzustand.

Trotz vielversprechender Forschungsansätze über Anomalien von Neurotransmittern als mögliche Mechanismen der Chorea (hierbei sind niedrige Spiegel von γ-Aminobuttersäure und Azetyltransferase sowie eine Vermehrung des Dopamins im Corpus striatum gefunden worden), können Genträger noch nicht frühzeitig erkannt werden.

Zerebrovaskuläre (Multiinfarkt-)Demenz

Das Krankheitsbild tritt in Verbindung mit einer manifesten Krankheit der Arterien im Gehirn und in anderen Bereichen auf. Das pathologische Substrat zeigt Arterienwände mit fibrösen, fettigen und hyalinen Veränderungen sowie multiplen kleinen zerebralen Hämorrhagien und Infarkten. Wahrscheinlich sind die Läsionen im Gehirn Folge des Aufpralls vieler Emboli. Die zerebrale Durchblutung sinkt im Verhältnis zum Gewebeverlust: Unter diesen Gesichtspunkten kommt es – im Gegensatz zur Alzheimer-Demenz – in weitverstreuten Bezirken des Gehirns zu einem frühen deutlichen Verfall.

Hinsichtlich der Inzidenz treten nur wenige Fälle im vierten und fünften Lebensjahrzehnt auf. Bis ins hohe Alter hinein steigt die Frequenz an. Vorher laufen transitorisch ischämische Attacken ab, die typischerweise von der Klinik her ein „Fleckenmuster" zeigen. Bei abwärts gerichteter Tendenz bleiben einige psychische Funktionen besser als andere erhalten. Kurzfristige, rasche Verschlechterung wechselt mit Perioden, in denen sich der Patient wieder fangen kann. Es können beidseitig Pyramidenbahnzeichen, kleinschrittiger Gang, Dysarthrie sowie Hypertension vorhanden sein. Symptome wie Stimmungsschwankungen oder Depression und Affektinkontinenz sieht man häufiger typischerweise bei dieser Form der Demenz als bei der Alzheimer-Krankheit. Bei der Pseudobulbärparalyse nach bilateralen Läsionen des oberen motorischen Neurons findet sich eine leichte Form von emotionalem Kontrollverlust.

Syndrome der Demenz im Anschluß an andere Zustandsbilder: Die Aufzählung ist wichtig, da einige Störungen heute ausgezeichnet auf Behandlung ansprechen.

a) Hirnverletzungen nach Unfällen, aber auch nach dem sogenannten „Punchdrunk"-Syndrom bei Berufsboxern. Die Möglichkeit eines sich langsam entwickelnden subduralen Hämatoms muß dabei natürlich berücksichtigt werden.
b) Anoxische Schädigung nach Asphyxie und Kohlenmonoxidvergiftung.
c) Im Anschluß an Infektionskrankheiten; ätiologisch kommen hier eine ganze Reihe von Möglichkeiten in Betracht, insbesondere aber die schleichende Entwicklung einer Spätform der zerebralen Neurosyphilis (allgemeine Paralyse).
d) Nach Vergiftungen durch Alkohol, Blei, andere Schwermetalle, Medikamente und Chemikalien.
e) Als Ausdruck einer metabolischen und endokrinen zerebralen Stö-

rung; bei Hypothyreoidismus, Vitamin-B_{12}-, Folsäure- sowie Thiaminmangel bei chronischem Alkoholismus sind Formen der Demenz nicht ungewöhnlich. Zu den selteneren Erscheinungsformen gehören Cushing-Syndrom, Hypoglykämie, hepatische Enzephalopathie, Hypo- und Hyperparathyreoidismus sowie wiederholte renale Dialyse.

f) Schädigung durch ein Neoplasma, sowohl intra- als auch extrazerebral. Meningiome können äußerst langsam wachsen, sind schwer zu diagnostizieren und entwickeln einen schleichend zunehmenden Hirndruck, ihr Sitz findet sich nicht selten im Bereich der Falx cerebri oder der Olfaktoriusrinne. Ein subdurales Hämatom muß ausgeschlossen werden.

g) Ein Hydrozephalus mit normalen Druckverhältnissen, der oftmals Folge einer subarachnoidalen Hämorrhagie, Verletzung oder Meningitis ist. Zu den typischen Merkmalen gehören Retardierung, schwankender Gang sowie Harninkontinenz.

h) Epilepsie. Siehe oben.

Klinische Symptomatik

Die Schädigung psychischer Funktionen betrifft alle drei Aspekte der Persönlichkeit: Intelligenz, emotionale Integration und Verhalten. In praxi kann der relative Grad einer Verschlimmerung bei jedem Aspekt beträchtlich variieren. Damit läßt sich die Vielzahl klinischer Zustandsbilder erklären. Die Charakteristika einer Verschlimmerung bei jedem Teilaspekt sollen kurz beschrieben werden. Als Folge einer weitgehenden kortikalen Schädigung kann sich bei einer Vielzahl von Demenzformen als Teilsymptom eine Epilepsie manifestieren.

Einbußen der Intelligenz

Einbußen des Frischgedächtnisses gehören zu den häufigsten Störungen. Die Gedächtnisschwäche kann so tiefgreifend sein, daß der Patient nicht mehr in der Lage ist, sich an die letzte Mahlzeit, seinen Wohnort und den Verbleib seiner engsten Verwandten und Freunde zu erinnern. Wird er nach solchen Einzelheiten gefragt, antwortet er unter Umständen, er komme von zu Hause, um sich untersuchen zu lassen, obwohl er schon seit Jahren stationär untergebracht ist. Ein solcher Patient kann behaupten, er habe gerade seine Frau oder seine Mutter gesehen und mit ihr gesprochen, obwohl ihre Beerdigung schon einige Monate zurückliegt. Die Tendenz, Lücken des subjektiven Gedächtnisses für rezente Ereignisse durch konfabulatorische Darstellungen auszufüllen, ist dem Patienten unbewußt und gehört zu den Charakteristika vieler Demenzformen.

Im Gegensatz dazu kann das Altgedächtnis noch verhältnismäßig intakt erscheinen und für den Patienten die einzige Quelle lebhaften Interesses und ungetrübter Erinnerung darstellen. In Verbindung mit der Schwäche des Frischgedächtnisses kommt es zu einer gleichzeitigen Störung der Aufmerksamkeit, Konzentrations- und Urteilskraft. Daraus resultiert ein Desinteresse für Zeitereignisse. Die Patienten lesen nicht, diskutieren nicht über Tagesthemen, zeigen kein Interesse dafür und sind häufig zeitlich und örtlich desorientiert.

Die Patienten können keine einfachen Rechenarten ausführen, keinen logischen Gedanken zu Ende führen, keine abstrakten Ideen begreifen oder interpretieren bzw. einer normalen Konversation zu folgen. Erkennen sie ihre Unfähigkeit partiell, kommt es zu ausgesprochen ängstlichen Verhaltensweisen und Freudlosigkeit. Meist fehlt den Patienten eine solche Einsicht, und sie halten eine einfältige und stereotype Fassade aufrecht, die gekennzeichnet ist durch Gedankenverarmung, Einschränkung des Interesses, Oberflächlichkeit und Labilität des emotinalen Ausdrucks. Die Verkümmerung und weitgehende Auslöschung der normalen Psyche wird von den Patienten glücklicherweise dann nicht mehr empfunden.

Frühe typische zerebrale Merkmale sind die *Perseveration* eines Themas sowie leichte Formen einer *Wortfindungsstörung*, die sich in der partiellen Unfähigkeit, Gegenstände zu benennen, oder in paraphasischen Antworten auf gestellte Fragen zeigen. Folgende Exploration einer 66 Jahre alten Patientin mit früher zerebrovaskulärer Demenz zeigte die typischen Charakteristika. Hielt man ihr ein 10- und 50-Schilling-Stück hin und forderte sie auf, die Münzen zusammenzuzählen, sagte sie: „Vier Schilling" (die Umstellung auf das Dezimalsystem erfolgte fünf Jahre vor der Exploration, insofern handelte es sich also um eine Frischgedächtnisschwäche). Als sie aufgefordert wurde, Gegenstände zu benennen, die man ihr nacheinander reichte, antwortete sie:

Federmesser:	„silberner Sovereign" (Perseveration des Geldthemas),
Sicherheitsnadel:	„Fourpenny-Stück" (fortgesetzte Perseveration zum Thema Geld und Zahl vier),
Kamm:	„ein kleiner viergezähnter Kamm" (Paraphasie und immer noch an der Zahl vier klebend),
Schlüssel:	„ein Sixpenny-Stück, um in die Tür zu stecken" (Dysphasie und fortgesetzte Perseveration).

Viele neurologische Syndrome können mit einer Demenz einhergehen, abhängig von der Verteilung der Schädigung im Zentralnervensystem. Ein wichtiges spezifisches Syndrom ist das Korsakow-Syndrom. Einbußen im Frischgedächtnis, Konfabulation und totaler Kritikverlust sind mit einer peripheren Neuropathie kombiniert. Man findet das Syndrom häufig bei Patienten mit schwerem chronischem Alkoholismus und sekundärem Thiaminmangel.

Einbußen in der emotionalen Integrationsfähigkeit

Emotionale Labilität ist ein wichtiges Einzelcharakteristikum, das mit sekundärer Angst oder Depressionszuständen kombiniert sein kann. Gelegentlich kommt es gleichzeitig zu körperlichem Unbehagen, das sich in hypochondrischer Entäußerung oder querulatorischer, ausweichender und argwöhnischer Feindseligkeit ausdrücken kann. Solche Patienten sind davon überzeugt, daß andere es auf ihr Geld oder ihren guten Namen abgesehen haben. Es kommt zu zunehmender Isolation, Ichbezogenheit und einem grob unhöflichen, habgierigen und beklagenswert vereinsamten Dasein. Verarmungs- und Verfolgungsideen können auch in Erscheinung treten. Alle Formen der Demenz können in einer charakteristischen Reaktion, der *Katastrophenreaktion*, gipfeln, wenn der Patient mit einer Aufgabe konfrontiert wird, die seine Fähigkeiten überschreitet, die er aber früher spielend hätte bewältigen können. Er kann dann plötzlich in Tränen ausbrechen oder ein kindisches bzw. explosiv aggressives und destruktives Verhalten zeigen. Danach ist er verwirrt und ängstlich verstört. Eine Reaktion solcher Art im Verlauf einer formalen Intelligenztestung stellt im wesentlichen schon ein diagnostisches Kriterium für eine Demenz dar. Wegen der subjektiven Mißbefindlichkeit und der Unmöglichkeit, den Patienten weiter zu explorieren, sollte eine derartige Reaktion nie absichtlich provoziert werden.

Entgleisungen im Verhalten

Entgleisungen können als Konsequenz der oben beschriebenen Aspekte auftreten. Trotz Kontrolle kann die Entfaltung persönlicher Gewohnheiten als Verhaltensentartung unangenehm auffallen. Persönlichkeiten des öffentlichen Lebens können sich auf dem Podium bei politischen Veranstaltungen in der Nase bohren. Schamloses, unangemessenes Verhalten, wie rüde sexuelle Annäherungsversuche bei Zufallsbekanntschaften, Masturbation oder Wasserlassen in der Öffentlichkeit, können erste Zeichen einer ernsthaften Störung bei einem bisher respektierten und respektablen Mitglied der Gesellschaft sein.

Eigentliche Probleme entstehen, wenn die Patienten allein leben. Man findet sie umherirrend in Seitenstraßen wieder, unfähig, den Weg nach Hause zu finden. Sie lassen den Gashahn offen, werden inkontinent und können sich nicht mehr anziehen oder ihre Mahlzeiten zubereiten.

Persönlichkeitsveränderungen und Auswirkungen sozialer Faktoren

Die verbleibenden Kräfte der Persönlichkeit versuchen, Desintegration und psychisches Chaos abzuwehren. Die Persönlichkeitszüge werden in den frühen Stadien vergröbert und akzentuiert. Über lange Zeit hin Kontrolliertes und Unterdrücktes kann freigesetzt werden. Ein pessimistischer Mensch weint hoffnungslos (angesichts seiner Unfähigkeit und eines zerebralen Faktors von emotionalem Kontrollverlust). Ein empfindsamer Mensch wähnt, seine Nachbarn hätten sich Zutritt verschafft, um ihm seine Brille zu stehlen (er hat sie dort vergessen, wo er sie abgelegt hat). Die affektierte alte Jungfer glaubt sich nachts sexuell belästigt.

Die sozialen Faktoren bestehen aus entsprechender Hilfe. Leider lehnen Gesellschaft, Familie, Nachbarn, Ärzte und Schwestern sowie das Personal von Altenheimen soziale Hilfe oft ab.

Bis endlich die Symptomatik einer Demenz erkannt ist und die Patienten in entsprechende Obhut gelangen, können sie bereits in ein entsetzliches Wirrwarr und eine Desintegration ihrer Lebensumstände abgeglitten sein. Die Wohnung kann unbeschreiblich schmutzig und unordentlich sein; Unterwäsche voller Kot, die Wohnungseinrichtung in totalem Durcheinander, Koffer vollgestopft mit Kehricht, Süßigkeiten und halbverzehrte Mahlzeiten werden in Schränken gehortet, Müll im Bett, überall liegt Kot herum. Je schmutziger und unappetitlicher die Situation in solchen Fällen ist, desto offensichtlicher wird die Tragödie, die sich damit ausdrückt. Demenz ist ein unbarmherziger Feind der natürlichen Würde des Menschen.

Diagnostische Abklärung

1. *Klinische Grundlagen* auf der Basis der Vorgeschichte und Untersuchung – wie in Kap. 2 beschrieben –, ferner die zugehörigen klinischen Symptome, wie oben bereits aufgezählt.

2. *Psychologischer Test der intellektuellen Funktionen durch den klinischen Psychologen.* Ein intellektueller Niedergang von einem früher höheren Niveau kann zwar nicht verifiziert, aber doch weitgehend gesichert werden, wenn sich Aspekte im Funktionsablauf zeigen, die gegenüber den deletären Auswirkungen der zerebralen Pathologie verhältnismäßig widerstandsfähig sind, z.B. beim Wortschatz. Es können dann signifikant höhere Werte als bei Prüfung des Frischgedächtnisses und der gegenwärtigen kognitiven Fähigkeit gemessen werden. Verschiedene Gruppen von Untertests beim Hamburg-Wechsler-Intelligenztest sind in verbale und nonverbale Subskalen unterteilt, so daß der Gesamt-IQ wesentlich detaillierter analysiert werden kann (s. Kap. 3).

Zur Differentialdiagnose einer Demenz infolge funktionaler Störungen kommen Tests zur Anwendung, die zwischen Lernstörungen und Gedächtnisstörungen gegenüber neuem Material differenzieren. Der modifizierte Walton-Black-Wort-Lerntest, der Inglis-Paired-Accociate-Lerntest und der Graham-Kentall-Memory-for-Designs-Test konfrontieren den Patienten mit standardisierten Problemen – wie in ihren Titeln bereits beschrieben – und vermögen zwischen dementen und Patienten ohne zerebrale Störungen zu diskriminieren. Tests, bei denen der Patient komplexe Zeichnungen (Bender-Test) zu kopieren hat, sind ebenfalls standardisiert. Der Kliniker kann sie aber bei der Exploration für seine Zwecke adaptieren, und z.B. den Patienten auffordern, ein Zifferblatt zu zeichnen, um typische Störungen bei Parietallappendysfunktion zu testen.

3. *Untersuchung auf anderweitige körperliche Krankheiten.* Tests, die nützliche Information liefern und den Patienten in nur geringer Weise belästigen, sollten zuerst durchgeführt werden. Ist die Diagnose einer Alzheimer- oder zerebrovaskulären Demenz wahrscheinlich (z.B. wenn es sich um einen typischen Fall handelt oder bei hohem Alter), sollte kritisch erwogen werden, ob man die Zahl etwaiger weiterer Untersuchungen nicht begrenzt.

a) Blutuntersuchungen (Blutbild, BSG, Elektrolyte einschließlich Kalzium, Harnstoff, Leber- und Schilddrüsenfunktionstests, Vitamin-B_{12}- und Folsäurespiegel, serologische Untersuchung auf Lues) sowie Urinanalyse.
b) Röntgen von Schädel und Thorax.
c) Die axiale Computertomographie des Gehirns stellt die sicherste und bequemste Untersuchung dar, um strukturelle Läsionen des Gehirns zu entdecken, obwohl der normale Symptomspielraum gegenüber der Diagnose „zerebrale Atrophie" noch nicht vollständig abgesteckt wurde. Soweit sich hier bereits Näheres ergibt, erübrigen sich die Untersuchungen zu d) und e).
d) Elektroenzephalographie.
e) Zusätzliche neurologische Untersuchungen einschließlich Lumbalpunktion mit Untersuchung der Zerebrospinalflüssigkeit und Röntgenkontrastdiagnostik können sich als notwendig erweisen.

Jede Erkrankung, die Demenz verursachen kann, muß ausgeschlossen werden. In ungefähr 20% bei jüngeren Patienten und in beträchtlich geringerem Ausmaß im höheren Alter werden solche Erkrankungen gefunden.

4. *Differentialdiagnostisch* muß eine Depression ausgeschlossen werden, insbesondere bei einem Parkinsonschen Krankheitsbild mit gleichzeitig bestehender Verlangsamung und offensichtlicher Gleichgültigkeit im Rapport. Die Unterscheidung zwischen Parkinsonscher Krankheit, Demenz und Depression kann sich schwierig gestalten. Alle Depressionsformen müssen als Möglichkeit in Betracht gezogen werden, will man nicht Gefahr laufen, einen Patienten, der während der Exploration wenig hergibt und sich kaum konzentriert, als dement zu verkennen und ein hervorragend behandelbares Zustandsbild wie eine Depression zu übersehen. Eine chronische Schizophrenie mit Defektbildung kann einer Demenz ähneln. Ebenso kann ein hysterisches Syndrom, bekannt als hysterische Pseudodemenz oder Ganser-Syndrom, als Demenz verkannt werden. Der Patient entfaltet bei diesem Krankheitsbild geradezu ein Schauspiel echter Demenz und antwortet nicht nur falsch, sondern auch schlagfertig. Auf die klassische Frage: „Wieviel Beine hat eine Kuh?" antwortet er entschieden: „Drei." Ein solches Syndrom entsteht in stressierenden Lebenssituationen, bei Gefangenen in heikler Lage, aber auch in Zusammenhang mit Bewußtseinstrübungen beim Delir oder bei echter Demenz.

Behandlungsmethoden

Spezifische Maßnahmen können bei Zustandsbildern wie Hypothyreoidismus und Vitamin-B_{12}-Mangel ergriffen werden. Diese Störungen sind völlig reversibel. Andere Krankheitsbilder, wie etwa Paralyse, können auch reversibel sein.

Im Falle der nicht spezifischen dementiellen Bilder kommt nur eine palliative Behandlung in Frage. Außer sich der Unzulänglichkeiten des Patienten einfühlend mit Freundlichkeit, Verstehen und Realismus anzunehmen, kann man eine ganze Reihe bessernder Maßnahmen versuchen.

1. Man sollte zu dem Patienten einen möglichst guten Rapport herstellen.
2. Eingehendes Gespräch mit den Angehörigen hinsichtlich der Schwierigkeiten des Zustandsbildes und ihrer Verpflichtungen gegenüber dem Patienten.
3. Aufsättigung mit Vitamin B in großen Dosen, da in einigen Fällen ein zerebraler Mangel vorhanden ist.
4. Medikamente zur Steigerung der zerebralen arteriellen Perfusion sind wahrscheinlich wirkungslos.
5. Zu beachten sind auch andere Voraussetzungen: Verbesserung einer bisher schlechten Ernährungsweise, Behandlung einer Depression, kardial stützende Maßnahmen, Sorge für Fußpflege und entsprechende Gehhilfen, Ratschläge zur Behandlung bei Seh- und Hörschwächen, mögliche Maßnahmen zur Besserung einer Inkontinenz durch Untersuchung von Prostata bzw. Vagina.
6. Verabreichung von Nitrazepam oder Promazin zur Nacht, soweit der Patient verwirrt und verängstigt nachts umherirrt oder die Angehörigen zu sehr davon betroffen werden.
7. Soziale und administrative Vorkehrungen in Verbindung mit Sozialarbeitern: Einrichtung einer Haushaltshilfe und Vorsorge für Essen auf Rädern, Hilfen beim Bad und bei der Besorgung der Wäsche, Besuche durch Gemeindeschwestern und freiwillige Helfer, Abdrehen des Gashahns mit entsprechend erhöhten Sicherheitsvorkehrungen. Hilfe kann auch für erschöpfte Angehörige geleistet werden, indem man den Patienten zeitweilig in eine Tagesklinik übernimmt oder kurzfristig stationär einweist. In manchen Fällen kann der Patient besser und sicherer in einer Pflegeabteilung, einem Altenheim oder in einem Krankenhaus untergebracht werden.
8. Eigentum und Finanzen des Patienten können eine Vermögens- bzw. Gebrechlichkeitspflegschaft bei Gericht erfordern (s. Kap. Forensische Psychiatrie).

Durch Besserung der Umstände sollte das Leben des Patienten soweit wie möglich von Trostlosigkeit, Schwierigkeiten und Erniedrigung bewahrt bleiben. Der einfühlende, unparteiische, aber humane Rat des Arztes ist hier unendlich wichtig.

Prognose

Die Prognose in den Fällen einer Alzheimerschen oder zerebrovaskulären Demenz ist infaust, da das Syndrom durch den Fortschritt der Krankheit bestimmt wird. Umfassende stationäre Pflegemaßnahmen werden innerhalb von Monaten oder wenigen Jahren erforderlich. Nach erfolgter stationärer Aufnahme stirbt die Hälfte der Patienten sechs Monate später, nahezu die übrige Hälfte innerhalb der nächsten zwei Jahre. Der gesamte Verlauf einer Alzheimerschen Demenz beträgt gewöhnlich zwei bis acht Jahre. Unter Berücksichtigung dieser Tatsache und der Durchführung der aufgezeigten Behandlungsmaßnahmen erweisen sich Toleranz und Humanität als Schlüssel zu jeglichem Vorgehen in solchen Fällen als unumgänglich.

6 Schizophrene Psychosen

Definition

Schizophrenie bezeichnet den Gattungsnamen einer Gruppe von Störungen, die durch zunehmende Desintegration der Persönlichkeit und ihrer Beziehung zur Umwelt gekennzeichnet sind. Der Kontakt zur Umwelt ist gestört. Emotionale Stabilität und Denken sind beeinträchtigt. Es kommt zu einer Schwächung der persönlichen Beziehungen. Der Patient ist den Anforderungen der Umgebung nicht gewachsen. Mit dem Begriff „Schizophrenie" werden vor allem lang andauernde Zustandsbilder bezeichnet, Rückfälle und Remissionen eingeschlossen. Transitorische Syndrome mit ähnlicher Störung, die im Verlauf von Streßsituationen auftreten und sich rasch wieder bessern ohne nachfolgendes Rezidiv, werden nicht mit der Diagnose „Schizophrenie" belegt.

Als *akute paranoide Reaktionen* werden akute Störungen mit Fehlinterpretation der Umwelt und Mißtrauen, Wahnvorstellungen, ferner Zustandsbilder mit akustischen Halluzinationen*, Rückzugsphänomenen und ängstlichen Reaktionen auf eine angeblich feindliche Umwelt bezeichnet. Die Patienten sind psychisch krank, müssen unter Umständen stationär eingewiesen, beruhigt und medikamentös eingestellt werden, wie unten beschrieben. Das Zustandsbild klingt in Stunden oder Tagen ab.

Verbreitung

Das Risiko, an einer Schizophrenie zu erkranken, liegt bei 1–2%. Hohe Inzidenzraten findet man in einigen abgelegenen ländlichen Gegenden und in der Regel in den Slums großer Städte. Die erhöhte Inzidenz in der untersten sozialen Klasse liegt wahrscheinlich im Abdriften sozial benachteiligter Schizophrener in die unteren Bevölkerungsschichten und in die Einsamkeit der Großstadt. Einige Kriterien aus der Sicht der Epidemiologen können allerdings nicht ausgeschlossen werden. Typische Schizophreniefälle gab es zu allen Zeiten und in allen Kulturen der Welt.

* Hinweis des Übersetzers:
Akustische Halluzinationen zählen in der deutschen Nomenklatur nicht zum Bild einer akuten paranoiden Reaktion.

Ätiologie

Schizophrenie als eine Form psychischer Krankheit zeigt sich besonders bei Menschen, die verschiedenen Streßformen unterworfen sind. Ob es eine konstitutionelle Vorbelastung gibt, ist noch nicht gesichert. Wie Diabetes mellitus und Epilepsie tritt die Krankheit familiär gehäuft auf. Viele Anteile der erhöhten familiären Inzidenz scheinen genetischen Ursprungs zu sein. In einigen Fällen wurden spezifische Ursachen gefunden. Die Gruppe der idiopathischen Erkrankungen ist dabei außer acht gelassen. Bei den idiopathischen Erkrankungen löst wahrscheinlich eine genetische Prädisposition die Krankheit aus. Streßsituationen gelangen als Auslöser dann weniger häufig in den Vordergrund. Oft tritt das Bild in der Jugend oder im frühen Erwachsenenalter in Erscheinung.

Schizoide Persönlichkeit

Etwa 3% der Bevölkerung kann man mit dem weit gefaßten sozialen Terminus der schizoiden Persönlichkeit bezeichnen. Schizoide Persönlichkeiten zeichnen sich durch soziale und personale Zurückgezogenheit, oftmals in Verbindung mit Schüchternheit, Zurückhaltung, exzentrischem Gebaren sowie einer Tendenz zu Mißtrauen und Überempfindlichkeit aus. Die auffällige Kombination von Mißtrauen und Überempfindlichkeit bei sonst unauffälliger Charakterstruktur wird auch als paranoische Persönlichkeit bezeichnet.

Kühle, meist ruhelose, träumerisch exzentrische oder einsame Menschen, die außerdem schüchtern, sensitiv und mißtrauisch sind, zeigen sicherlich schizoide Merkmale. Mit zunehmendem Alter werden sie immer unfähiger, mit der äußeren Realität fertig zu werden und anderen zu vertrauen. Dieser Persönlichkeitstyp scheint für die Ätiologie der Schizophrenie von Bedeutung zu sein, denn 35–50% aller Patienten zeigten zuvor Persönlichkeitszüge dieses Zuschnitts.

Forschungsergebnisse aufgrund von Schulakten präschizophrener Kinder zeigten, daß sich bereits in diesem Alter – mehr als bei den übrigen Kindern – emotionale Unfähigkeiten andeuteten.

Hereditát

Ist ein Patient schizophren, so finden sich bei 10% der Eltern ebenso Schizophrene, 10% bei den Geschwistern, 7% bei den Halbgeschwistern und etwa 14% bei den Kindern, falls der Betreffende einen gesunden Partner heiratet. Heiratet der schizophrene Kranke einen anderen Schizophrenen, so steigt dieser Prozentsatz auf 50%. Bei eineiigen Zwillingspaaren, von denen der eine eine Schizophrenie bekommt, versuchte man die Häufigkeit zu ermitteln, mit der der andere Zwilling erkrankt. Man stieß auf erhebliche Probleme, wenn man den Einfluß der Erkrankung auf den noch nicht erkrankten Zwilling oder den Ausbruch der Schizophrenie im späteren Lebensalter berücksichtigte, außerdem die unterschiedlichen Kriterien, mit denen eine Schizophrenie diagnostiziert wird (die von Land zu Land unterschiedlich sind). In jüngeren Forschungsarbeiten wurden zwar hohe Konkordanzraten ermittelt, aber die Untersuchung von eineiigen Zwilligen ergab – es wurden über 20 Paare untersucht – einen klaren genetischen Anteil an der Ätiologie der Schizophrenie.

Ergebnisse von Adoptionsstudien könnten die Feuerprobe für die endgültige Entscheidung zwischen hereditären Faktoren gegenüber der Umgebung darstellen. Erste Studien über Kinder schizophrener Mütter, die nicht bei den Müttern aufwuchsen, zeigen höhere Schizophrenieraten als die Kontrollgruppen. Die familiäre Übertragung der Krankheit läuft hauptsächlich über genetische Verbindungen, jedoch nicht unter Ausschluß von Umwelteinflüssen ab. Die Interaktion genetischer und umgebungsmäßiger Faktoren in der Ätiologie der Schizophrenie gilt heute als gesichert.

Die klassische Mendelsche Theorie konnte nie auf die verschiedenen Zustandsbilder der Schizophrenie angewandt werden: eher muß von einer multifaktoriellen genetischen Hypothese ausgegangen werden. Die niedrige Fertilität bei Schizophrenie ließe erwarten, daß der Genanteil in der Bevölkerung sinkt, wenn nicht gleichzeitig eine hohe Mutationsrate oder ein biologischer Vorteil für Genträger bestünde. Letzteres ist ziemlich wahrscheinlich. Eine Untersuchung von Kindern schizophrener Mütter, die in Pflegeheimen aufwuchsen, zeigte einen hohen Anteil an Phantasie und Kreativität.

Schizoide Persönlichkeit (wie oben erörtert) und asthenischer Körperbau (der wahrscheinlich als geringerer Belastungsfaktor gilt) können teilweise auch als genetische Faktoren gelten, aber auch umweltbedingt sein.

Biochemie

Zahlreiche biochemische Theorien wurden aufgestellt, vehement vertreten und getestet, und verschwanden dann wieder geräuschlos. Trotz geringer Fortschritte muß auf diesem Gebiet weiter geforscht werden, da klinische Beobachtungen auf biochemische Ursachen hinweisen. Der genetische Mechanismus muß in seiner Wirkungsweise biochemisch angelegt sein. Endokrinologische Forschung hat, außer der möglichen Auslösung der Krankheit durch Geburten und somatische Krankheiten, wenig ergeben. Allergietheorien und Immunstörungen haben sich offensichtlich nicht bestätigen lassen.

Große Dosen von Amphetamin, über lange Zeit verabreicht, können zu einer symptomatischen Schizophrenie führen, die sich von der idiopathischen Krankheit kaum unterscheiden läßt. Meist sind jedoch zusätzliche Merkmale, wie Bewußtseinstrübung oder Delir, zu finden. Gleiches gilt für einige Zustände nach prolongiertem und schwerem Alkoholgenuß.

Lysergsäurediäthylamid (LSD) führt in Mengen von einem millionstel Gramm gewöhnlich zu schweren Störungen im Bewußtsein, besonders zu schweren Störungen des Gefühls der Integrität der Persönlichkeit und zu Halluzinationen. Das gesamte Syndrom zeigt eine gewisse Ähnlichkeit mit der Schizophrenie. Winzige chemische Veränderungen im Gehirn können also halluzinatorische Psychosen hervorrufen. Hierfür lassen sich noch weitere Beispiele, wie etwa Cannabis und Meskalin, anführen.

Eine andere biochemische Hypothese scheint Zukunft zu haben. Sie postuliert eine Überaktivität an den dopaminergen Synapsen und könnte die psychotische Wirkung von Amphetamin (das die Freigabe von Katecholaminen an den Synapsen verstärkt und die Wiederaufnahme blockiert) und von L-Dopa erklären sowie die antischizophrene Wirkung von Phenothiazin und butyrophenonhaltigen Medikamenten, die beide die Dopaminrezeptoren blockieren, obwohl es völlig unterschiedliche Wirkstoffe sind.

Zerebrale Mechanismen

Slater berichtete 1964 über schizophrenieähnliche Psychosen bei Epilepsie. Bei einigen Patienten mit einer über Jahre hin dauernden schweren Epilepsie, die häufig eine Läsion im Temporallappen aufwiesen, fand er ein typisch schizophrenes Syndrom, das mit Denkstörung und Halluzinationen bei klarem Bewußtsein einherging. Die Patienten gehörten nicht zu einer Population gewöhnlicher Schizophrener. Die Ergebnisse wiesen auf einen zerebral lokalisierten Faktor hin, der möglicherweise die Krankheit durch eine Denkstörung beschleunigte, die ihrerseits durch die geschädigten Kortexareale verursacht wurde. Hirntraumata nach Unfällen können ebenfalls schizophrene Syndrome hervorrufen.

Familie und soziale Theorien

Zunächst wurde angenommen, Schizophrenie werde nicht durch persönlichen Streß verursacht wie etwa neurotische Reaktionen. Die Inzidenzraten bleiben in Kriegszeiten und in Zeiten nationaler Krisen konstant und sind relativ gleichmäßig in der Welt verteilt. Die Krankheitsbilder der Patienten zeigen oft einen schleichenden Beginn ohne auffällige Krise. Bei sorgfältiger Untersuchung zeigte sich jedoch eine andere Situation. Es wurde ungünstigen und streßbetonten Lebensereignissen in der Biographie schizophrener Patienten nachgegangen. Dabei zeigte sich ein beträchtlich hohes Maß an Streß in den Wochen vor Ausbruch oder Rückfall der Krankheit. Oft sind aber noch andere unterschwellige und unwägbare Probleme vorhanden. Soziale Isolierung trägt zweifellos zum Ausbruch der Krankheit bei. Manche Patienten sind in einem sich langsam entwikkelnden Teufelskreis eingebunden, der sie über Jahrzehnte infolge ihrer schizoiden Persönlichkeit jeglicher Freunde beraubt. Durch die Isolation werden sie noch exzentrischer. Der Kontakt zu ihren letzten Bekannten wird aufgegeben, es kommt zum kompletten Rückzug. Bei älteren Menschen kann eine partielle Taubheit, der Verlust von Angehörigen, kombiniert mit einer weniger flexiblen Auffassung der Wirklichkeit durch das alternde Gehirn, die Isolation noch verschärfen.

Die klinische Beobachtung, daß die Familien von jungen Schizophrenen oft aus eigentümlichen Menschen mit kauzigen Kommunikationsstilen bestehen, hat zu Theorien geführt, daß Kommunikationsmuster in der Familie ursächlich für eine Schizophrenie seien.

Mitteilungen der Familie an den Patienten stiften häufig Verwirrung. Eine offene Mitteilung wird mit einer verdeckten kombiniert. Vom Patienten wird Unabhängigkeit gewünscht, aber gleichzeitig werden Andeutungen und aktuelle Arrangements gemacht, die diese Information untergraben und zeigen, daß eigentlich Abhängigkeit von den Eltern gewünscht ist. Der Patient steckt in einer Doppelbindung („double-bind"). Er ist in der Zwickmühle und kann bei der Familie auf „keinen grünen Zweig" kommen. Verschiedene Verfechter dieser Theorie haben das an typischen Verhaltensmustern bei älteren Ehen differenziert. Ein bekanntes Beispiel ist die sogenannte „schizophrenogene Mutter". Der Patient wird von der Familie verstoßen, wenn er ins Krankenhaus muß. Er wird durch die Krankheit zum Sündenbock für die gestörte Beziehung seiner Eltern gemacht.

Keine der Theorien schließt aus, daß die Eltern vor Ausbruch der Krankheit selbst gestört waren. Sie können genetisch mit Schizophrenie belastet gewesen sein und die Krankheit auf ihre Kinder übertragen haben. Aber auch das Zusammenleben mit einem schizophrenen Kind ist eine äußerst anstrengende und verblüffende Erfahrung. Abnormitäten der Familie können auch als Reaktion auf die Krankheit des Kindes auftreten. Die Theorien über elterliche Abnormitäten sind nicht gerade sehr überzeugend. Bemühungen, sie objektiv zu beschreiben, waren nicht übertragbar. Der gesamte Fragenkomplex wurde von Hirsch und Leff glänzend dargestellt.

Eine Interaktionstheorie von seiten der Familie kommt als Teilursache der Schizophrenie in Frage, wenn auch ein solcher Faktor im Einzelfall nicht zu beweisen ist. Viele Menschen erkranken an einer Schizophrenie, auch wenn sie nicht bei ihren Eltern leben. Der Ausbruch der Krankheit kann unter allen möglichen sozialen Umständen einschließlich der Vereinsamung im höheren Alter auftreten. Eine multifaktorielle Theorie – wie bei vielen großen Krankheitsbildern in der Medizin – scheint für die Schizophrenie am wahrscheinlichsten.

Schizophrenie und Antipsychiatrie

Szasz wies im Jahre 1961 in seinem Buch „Geisteskrankheit – ein moderner Mythos?" darauf hin – er benutzte dazu ein Hysteriemodell und ließ fälschlicherweise Geisteskrankheit im allgemeinen außer acht –, daß die Patienten nach bestimmten Regeln wie in einem Spiel ihre Rollen spielten und keine echte Erkrankung bestünde. Später schrieb er, Psychiatern sei nie zu trauen, besonders wenn sie im öffentlichen Dienst tätig seien. Psychiater verfolgten wehrlose Menschen. SZASZ vertritt einen rechtsextremen freiheitlichen Standpunkt, wenn er behauptet, sogenannte Geisteskranke seien nur Gegenstand des Strafgesetzes, wenn sie sich in Schwierigkeiten befänden und dürften nie zu einer medizinischen Behandlung gezwungen werden. Ein solches Resultat wäre aber unmenschlich. Ein unfähiger, unverständiger und zerfahrener Schizophrener würde in Unrat oder Gefahr zurückgelassen, während die Psychiater nur der feinen Form ihres Berufes nachgingen: psychoanalytische Privatpraxis nur für zahlungskräftige Patienten.

LAING beschrieb vor dem Hintergrund eines existentialistischen Interesses die Welt der schizoiden Persönlichkeit besonders einfühlsam in „Das geteilte Selbst" (1976) und „Phänomenologie der Erfahrung" (1969). Er vermittelte besonders dem Laien entscheidende Einblicke in seine Ansichten über die Schizophrenie. So beschrieb er die Ungeschütztheit der inneren Welt des Patienten und definierte die Schizophrenie als eine Form der Entfremdung von der Außenwelt. Den Symptomen komme besonders im Kontext mit Theorien um familiäre Mystifikationen Bedeutung zu. Die Symptome müßten als Andeutungen, Gedichte oder Codewörter interpretiert werden. Ein Schizophrener, der von einer ihn übermäßig beschützenden und verschlingenden Mutter erzogen wurde, die ihn niemals zu eigenen Gedanken kommen ließ, dürfe sagen, eine Hexe habe ihm direkt Gedanken in den Kopf gesetzt. Dies ist indes eine schiefe Erklärung seiner Situation. LAING stellt die Schizophrenie als potentiell lebenserhöhend dar und schlägt eine Behandlung quasi in Form einer mystischen Reise in den Binnenraum vor. Schizophrene seien durch ihre Entfremdung von der geisteskranken modernen Welt unschuldig krank.

Die Umsetzung dieser Theorie wäre inhuman: Die Eltern könnten dem Patienten wegen ihrer eigenen Schuld nicht mehr nützen, obendrein hätten sie an dem ganzen Unglück, das ihnen widerfährt, noch zu leiden. Nur in sehr seltenen Fällen sind die Erfahrungen des Schizophrenen glücklich, meist sind sie ein unbeschreibbar entsetzlicher Alptraum. Viele Patienten erholen sich nie mehr ganz von der schrecklichen Geißel, wenn sie über ihre früheren Gefühle berichten.

LAING konnte mit seiner Behandlung auch keine guten Resultate erzielen.

Ein überzeugter Kritiker außerhalb des medizinischen Lagers zeigt tief antirationale Aspekte: „Geisteskrankheit stellt sich als eine wahre intuitive Erkenntnis dar, die in angemessener Weise ausgelebt werden muß. Die Gesellschaft selbst ist geisteskrank, und wenn dies einmal verstanden ist, erscheint die offensichtliche Aberration des Individuums als vernünftige Denkweise, als eine Befreiung von den Wahngedanken der sozialen Narrheit. Von der individuellen Form des Wahnsinns und seinem herzzerbrechenden Schmerz, der Isolation und der fröhlich ignorierten Zerstreutheit muß das Prinzip abgeleitet werden, wodurch die Gesellschaft ihre verlorene Vernunft und Menschlichkeit wieder zurückgewinnen kann. Das gesamte Unternehmen kann als ein Maßstab dafür angesehen werden, wie hoffnungslos der Impuls ist, die Grenzen des vernunftgemäßen Geistes zu bekämpfen und zu überschreiten" (TRILLING 1972).

Soziologische Theorien

Äußerungen wie „der Psychiater ist psychisch krank" sind für die Sozialtheorie keine kriminelle Deviante von der Gesellschaftsnorm. Die Psychiater seien Angestellte des Staates, die das Etikett „psychisch krank" vergeben und aus guten noch bessere Staatsbürger machen wollen. Sie halten die Kranken an, wieder zu arbeiten und ziehen sie zur Rechenschaft für ihren Ausbruch aus der Gesellschaft. Die Devianz werde durch den etikettierenden Prozeß noch vergrößert. Die Landeskrankenhäuser seien Einrichtungen, die eine Stigmatisation des Patienten noch betonen, indem sie ihn seiner vertrauten Umgebung berauben unter der Annahme, er werde bei allen Gelegenheiten abnorm reagieren.

Die Mißbilligung einer etikettierenden Diagnose will natürlich eine eingehende Erforschung der Schizophrenie verhindern. Der Zustand der Evidenz kollidiert mit antipsychiatrischen und soziologischen Theorien. Wie sagt KETY so treffend: Wenn es sich bei der Schizophrenie um einen Mythos handelt, so ist es ein Mythos mit einer sehr hoch zu veranschlagenden genetischen Komponente. Die Schizophrenie kann indes kaum als ein Phänomen der Entfremdung von der kapitalistischen Gesellschaft gelten, da eine universelle Verbreitung gegeben ist. „Es ist anzunehmen, daß in China die Inzidenz die gleiche ist. Unsere Gesellschaftsformen akzeptieren die Patienten bereitwilliger. Wir behandeln sie in dieser Umgebung. Wir verlassen uns im wesentlichen auf ambulante Versorgungseinrichtungen und auf phenothiazinhaltige Medikamente. Trotzdem versuchen wir, bei der Erziehung der Familie des Patienten und seiner Helfer mitzuwirken, damit unsere Patienten schnell wieder aus dem Krankenhaus entlassen werden können und wieder von der Gesellschaft akzeptiert werden" (zit. n. KETY 1975).

Klinische Erscheinungsformen

Die wesentlichen Zustandsbilder der Krankheit können unter vier Hauptgesichtspunkten subsumiert werden, die jedoch nicht scharf voneinander zu trennen sind.

1. Störungen des Denkens, einschließlich Wahnvorstellungen.
2. Störungen des Kontakts gegenüber der Realität; Gefühl der Passivität und Halluzinationen.

3. Gefühlsstörungen.
4. Bewegungs- und Verhaltensstörungen.

Der Denkprozeß selbst ist gestört, wobei sich im Endergebnis auch unklare Abstraktheit im Denken einstellen kann. Es werden dann großzügig philosophische Fachausdrücke benutzt, die kein klares Meinungsbild vermitteln. Die Assoziationen von unterschiedlichen Wörtern können nicht klar voneinander unterschieden werden, logische Klassifikation kann unmöglich werden. Die *schizophrene Denkstörung* kann auch als verschwommen bezeichnet werden, als pseudophilosophisch oder wie der Schachzug eines Springers in Gedanken. Oftmals gleicht das Ganze Wortentstellungen. So sagte ein Patient, daß er „eine gemeine Abberufung" habe, daß er „dichotomisiert worden sei" und daß seine Heirat „eine zügellose Bigamie" sei.

Das Gefühl, daß die Persönlichkeit die Kontrolle über Körper und Gedanken verloren hat und sie nicht weiß, wo die eigene Person endet und wo die äußere Welt beginnt (sog. Auflösung der Ichgrenze), führt zu Gefühlen der *Gedankeneingebung* und *Gedankenausbreitung*, verbunden mit einem Gefühl, daß die Gedanken gelesen werden können, daß Telepathie im Spiele sei und daß der Patient hypnotisiert oder anderweitig auf mysteriöse Weise kontrolliert werde. Der Patient glaubt, die Gedanken würden ihm mitten im Entstehen gestohlen, was dann schließlich zur *Gedankenblockade* führt. Beziehungsideen sind häufig, etwa mit der Überzeugung, daß jemand Andeutungen macht und die Handlungen, ja sogar die Gedanken des Patienten kommentiert. In einer primären Wahnstimmung treten Wahnideen aus einem alles durchdringenden Gefühl von bedeutungsvoller Verworrenheit auf. Es kann sogar zu mysteriösen Überzeugungen von unerklärbaren Veränderungen im Universum oder im Innenleben kommen, die den Patienten entscheidend beeinträchtigen. Sekundäre Wahnvorstellungen treten teilweise als unverständlicher Versuch des Patienten auf; hierbei handelt es sich um eine Art Gefühl von Beziehungsideen und Störungen des Denkens und Fühlens. Solche Wahnerlebnisse zeigen, daß seine Kräfte, um vernünftig zu urteilen, zumindest bis zu dem Grade bewahrt bleiben, daß der Patient versucht, Ordnung und System in seiner eigenen Erfahrungswelt zu behalten: Der Wahn ist eine letzte verzweifelte Stütze auf dem Rückzug, bevor das geistige Chaos einsetzt. Doch je mehr Krankheitssymptome der Patient bietet und je mehr seine Persönlichkeit an Integration einbüßt, desto zerrütteter und chaotischer und ohne irgendeinen Bezug pflegen seine Wahnideen zu sein.

Der potentielle Zusammenprall einer solchen Störung stellt sich am Fall eines jungen Mannes dar, der während des Radiohörens plötzlich in dem Bewußtsein lebt, daß sich das ganze Programm um ihn dreht. Diese Überzeugung war absolut, und er wartete sozusagen nur auf die Evidenz, um auch andere davon überzeugen zu können: Selbst war er bereits vollständig davon überzeugt. Im Rundfunkprogramm wurde ein Lied gesendet:

„Don't laugh at me'cos I'm a fool". Der Patient zerschlug daraufhin den Apparat. Wenn auch die Gedanken des Patienten immer abstruser und komplizierter werden, kann er doch neue Wörter, sogenannte Neologismen, schaffen, aber auch bizarre und verdichtete Redewendungen benutzen. Eine Patientin mit der Wahnvorstellung, daß sie von faschistischen Agenten ausspioniert werde, da sie Kommunistin sei, sagte, sie fühle sich wie eine „Garnele". Aufgefordert zu erklären, was sie meine, antwortete sie, daß sie sich als ein Faustpfand fühle, aber mit einem „R" darin, für Rußland (im englischen Originaltext Wortspiel: prawn = Garnele/pawn = Pfand). Hätte sie sozusagen als Garnele gehandelt, ohne sich verbal ausdrücken zu wollen, wäre ihr körperliches Verhalten als ausdruckslose Bewegung aufgefaßt worden.

Halluzinationen kommen sehr häufig vor. Meistens nehmen sie die Form von Stimmen an, die die Gedanken des Patienten wiederholen, erklären, loben oder kritisieren, indem sie seine Handlungen in fortwährenden Kommentaren beschimpfen oder karikieren, u.U. sogar noch bevor der Patient Handlungen ausführt. Oft wird er dermaßen gequält, daß überhaupt keine äußere Handlung erfolgt. Optische Halluzinationen einschließlich quasimystischer Erfahrungen sind häufig. Sensorische Halluzinationen sind wahrscheinlich verantwortlich für die üblichen Wahnvorstellungen einer elektrischen Erregung. Sie können zu dem Glauben führen, der Patient werde von unsichtbaren Bewunderern in erotischer Weise gestreichelt. Solche Erfahrungen können im selben Augenblick Gegenstand heftiger Beschwerden und augenfälliger Genugtuung sein. Die Beschäftigung mit einer lebhaften, aber irrealen Welt entbindet den Patienten von den Anforderungen und Grenzen einer normalen Existenz. Alle Symptome sind aus diesem Rückzug von der Realität zu erklären.

Die emotionale Ungereimtheit ist häufig eindrucksvoll. Abgesehen von der Verworrenheit kann der Patient überraschend wenig Bezug zu seiner unheimlichen Traumwelt haben, die er beschreibt. Ominöse Enthüllungen, die ihm von einer Unzahl von halluzinatorischen Stimmungen zugehen und sich beharrlich seinen Gedanken aufdrängen, Manipulationen an seinem Körper und das Gefühl von Elektrizität, Zauberei oder Telepathie, ja sogar die Konstellation des gesamten Universums, dem sein Geist in Einsamkeit und Schutzlosigkeit ausgeliefert ist, vermögen keine Verzweiflung oder gar kräftigen Alarm zu erzeugen, ebensowenig wie eine verdrossene Erbitterung oder ein gewisser Argwohn. Ein schreckliches persönliches Unglück vermag er mit Sanftmut oder Gekicher anzuzeigen. Er kann behaupten, daß er Gott sei, während er sich indes lammfromm in einem psychiatrischen Krankenhaus befindet. Er kann einen Brief im Brustton der Selbstverständlichkeit schreiben, etwa so: „Sehr geehrter Herr Doktor, vergessen Sie nicht, daß ich der psychologische Hauptsicherungsbedienstete der Königin bin und zum Stallmeister von Prinzessin Anne ernannt werden soll."

Eine oberflächliche Stimmung kann mit alarmierender Tiefe und Intensität fluktuieren. Gelegentlich treten gefährliche Verfolgungsideen mit heteroaggressiven bzw. suizidalen Verhaltensweisen auf.

Die Ambivalenz der Gefühle trägt dazu bei, das Bild zu komplizieren und spielt eine besondere Rolle bei der Lenkung gestörter Impulse und des Verhaltens überhaupt. Die meisten von uns wissen, daß es zur normalen menschlichen emotionalen Reaktion gehört, der gleichen Person Liebe als auch Feindlichkeit entgegenzubringen, obwohl solche Gefühle selten zu gleichen Teilen und zur gleichen Zeit im Bewußtsein vorhanden sind. Beim Schizophrenen können Liebe und Haß, Vertrauen und Argwohn, Freude und Sorge, Schrecken und Zuversicht nebeneinander existieren oder so rasch wechseln, daß sie für die Psyche des Patienten nicht zu unterscheiden sind. Leicht läßt sich feststellen, wie solch ein Chaos der geistigen Existenz zu impulsiven Handlungen oder zu einem eminent bizarren und unverständlichen Verhalten führen kann.

Die meisten von uns haben konventionelle Beschreibungen des Wahnsinns bei „sagenhaften" Patienten einmal gehört. Wie etwa der Mann, der glaubte, daß er selbst ein Hutständer sei und jeden Tag in einer passenden Stellung verharrte. Wie die Frau, die sich einbildete, eine Teekanne zu sein und mit einem Arm da hockt, der wie eine Tülle geformt ist, während sie mit der anderen Hand auf der Hüfte einen Henkel bildet und sich laufend erkundigt, ob es aus ihr herausströme. Es gibt natürlich keine Patienten, die so konventionell wahnsinnig sind wie diese. Doch finden wir unter der chronisch verschlechterten Gruppe der Schizophrenen Bilder, die ein wenig solch pathetischem Spektakel ähneln. Da nämlich der Bezug zur Realität in zunehmender Weise nachläßt und ihre Gedankenwelt immer schlichter, verworrener und chaotischer wird, vermögen einige wenige Patienten über lange Zeitstrecken hin Positionen einzunehmen und zu bewahren, die als Symbol für einen inneren Streß oder eine Erfahrung dastehen. Dieselben Patienten versuchten sich in früheren und akuteren Phasen der Krankheit der Welt verständlich zu machen, indem sie nicht mitteilbare Gefühle und Ideen durch phantastische Gestikulierungen, Sprechweisen und Handlungen ausdrückten.

Von großer diagnostischer Bedeutung ist, daß das schizophrene Zustandsbild bei klarem Bewußtsein auftritt, nicht etwa in einem Zustand der Verwirrtheit wie bei körperlich kranken Menschen. Meist ist der Schizophrene örtlich und zeitlich genau orientiert, obwohl ihn Ort und Zeit nicht interessieren. Der Verwirrte, an einer symptomatischen Psychose leidende Patient hingegen ist desorientiert. Seine Sinnesorgane und sein Gehirn sind nicht in der Lage, die von der Außenwelt aufgenommenen Basisinformationen zu verarbeiten.

Klinische Varianten der schizophrenen Psychosen

Die traditionellen klinischen Varianten der Schizophrenie werden unter vier Rubriken aufgeführt, obwohl die Kategorien nicht klar abgrenzbar sind:

1. Einfache Schizophrenie
2. Hebephrenie
3. Katatone Schizophrenie
4. Paranoide Schizophrenie und Spätschizophrenie (Paraphrenie)

Die ersten beiden Kategorien können im weitesten Sinne zusammengefaßt werden, da sie sich voneinander nur in Schweregrad, Chronizität und durch frühes Auftreten unterscheiden, oftmals nach dem ersten oder im frühen zweiten Lebensjahrzehnt. Sie sind durch einen chronischen Verlauf und eine eventuelle Verschlechterung dauerhafter Natur charakterisiert. Bei der einfachen Schizophrenie wechseln die Bilder zwischen enormer Antriebsstörung, verbunden mit Denkstörung, Verlust der emotionalen Reagibilität sowie dem Auftreten einer apathischen Indifferenz und Ineffektivität gegenüber der realen Welt; Symptome, die stufenweise in einer Zeitspanne über Jahre hinweg zunehmen, ohne daß akute Episoden auftreten. Hebephrene Patienten verlieren rascher die Fähigkeit des normalen Denkens und gleiten in Zustandsbilder emotionaler Fragmentierung ab, verbunden mit einer bizarren Sprechweise, exzentrischem Auftreten sowie mit flüchtigen Halluzinationen und unsystematischen Wahnvorstellungen.

Fall Nr. 5

Ein einfacher freundlicher Mann, der immer als intellektuell minderbegabt angesehen wurde und sich allenfalls zu einfachsten Aufgaben eignete, verdiente seinen Lebensunterhalt für einige Jahre als Strandkorbwärter in einem Seebad. In seiner Freizeit pflegte er in den örtlichen Kinos und anderen öffentlichen Unterhaltungslokalen seiner Fähigkeit entsprechend als Rotkreuzmitarbeiter mit niedrigem, aber doch sehr geachtetem Dienstgrad auszuhelfen.

Stufenweise begann er die Überzeugung zu entwickeln, daß er in seinem Inneren eine Art vermoderten Sack trage, „wie eine Gallenblase, wissen Sie Herr Doktor, nur mit dem Unterschied, daß sie nicht in Ordnung ist...". Dieser Sack würde ihm Gift in seinen Körper einflößen und könne nur geleert werden, indem er seine Flanken mit seinen Ellbogen und den Händen, die er über dem Leib verschränke, eindrücke, woraufhin der Inhalt des Beutels die Wirbelsäule hochgetrieben würde bis zu seinem linken Ohr. Er könne den Inhalt dann in den Mund aufnehmen, indem er am linken Ohrläppchen ziehe und das Ganze nach Art eines Erbrechens ausspeie. Diese ihn störenden Rituale wurden durch Konzentrationsschwierigkeiten kompliziert, die durch Gedankenblockaden und durch vage, unsystematisierte Beziehungsideen hervorgerufen wurden. Andere Personen aus der Umgebung konnten auch seinen Beutel mit Flüssigkeit füllen, indem sie über ihn sprachen. Einige Jahre lang war er durch die örtlichen Krankenhäuser gewandert und hatte um eine entlastende Operation gebeten.

Schließlich wurde er in einem psychiatrischen Krankenhaus aufgenommen, wo sein Zustandsbild mit Phenothiazinen und einer supportiven Psychotherapie unter Kontrolle gebracht wurde.

Fall Nr. 6

Die 23jährige Tochter eines Akademikers hatte gerade die Universität verlassen. Sie hatte dort Auszeichnungen in Fremdsprachen erhalten und wollte sich jetzt um die Stellung einer Übersetzerin und Sekretärin in einem Bereich der UNO bewerben. Da begann sie, Zweifel an ihrer religiösen Position zu entwickeln (ihre Familie war überzeugt katholisch, aber nicht streng religiös). Sie befürchtete, sie hätte sich gegenüber dem Hl. Geist versündigt, wofür sie und der Teufel gemeinsam gegen Gott verantwortlich seien. Sie hörte, wie Gottes Stimme den Teufel für seinen Anteil in der Affäre rügte und ihm sagte, seine letzte Chance, um in den Himmel wieder aufgenommen zu werden, sei vertan.

Beweise für den gewaltigen Kampf ihrer Seele zeigten sich allmählich in ihrer Umgebung. Als sie im Auto mit ihren Eltern fuhr, sah sie, wie Motorradfahrer mit verbundenen Augen sie überholten und dabei unsichtbare Strahlen aus Pistolen in ihr Auto schossen. (Später war sie in der Lage, diesen Teil ihrer halluzinatorischen Erfahrungen mit einem Cocteau-Film, den sie zuvor gesehen hatte, in Zusammenhang zu bringen.) Als sie auf die dringende Bitte ihres Vaters über ihren Hausarzt ins Krankenhaus aufgenommen wurde, sagte sie, daß sie verpflichtet sei, sich zu opfern, um den Teufel zu retten, der schließlich nur Michael, der gefallene Erzengel, sei. Eine Behandlung verweigerte sie. Sie grimassierte meistens tagsüber und versuchte, sich die Haare auszureißen. Sie ließ sich schließlich überreden, eine Injektionsbehandlung zu akzeptieren, zunächst Chlorpromazin und in der Folgezeit auch eine elektrische Durchflutungstherapie. Sie erholte sich von allen Symptomen und war im Lauf von fünf Monaten beschwerdefrei.

Unter der dritten Gruppe, der katatonen Form der Schizophrenie, versteht man unruhige und bizarre Haltungen und Aktivitäten eines schwer gestörten Patienten. Das Zustandsbild kann mit Perioden eines vollständigen Stupors und Rückzugs abwechseln. Das Syndrom hat eine ungünstige Prognose. Eine einzelne Attacke kann jedoch nach Wochen oder Monaten vorbeigehen und niemals wieder auftreten. Katatone Zustandsbilder sind bei den Einheimischen in Großbritannien jetzt selten geworden, doch kommen sie in Entwicklungsländern und bei Anwanderern nach Großbritannien als Durchlaufstadien vor.

Fall Nr. 7

Eine junge Frau im Alter von 28 Jahren, unverheiratet, einzige Tochter, nach dem Tod ihres Vaters vor fünf Jahren Hauptstütze für ihre kränkliche Mutter, wurde allmählich immer zerstreuter, verworrener und ängstlicher, bis sie eines Morgens im Bett sitzend gefunden wurde und stumm und unzugänglich vor sich hinstarrte. Sie wurde schließlich ins Krankenhaus aufgenommen, wo sie den ganzen Tag lang in einer Ecke des Zimmers stehen wollte und die Wand anstarrte. Sie litt gelegentlich an Harn- und Stuhlinkontinenz und mußte gefüttert werden. Obwohl sie schließlich wieder zu ihrem Bett und zu den Mahlzeiten geführt werden konnte, sprach sie kein Wort und machte über Wochen keinerlei spontane Bewegungen. Eine Behandlung mit Chlorpromazin und elektrischer Durchflutungstherapie brachte, etwa $3\,^1/_2$ Jahre nach Ausbruch der Krankheit, eine vorübergehende Heilung. Nachdem sie sechs Wochen zu Hause war, erlitt sie nach einem Streit mit ihrer Mutter einen Rückfall, lief von zu Hause fort und wurde eine halbe Meile entfernt, bis zur Taille in einem Teich stehend, aufgefunden.

Nach der Wiederaufnahme gelang mit der gleichen Behandlung eine gute Besserung. Dann wurden kontrolliert regelmäßige Injektionen verabfolgt. Mit der Mutter wurde vorsorglich über eventuelle Schwierigkeiten in ihrem Zusammenleben diskutiert. Über zehn Jahre blieb sie rezidivfrei. Doch veränderte sich ihre Persönlichkeit. Sie heiratete nie und äußerte auch nie Interesse für eine Heirat oder Kinder. Sie glaubt immer noch, daß sie gelegentlich Vogelstimmen höre und Bienen und kleine Blumen zu ihr sprächen.

Die vierte Gruppe, die paranoide Schizophrenie, umfaßt Störungen mit deutlichen Wahnideen, besonders Verfolgungswahn. Häufig entwickelt sich ein geschlossenes Wahnsystem, das durchaus als vernünftig akzeptiert werden könnte, wenn die Voraussetzungen stimmten. Die Wahnideen können sich dabei gering verändern. Sie bleiben aber im wesentlichen eingekapselt, ohne nachfolgende Abblassung der Emotionen, ohne Desintegration der Persönlichkeit, ohne die Fähigkeit, der Umwelt gewachsen zu sein. Syndrome, die in der Lebensmitte oder im höheren Lebensalter auftreten, weisen gewöhnlich diesen Typ auf und werden Spätparaphrenie genannt, da es sich bei der eigentlichen Schizophrenie typischerweise um eine Krankheit mit Ausbruch in der Jugend handelt.

Fall Nr. 8

Einem erfolgreichen 44jährigen Bauunternehmer war von einer Lokalbank eine beträchtliche Kontoüberziehung gegen die Sicherheit seiner Firma und seines Eigentums verweigert worden. Es war für den Bauunternehmer die erste ernsthafte geschäftliche Niederlage in 16 Jahren unabhängiger Bautätigkeit. Er wurde darüber mürrisch und verstört.

Einige Monate später war er plötzlich davon überzeugt, daß man über ihn rede, da ihm das Darlehen verweigert worden sei. Der Grund für diese Verweigerung sei, daß der Bankdirektor glaube, er habe Syphilis und hätte seine Frau und Kinder angesteckt. Dann verlangte er, mit gesetzlichen Maßnahmen gegen den Bankdirektor und einige andere Leute vorzugehen. Ferner klagte er seinen Hausarzt an, daß er Befundberichte über ihn gefälscht und anschließend veröffentlicht habe. Der Patient wurde ins Krankenhaus eingewiesen, nachdem er eine ärztliche Untersuchung verweigert und einen Suizidversuch durch Erhängen unternommen hatte. Er hinterließ einen Abschiedsbrief, in dem er schrieb, kein Mensch könnte der teuflischen und wohldurchdachten Kampagne des Gedankenlesens, der Verleumdung und Verfolgung, der er ausgesetzt sei, entgegentreten.

Während der stationären Behandlung offenbarte er, daß sein Gedächtnis immer noch von einer elektronischen Maschine gelesen würde, wobei seine Gedanken in eine Formel für eine neue und noch schrecklichere Atombombe Eingang fänden. Der Behandlungserfolg bestand in einer teilweisen Remission, so daß der Patient entlassen werden konnte, um wieder die Leitung seiner Firma und sein Eigentum zu übernehmen. Als ambulant betreuter Patient bleibt er dennoch in seinen Wahngedanken verfangen, kann jedoch darüber diskutieren und Hilfe und Zuwendung gegenüber seiner Lage akzeptieren. Er blieb trotzdem ein kompetenter Bauunternehmer und Geschäftsmann.

Fast immer entsteht schließlich eine heimtückische und fortschreitende Denk- und Gefühlsstörung, die gelegentlich von Halluzinationen begleitet ist. Vorhandene Wahnideen spalten sich ab und lösen sich in diverse unzusammenhängende Fragmente auf, so daß als Endstadium ein Verfall der gesamten Persönlichkeit zu einem schizophrenen Defektzustand hin resultiert. Der Patient verwahrlost zunehmend. Es mangelt ihm an Interesse gegenüber seiner Umgebung. Es resultiert ein merkliches Manko an emotionaler Wärme. Der Kranke kann verlangsamt erscheinen, in seinem Verhalten gestelzt, verbunden mit Exzentrik in Ausdruck und Kleidung.

Behandlung

Supportive Psychotherapie

Supportive Psychotherapie wird angewandt, um den Kontakt zum Patienten zu stabilisieren und mit dem verworrenen, ängstlichen oder mißtrauischen Kranken einen Bezug herzustellen. Eine eigentliche analytische Psychotherapie hat sich niemals als nützliche Behandlungsform erwiesen und kann sich eher nur schädigend auswirken.

Einweisung in eine psychiatrische Einrichtung

Die stationäre Aufnahme ist häufig der einzige Weg, um eine Stabilisierung der eskalierenden Situation, die von Furcht und gegenseitigen Mißverständnissen zwischen Patient und Umwelt getragen sind, herzustellen. Manchmal ist eine Zwangsaufnahme dringend erforderlich, um den Patienten, der keine Einsicht in seine Gestörtheit hat, zu schützen oder um gleichzeitig seiner Umwelt zu helfen. In leichteren Fällen wird auch eine Behandlung in einer Tagesklinik erfolgreich durchzuführen sein.

Medikamentöse Behandlung

Die Gruppe der Phenothiazine hat sich als erheblicher Vorteil in der Beherrschung der Symptome einer akuten Schizophrenie und in der Verhütung eines Rezidivs erwiesen, denn die Medikation kann auch nach der Genesung weiter verabreicht werden. Phenothiazine reduzieren das Erregungsniveau bei gestörten Patienten. Die Halluzinationen werden rückläufig und das Wahnsystem seiner quälenden Übermacht beraubt. Der Effekt ist relativ spezifisch bei der Schizophrenie. Hohe Medikamentendosen, die Schizophrene bemerkenswert gut vertragen, machen einen Kontakt und Rapport bei sonst nicht erreichbaren Patienten erst möglich.

Zu Beginn der Therapie wird Chlorpromazin (Megaphen) verabreicht, das gewöhnlich in Dosen bis zu 300 mg täglich angewendet wird. Bis zu drei solcher Maximaldosen können appliziert werden. Es kann oral, intramuskulär oder intravenös verabreicht werden. Nebenwirkungen sind Schläfrigkeit, Hypotonie, Hypothermie und eine selten auftretende cholestatische Gelbsucht, die langsam abklingt, wenn das Medikament abgesetzt ist. Es kann zu parkinsonähnlichen Syndromen und Dyskinesien kommen. Akute Dyskinesen lassen sich mit Antiparkinsonmitteln bessern. Fälle irreversibler Dyskinesien bei hohen Dosen über längere Zeiträume wurden allerdings beschrieben. Thioridazin (Melleril) wird in gleicher Dosierung wie Chlorpromazin angewendet mit einem oberen Grenzwert von etwa 600 mg täglich, da hohe Dosen für eine selten auftretende Retinaschädigung verantwortlich gemacht werden. Thioridazin erweist sich als effektiv, verursacht keine Gelbsucht, kann aber nicht injiziert werden. Trifluoperazin (Jatroneural) in Dosen von 5 bis 50 mg täglich wirkt besonders bei schizophrenen Symptomen. Blutdruckschwankungen und Gelbsucht bereiten hier keine Probleme. Das Medikament bewirkt eher Wachheit als Schläfrigkeit, doch können sich auch hier unerwünschte parkinsonähnliche Symptome einstellen.

Bedauerlicherweise nehmen die Patienten nur widerstrebend ihre Medikation ein und vermeiden dies sogar, wenn sie ohne Aufsicht sind. Dieses Problem läßt sich seit Einführung von Depotneuroleptika mit antipsychotischer Wirkung besser in den Griff bekommen. Das am meisten gebräuchliche Präparat ist Fluphenazindecanoat in öliger Aufbereitung (Lyogen-Depot). Eine Eingangsdosis von 12,5 mg kann in wenigen Tagen auf 25 mg gesteigert werden. Diese therapeutisch günstige Dosis reicht für 2–4 Wochen, dann muß eine neue Dosis verabfolgt werden. Ein anderes Depotpräparat ist Flupentixoldecanoat in öliger Lösung (Fluanxol-Depot), zu verabreichen in Dosen von 20–40 mg alle 2–4 Wochen. Anfangserfolge lassen eine gute Prävention von Rezidiven erwarten, wobei sich das Präparat besonders bei antriebsarmen Patienten als geeignet erweist. Pimozide (Orap), in Dosen von etwa 6 mg täglich, ferner Haloperidol mit einem großen Spielraum in der Dosis, häufig bis zu 30 mg täglich und gelegentlich sogar 60 mg täglich, gelangen manchmal zur Anwendung.

Obwohl es nicht sicher ist, ob Psychopharmaka nach zehn Jahren die Langzeitergebnisse bei Schizophrenen verbessert haben, ist unbestritten, daß sie in der akuten Erkrankungsphase wirksam sind. Es gilt als bewiesen, daß sich im Folgejahr bei fortgeführter Medikation die Ergebnisse im allgemeinen Verlaufstrend der Kasuistik bessern. Wahrscheinlich verbessern sie nicht die Chancen, daß leichte Fälle spontan remittieren und die

Schwererkrankten oder die verschlechterten Fälle ausheilen (Leff u. Wing 1971). Eine Dauermedikation für mehrere Jahre sollte nach Auftreten der letzten Symptome des floriden Zustandsbildes empfohlen werden.

Elektrische Durchflutungstherapie

Eine elektrische Durchflutungstherapie (beschrieben im folgenden Kapitel) bessert besonders akut gestörte Schizophrene mit schweren Verstimmungen. Bei katatonen Patienten kommt es rasch wieder zu Kontakt und Normalität. Für diese Gruppe erweist sich die Elektrokrampftherapie als die eigentlich wichtigste Behandlungsform.

Behandlung der chronischen Schizophrenie im psychiatrischen Krankenhaus

Ungeachtet der Fortschritte in der Therapie bleiben noch viele Patienten mit Persönlichkeitsveränderungen auf der Strecke. Trotz allem modernen Enthusiasmus gegenüber einer Entlassung und trotz der teilweise berechtigten Furcht vor einer Hospitalisierung können manche Patienten nicht ganz ohne Fürsorge, schützendes Dach und verstehendes Personal in einem entsprechend geleiteten Krankenhaus auskommen. Einer weiteren Verschlechterung läßt sich vorbeugen, wenn das Krankenhaus als offene und förderliche Gemeinschaftseinrichtung geführt wird. Gemischte Stationen sind sinnvoll, solange der einzelne nicht bedrängt wird. Kantinen und soziale Klubs sollten für Männer und Frauen gemeinsam vorgesehen sein. Häufige Besuche sollte man fördern und zu Außenaktivitäten anregen. Formen einer geschützten Beschäftigung jeder Art sind sinnvoll, um möglichst viel aus dem gebrochenen und noch verbliebenen Potential des Patienten herauszuholen. Der Heilungsprozeß kann auch durch künstlerische Aktivitäten, Musik, Tanz und Entspannungsübungen gefördert werden.

Grundsätze des operanten Konditionierens werden nach Art des „*Token economy*“-Systems angewendet, um ein wünschenswertes soziales Verhalten zu fördern, wie etwa morgens aus dem Bett zu finden, die Tischsitten zu beachten, sich ordentlich anzukleiden, die Verkehrsregeln zu beachten und um der Erledigung einer bestimmten Arbeit in einer bestimmten Zeit gewachsen zu sein. Verhalten, das gefördert werden soll, wird durch entsprechende Spielsteine (tokens) belohnt. Sie müssen sofort und unmittelbar, nachdem die gewünschte Arbeit erledigt ist, dem Patienten übergeben werden. Ein unerwünschtes Verhalten wird dabei ignoriert. Das Umfeld des Patienten muß eingehender als sonst üblich kontrolliert werden. Die Spielsteine (tokens) werden dann wiederum vom Patienten wie Geld ausgegeben, um bestimmte Privilegien zu erlangen. Eingehende Planung und systematische Vorbereitung sind nötig, wobei die Grundsätze einer Verhaltensmodifikation gut beachtet werden sollten. In dieser Hinsicht ist die persönliche Beteiligung, ja sogar die Leitung des klinischen Psychologen unschätzbar. Das System sollte natürlich nicht zu einer Entmenschlichung führen. In vielen Fällen hat es sich als nützlich erwiesen, die Möglichkeiten der Patienten im Alltag zu erweitern. Sie haben die Möglichkeit, innerhalb weitgesteckter Grenzen auszuwählen, wie sie ihre Tokens ausgeben möchten. Der Fortschritt einer unabhängigen und unbelasteten Existenz erweist sich schließlich zum Vorteil für den Patienten. Dies ist eine Lebensform, die man gewiß der Besserung im Verhalten, wie sie durch das Token-economy-System herbeigeführt wurde, zuschreiben kann.

Behandlung der chronischen Schizophrenie in der Gemeinschaft

Die Anzahl der stationär untergebrachten schizophrenen Patienten ist seit 1954 kontinuierlich gefallen, doch wurden viele Patienten mit einer Reihe von Beeinträchtigungen entlassen. In Großbritannien ist seit Existenz der Mental Health Act die Sozialfürsorge offiziell für diese Kranken zuständig. Die Möglichkeiten der Sozialfürsorge haben sich jedoch als sehr gering erwiesen. Es ergaben sich brennende Fragen wie z. B.: „Tritt die Sozialfürsorge hier wirklich ein?", „Ist es richtig, die Fürsorge gegenüber solchen Patienten aus der Hand von beruflich geschultem Personal innerhalb der Krankenhäuser in die Hände von auswärts tätigen Amateuren zu legen?"

Bei Licht betrachtet besteht eine Fürsorge für den Patienten in einem organisierten Netz von Einzeldiensten, die theoretisch auf die verschiedenen Bedürfnisse des Patienten abgestellt sein müssen. Heim- und Gruppenunterkünfte sind notwendig, denn viele chronisch schizophrene Kranke überleben am besten in einem enggefaßten Kreis mit sozialer Stimulation. Emotionell zudringliche Familien können dabei nur schädigend wirken (besonders wenn die einzelnen Familien kritisch eingestellt sind und wenn die Patienten über viele Stunden am Tage dem laufenden Blickkontakt mit ihnen nicht entrinnen können). In solchen Fällen würden sie sich allein im Bett oder wie in Logierhäusern verlassen fühlen. Geschützte Werkstätten garantieren eine Supervision und Satisfaktion, ferner eine Chance für die Patienten, später wieder eine angemessene Arbeit aufnehmen zu können. Dort werden die gegenwärtig noch vorhandene Verlangsamung und das exzentrische Verhalten toleriert. Soziale Klubs, die von den psychiatrischen Patienten mit weniger konventionellem Stil organisiert werden, können dem Rückzug entgegenwirken und Verbindungen wieder knüpfen helfen.

Familien mit chronisch Kranken fühlen sich isoliert, unsicher und überfordert. Die Familien klagen häufig, daß man ihnen zu wenig gesagt habe, was auf sie zukommt, noch weniger, was sie tun müssen und überhaupt nichts darüber, daß solche Familien auch eine Unterstützung und Erziehung erfahren müssen, wie sie mit der Krankheit umzugehen haben. Diese Aufgabe hat jetzt die psychiatrische Gemeindeschwester vom Sozialarbeiter (in England) übernommen. Die Krankenschwester wirkt beruhigend, wenn sie die Einsatzmöglichkeit der Familie und ihr Verständnis für psychische Krankheit wecken kann. Ihre Rolle ist genauso wichtig wie die Überwachung einer kontinuierlichen Medikation, die häufig als regelmäßige Depotinjektion verabreicht wird.

Prognose

Die Langzeitaussichten vor der Ära der Psychopharmakotherapie sind bekannt: Ein Viertel der Patienten remittiert vollständig, ein anderes Viertel weitgehend, wobei nur geringe soziale Ausfallserscheinungen zurückbleiben. Bei der Hälfte der Fälle beträgt der durchschnittliche Krankenhausaufenthalt weniger als ein Jahr. Bei der anderen Hälfte der Patienten tritt eine Verschlechterung ein. Ein gewisser Prozentsatz davon wird Vollinvalide. Ein Viertel der Patienten, die früher stationär eingewiesen wurden, verbrachten durchschnittlich über 20 Jahre im Krankenhaus. Es ist nicht sicher, ob sich die Langzeitaussichten gegenüber der Invalidität in den letzten Jahren verbessert haben.

Fortschritte lassen sich nicht durch die Besserung von Symptomen oder Epiphänomenen vorhersagen, wohl aber durch die Akuität der Krankheit, die kürzere Vorgeschichte, die weitgehend normale prämorbide Persönlichkeit und das Vorhandensein einer sozialen Stütze außerhalb des Krankenhauses.

7 Depression und Manie

Depression

Definition

Depressionen lassen sich als eine Kombination von Traurigkeit und Mißbefindlichkeit definieren, die entweder spontan auftreten oder deren Dauer und Intensität die normale Reaktion auf ein Mißgeschick oder Unglück übersteigen. Die Trauer ist mit Schuldgefühlen, quälendem Schmerz und Verzweiflung vermischt. Das Mißbefinden ist von Erschöpfung, Schlaflosigkeit, Appetitlosigkeit, Verstopfung, Kopfschmerz und diffusem körperlichen Unwohlsein begleitet.

Besonders in weniger schweren Fällen, bei denen die Patienten über eine Mischung von Symptomen klagen, gibt es Überschneidungen zum Angstsyndrom.

Ätiologie

Die zahlreichen Theorien zur Ursachenforschung der Depression schließen sich nicht gegenseitig aus. Im Gegenteil ist es sinnvoll, eher ein weites Spektrum von Teilfaktoren zu betrachten, die zum Endstadium einer Depression hinführen. In manchen Fällen läßt sich ein einziger Faktor als klare und vorherrschende Ursache verifizieren, häufig sind es aber auch viele kleinere Faktoren oder Umstände, die nicht sofort augenfällig sind. Von eingehenden Untersuchungen bei einzelnen Patienten wissen wir: Das erste Bild, das sich der Arzt über den Patienten macht, wenn er die Ursache seiner Krankheit ahnt, wird häufig revidiert durch ein viel komplexeres Bild, das den Patienten in seinen individuellen Bezügen zeigt.

Genese

Besonders die weiter unten als endogene Depression und Manie beschriebenen Syndrome treten familiär gehäuft auf. Hereditäre Ursachen wurden schon früher vermutet, obwohl es schwierig ist, den Beweis hierfür anzutreten: Dieselben Eltern, die die Gene weitergeben, ziehen die Kinder groß und prägen ihren Charakter. Trotzdem besteht ein hereditärer Faktor, wenn auch kein einfacher Mendelscher Übertragungsmodus die familiäre Inzidenz erklären kann. Ebensowenig können komplexe Anordnungen Mendelscher Theorien dafür herhalten, die Depression als erbliche Krankheit zu bezeichnen. Plausibler scheint es, eine erbliche Belastung für die Sensibilität, an einer Depression zu erkranken, anzunehmen, die wie die Gene für Größe und Intelligenz multifaktoriell übertragen werden. Ob eine Depression manifest wird, hängt dann von der Interaktion der Heredität und der Ereignisse im Leben des Patienten ab.

Körperliches Zustandsbild

Schwere Depressionen scheinen in signifikanter Weise mit rundlichem und fettleibigem Körperbau verknüpft zu sein, der als „pyknisch" bezeichnet wird. Die Assoziation ist gewiß nicht sehr zuverlässig. Sie stimmt mit der Meinung des Volksmunds überein: der lustige Dicke, der seine Gefühle offen zur Schau trägt, wird tief melancholisch, wenn er mit einem tragischen Zwischenfall konfrontiert wird.

Geschlechtszugehörigkeit

Von den Voraussetzungen her sind mehr Frauen als Männer von Depressionen betroffen. Einige Autoren gehen von einer hereditären Geschlechtsverknüpfung aus, eher liegt der Schlüssel jedoch in sozialen Faktoren, die Leben und Rolle der Frau bestimmen.

Streß („Schicksalsschläge")

Depression kann durch verschiedene Streßformen ausgelöst werden. Die Verletzbarkeit des einzelnen ist individuell unterschiedlich. In der Vorgeschichte des Patienten müssen reaktive Faktoren herausgearbeitet werden: z. B. ein schmerzlicher Verlust durch Tod, ein anderes überwältigendes Unglück, materieller Verlust, tiefe Enttäuschung, langgehegte Hoffnungen oder die Bedrohung oder Gewißheit, von einem Vertrauten verlassen oder verraten worden zu sein. Allen Streßsituationen ist das *Verlusterlebnis* gemeinsam. Der Mensch kann in vielfacher Hinsicht leiden, nicht nur wenn er einen geliebten Menschen oder handgreifliche Gegenstände verloren hat: Man kann Vater, Mutter, Ehefrau, Kind und Geld verlieren, aber auch Karriere, Schönheit, Aussichten, Jungfräulichkeit, religiösen Glauben und Selbstachtung. Psychodynamisch ausgedrückt läßt sich Depression als eine Hinwendung der Aggression gegen das eigene Selbst verstehen, besonders nach dem Verlust eines Menschen, zu dem das Verhältnis in ambivalenter Färbung zwischen Liebe und Haß schwankte. Schuld läßt sich dann als Ergebnis von Selbstvorwürfen gegenüber den magischen Konsequenzen früherer verhaßter Gedanken („obwohl ich ihn heiß und innig liebte, wünschte ich mir manchmal, er wäre tot: Wie schrecklich zu denken, daß dieser Wunsch seinen Tod gefördert haben könnte") erklären. Sicher gibt es häufig aggressive Töne in den Selbstvorwürfen depressiver Patienten, wenn sie sich in brutaler Weise unverzeihlicher Verbrechen anklagen und sich schreckliche Qualen als angemessene Bestrafung auferlegen.

Wissenschaftliche Untersuchungen lassen vermuten: Ein Verlust oder die Folgen eines Verlustes in früher Kindheit unter gestörten und unbefriedigenden Verhältnissen können im späteren Leben eine erhöhte Verletzbarkeit gegenüber Trennung und Verlust, besonders aber Depressionen zur Folge haben. Diese Ergebnisse könnten mit der Theorie von Bowlby gut übereinstimmen, sind aber letztlich nicht ganz zweifelsfrei erwiesen.

Außerdem muß man auch an eine Erschöpfbarkeit nach dauerndem sozialen Mißgeschick denken, um viele Einzelfälle zu verstehen. Die Arbeit von Brown z. B. basiert auf sozialen Faktoren. Seine Untersuchung zeigte, daß ein hoher Prozentsatz besonders von Arbeiterfrauen mit mehreren Kleinkindern, ohne Arbeit und ohne intime Beziehungen zu ihren Ehepartnern im klinischen Sinne depressiv wurde, als zusätzlich belastende Ereignisse in ihrem Leben auftraten.

Biochemie

In biochemischer Hinsicht resultiert eine Depression wahrscheinlich aus einem Monoamindefizit in einer Reihe wichtiger Regionen des Zentralnervensystems. Mit dieser Hypothese lassen sich viele Beobachtungen erklären, z. B. der depressive Effekt von Reserpin und Methyldopa, der akute antidepressive Effekt der Amphetamine und der Langzeiteffekt von Monoaminooxidasehemmern, trizyklischen Medikamenten sowie der Elektrokrampftherapie.

Eine biochemisch manifeste Depression übt einen sekundär psychopathologischen Effekt auf die Psyche aus. Was in der Erinnerung des Patienten oder in seiner gegenwärtigen Situation einer tragischen Interpretation fähig ist, macht einen bedeutenden Anteil seiner Sorgen aus. In diesem Sinn ist die Depression mit dem thalamischen Syndrom verglichen worden, bei dem alle sensorische Erfahrung als Schmerz empfunden wird. Bei einer Depression wird jede emotionale Erfahrung als Kummer erfahren.

Andere Krankheiten

Depression kann auch im Verlauf schwächender körperlicher Krankheiten auftreten, besonders beim Cushing-Syndrom, was endokrine Mechanismen bei einigen Depressionsformen vermuten läßt. Bekannt ist die Depression im Kindbett. Auch als sekundäres Merkmal bei anderen psychiatrischen Zustandsbildern, wie z. B. Schizophrenie, Angstzustände und Alkoholismus, kann eine Depression auftreten. Vermutlich spielen dabei komplexe Mischbilder aus Verlust, persönlichem Streß und körperlichen Faktoren eine Rolle.

Kognitive Theorien

Aus traditioneller klinischer Sicht besteht die Ätiologie der Depression aus einem überwältigenden Absinken der Stimmung. Im psychodynamischen Modell ist Depression ein Aggressionssyndrom. Die gegen das Selbst gerichtete Aggression ist das älteste psychologische Modell überhaupt und gilt heute als Alternative zur Erklärung des Zustandsbildes.

Seligman betont, der Patient habe gelernt, daß Handlungsweisen, die ihn von seinem Leiden befreien oder Annehmlichkeiten und Genugtuung mit sich bringen könnten, nutzlos sind, da er die ungünstigen Faktoren in seinem Leben nicht kontrollieren kann. Der Depressive besitzt ein erlerntes Bewußtsein von Hilflosigkeit. Beck beschreibt den psychischen Zustand des Patienten als eine negative Erkenntnisfolge. Bei allen Situationen erwartet der Depressive die pessimistischste Deutung oder „liest sie hinein". Hierbei handelt es sich um eine Deutung, die eher aus der Umwelt heraus als nur auf dem Boden einer primären Verstimmung gesehen wird. Der kognitive Ansatz differiert zwar von dieser Hypothese. Es muß jedoch nicht entschieden werden, ob eine Depression im wesentlichen eine emotionale oder kognitive Störung darstellt, denn letzten Endes sind alle Funktionen bei der Depression herabgestimmt.

Klinische Befunde

Das Zustandsbild zeigt sich gewöhnlich in drei Bereichen: Erstens in der *Stimmung*; zweitens in der *Antwort des Patienten auf einen Reiz* und schließlich im *Funktionsablauf des autonomen Nervensystems.*

Die Stimmung des Patienten ist charakterisiert durch Niedergeschlagenheit und Traurigkeit, einhergehend mit einer Abstumpfung und einem Rückgang des Interesses gegenüber der Außenwelt, einer allgemeinen Verlangsamung der geistigen und körperlichen Aktivität und einer Unentschlossenheit. Häufig ist das Bild begleitet von einem subjektiv erschwerten Denken. Schuldgefühle können intensiv vorhanden sein und gelegentlich die Basis für Wahngedanken ebnen. Die Wahngedanken können einschließlich der Überzeugung, verarmen zu müssen, einen selbstbestrafenden oder hypochondrischen Charakter tragen. Z. B. kann der Patient der Überzeugung sein, daß er finanziell ruiniert sei oder daß er eine schreckliche Verfolgung oder ein Unglück erleide. Dieser Glaube kann von Halluzinationen begleitet sein, die die Form von anklagenden Stimmen annehmen, Phänomene, die in den Ohren des Patienten die gleiche Schwermut und die entsetzlichen Ideen erklingen lassen, mit denen er schon von seiten seiner eigenen Introspektion her bestürmt wurde. Auch kann er von Überzeugungen gequält werden, daß sein Verdauungssystem blockiert sei und sein Verstand vermodert oder zu Wasser umgewandelt sei oder daß sein ganzer Körper verwese und für die Umwelt ein Ärgernis darstelle. Der Schlüssel zum Verständnis der unterschiedlichen Symptome beruht auf der Erkenntnis, daß jedes Symptom das Produkt eines psychischen Zustandsbildes ist, das durch eine fortwährende Traurigkeit und eine tiefe Verzweiflung charakterisiert ist.

Die *Antwort des Patienten auf Außenreize* läßt sich mit der schon erwähnten Verlangsamung erklären. Das Antworten, die Notwendigkeit, Entscheidungen zu fällen, ja sogar die Durchführung der normalen Alltagsarbeit, kann unerträglich schwer werden. Die Hausfrau fürchtet sich vor dem täglichen Einkauf, wegen der körperlichen und intellektuellen Anstrengung, die ihr dabei abverlangt wird. Ihre Unentschlossenheit angesichts der verschiedenen Wahlmöglichkeiten in den Geschäften macht ihr diese Routineaufgabe nahezu unmöglich und kann zu einem endgültigen Zusammenbruch in Tränen führen, die bisher nur durch enorme Anstrengung zurückgehalten wurden. Viele Depressive können solche Anstrengungen noch vollbringen und wahren die Fassade einer, wenn auch äußerst schwachen Heiterkeit.

Manchmal stellt sich auch ein komplizierendes Element von Agitiertheit ein. Der Patient ist nicht nur verlangsamt, sondern auch ruhelos, mit quälenden und übertriebenen Betrachtungen beschäftigt. Er äußert zwar nicht, daß er gedankenlos sei, aber krankhafte Gedanken gehen ihm laufend und nutzlos im Kopf herum. Man trifft hierbei öfter auf eine verminderte Erlebnisfähigkeit gegenüber äußeren Ereignissen, bei gleichzeitig zunehmender sorgfältiger Introspektion und eingeengtem Gedankenbereich. Die Krankengeschichte deckt dann auf, daß der Patient seinen sonst so geliebten Garten vernachlässigte, aufhörte, sein Zimmer in Ordnung zu bringen, es aufgab, mit Freunden auszugehen und keine neuen Arbeitsprojekte in Angriff nahm. Das Interesse für den sexuellen Bereich geht verloren und jedes Lachen gehört der Vergangenheit an.

In der Sphäre der *autonomen Funktionen* sind folgende Symptome von besonderer Wichtigkeit:

1. Störung des Schlafrhythmus, oft begleitet von einem frühen morgendlichen Erwachen;
2. Appetit- und Gewichtsverlust;
3. Verstopfung und gestörte Verdauung.

Die Störung der Darmfunktion verläuft analog zur allgemeinen Verlangsamung, wie in der Gedanken- und Handlungssphäre dargestellt. Die Verdauung läuft nicht im normalen 24-Stunden-Zyklus ab. Die Passage der verdauten Nahrung verlangsamt sich zunehmend, bis der Patient schließlich an einer schweren Verstopfung leidet. Die Verstopfung gewinnt dann oft eine abnorm hohe Bedeutung im Denken des Patienten und kann zur Grundlage hypochondrischer Wahnideen werden. Häufig klagen die Patienten über Kopfschmerz. Was der Patient beschreibt, ist weniger ein Schmerz als ein Gefühl der Schwere, der Völle, des Drucks und der Müdigkeit. „Niederdrückende Gefühle“ über der Schädeldecke können mit subjektiver Empfindlichkeit und Hyperästhesie verknüpft sein. Die Sensation eines leichten Bandes rund um den Kopf kann als ein körperliches Symptom der Depression und ihrer hysterischen Überlagerung angesehen werden.

Der Puls ist gewöhnlich langsam, die Haut warm und trocken, ganz im Gegensatz zu der feuchtkalten schwitzigen Haut des Patienten mit akuter Angst. Dennoch kann es am frühen Morgen gelegentlich zu Schweißausbrüchen kommen. Der Patient erwacht in Schweiß gebadet, gänzlich unerfrischt und innerlich unruhig, von krankhaften Gedanken und Befürchtungen bedrängt.

Tagsüber besteht ein konstantes Gefühl der Müdigkeit und Gleichgültigkeit. Alles bedeutet Anstrengung, und nichts scheint lohnenswert. Häufig läßt sich ein Tagesrhythmus erkennen. In den frühen Morgenstunden werden charakteristischerweise Qualen der Verzweiflung durchlitten. Im weiteren Tagesverlauf läßt die Angst fast unmerklich nach. Bis zum Abend hat sich dann die ganze Qual vermindert, und der Patient kann sich einbilden, die Krankheit sei vorüber. Doch am nächsten Morgen wiederholt sich das Gleiche. Während die Depression in ihrer Entwicklung weitergeht, sinkt die Stimmung von Tag zu Tag mehr ab, und die abendliche Entlastung wird immer ungewisser und immer weniger.

Die *Primärpersönlichkeit* des Patienten formt die Depression. Der Gewissenhafte wird von großen Schuldgefühlen gequält. Der Religiöse verliert seinen Glauben und fühlt sich von Gott verlassen. Der Zwanghafte grübelt unentwegt, ist unentschlossen und kontrolliert Alltägliches mehr als gewohnt. Der Hypochonder ist sicher, daß sein Verdauungssystem blokkiert ist und sein Kopf sich schwer anfühlt. Hysterische Persönlichkeiten können einen dramatischen Ausdruck sogar ihrer Depression gegenüber einnehmen. So zeichnete Goya es in seinen Caprichos, und Shakespeare schreibt in seinem XXIX. Sonett:

> Wenn ich des Erdenglücks entbehrend frage,
> warum ich durch so hartes Los verbannt,
> und in Verzweiflung fluche, weil die Klage
> beim tauben Himmel nicht Erhörung fand,
>
> wünsch ich zu sein wie solche, die da leben
> in Hoffnung, vieler Freundschaft, hochgeboren,
> um mich der Kunst des einen hinzugeben,
> des andern Ziel – dem meinen doch verloren.
>
> Zur Selbstverachtung führt mich fast solch Sinnen;
> doch denk ich deiner, aller Schatten flieht,
> da will ein neuer Morgen mir beginnen,
> zu deiner Sonne steigt mein Lerchenlied.

An dich zu denken, welch ein Herzenslohn:
dies Glück ist mir nicht feil für einen Thron!

Gegenüber dem Patienten mag dies alles im wesentlichen körperlich anmuten. Es kann für ihn sehr schwierig sein, in überzeugenden Ausdrücken beschreibend dazu Stellung zu nehmen oder das Beschwerdebild an körperlichen Symptomen festzumachen. Unfähig zu schlafen, zu essen, erfolgreich zu arbeiten, zu hoffen oder sich über die einfachsten Vergnügungen im Leben zu freuen, kann er lebensüberdrüssig werden. Zeigt der behandelnde Arzt dann kein Verständnis für seinen Zustand, kann ihm der Tod als letzter Ausweg erscheinen.

Fall Nr. 9

Der Patient klagte, er sei nicht in der Lage, klar zu denken oder seine normale Arbeit auszuführen. Von Beruf war er Zeichner und stellte Trickfilme für ein englisches Unternehmen her. Früher war er Schiffsoffizier mit hervorragendem Dienstzeugnis. Dann hatte er sich eine erfolgreiche Geschäftskarriere aufgebaut. Zu diesem Zeitpunkt kam er in die Sprechstunde. Seine Ehe war nie besonders glücklich, obwohl er bis vor einem Jahr um ihren Bestand gerungen hatte. Er zeigte die charakteristischen Symptome einer Verlangsamung, eines Urteilsmangels sowie eines Mangels an Entschlußfähigkeit. Das Bild wurde ergänzt von einem Gefühl allgemeiner Wertlosigkeit seiner selbst. Er war von seiner Unzulänglichkeit, seinem Versagen und dem Gefühl, unter dem Durchschnitt zu liegen, überzeugt. Schlafrhythmusstörungen mit frühem Erwachen, Appetitverlust sowie Müdigkeit, Mattigkeit und Verstopfung kamen hinzu.

Die Diagnose war insofern nicht schwierig, da typische Symptome vorlagen.

Der Patient sprach hervorragend auf die Behandlung an und blieb auch späterhin beschwerdefrei. Er war immerhin für einen größeren Zeichentrickfilm, der internationalen Beifall fand, verantwortlich. Nach seiner Genesung und der Fertigstellung des Films erwähnte er in einem katamnestischen Gespräch, er sei, kurz bevor er um Rat und Behandlung nachgesucht habe, überzeugt gewesen, ihm bliebe als einziger Ausweg nur der Selbstmord.

Einen weiteren anschaulichen Fall von Depression mit Suizidversuch nach hysterischer Amnesie schildert die Krankengeschichte Nr. 15 (s. S. 126).

Klassifikation

Spontan auftretende Depressionen werden allgemein *endogen* genannt, da unterstellt wird, daß keine äußeren Ursachen, sondern körperliche Gründe vorliegen, die sich in körperlichen Symptomen manifestieren. Wird eine Depression durch äußere Ereignisse ausgelöst, wird sie *reaktiv* genannt. Die Unterscheidung ist jedoch ungenügend. Denn allein der Arzt beurteilt, ob die äußeren Ereignisse so ungünstig waren, daß sie eine Depression auslösen konnten. Depression nach einem Trauerfall ist verständlich; doch wie läßt sich eine Depression begründen, wenn kein Todesfall in der engeren Familie eingetreten ist, oder es sich nur um den Tod eines entfernten Verwandten, eines Hundes oder eines Kanarienvogels handelt? Ein reaktiver Grund kann niemals ausgeschlossen werden. Eine zusätzliche Frage an den Patienten kann die Enttäuschung aufdecken, die in seinem Fall den depressiven Prozeß zum Aufkeimen gebracht hat. Die Syndrome sind oft nicht klar erfaßbar. Es gibt ein Kontinuum typischer Beispiele für alle denkbaren Fälle: Wahrscheinlich sind alle Depressionen Mischformen, die aus der Interaktion von Persönlichkeit, körperlicher Konstitution und aus Ereignissen im Leben des Patienten resultieren. Mildere Ausprägungsgrade gehen in einen normalen Pessimismus über.

Die *einfache Depression* ist eher charakterisiert durch Verlangsamung als durch Agitiertheit. Sie trägt Züge von Apathie und Trägheit. Selten treten Wahnvorstellungen oder Halluzinationen auf. In ihrer Ausprägung gleicht sie einer normalen Trauerreaktion, der Phase der Trauerzeit nach einem Todesfall. Die depressiven Phasen manisch-depressiver Psychosen oder wiederholt auftretender endogener Depressionen sind charakterisiert durch stärkeren Urteilsverlust und Realitätsfremdheit; diese Formen sind auch eher von Wahngedanken und Halluzinationen begleitet.

Manische Phasen mit freudiger Gestimmtheit können mit Phasen von Depression abwechseln. Diese werden dann *bipolare Depression* genannt, im Gegensatz zur *unipolaren Depression,* bei der die Patienten keine manische Phase durchgemacht haben. Eine Phase kann über Tage und Wochen, ja sogar über Monate oder Jahre hinweg anhalten. Es können langfristige Perioden dazwischenliegen, in denen der Patient keinerlei Symptome zeigt. Alle Kombinationen depressiver und manischer Phasen lassen sich im Längsschnittbild der einzelnen Patienten finden.

Einige tief depressive Patienten zeigen besonders nachts hohe Plasmakortisolkonzentrationen, die sich nicht mit Dexamethason unterdrücken lassen. (1 mg wird um 23 Uhr gegeben, daraufhin wird eine Blutprobe um 16.00 Uhr am nächsten Tag entnommen. Eine Plasmakortisolkonzentration von mehr als 6 µg/dl ist als pathologisch zu bezeichnen.) Der *Dexamethason-Hemmtest* ist für die Diagnosestellung und die daraus folgende Behandlung die Methode der Wahl.

Wochenbettdepression

Gewöhnlich erlebt die Frau innerhalb der ersten 10 Tage nach der Geburt eines Kindes eine Periode emotionaler Störung, begleitet von Stimmungslabilität, besonders aber von vorübergehenden, mit Weinen verbundenen depressiven Schwankungen, die im Englischen „the blues“ (= gedrückte Stimmung) heißen. Bei ungefähr 0,2% der Geburten entwickelt sich eine Psychose, wovon drei Viertel ein depressives oder manisches Syndrom zeigen.

Diese Krankheitsbilder haben gewöhnlich eine relativ kurze Dauer und günstige Prognose. Das Rezidivrisiko nach einer späteren Schwangerschaft beträgt ungefähr eins zu sieben.

Zu den spezifisch ätiologischen Faktoren zählen:

1. zusätzliche psychologische Streßsituationen und Momente des Gefordertseins während der Schwangerschaft und Arbeit, verbunden mit der gesamten emotionalen Bedeutung im Hinblick auf Niederkunft und Mutterschaft;
2. abrupte biochemische Veränderungen im Zuge der endokrinologischen Krise, die auf die Geburt folgt, bei der der Progesteronspiegel im Körper nach Ausstoßung der Plazenta rapide abfällt.

Fall Nr. 10

Eine ca. 50jährige Patientin wurde in die Hautklinik überwiesen, da sie darüber klagte, von Insekten geplagt zu werden. Während ihres Aufenthaltes in der dermatologischen Klinik halluzinierte sie und hatte Wahngedanken. Bei der Untersuchung in der psychiatrischen Klinik bestätigte sich die Diagnose. Die Patientin zeigte Symptome von Schuld, Selbstvorwürfen, Unruhe, Schlafstörung, Inappetenz und Verdauungsstörungen, verbunden mit zunehmendem Gewichtsverlust. Durch die Behandlung der Depression konnte ein völliges Verschwinden der wahnhaften und halluzinatorischen Symptome erreicht werden.

Fall Nr. 11

Der Patient kam unter der Diagnose „Alkoholiker" auf Empfehlung seiner Firma zur Untersuchung. Er war technischer Ingenieur bei einer Ölgesellschaft und für einen großen Bereich schwieriger und exakter Tätigkeiten verantwortlich. Auch er stand in der zweiten Lebenshälfte, hatte beträchtliche Schwierigkeiten zu Hause und am Arbeitsplatz, unmittelbar bevor sich die Entwicklung alkoholischer Tendenzen zeigte. Bei der Untersuchung war er mürrisch und reumütig, neigte leicht zum Weinen, vertraute uns an, daß er sich unfähig fühle, seine Arbeit zu bewältigen und er nicht länger das Vertrauen seines Unternehmers verdiene. Schlaf, Appetit, Gewicht und Verdauung waren in charakteristischer Weise gestört. Darüber hinaus war er agitiert, zittrig und hatte sich dem Alkohol zugewandt, der für ihn das einzig erreichbare Dämpfungsmittel gegen seine anwachsende innere Spannung und Verzweiflung bedeutete. Die daraufhin gestellte Diagnose gab uns die Möglichkeit zu entsprechender Behandlung sowie günstiger Prognose.

Solche Fälle lassen sich beliebig wiederholen. Man sollte als Arzt immer an die Möglichkeit einer Depression denken, und an den Schweregrad, den sie erreichen kann, insbesondere an das hohe Suizidrisiko. Viele Hochbegabte begingen Selbstmord, unzähliges, vermeidbares Leid wurde ertragen, nur weil nicht an eine Depression gedacht wurde. Deshalb sollen Auszüge eines Briefes zitiert werden, der den psychischen Zustand eines Patienten und den Eindruck seiner Erfahrungen mit Ärzten widerspiegelt, die er während seiner depressiven Krankheit konsultiert hatte, bevor eine Depression diagnostiziert wurde. Wir zitieren aus seinem Brief folgendes:

„... Alles, was ich wußte – ich war noch nicht einmal in der Lage, zu erkennen, daß es sich überhaupt um eine Krankheit handelte – bestand darin, daß ich immer müder wurde und es als immer schwieriger empfand, mich zu konzentrieren und Schlaf zu finden. Der Umgang mit meinen Ärzten war nicht sehr zufriedenstellend. Daran war ich teilweise selbst schuld, da ich nicht in der Lage war, meine Beschwerden genau zu erläutern. Ich war verzweifelt und auf der Suche nach Hilfe, aber ohne eine Idee, wie mir geholfen werden könnte... Meinen Hausarzt suchte ich zum ersten Mal im Sommer auf. Damals klagte ich über eine Reihe von körperlichen Symptomen. Abgesehen von allgemeiner Erschöpfung klagte ich hauptsächlich über Schmerzen am Herzen, die in den letzten Monaten zugenommen hatten. Daraufhin wurde ich zu einem Herzspezialisten in unserem Heimatkrankenhaus überwiesen. Von diesem wurde ich nicht gerade freundlich oder ruhig, sondern öffentlich in Gegenwart der Schwester davon in Kenntnis gesetzt, daß ich nur meine Zeit und die meines Arztes vergeuden würde und besser daran täte, meine Symptome zu vergessen.

Der Arzt sagte mir auch, daß ich ein ausgesprochener Neurotiker sei. Daraufhin suchte ich andere Ärzte auf in dem Bemühen, jemanden zu finden, der mich wohl verstehen würde. Ich denke, daß alle Ärzte meine körperlichen Symptome als Versuch werteten, irgendeiner Streitfrage auszuweichen. Jeder von ihnen riet mir ohne Ausnahme, die Situation zu ertragen. Dabei hatten sie alle Unrecht. In meinem Inneren wußte ich, daß ich mich so nicht verhalten konnte. Ich wollte gewiß alles tun, denn ich liebe meine Arbeit als Lehrer. Doch Lehren ist nicht ohne weiteres mit anderen Arbeiten zu vergleichen. Kommt man seiner Arbeit nicht nach, so leiden auch die Kinder darunter. Ich war kein Simulant, und ich konnte es nicht ertragen, daß man so über mich dachte...

Hätte ich einen Arzt gefunden, der meinen Fall wirklich verstanden und mich wohlwollend beraten hätte, wäre ich bereit gewesen, zu jener Zeit eine psychiatrische Klinik aufzusuchen... Wochen und Monate vergingen, ich fühlte mich armselig und schleppte mich nur so dahin, war unfähig, etwas zu tun, hatte alle Hoffnung aufgegeben und wußte nicht, an wen ich mich hilfesuchend wenden sollte. Ich dachte schon an Wunderheiler, doch hatte ich keinen rechten Glauben daran... Damals war ich verzweifelt... Ich war zu stolz, schämte mich zugleich und war zu erschöpft, fortwährend von Arzt zu Arzt zu jagen in der Hoffnung, jemanden zu finden, der mir helfen könnte. Das einzige, was mich bis dahin vom Suizid abgehalten hatte, waren die Gedanken an meine Mutter bzw. meine Schwester, die 78 Jahre resp. 37 Jahre alt waren.

Lange habe ich über das Problem nachgegrübelt, wie es noch einige Ärzte geben kann, die so grausam und gedankenlos sind, ja sich sogar brutal äußern und entsprechend handeln. Zunächst sollte man denken, daß sie der Anblick menschlichen Leidens empfänglich machen würde... Ich denke, daß sie vielleicht selbst unsicher sind, wie sie mit dem Krankheitsbild umgehen sollen. Ich glaube, ein Arzt könnte seiner Aufgabe nicht gerecht werden, wenn er zu sensitiv ist. Die Ärzte hatten wahrscheinlich nur über Leute wie mich in medizinischen Lehrbüchern gelesen. Allenfalls können sie nur ein paar Fälle selbst gesehen haben. Vielleicht haben sie diese nicht als solche erkannt, als sie sie sahen. Doch wenn ich auch die Ärzte kritisiere, so muß ich mich auch selbst kritisieren und tadeln für den Zustand, in dem ich mich befand. Selbstkritik und Tadel sind schrecklich, wenn man nicht in der Lage ist, die Dinge zu ändern. Ist der Zustand gar von einer körperlichen Schwäche begleitet, so gerät man in einen Teufelskreis, verbunden mit abgrundtiefer Hoffnungslosigkeit. Oftmals dachte ich, ich wäre besser tot."

Suizid

Der Tod durch Suizid stellt bei jeder Depression eine reale Gefahr dar. Das Individuum überschreitet die normalerweise vorhandene Schranke einer gezielten Antwort auf persönliches Unglück. Bei Fehlen einer erfolgreichen Behandlung haben wahrscheinlich alle tief depressiven Patienten einen Suizid beabsichtigt. Wenigstens 20% von ihnen unternehmen einen Suizidversuch, wovon über die Hälfte erfolgreich verläuft.

Bei Männern liegen die Suizidraten höher als bei Frauen. Die Jahrgangsraten zeigen einen kleinen Gipfel in der Adoleszenz, darüber hinaus gibt es einen stetigen Anstieg bis hin zu höchsten Raten im hohen Alter. Alle Arten sozialer Isolation verstärken die Gefahr. Die Suizidrate in England fiel steil in den 60er Jahren ab und nivellierte sich dann in den 70er Jahren. Viele Faktoren können dazu beigetragen haben: Das Stadtgas wurde entgiftet, weniger Medikamente wurden für Selbstmörder zugänglich, Vergiftungen konnten besser behandelt werden, ebenso Depressionen; Telefondienste der Samariter wurden eingerichtet.

Dennoch: Die Resultate einer unlängst durchgeführten wissenschaftlichen Untersuchung von 100 Suiziden sind nicht ermutigend. Suizid wird selten vom geistig und körperlich gesunden Menschen begangen. Von 100 Probanden waren 93 psychisch krank, 70 litten hauptsächlich an Depressionen, 15 an Alkoholismus, 3 an Schizophrenie und 5 an verschiedenen anderen Krankheiten. Einige Patienten waren zusätzlich körperlich krank. Über die Hälfte hatten selbst Hinweise auf einen möglichen Suizid gegeben, zwei Drittel hatten einen Monat zuvor ihren Hausarzt aufgesucht, und ein Viertel war bei einem Psychiater in Behandlung.

Suizidversuche sind wesentlich häufiger als vollendete Suizide. Nicht nur, weil mehr Menschen gerettet werden als sterben, sondern weil verschiedene Populationen und Gruppen involviert sind. Die Raten steigen sehr rasch an und sind ein häufiger Grund für stationäre Einweisungen geworden. Die Masse der Patienten ist noch jung. Es handelt sich dabei weit mehr um Frauen als um Männer.

Hier findet man alle psychiatrischen Diagnosen. Viele der Patienten sind nicht eigentlich depressiv oder in anderer Beziehung krank. Vielmehr läßt sich eine breitangelegte Varietät von Motiven eruieren. Das wichtigste Kontingent bildet die Gruppe derjenigen, die eigentlich sterben wollten, aber zufällig gerettet werden. Diese Patienten sind – wie oben beschrieben – oft tief depressiv. Viele unternehmen einen Suizidversuch, um etwas ganz anderes zu demonstrieren: einen verzweifelten Hilferuf aus der Position einer Niederlage heraus. Hierbei handelt es sich um einen Versuch, die Umwelt durch eine Methode zu manipulieren, die zunehmend an Popularität gewinnt und sogar eine Möglichkeit darstellt, sich zu rächen, indem man demjenigen, der einen zurückgestoßen hat, Schuldgedanken einflößt. Auch andere Patienten scheint offenbar das „Spiel mit dem Tod" zu motivieren. Sie setzen ihr Leben aufs Spiel, und wenn sie überleben, sehen sie das als Beweis dafür, daß sie „für das Leben bestimmt sind". Dieses Gefühl gibt ihnen Zuversicht und stellt manchmal einen Wendepunkt zu besseren Zeiten für die Betroffenen dar.

Die *Veranschlagung des Suizidrisikos* erfordert eine Untersuchung nach bestimmten Gesichtspunkten. Das Paradigma eines Hochrisikopatienten läßt sich aus der oben gegebenen Darstellung ableiten. Es handelt sich um einen alleinstehenden alten Mann, der trinkt und auch noch körperlich krank ist. Man sollte Patienten nach Suizidversuchen befragen. Solche Fragen sollten zurückhaltend gestellt werden, z. B.: „Sieht die Zukunft schwarz aus?" oder „Erscheint Ihnen das Leben kaum lebenswert?" und „Wäre es eine gnädige Erlösung, einzuschlafen und am nächsten Morgen nicht mehr aufzuwachen?" Schließlich sollte man auch nach unmittelbar intendierten Suizidversuchen und -vorhaben fragen. Patienten mit erheblichen Selbstvorwürfen und einer Neigung zur Selbstkritik sowie solche mit Wahngedanken und Halluzinationen sind besonders suizidgefährdet.

Das Suizidrisiko hat man in Langzeitstudien untersucht: Im Anschluß an Suizidversuche wiederholen 20% der Patienten den Versuch. Dabei sterben 1 bis 2%. Das Risiko einer Wiederholung läßt sich aus der Wahl der Mittel, z. B. Überdosis von Medikamenten, einschätzen.

Weitere Bemerkungen zu *Suizidversuchen* s. Kap. 16.

Trauerreaktion und Gram

„Wenn ein Liebesverhältnis auseinanderreißt, so wird eine emotional und verhaltensmäßig relevante Reaktion in Gang gesetzt, die wir Gram (Grief) nennen", heißt es bei MURRAY PARKES zu Beginn seines Buches über dieses Thema. Dieses Gebiet wurde lange Zeit von Ärzten, aber auch von anderen, die den Betroffenen hätten helfen können, vernachlässigt. Gram und Kummer, so führt PARKES aus, gleichen eher einer somatischen Erkrankung als einer Geisteskrankheit. Der Verlust bedeutet einen „Schlag", und diese „Wunde" heilt in Etappen, obwohl es dabei Komplikationen gibt. In psychiatrisch-diagnostischen Termini ausgedrückt, handelt es sich dabei um eine reaktive Depression und Symptome von Trennungsangst, woran viele Hinterbliebene erkranken.

Bei Gram handelt es sich eher um einen Prozeß, als um einen Zustand. Er kann als eine Folge von drei Etappen beschrieben werden. Trifft die Todesnachricht ein, tritt zunächst eine Verzögerung bzw. Gefühlsbetäubung auf. Dieser Zustand dauert gewöhnlich Stunden oder Tage, gelegentlich bis zu einer oder zwei Wochen an. Dann folgt ein Stadium der Vergrämung, mit Aufwallungen von Sehnsucht gegenüber dem Verstorbenen, verbunden mit großem Kummer. Erinnerungen werden vermieden oder auch gesucht. Die Erinnerungen vergrößern den Kummer. Im dritten Stadium der Depression gewinnen Perioden der Apathie und Leeregefühle die Oberhand, verbunden mit einer Inanspruchnahme des Denkens an den Verstorbenen. Ausbrüche von Angst können auftreten. Manchmal lassen die Schilderungen glauben, der Verstorbene sei noch am Leben, oder sein Andenken wird idealisiert. Gewöhnlich läßt das Leiden nach einigen Wochen nach und flaut dann in den nächsten sechs Monaten weitgehend ab. Gelegentliche Aufwallungen von Sehnsucht können sich noch über Jahre hin ereignen, wie z. B. bei Jahrgedächtnissen. PARKES faßt die ungefähren Grenzen einer normalen Trauerreaktion folgendermaßen auf: Abwesenheit von der Arbeitsstelle nicht über zwei Wochen hinaus, keine Suizidversuche, keine Isolation und Unerreichbarkeit für Freunde oder Verwandte und keine Konsultation eines Nervenarztes.

Allerdings können sich auch Komplikationen einstellen. Manche Menschen werden wiederholt über lange Zeit von Sehnsucht und Verzweiflung überwältigt. Schuldgedanken können dem Patienten zusetzen und den Genesungsprozeß verlängern. Kinder unter fünf Jahren scheinen Trauerreaktionen unterdrücken zu können. Auch ältere Menschen zeigen oft keine offensichtliche affektive Störung. Eines scheint jeder tragischen Situation gemein zu sein: tiefe Traurigkeit des verwitweten Partners aus einer gemeinsamen langen und glücklichen Ehe. Es kann auch zu körperlichen Rückwirkungen, verbunden mit hypochondrisch gefärbten phobischen Ängsten vor Krankheit und Tod kommen. Sicher liegt die Rate körperlicher Krankheit und auch die Todesrate bei den jung verwitweten Menschen höher. Alkoholiker können einen Rückfall erleiden. Manisch-depressive Kranke können ein Rezidiv ihrer Depression oder Manie erfahren.

Manie

Definition

So, wie die Depression eine Kombination von Traurigkeit und Mißbefindlichkeit ist, handelt es sich bei der Manie als Kehrseite der Medaille um eine gleichermaßen pathologische Kombination von freudiger Stimmung und Energiegeladenheit. Die Manie kann zu Erschöpfungen und Katastrophen führen, so daß die Patienten behandlungs- und schutzbedürftig werden.

Ätiologie

Die konstitutionelle Disposition zu erkranken ist hauptsächlich hereditär. Die enge Verknüpfung zwischen Manie und Depression bei demselben Patienten ist schon seit der Antike von zahllosen Schriftstellern überliefert. Heutzutage wird sie in der diagnostischen Kategorie der manisch-depressiven Psychosen kodifiziert. Bei diesen Patienten können sich die Krankheitsepisoden jeder Phase der krankhaften Verstimmung wiederholen. Rezidive beim einzelnen Patienten sind eng verknüpft mit Streßsituationen im Alltag, mit persönlichen oder körperlichen Faktoren oder einer Mischung aus beiden, können aber auch im Wochenbett vorkommen.

Klinische Merkmale

Milde Erscheinungsformen bis hin zum Normalzustand werden als Hypomanie bezeichnet. Im Gegensatz zum depressiven, verlangsamten, trägen und apathischen Patienten zeigt der Patient, der von einer Hypomanie befallen ist, eine gehobene Stimmung, eine Beschleunigung und Ausdehnung des Gedankenstromes, Ideenflucht, Logorrhoe und offensichtlich unerschöpfliche Energie.

Solche Patienten sind ruhelos und erregbar, können keinen Schlaf finden, kümmern sich oftmals nicht um die tägliche Nahrung, müssen immer geschäftig tätig sein, hasten planlos hin und her und ergreifen eine Aktivität nach der anderen. Sie können unzählige Aufgaben planen oder in Angriff nehmen, wobei sie ständig die eine preisgeben, um sich auf eine andere einzulassen, insgesamt aber keine einzige beenden. Bei alledem haben sie den Eindruck, daß sie mit dem wachsenden Chaos ihrer eigenen Ideen und Erfindungen vorwärtskommen. Der Inhalt ihres psychischen Lebens scheint weithin durch die Zukunft gefärbt zu sein, während die Vergangenheit ignoriert wird. Im Gegensatz dazu versinkt der depressive Patient in der schwer lastenden Vergangenheit und glaubt, keine Zukunft zu haben. Der Verlust der sonst vorhandenen Hemmschwelle zeigt sich im sexuellen Kokettieren. Der Patient muß in solchen Fällen vor irreversiblen Konsequenzen seines Verhaltens geschützt werden, gerade auch in bezug auf seine verschwenderische Freigiebigkeit beim Geldausgeben, das später unter Umständen nicht wieder einzutreiben ist.

Wie die Depression, so ist auch die freudige Gestimmtheit ein Aspekt der normalen Erfahrung menschlichen Seins. Eine Depression tritt häufig schrittweise auf und nimmt unmerklich eine außergewöhnliche Intensität an. Überschreitet aber das Gefühl des Wohlbefindens und der dreisten Distanzlosigkeit nicht nur jeden Grad von Angemessenheit im Leben des Patienten, sondern vernebelt seine Urteilsfähigkeit und Verantwortung bis zu dem Punkt, wo die normale Leistungsfähigkeit gegenüber der Realität und geschäftlichen Dingen beeinträchtigt ist, dann handelt es sich um ein

Zustandsbild von Krankheit, ohne Rücksicht darauf, wie wenig der Patient etwa darunter leidet.

Fall Nr. 12

Ein junger Chirurg, 34 Jahre alt, in einer Universitätsstadt in Mittelengland tätig, begann damit, seine Operationsliste immer früher in die Morgenstunden hineinzuverlegen und wies die zuständige Schwester der Poliklinik an, immer mehr Fälle für ihn in der Ambulanz vorzumerken. Im Laufe der Zeit begann er seine Operationen schon um 5.30 Uhr in der Frühe. Die Poliklinik hatte er angewiesen, nicht weniger als 25 Fälle auch nachmittags noch vorzumerken. So wurde allmählich klar, daß man seiner allgemeinen Urteilsfähigkeit nicht mehr länger trauen konnte. Es stellte sich heraus, daß er nur drei Stunden Schlaf in der Nacht brauchte und in seiner Freizeit immer mehr an Alkohol geriet. Im Laufe der Zeit hatte er auf kollegialen Rat hin (wobei er betonte, daß dies ganz unnötig sei) den gesamten Operationskatalog beider Operationssäle wie auch die ambulanten Patienten seinen jüngeren Kollegen überlassen. Er widmete sich schließlich nur noch der Geldanlage und dem Wetten bei Pferderennen in der Hoffnung, sich damit ungeheure Geldsummen verschaffen zu können, um die allgemeine chirurgische Einrichtung und die Möglichkeiten seines Krankenhauses zu verbessern. Bei der Untersuchung war er erregbar und ruhelos, ablenkbar, unverschämt und dreist, laufend vorlaut und leicht reizbar. Er mußte in die psychiatrische Abteilung eines Krankenhauses aufgenommen werden, wo es mit einiger Schwierigkeit gelang, ihn zu überreden, zu bleiben und sich behandeln zu lassen. Zum Zeitpunkt seiner Aufnahme hatte sich bei ihm beruflich ein Chaos entwickelt. Seine persönlichen Schulden beliefen sich auf über £ 10 000. Es kam bei ihm zu einer vollständigen Genesung.

In einigen schwereren Fällen kann es infolge des Schlafentzugs und der Nahrungskarenz zu körperlichen Zusammenbrüchen kommen, bis eine entsprechende Behandlung die Situation kontrollierend auffängt. Einerseits bilden frohe Gestimmtheit und Wohlwollen öfters die oberflächlichen Charakteristika der Stimmung des Patienten, andererseits liegen nahe der Oberfläche ebenso oft Erregbarkeit und Reizbarkeit, die provoziert werden, wenn man den Patienten untersucht oder in Schranken halten will. Ein großes Taktgefühl ist notwendig, um solche Patienten zu führen. Bei schweren Formen manischer Zustandsbilder ist der Patient unkontrollierbar erregt. Extreme Ideenflucht und ein Gedankendrängen bewirken eine Denkstörung. Versucht man, die Symptomatik unter Kontrolle zu bringen, können die Patienten heftig ausfallend werden. Unter diesen extremen Bedingungen treten gelegentlich Halluzinationen und Wahnvorstellungen auf (oftmals begleitet von Größenwahn, z.B. Gott oder ein Millionär zu sein).

Es ist nicht ausreichend, das Zustandsbild der Manie lediglich als Spiegelbild der Depression zu betrachten, also als einfache Stimmungsanhebung. Dem eingehenden Beobachter gegenüber imponiert das Bild mehr als eine beängstigende Karikatur von seliger Wonne, wobei merkwürdige Mischzustände von Manie und Depression zur gleichen Zeit nicht ganz selten sind. Die Krankenschwestern können sich in tragischer Weise durch die nimmermüde Spaßigkeit des Patienten behindert fühlen. Man sollte auf die Themen aus dem Leben des Patienten achten, die diesen kurzfristig aufbringen und zu Tränen rühren können: „Die Worte von Merkur klingen nach den Liedern des Apoll barsch und abstoßend."

Als Formulierung einer psychodynamischen Hypothese wird das Zustandsbild auch als eine manische Abwehr gegenüber der Depression beschrieben, als eine abschlägige Antwort eines Rasenden auf seine Lebenstragödie. Das sind keine neuen Einsichten. Solche Gedanken waren Dichtern längst bekannt („Wenn ich über irgend etwas Sterbliches lache, dann ist es, daß ich nicht weinen darf" – so heißt es in Byrons „Don Juan"). Auch der Clown in seiner buntgescheckten Kleidung hat gerade dann seine großartigste Darstellung auf der Bühne, wenn ihm das Herz bricht.

Behandlung der Depression

Die meisten Depressionen bilden sich spontan in Wochen oder Monaten zurück, so daß leichtere Fälle durchaus mit eingehendem Verstehen und mit Einfühlung behandelt werden können. Die oft verschriebenen Antidepressiva nehmen häufig die Rolle einer Placebomedikation ein, bis es zu einer Remission kommt. Eine schwere Depression muß weit eingehender in Angriff genommen werden. Der erste Schritt besteht darin, eine allmähliche weiterführende Exploration über Ursache und Auslöser zu gewinnen. Auch ganz persönliche Aspekte aus den Gedanken und dem Leben des Patienten sollten dabei nicht vergessen werden. Das verstehende Einfühlen sollte durch eine weitgehend supportive Psychotherapie ergänzt werden bzw. eine Ehe- und Partnertherapie einschließen. Antidepressiva werden mit der gebührenden Vorsicht vor den Gefahren der Überdosierung verordnet. Man muß darauf achten, wann eine stationäre Aufnahme oder wenigstens eine Tagesklinikbehandlung nötig wird, um den Patienten vor Vernachlässigung, körperlichem Verfall oder insbesondere Suizid zu schützen.

Tief depressive Kranke und solche, die sich mit Suizidgedanken tragen, sollten einer psychiatrischen Untersuchung zugeführt werden, um die Situation zu überdenken, eine Krankenhausaufnahme für den weiteren Verlauf ins Auge zu fassen bzw. eine elektrische Durchflutungstherapie oder andere Spezialmethoden zu erwägen.

Die Behandlungsmethoden hierzu stellen sich wie folgt dar.

Supportive Psychotherapie

(s. S. 239)

Das Problem der stationären Einweisung

Tief depressive Kranke sind dem Risiko des Suizids ausgesetzt und benötigen in jedem Fall eine umfassende Spezialbehandlung, wobei eine Krankenhausaufnahme meist unumgänglich ist. Einwände, die auf psychotischen Merkmalen der Depression beruhen, also z.B. wenn der Patient darauf besteht, daß er hoffnungslos verdammt und nicht etwa krank sei, müssen beharrlich, aber behutsam zur Seite geschoben werden. Man muß daran denken, daß depressiv gestimmte Patienten unentschlossen sind. Jede Unentschlossenheit seitens des Arztes wird den Zustand verschlechtern. Anzeichen aus der Vorgeschichte, etwa, daß abgelaufene Depressionen den Patienten erschöpft haben oder gefährlich verlaufen sind, erfordern unbedingt weitere Vorsichtsmaßnahmen. Der Grad der Hilfe, Supervision und Behandlung, die der Patient ambulant erhält, beeinflußt auch die Entscheidung über seine Aufnahme: Ein auf sich allein gestellter Patient bedarf unter Umständen eher der Aufnahme als einer, der einen Rückhalt in der Familie hat und zu Hause behandelt werden kann. Viele depressive Patienten können recht gut in einer Tagesklinik behandelt werden, dort kann auch eine elektrische Durchflutungsbehandlung (s. weiter unten) erfolgen, falls dies notwendig wird. Psychiatrisch ausgebildete Gemeindeschwestern können zum Einsatz in der Familie des Patienten, der zu Hause behandelt wird, ebenfalls herangezogen werden. Sie können den Verlauf verfolgen, den Patienten in seinen Verhaltensweisen abschätzen, vieles von seiten der supportiven Psychotherapie mit übernehmen und dem Hausarzt Bericht erstatten.

Antidepressiva

I. Thymoleptika

a) Trizyklische Antidepressiva:

	Tagesdosis in mg
Imipramin (Tofranil)	75–225
Amitriptylin (Tryptizol)	75–225
Clomipramin (Anafranil)	30– 75
Nortriptylin (Nortrilen)	30–100
Protriptylin (Maximed)	15– 60
Trimipramin (Stangyl)	50–100
Doxepin (Sinquan)	30–300

Trotz anderslautender Behauptungen ähneln sich die verschiedenen Medikamente sehr in bezug auf Wirksamkeit und Nebenwirkungen. Nur gelegentlich bringt der Austausch eines Präparates für den Patienten einen Nutzen, z.B. wenn er eine besondere Form nicht tolerieren kann. Patienten, denen mit diesen Medikamenten geholfen wird, leiden in typischer Weise an dem sogenannten „endogenen" Typ der Depression, die mit körperlichen Symptomen einhergeht und einer Krankheit mehr ähnelt als einer normal erklärbaren Freudlosigkeit. Häufig hört man, daß in der früheren Anamnese oder in der Familienanamnese ähnliche Zustandsbilder erfolgreich auf diese Medikamente angesprochen haben. Antidepressiva werden aus Vorsicht vor einer möglichen selbst veranlaßten Überdosierung zunächst in geringer Dosis rezeptiert. Die Tabelle zeigt die übliche optimale Dosierung dieser Medikamente. Diese Dosierung wird stufenweise in ein oder zwei Wochen erreicht. Ein Großteil der Tagesdosis kann zur Nacht gegeben werden. Eine erste Einschleichung der Dosis kann mit Tabletten zu 10 mg erfolgreich vorgenommen werden, besonders bei schwachen und älteren Kranken.

Nebenwirkungen bereiten oft Kummer, und man tut gut daran, den Patienten darauf hinzuweisen, daß es ggf. zu Mundtrockenheit, zu leichter Schläfrigkeit und zu Akkommodationsstörungen kommen kann. Eine akute Harnverhaltung kann auftreten, besonders in höherer Dosierung bei männlichen Patienten mit Prostatahyperplasie. Ein Glaukom stellt gewöhnlich eine Kontraindikation dar. Es ist klar, daß man besondere Vorsicht nach einem Myokardschaden walten läßt, da Fälle von Arrhythmien bekannt geworden sind, die durch die Medikamente induziert wurden. Endogene Depressionen bessern sich gewöhnlich nach Verlauf von zehn Tagen oder zwei Wochen. Eine Dauer von zehn oder zwölf Wochen kann unter Umständen zur Erreichung eines größtmöglichen Therapieerfolges notwendig sein. Nach ausreichender Rückbildung der Symptomatik sollte die Dosierung stufenweise über eine Reihe von Wochen vermindert werden, wobei der Arzt auf Rückfälle achten muß. Eine Langzeitbehandlung versucht man bei Patienten, die wiederholt an Depressionen erkranken.

Die trizyklischen Antidepressiva scheinen ihre Wirkung durch Verhütung einer Inaktivierung und Bindung der Katecholamine, des Noradrenalins und Dopamins an den Nervenenden im Gehirn zu entfalten.

b) Maprotilin (Ludiomil) hat eine andere Struktur, unterscheidet sich jedoch nicht sehr von Nortriptylin in seinen Eigenschaften, seiner Dosierung und seinen Nebenwirkungen.

c) Mianserin (Tolvin) weist eine Art tetrazyklische Struktur auf. Es zeigt keine anticholinergischen Nebenwirkungen, verursacht keine epileptischen Anfälle bei Überdosierung und hat einen geringeren toxischen Effekt auf das kardiovaskuläre System als die trizyklischen Medikamente. Es scheint seine therapeutische Wirksamkeit in Dosen zwischen 30–200 mg pro die zu entfalten, soweit dies für die Patienten zuträglich ist; außerdem scheint es im Falle einer Überdosierung sicher zu sein.

d) Viloxazin (Vivalan) hat keine anticholinergischen Effekte und weist geringere kardiovaskuläre Nebenwirkungen als Imipramin auf, kann allerdings Übelkeit, Erbrechen und Kopfschmerzen verursachen. In Dosierungen von 200 mg täglich ist es ein ebenso wirksames Antidepressivum wie Imipramin.

e) Nomifensin (Alival)* besitzt eine andere chemische Struktur, die teilweise Ähnlichkeit mit Amphetaminen aufweist. Es wirkt milde anticholinergisch, jedoch nicht anfallsprovozierend und ist wahrscheinlich in bezug auf das kardiovaskuläre System sicherer. Es wird in verteilten Dosierungen aufgrund seiner kurzen Verweildauer von zwei Stunden im Blut verabreicht. In der Dosierung von 50–200 mg zeigt es ebenso wie die trizyklischen Antidepressiva gute Wirksamkeit.

II. Thymeretika oder Monaminooxidasehemmer (MAO-Hemmer). Diese sollen die Eiweißumwandlung durch Inhibierung der Desaminierung der Monoamine durch die Oxidase hemmen, so daß der Vorrat in den Rezeptorbereichen des Zentralnervensystems anwächst. Beispiele hierfür sind:

a) Tranylcypromin (Parnate, Jatrosom)	10–60 mg täglich
b) Isocarboxazid**	10–30 mg täglich
c) Phenelzin**	45–90 mg täglich

Wahrscheinlich sind diese Medikamente bei der Depression weniger erfolgreich als die trizyklischen Antidepressiva. Viele Untersuchungen stimmen darin überein, daß es sich eher um eine milde anxiolytische Medikation handelt. Dennoch rechtfertigt ein Großteil der klinischen Erfahrung die antidepressive Wirksamkeit, und zwar besonders in Formen von mehr „reaktiven" Depressionen und in typischen Fällen, bei denen Phobien und Symptome der Angst eine Rolle spielen. Die Nebenwirkungen sind gewöhnlich leichter Natur. Einige Patienten werden allerdings abhängig und sind nur widerstrebend zu bewegen, die Dosis zu vermindern. Man steigert die Dosis stufenweise von einer unteren Schwelle aus über ein bis drei Wochen und achtet auf Nebenwirkungen, wie Schwindel, trockener Mund und erregbare, ruhelose Ermüdung.

Eine seltene, aber wichtige Komplikation stellt die Bereitschaft zur Hypertension in der Kombination von MAO-Hemmern und gewissen Nahrungsmitteln dar, und zwar wenn die Nahrungsmittel reich an Aminen sind. In einigen Fällen kommt es zu gefährlichen hypertensiven Krisen, die gewöhnlich mit ausgeprägtem Kopfschmerz einhergehen. Andererseits kann auch ein unverhältnismäßig niedriger Blutdruck auftreten. Die Patienten müssen darauf hingewiesen werden, daß sie eine Diät einhalten müssen, bei der sie gewisse Nahrungsmittel, besonders Käse, Saubohnen, Hefe und Eiweißextrakte sowie Alkohol meiden. Auch sollten sie keine Anästhetika, Opiate, Adrenalin, Ephedrin und Amphetamin oder Barbiturate verabreicht bekommen. Zu den normalen Vorsichtsmaßnahmen gehört es, die Mittel nicht mit trizyklischen Antidepressiva oder einer elektrischen Durchflutungstherapie zu kombinieren, bevor nicht die

* Seit dem 1. 2. 86 in der Bundesrepublik Deutschland „Rück- und Widerruf" des Präparates Alival.

** In der Bundesrepublik Deutschland nicht im Handel.

MAO-Hemmer über sieben Tage lang abgesetzt wurden. Die Patienten sollten einen Ausweis mit diesen Anweisungen mit sich führen. Nicht barbiturathaltige Sedativa und Chlorpromazin geben keine Veranlassung zu Komplikationen.

III. L-Troyptophan stand in dem Ruf, auf der Basis der Monoaminotheorie der Depression eine mögliche medikamentöse Behandlung darzustellen. Es wird als solches Mittel auch angewendet, obwohl hierzu noch keine aussagekräftigen Ergebnisse vorliegen.

IV. Die Amphetamine und ihre Derivate heben bei vielen depressiven und apathischen Patienten vorübergehend die Stimmung und den Antrieb. Es sind aber keine Medikamente für eine Dauerbehandlung. Es haben sich dabei ernsthafte Probleme der Abhängigkeit ergeben, so daß diese Form der Behandlung nicht länger durchgeführt werden sollte.

Elektrische Durchflutungstherapie

Die moderne Version dieser Behandlungsmethode besteht darin, einen epileptischen Krampf zu erzeugen, der durch spezifische muskelrelaxierende Medikamente wie Succinylcholin oder Suxamethonium (z. B. Succinyl-Asta) bei intravenös verabfolgter Anästhesie (häufig mit Methohexital-Natrium [Brevimytal Natrium]) modifiziert wird. Es wird ein sehr geringer elektrischer Strom in der Größenordnung von 250–500 Milliampere für die Dauer von bis zu einer Sekunde eingeschaltet, der 150 Volt nicht überschreitet. Die Behandlung wird beim liegenden Patienten verabfolgt. Der erste Schritt besteht in der Durchführung der Anästhesie. Dann folgt die intravenöse Verabreichung eines Muskelrelaxans. Darüber hinaus sorgt man für die Bereitstellung einer künstlichen Beatmung mit Sauerstoff. Die Strompassage erfolgt durch Elektroden, die an der Kopfhaut angesetzt werden.

Bei den meisten Patienten hat sich die Applikation des Stromes unilateral über die nicht dominante Hirnhemisphäre bewährt. Hierbei kommt es zu einem bemerkenswert geringeren Grad von unmittelbar postoperativ auftretender Verwirrtheit. Diese Form wird in bezug auf Gedächtnis und Nebenwirkungen subjektiv als weitgehend angenehme und am wenigsten störende Technik angesehen. Auf lange Sicht hin scheint die unilateral durchgeführte elektrische Durchflutungstherapie in der weitaus größten Zahl der Fälle genauso erfolgreich zu sein wie die bilateral durchgeführte. Es mag einige Fälle darunter geben, deren Agitiertheit und Unruhe oder deren mangelhaft rasches Ansprechen auf die unilateral durchgeführte Behandlung eine bilaterale Durchflutungstherapie in Erwägung ziehen läßt. Dies hängt von der klinischen Beurteilung ab, die allein auf Erfahrung beruht.

Gleichgültig, ob eine unilaterale oder bilaterale Behandlung verabfolgt wird, kommt es zu keinen körperlichen Begleiterscheinungen als Reaktion von seiten des Patienten, abgesehen von einer zeitweiligen Beeinträchtigung der Atmung, Zuckungen im Bereich der Gesichtsmuskulatur und der peripheren Muskeln der Vorderarme sowie der Hände und Füße. Diese Symptome sprechen nur für eine adäquate Höhe der Dosierung. Sobald diese Reaktion erzielt ist, wird der eingesetzte Gummikeil entfernt, der die Zähne und Kinnbacken während der Stromdurchleitung vor Verletzungen schützte. Dann wird eine Luftkanüle eingeführt, um Sauerstoff zuzuführen, bis die Atmung sich in drei oder vier Minuten normalisiert hat.

Nach fünf oder zehn Minuten erlangt der Patient sein Bewußtsein wieder ohne Kenntnis der Details der Prozedur und ohne Erinnerung an irgend etwas Unangenehmes, außer vielleicht die Verabfolgung des Anästhetikums. Nach einer Reihe von Behandlungen kann das Erinnerungsvermögen zwar schwächer werden, es normalisiert sich aber wieder im Laufe der Zeit.

Die Behandlung wird gewöhnlich ein oder zweimal in der Woche durchgeführt. Die durchschnittliche Anzahl der Behandlungen, die notwendig sind, um eine schwere Depression zu bessern, liegt etwa zwischen 6 und 12, soweit die bilaterale Methode durchgeführt wird, und beträgt gelegentlich bis zu zwanzig, wenn die unilaterale Technik zur Anwendung kommt. Die Behandlung kann unter besonderen Umständen auch auf ambulanter Basis erfolgen, man zieht es im allgemeinen jedoch vor, zumindest die Möglichkeiten einer Tagesklinik zu haben.

Die allgemeine Wirkung der Elektrokrampfbehandlung besteht darin, die Depression in zunehmender Weise zu lindern, bis der Patient seine vollständige Gesundheit und sein Wohlbefinden wiedererlangt hat. Die Wirkung ist ganz erstaunlich, und die Art und Weise der Besserung kann spektakulär sein, wenn ein gequälter, agitierter, in Tränen aufgelöster und suizidaler Patient wieder ruhig, lebenskräftig, aktiv und glücklich wird. Es bedarf keiner Frage, daß eine Psychotherapie vor, während und nach Durchführung der elektrischen Behandlung einen integrierten Bestandteil der gesamten Therapie darstellt. In den ersten Stadien besteht ihre effektivste Form im wesentlichen darin, den Patienten aufzumuntern und zu beruhigen, indem man die Sorgen und Befürchtungen des Patienten richtig einschätzt. Später, wenn eine Besserung eingesetzt hat, können bei einzelnen Patienten die persönlichen Probleme durchaus noch vorhanden sein oder auch wechseln. Dann muß eine entsprechende psychotherapeutische Behandlung eingeleitet werden. Für eine Elektrokrampftherapie sind eine eindeutige Diagnose und eine eingehende Beurteilung nötig. Gerade eine Elektrokrampftherapie kann für sich allein genommen keine Depression heilen, ebensowenig wie eine psychotherapeutische Behandlung bei einer schweren Depression alleine ausreichend sein kann.

Wir haben noch recht unvollständige Vorstellungen von der Wirkungsweise dieser erstaunlichen Behandlung, aber die Untersuchungen in bezug auf die begleitenden elektrophysiologischen und biochemischen Veränderungen bei Patienten, die auf die Behandlung ansprechen, lassen vermuten, daß die Wirkung dieser Behandlung sowohl den Kortex, das Mittelhirn, den Hypothalamus, den Neuralstrang, die vordere Hypophyse und das autonome Nervensystem einbeziehen, wahrscheinlich auch die Neurotransmitter. Es ist nicht sicher, jedoch anzunehmen, daß der epileptische Anfall einen wesentlichen Anteil an dem Mechanismus hat.

Hypnotika und Sedierung während des Tages

Die qualvolle Schlaflosigkeit des depressiven Patienten erfordert unmittelbares therapeutisches Eingreifen. Dabei bedient man sich einer sicheren Medikation, die ein möglichst geringes Abhängigkeitspotential hat. Barbiturate können und sollten heutzutage vermieden werden, da sie zu einer erhöhten Abhängigkeit bei einigen Patienten führen und sich als gefährlich erweisen, wenn sie in Überdosierung verabreicht werden. Außerdem sollte aus sozialen Gründen ihr Umlauf eingeschränkt werden, um die unerlaubte Entwendung durch Drogenabhängige zu vermindern. Der Schlaf kann durch eine individuell angepaßte Medikation von Chloralhydrat (Chloraldurat) (1–3 g), durch Benzodiazepine z. B. Nitrazepam (Mogadan 5–10 mg) oder Temazepam (Planum 10–20 mg) sichergestellt werden.

Bei ausgeprägter Agitiertheit tagsüber kann eine Sedierung notwendig werden, um eine Besserung zu erreichen. Hier können Barbiturate gänzlich durch Benzodiazepin-Tranquilizer wie Chlordiazepoxyd (Librium) und Diazepam (Valium) ersetzt werden. Bei letzterem Präparat gibt es z. B. keine obere Grenze der Dosierung, so daß ein Patient durchaus mit 2 mg dreimal täglich erfolgreich behandelt werden kann, während ein anderer unter Umständen über 30 mg täglich benötigt. Gelegentlich wird die Agitiertheit exazerbiert durch den Koffeingehalt bei erhöhtem Kaffee- oder Teegenuß (über 100 mg pro Tasse); hier sollte man insofern auf Einschränkung drängen.

Psychochirurgie

Eine ganze Reihe von Operationen wurde erfunden, um Areale der weißen Hirnsubstanz, die den emotionalen Reaktionen dienen, zu durchtrennen, in dem verzweifelten Bemühen, die Qual der tief depressiven Patienten zu erleichtern. Die heutzutage üblichen stereotaktischen Operationen in der frontothalamischen Region weisen nur minimale Komplikationen auf. Die Besserung, die sich einige Monate nach der Operation und nach Durchführung rehabilitativer Maßnahmen zeigt, ist manchmal glänzend. Die Indikationen zur Durchführung der heutzutage recht seltenen Operationen stellen grundsätzlich schwere ungebesserte Zustandsbilder spannungsgeladener depressiver Erkrankungen dar.

Lithiumsalze

Diese Behandlungsform wird weiter unten im Rahmen der Behandlung der Manie beschrieben, für die Lithium das Medikament der Wahl darstellt. Erfahrungsgemäß bewährt sich das Medikament ebenso in einigen Fällen wiederholt auftretender depressiver Phasen, wobei sich die Anzahl der auftretenden Phasen vermindern läßt.

Psychologische Techniken

Die psychologischen Theorien haben auf der Empirie aufbauende Verhaltenstherapien entwickelt, die sich für weniger ausgeprägt depressive Kranke eignen. Die Patienten sollen lernen, ihre eigenen pessimistischen Einschätzungen gegenüber der Umwelt und ihre Zukunftsaussichten zu analysieren und zu korrigieren.

Wochenbettdepression

Grundsätzlich wird diese Depressionsform, wie oben angegeben, behandelt. Hervorzuheben ist, daß die Elektrokrampftherapie besonders wirksam schon nach einer kleinen Anzahl von Behandlungen ist, so daß man nicht zögern sollte, in schweren Fällen zu diesem Therapeutikum zu greifen. Da Antidepressiva und Chlorpromazin sich in Minutenschnelle in der Muttermilch nachweisen lassen, sollten Mütter mit dieser Medikation nicht stillen. Das Kind bedarf unter Umständen einer besonderen Supervision, um es vor Schaden zu bewahren, falls es bei der psychotisch depressiven Mutter bleibt. Gleiches gilt gegenüber einer Vernachlässigung des Kindes durch eine schizophrene Kranke. Findet die Behandlung zu Hause statt, so sind die in der Familie verfügbaren Helfer gewöhnlich am besten beraten, wenn sie dafür sorgen, daß das Kind nicht von der Mutter weggenommen wird, sondern daß man bemüht sein muß, ihr mit dem Kind zusammen zu helfen.

Therapeutische Maßnahmen bei Verlusterlebnissen

Ein erwarteter Tod ist für die Umgebung leichter zu ertragen, als ein Tod, der wie ein Blitz aus heiterem Himmel kommt. Ärzte können in Sterbefällen Hilfe leisten, indem sie mit den Verwandten darüber sprechen, was auf sie zukommt. Solche praktischen Vorbereitungen können den Schock lindern, obwohl – schon wegen des Aberglaubens – nicht zuviel vorweg getan werden kann. In den ersten Tagen stellt sich ein Gefühl der Verwirrtheit ein. Der Hinterbliebene bedarf der Hilfe in Gestalt einfacher Entscheidungen, der Unterstützung bei geschäftlichen Dingen durch ihm nahestehende Freunde, ferner der Abschirmung vor zuviel Zudringlichkeit von seiten der Freunde und Nachbarn. Obwohl das Begräbnis schmerzlich ist, stellt es einen notwendigen Markstein bei der Bewältigung des Verlustes dar. Meist wird es später als wertvoll und nützlich für die Bewältigung des Kummers angesehen.

In der folgenden Woche braucht man Menschen, die im Alltag mit einspringen, um alles zu erledigen, die ein tröstendes Wort sprechen können, ohne aufdringlich zu werden, indem sie den Verlust erwähnen oder in falscher Herzlichkeit das Thema meiden. Der Hinterbliebene muß in der ihm eigenen Weise und nach seiner eigenen Maßgabe seine Trauer erleben. Er bedarf dabei keines Mitleids, aber der Gesellschaft, besonders der Worte, die von Herzen kommen. Professionelle Hilfe in einer weitgehend spezialisierten Form kann erforderlich sein, um dem Patienten zu versichern, daß er nicht verrückt ist, oder um ihm zu erklären, daß Sinnestäuschungen in bezug auf seinen verstorbenen Partner ganz normal sind, besonders nachts. Schließlich muß man sich vorsichtig nach suizidalen Neigungen erkundigen und eventuell Hypnotika verschreiben. Eine antidepressive Medikation ist als Routinebehandlung nicht wirkungsvoll. Sie hat aber gewisse Vorzüge, die oben näher erläutert wurden, besonders dann, wenn eine normale Trauerreaktion in eine prolongierte Depression einmündet.

Verwandte, Ärzte und Geistliche können durchaus in der Lage sein, an den entscheidenden Punkten helfend einzugreifen, um einen positiven Blick in die Zukunft wieder zu erlangen: Nach einigen Wochen oder Monaten empfiehlt sich ein abschließender Besuch auf dem Friedhof oder man organisiert ein paar Ferientage bei Freunden oder veranlaßt die Mitgliedschaft in einem Verein.

Behandlung der Manie

Die Befunderhebung ist vorrangige Notwendigkeit, bevor eine konsequente Behandlung eingeleitet werden soll.

Stationäre Einweisung

Eine Manie kann ohne stationäre Einweisung nicht wirkungsvoll behandelt werden. Der Patient muß unbedingt vor Erschöpfung und vor irreversiblen katastrophalen Konsequenzen seiner hemmungslosen Aktion bewahrt werden. Dies läßt sich nur in einer psychiatrischen Abteilung mit erfahrenen Schwestern und engmaschigen klinischen Kontrollen durchführen. Gelegentlich muß eine Zwangseinweisung nach dem sog. „PsychKg“ (s. Kap. Forensische Psychiatrie) vorgenommen werden, um bei extrem Erregten und krankheitsuneinsichtigen Patienten eine Behandlung sicherzustellen.

Medikation mit Tranquilizern

Mit Chlorpromazin, oft in Dosen von 600 mg oder mehr täglich verabreicht, kann das manische Verhalten tagsüber kontrolliert werden. Eine größere Dosis wird zur Nacht erforderlich, ggf. kombiniert mit einem Hypnotikum, um den Schlaf sicherzustellen. Schläfrigkeit als Nebeneffekt ist bei diesem Zustandsbild nicht von Nachteil. Es kann aber zu hypotonen Blutdruckwerten kommen. Ebenfalls erfolgreich ohne diese Nebenwirkungen läßt sich mit Haloperidol in ausreichender Dosierung behandeln. Hierbei gibt es keine Obergrenze. Dosierungen von bis zu 60 mg werden im allgemeinen gut toleriert, ohne zu Problemen Anlaß zu geben, wenn man von parkinsonähnlichen Nebeneffekten absieht.

Elektrische Durchflutungstherapie

In schweren Fällen einer Manie können schon wenige elektrische Behandlungen, meistens drei oder vier innerhalb einiger Tage, einen erfreulichen Erfolg bei einer Episode erschöpfender Überaktivität zeigen, die durch große Dosen von Psychopharmaka kaum zu beherrschen ist.

Lithiumtherapie

Bei einem Lithiumspiegel zwischen ungefähr 0,6 und 1,2 mval/l läßt sich die Frequenz der Phasen beträchtlich vermindern bei Patienten, die wiederholt manischen Episoden ausgesetzt sind. Doppelblind-kontrollierte klinische Versuche und klinische Erfahrung haben dies bestätigt. Man erhofft sich, daß die Wirkung auch bei Patienten zum Tragen kommt, die wiederholte Depressionen erlitten haben und bei denen schon eine Behandlung versucht wurde. Es kommt zu einer Akkumulation der Lithiumsalze im Körper. Der Spiegel steigt nur langsam auf therapeutisches Niveau an, so daß in den ersten Tagen nach stationärer Aufnahme noch keine therapeutische Wirkung gegenüber der Krankheit eintreten kann. Lithiumsalze sollten als Langzeittherapie für Patienten reserviert bleiben, die eine zweite manische Phase erlitten haben und deren Leben durch die schwere Spaltung mit einer manisch-depressiven Psychose bedroht ist. Lithiumsalze werden gewöhnlich in einfacher oder Retardform verschrieben, wobei sich die Dosis nach dem Blutspiegel richtet und gewöhnlich 800–1200 mg täglich beträgt. Es ist notwendig, vor Verabreichung des Medikaments eine Nieren- und Schilddrüsenfunktionsprüfung vorzunehmen und die Nierenwerte regelmäßig im weiteren Verlauf zu kontrollieren, da das Medikament zur Kumulation neigt und im Urin ausgeschieden wird. Die Schilddrüse muß kontrolliert werden, da sich gelegentlich Komplikationen wie ein späterer Kropf und Hypothyreoidismus einstellen können.

Prognose

Depressionen haben im allgemeinen eine gute Prognose unter der Voraussetzung, daß sie gründlich diagnostiziert und behandelt werden. Krankheitsbilder, die vor 40 Jahren noch monatelang dauerten, lassen sich jetzt innerhalb von Wochen beherrschen, und eine Genesung bedeutet eine Wiederherstellung der früheren Gesundheit des Patienten in jeder Hinsicht. Die Probleme bestehen in der Tendenz zur Rezidivierung, die gegenwärtig bei ungefähr 20% der Patienten auftritt. Von diesen erleiden etwa 5% regelmäßige Serien von Remissionen und Rezidiven, der Rest neigt zunehmend zu einer Therapieresistenz unter Einschluß der Elektrokrampftherapie. Da einige Patienten durch Suizid sterben, muß das Todesrisiko eingeschätzt und bei solchen Patienten auf einer stationären Behandlung bestanden werden, wogegen die Behandlung durch Medikamente und Elektrokrampftherapie ein geringes Risiko darstellt.

Die Prognose bei Patienten mit wiederholten manischen Phasen hat sich im Zuge des Erfolges der Lithiumbehandlung verbessert. Die Behandlung ist gewiß noch unvollständig, mit Komplikationen behaftet und erfordert eine Langzeittherapie. Eine manisch-depressive Psychose kann das Leben des Patienten immer noch in Intervalle von Manie oder Depression zerschlagen. Ferner besteht ein substantielles Todesrisiko durch Suizid (von bis zu 15% im Längsschnitt).

Im höheren Alter beobachtet man eine Abnahme des therapeutischen Erfolges bei Patienten, die in früheren Phasen erfolgreich behandelt wurden. Das läßt sich auf die Entwicklung einer persistierenden körperlichen Störung oder Demenz zurückführen.

8 Angstzustände und Phobien

Definition

Angstzustände und Phobien lassen sich definieren als Zustände kontinuierlicher irrationaler Angst erregter Besorgnis, die zu akuter Beängstigung führen oder sich zur Panik ausweiten können, begleitet von Symptomen einer autonomen Unruhe. Als sekundäre Effekte machen sich mangelnde Konzentration und Aufmerksamkeit sowie Fehlen des Gedächtnisses und der Urteilskraft bemerkbar.

Ätiologie

Angstzustände stellen die geläufigste Art psychiatrischer Störungen dar und machen einen beträchtlichen Prozentsatz der Beschwerden aus, die Patienten beim Hausarzt oder in Polikliniken zur Sprache bringen. Scharfe Grenzen zwischen den Syndromen der Angst und der Depression lassen sich nicht erkennen. Viele Patienten weisen nur eine „leichte affektive Störung" auf, die mit einer Mischung aus Angst, Spannung, Erregbarkeit, Depression, Interessenverlust und Schlaflosigkeit einhergeht.

Das Gefühl der Gefahr und der Befürchtung, es könne dem Patienten etwas zustoßen, zeigt uns schon den eigentlichen Weg, diese Angst zu verstehen: Der Patient befindet sich in einem Alarmzustand mit der Bereitschaft, Gefahren zu begegnen, die ihn umgeben. Bei Tieren stellt die Reaktion des Organismus gegenüber einer physischen Gefahr eine Vorbereitung zum Überleben der Gefahr dar, hier geht es um Kampf oder Flucht. Bei den Menschen kann sich die Gefahr mehr sozial als physisch darstellen. Eher ist die Konfrontation mit einem zornigen Vater als mit einem hungrigen Tiger gegeben, so daß die Angst ein spezifisch menschliches Gefahrensignal darstellt. Die Angst ist eine angemessene Antwort, ohne die wir unser Schicksal und die Schwierigkeiten des Lebens nicht meistern könnten. Allerdings kann sich die Angst steigern und ernste und schwerwiegende Züge annehmen, was dann ärztliche Hilfe erfordert. Alle menschlichen Lebewesen können solche Reaktionen entwickeln, wenn ihr Vertrauen und Wohlbefinden in empfindlicher Weise bedroht sind.

1. *Heredität* trägt zweifellos bei individuellen Schwierigkeiten dazu bei, Angstzustände mit hervorzurufen.

2. *Angst als erlernte Antwort.* Kinder lernen, in bestimmten Situationen, die sie als Bedrohung empfinden, ängstlich zu sein. Die Erziehung durch selbstunsichere Eltern, die die Welt am eigenen Leib als eine kontinuierliche Fortsetzung schrecklicher Bedrohungen empfinden, wird natürlich bei den Kindern unauslöschliche und irrationale Befürchtungen hervorrufen und zur Entwicklung einer abhängigen unreifen Persönlichkeit beitragen. Ängste können vorübergehend und unbeabsichtigt sein, so etwa wenn eine Mutter vor einem Gewitter Angst hat, ihre Kinder aber ohne diese Furcht großziehen will. Ihre gezielt geäußerte Versicherung: „Ihr braucht keine Angst zu haben" während eines Gewitters kann das kleine Kind nicht beruhigen, das ihr Schwitzen, Zittern und eine panische Angst fühlt und insofern weiß und lernt, daß es doch irgend etwas gibt, wovor man sich fürchten muß. Vereinzelte schreckenerregende Erfahrungen in der Kindheit kristallisieren sich hin und wieder zu kontinuierlichen Phobien im Erwachsenenleben, obwohl der Patient sich an ihre Ursprünge nicht erinnern kann. Einer von FREUDS Patienten fürchtete sich vor Masken, und FREUD rekonstruierte schließlich, daß der Patient als Kind mitgenommen wurde, um seine unmittelbar zuvor verstorbene Mutter zu sehen, die man gerade im Sarg zurechtbettete. Der Patient konnte sich nicht an diese Situation erinnern, doch Nachforschungen in der Familie bestätigten, daß es sich so abgespielt hatte.

Viele ängstlich gefärbte Antworten auf physische und soziale Gefahren lehren die Eltern ihre Kinder bewußt und systematisch als Teil der Einübung zu einem Leben in Unabhängigkeit. Zu unserer eigenen Sicherheit sind wir genötigt, uns vor Feuer zu fürchten, vor einem Fahrzeug, das sich mit großer Geschwindigkeit nähert oder vor einem Mann im Regenmantel, der uns in seinen Wagen einlädt, während wir von der Schule nach Hause gehen. Wir lernen, Angstgefühle in extrem zugespitzten sozialen Situationen zu entwickeln, wenn wir Gefahr laufen, Regeln zu verletzen oder die allgemeinen Regeln eines akzeptablen oder wünschenswerten Verhaltens zu durchbrechen. Der Patient reagiert mit übertrieben ängstlich gefärbter Antwort, z.B. indem er errötet, wenn er mit einem Mädchen spricht, gegenüber dem Chef keine Worte findet, ins Schwitzen gerät und panische Angst in Prüfungssituationen hat oder zu zittern beginnt, wenn er in der Öffentlichkeit in einem Restaurant ißt. Hat der Patient eine Situation schwerer Angst erlebt, so kann sich dieser Zustand modellartig in Form eines irreversiblen Rückzugs festsetzen. Er vermeidet dann überfüllte Geschäfte, da ihm die Erwartung einer neuen Panik unerträglich ist. Auch kann es vorkommen, daß er überhaupt jedes Geschäft meidet, weil er glaubt, daß die Panik in jedem geschlossenen Raum wieder auftreten könnte. Er wagt es nicht, sich noch einmal zu testen und ist gefesselt innerhalb der Schranken seines Selbstvertrauens, die er ohne fremde Hilfe nicht überwinden kann. Im weiteren Verlauf stellen sich Streß und Unsicherheit ein. Er fühlt sich entmutigt, sein Haus zu verlassen, aus Angst, Panik könnte ihn auf der Straße befallen, noch ehe er das rettende Zuhause wieder erreicht hat. Situationsgebundene Befürchtungen, die gemieden werden, z. B. die Furcht auszugehen oder die Angst vor Masken, werden *Phobien* genannt. Sogenannte phobische Zustandsbilder können im allgemeinen als eine Variante von Angstzuständen bezeichnet werden.

3. *In der psychodynamischen Hypothese* figuriert die Angst als ein inneres Gefahrensignal. Die Bedrohung besteht darin, daß gefährliche zurückgedrängte Gedanken und Wünsche wieder im Bewußtsein auftauchen und Unheil verursachen können. Angst liegt dort vor, wo ein *Konflikt* besteht, aber der Konflikt selbst kann unbewußt und dem Patienten unbekannt sein. Es kann sich um das Zutagefördern von tiefvergrabenem Material aus frühen Tagen der Kindheit handeln. Soweit der Konflikt bewußtseinsnahe angesiedelt ist, läßt er sich bei vielen ängstlichen Patienten identifizieren und kann sich auf Themen wie Pflicht oder Loyalität beziehen und im Bereich des Vergnügens oder auf der Ebene des geringsten Widerstandes, in der Freundschaft, Ehe, bei sexuellen Beziehungen, in der Elternschaft, in der beruflichen Karriere oder anderen Situationen angesiedelt sein. Zweifellos wird eine bewußte, unmittelbar empfundene Ängstlichkeit aus unbewußten Quellen durch das zurückgedrängte Reservoir an Befürchtungen, die durch jüngste Erfahrungen wieder auflodern, gespeist.

Die Ängste können auf weitere verborgene Faktoren hinweisen, entweder in Form eines *Symbolismus* oder durch den Kontext, in dem sie stehen. Eine Phobie gegenüber Schlangen kann die Bedrohung einer sexuellen Versuchung in Analogie zu Eva symbolisieren. Jede Art von Phobie kann hysterische Mechanismen in sich bergen.

4. *In Bowlbys Theorie* liegen die Wurzeln der Angst in der instinktiven Antwort des Kindes auf die Unsicherheit seiner früheren Beziehung, meist der Mutter. Die Mütter haben in diesen Fällen eine beschützende, aber auch drohende, abschreckende und zurückstoßende Rolle eingenommen. Mißgeschick und drohendes Mißgeschick lassen die Angst wieder aufflakkern. Phobien sieht man nicht selten im Umfeld familiärer Probleme, wobei dem Patienten dann als einzigem die Rolle der Irrationalität zufallen muß.

5. Eine *sekundäre hysterische Komponente* kann die Natur der Symptome bestimmen, wenn z. B. spezifische Phobien auftreten und sich auf das Leben des Patienten und seiner Umgebung auswirken. Dann schaffen die disqualifizierenden Symptome selbst Motive, die der Patient zwar nicht erkennt, die aber die Umgebung beeinflussen oder manipulieren. Die vernachlässigte Ehefrau bietet hierfür ein gutes Beispiel, wenn sie infolge einer intensiv anmutenden phobischen Ängstlichkeit bettlägerig wird –

weil sie sich zu Hause alleingelassen fühlt oder allein zum Einkauf gehen muß – und sich damit die ungeteilte, obgleich widerstrebende Aufmerksamkeit ihres Ehemanns sichert.

Klinisches Bild

Ängstlichkeit selbst kann den subjektiven psychischen Zustand eines Patienten beherrschen. Andererseits kann der Patient an körperlichen Symptomen leiden, die das Resultat der normalen adrenergen Komponente von Ängstlichkeit sind, wie etwa Tachykardie, Ruhelosigkeit, Appetitverlust, Schlaflosigkeit, Schweißausbrüche, Zittrigkeit und Gewichtsverlust. Periodische Episoden akuter Angst, die sich zur Panik zuspitzen kann, sind geläufig.

Einige Patienten können entweder ihre eigene Angst erfahren oder auch die Krisen einer blindwütigen und überwältigenden Angst, die von körperlichen Sensationen wie Schock oder Ersticken begleitet sind, oder einem Gefühl drohender Ohnmacht, hauptsächlich oder ausschließlich als Antwort auf gewisse besondere Außenreize. Solche Patienten sind unfähig, eine Untergrundbahn zu benutzen oder mit einem Lift zu fahren. Sie können sich akut fürchten, alleine wegzugehen, mit Menschen zusammenzutreffen oder über einen bevölkerten Platz zu gehen. In praxi sind Phobien selten, die auf einen einzelnen Typ von Erfahrung beschränkt sind. Gewöhnlich schoppt die zugrundeliegende und persistierende Angst bis hin zu einem unerträglichen Grad an, wenn die Phobie aktiviert wird. Die sogenannte *Agoraphobie,* die Angst, alleine über freie Plätze zu gehen, stellt typischerweise solch ein komplexes Syndrom dar, zusammen mit anderen Befürchtungen und Phobien. Zeitlebens wird der Patient angesichts der Streßsituation von Spannung, Angst, Befürchtungen und Abhängigkeit in seinen persönlichen Verhältnissen bedroht.

Körperliche Symptome sind – wie schon erwähnt – die autonomen Begleiterscheinungen der Angst. Sie äußern sich in vegetativen Störungen wie Gewichtsverlust, Erschöpfung und Schlaflosigkeit. Die Patienten klagen über ein Spannungsgefühl und meinen dies wörtlich; ihre Skelettmuskulatur ist in der Tat gespannt, auch wenn sie eigentlich entspannt sein sollte.

Die Schlafstörung stellt ein Charakteristikum dar. Der Patient ist nicht in der Lage, über längere Zeit hin Schlaf zu finden, sondern wirft und dreht sich ruhelos im Bett herum. Schließlich fällt er in einen leichten Schlaf, der oft von lebhaften und schrecklichen Träumen gestört wird, von denen er unter Spannung erwachen kann, schweißgebadet und zitternd. Gewöhnlich klagen die Patienten darüber, weniger als eine Stunde ununterbrochen Schlaf über Wochen oder Monate zu finden.

Hypochondrische Besorgtheit stellt ein häufiges Phänomen dar und kann entweder mit den psychologischen Symptomen der Angst in Verbindung gesetzt werden oder mit allgemeinen Befürchtungen und dem Gefühl drohenden Unheils. Der Patient kann seine eigenen körperlichen Sensationen aufmerksam prüfen, immer auf der Hut gegenüber dem Wechsel, der ihm die Gegenwart des gefürchteten Krebses, des Gehirntumors oder späte Auswirkungen einer Geschlechtskrankheit signalisiert.

Das Syndrom wird für den Leser besser verständlich, wenn er sich seinen eigenen Zustand oder den seiner Freunde in einem Moment höchster Angst vergegenwärtigt, sagen wir eines Morgens am Hochzeitstag, oder gerade bevor er das Zimmer zu einem wichtigen Interview oder einer entscheidenden beruflichen Prüfung betritt. Vor der Prüfung fühlt er sich angespannt und nervös, gerät ins Schwitzen und hat schon beim Frühstück kaum Appetit, nachdem er einen unruhigen Nachtschlaf überstanden hat. Mehrfach kontrolliert er seine schriftlichen Unterlagen, obwohl er genau weiß, daß er alles bei sich führt. Angstgefühle steigen in ihm auf, wenn die U-Bahn im Tunnel anhält. Er fühlt sich bedroht und in einer Falle, aus Angst zu spät zu kommen. Vor dem Prüfungszimmer schreiten Bekannte ruhelos auf und ab. Durchfall und häufiges Wasserlassen weisen auf autonome Störungen hin. Einige, die da warten, haben rotgefleckte Stellen im Nacken und im Gesicht. Viele rauchen mehr als sonst, wobei sie den Effekt des Nikotins auf das autonome Nervensystem ausnutzen. Alle Systeme im Körper sind von der Angst betroffen, einschließlich der Sexualfunktionen, denn, wie später (s. S. 158 ff.) beschrieben, führt Angst bei Männern zur Impotenz und bei Frauen zur Frigidität. Solche noch multiplizierten Gefühlssensationen werden von ängstlichen Patienten geklagt.

Fall Nr. 13

Ein 20 Jahre alter Medzinstudent war sich sicher, er leide an einer Lungentuberkulose. Er stützte die Überzeugung auf seine laufende Mattigkeit, seine gelegentlichen nächtlichen Schweißausbrüche, seine Konzentrationsstörungen beim Lesen. Er kam mit seiner Fallarbeit auf den Stationen nicht zu Rande und fand weder Gefallen an seinem Studium noch an seiner Freizeit, wie er es früher gewohnt war. Sein Appetit hatte nachgelassen, und er verlor an Gewicht.

Bei der Untersuchung war er zittrig, angespannt und schwitzig. Sein Blutbild war in Ordnung, die Thoraxröntgenaufnahme unauffällig. Im ärztlichen Gespräch ergab sich eine Vielzahl von Angstsensationen gegenüber seinen Eltern, seiner Freundin, seiner Studentenbude und den anstehenden Prüfungen. In ätiologischer Hinsicht ähnelten Diagnose und Behandlung Fall 2 auf S. 20.

Fall Nr. 14

Frau J. H. 26 Jahre alt, Hausfrau, mit einem Sohn im Alter von vier Jahren und einer kleinen Tochter von 18 Monaten, vermutete eines Tages, daß ihr Ehemann für eines der Mädchen an seiner Arbeitsstelle Interesse haben könnte. Er pflegte spät nach Hause zu kommen und war gelegentlich stundenweise an den Wochenenden abwesend, um sich angeblich durch Gelegenheitsarbeiten etwas Geld zu verdienen. Er zeigte gegenüber der Ehefrau während der vergangenen 18 Monate weniger Zärtlichkeit, als sie früher von ihm gewohnt war. Sie entwickelte

Symptome einer allgemeinen Angst und Nervosität, die sich rasch zuspitzten. Sie war unfähig, sich mehr als hundert Schritte vom Haus zu entfernen, aus Angst vor einer Ohnmacht, die sie bewußtlos auf der Straße zusammenbrechen lassen könnte.

Schließlich erreichte sie ein Stadium, in dem sie nicht länger in der Lage war, ihre Kinder mitzunehmen, einkaufen zu gehen oder den Haushalt zu versorgen. Nachbarn kamen ihr zu Hilfe. Ihr Ehemann war unentschlossen, wie er sich ihr gegenüber verhalten solle. Eines Morgens befiel sie ein Gefühl schlagartig auftretender Angst und sie fürchtete, sie könne tot im Hause zusammenbrechen. Sie holte einen Nachbarn, damit dieser beim Ehemann auf der Arbeitsstelle anrufen könne, um den Arzt zu holen. Der Ehemann kam umgehend von der Arbeit nach Hause und fand sie mit rasendem Puls im Bett, nach Luft schnappend, so daß er überzeugt war, sie würde bald sterben. Ihr schlechtes Zustandsbild führte dazu, daß der Hausarzt die Einweisung ins Krankenhaus vornahm, wo sie zur Ruhe kam. Nach sechswöchiger Behandlung auf der psychiatrischen Abteilung und einer eingehenden Exploration und Überprüfung der ehelichen Situation war sie wieder in der Lage, nach Hause zurückzukehren und ihrer gewohnten Tätigkeit nachzugehen.

Behandlung

Als wesentlicher erster Schritt in der Behandlung des Patienten müssen körperliche Krankheiten, die einen Angstzustand vortäuschen könnten, ausgeschlossen werden; vor allen Dingen ein Hyperthyreoidismus, der in jedem Lebensalter auftreten kann, besonders typisch aber bei jungen Frauen ist, und der mit Nervosität, Ruhelosigkeit, Zittern, Schweißausbrüchen und Gewichtsverlust einherzugehen pflegt. Dieses Zustandsbild ist oft vergesellschaftet mit echten Angstzuständen. Zu den seltenen Zustandsbildern, die ein Angstsyndrom vortäuschen können, gehört wiederholte Hypoglykämie und in sehr seltenen Fällen ein Phäochromozytom.

Bestehen die Beschwerden des Patienten eindeutig in Angst, so ist in zweiter Hinsicht deren Analyse angezeigt. Relevante ätiologische Faktoren müssen aufgedeckt werden, um den Patienten verstehen zu können. Wie groß ist der Anteil der Angst, deren Wurzeln in der Kindheit zu suchen sind? Wie hoch wird die gegenwärtige Bedrohung der eigenen Sicherheit eingeschätzt? Wieviel Konfliktmaterial bezieht sich auf Motive, die mit Befürchtungen auf einen ambivalenten Ausgang einhergehen? Aufmerksamkeit muß man dem Unausgesprochenen und nur Angedeuteten widmen. Nicht zu vernachlässigen sind auch Anhaltspunkte, die Zeit und Ort der Angstattacken ausmachen. Auch die Art des Wiederauftretens ist wichtig (z.B. bei der Arbeit, im Supermarkt, bei Reisen vom eigenen Wohnort weg, beim Überdenken besonderer Gedanken, bei sexuellen Begegnungen usw.). Schließlich muß man auch die Formulierungen beachten. Inwieweit sind Eltern, Ehepartner bzw. Kinder durch die Angst des Patienten belastet? Wieviel Verantwortung wird vom Patienten aus übernommen, und inwieweit wird dies als Bereich der anderen betrachtet? Zweifelt der Patient an seiner Wiederherstellung, oder verhält er sich selbstgefällig?

Gleichzeitig bestehender Alkoholismus oder schwere Depression müssen im Verlauf der Untersuchungen ausgeschlossen werden.

Ein wesentlicher Gedanke, den man beachten sollte, wenn man sich auf die Behandlung von Angst einläßt, liegt in der oben gegebenen Darstellung begründet: Hier geht es um die Reaktion als ein Gefahrensignal. Aufscheinende rote Lichter funktionieren manchmal falsch, und später nach sorgfältiger Untersuchung stellt es sich oft als richtig heraus, diese Warnsignale auszuschalten. Doch ist dies die Ausnahme. Warnsignale sollten nicht gedankenlos ausgeschaltet werden. Sie erfordern vielmehr eine Beseitigung oder Eindämmung der Gefahr, so daß das Warnsignal im natürlichen Verlauf der Dinge nachlassen kann.

1. *Psychotherapie.* Psychotherapie ist in jedem Fall die Behandlung der Wahl. Die Quelle der Bedrohung wird herausgestellt und als eine Quelle der Gefahr für den Patienten dekuvriert. Einfache supportive und erläuternde Maßnahmen können in vielen Fällen schon für sich allein genommen eine enorme Stütze darstellen. Manchmal ist eine analytische Psychotherapie in Kurz- oder Langzeitform bzw. als Gruppen- oder Familientherapie aus Gründen des Settings, in dem die Angst bei dem jeweiligen Patienten auftritt, angezeigt. Diese Behandlungsformen sind ausführlich im Kapitel Psychotherapie beschrieben, die Verhaltenstherapie auf S. 117.

2. *Psychologische Methoden der Behandlung körperlicher Symptome.* Eine Relaxierung, sei diese nun induziert oder auch ohne Hypnose (beschrieben auf S. 263 f.) herbeigeführt, wirkt den körperlichen Sensationen der Spannung entgegen. Der Patient fühlt sich besser, wird selbstsicherer und gewinnt an Ruhe und Selbstvertrauen. Ruhe und Selbstvertrauen reduzieren allmählich die autonome Überaktivität, durch die Relaxierung bessert sich die Tachykardie, das Schwitzen läßt nach. Der Patient erlernt eine wirkungsvolle, sichere Technik ohne nachteilige Nebenwirkungen und kann selbst zu seiner Behandlung zu Hause wie in den professionell geleiteten Sitzungen beitragen.

Biofeedback-Techniken können als eine besondere Fortentwicklung dieser Art von Behandlung angesehen werden. Eine Maschine führt nach Monitorart physiologische Messungen des Pulsschlags oder Blutdrucks durch, wobei der Patient die Resultate als sogenanntes „Feedback“ sofort erhält. Ggf. kann er, soweit solche Techniken auch der Entspannung dienen, eine abnorme Messung zu normalen Werten hin verändern, da der Patient sofort über das Resultat in Kenntnis gesetzt wird. Der Patient kann so äußerst rasch effektive Techniken entwickeln. Die Methode wird noch weiter verfeinert.

3. *Pharmakologische Behandlung.* a) Benzodiazepine als „minor“ Tranquilizer bessern die Angstsymptome äußerst wirkungsvoll, indem sie teilweise zentral im Gehirn angreifen und andererseits die Aktivität der spinalen Reflexzentren, die den Muskeltonus kontrollieren, reduzieren. Die lang wirksamen Medikamente mit einer Halbwertzeit von mehr als 10 Stunden betreffen Diazepam (Valium), Chlordiazepoxid (Librium), Medazepam (Nobrium), Clorazepat (Tranxilium) sowie Oxazepam (Adumbran). Diese Medikamente kann man sehr flexibel handhaben in Einzel- oder geteilten Dosen, wobei man die kleinsten Dosen, die mit einer substantiellen Besserung der Symptome kompatibel sind, ausnutzt. Bei Diazepam sind Tabletten zu 2, 5 und 10 mg im Handel. Zu den wichtigen Nebenwirkungen zählen Schläfrigkeit und die damit verbundene Gefahr in Zusammenhang mit Alkohol oder Autofahren, schließlich die Tendenz zur Gewöhnung und die Neigung, die Dosierung bei lang anhaltenden Angstzuständen stufenweise zu erhöhen. Kürzer wirksame und schnell abgebaute Verbindungen, die sich in ihrer milden Form besonders für ältere Menschen und bei renalen oder hepatischen Schädigungen eignen, sind Lorazepam (Tavor-Tabletten zu 0,5, 1 und 2,5 mg), Temazepam (Planum) und Triazolam (Halcion 0,25 und 0,5 mg). Das Medikament wird abends gegeben, um eine Schläfrigkeit tagsüber zu verhüten. Alle Benzodiazepinabkömmlinge sind sehr sicher im Falle der Vergiftung durch Überdosierung.

Der wesentliche klinische Nachteil dieser Medikamente trotz ausgezeichneter Besserung der Symptomatik besteht darin, daß der Patient die Tabletten als einzige Behandlungsmaßnahme ansieht, deren er bedarf. Wurde einmal mit einer solchen Behandlung begonnen, so zeigt sich der Patient nur widerwillig kooperativ bei der harten Arbeit der Psychotherapie.

b) Monoaminoxidasehemmer, die ausführlich im Kapitel „Depression“ beschrieben wurden, erweisen sich manchmal bei Zustandsbildern, die sowohl mit Angst als auch mit Depression einhergehen, als nützlich.

c) Trizyklische Antidepressiva sind gelegentlich in der Behandlung von sekundär spät sich manifestierenden depressiven Zustandsbildern hilfreich.

d) Betablocker. Die körperlichen Begleiterscheinungen eines Angstzustandes sind auf betaadrenerge Stimulation zurückzuführen. Besondere Rezeptorantagonisten können daher dazu genutzt werden, die Stimulation zu blockieren. Propranolol (Dociton) in einer Tagesdosis von 30–80 mg kann Herzklopfen und Tremor verhüten, dieses Mittel kann mit leichten Tranquilizern kombiniert werden. Vorsicht ist bei Vorliegen von kardiovaskulären Krankheitsbildern angezeigt.

e) Barbiturate, die früher zur milden Sedation tagsüber üblich waren, machmal vor einem Interview intravenös verabreicht und gelegentlich zur

Behandlung eines störungsfreien Schlafes eingesetzt wurden, werden heute am besten durch Diazepam und ähnliche Mittel ersetzt.

f) Eine nächtliche Sedierung ist oftmals nötig. Diese ist erfolgreich und sicher mit Nitrazepam, Temazepam oder Triazolam zu erreichen, obwohl man gerade sicher wirksame Medikamente nicht ohne weiteres zu Anfang geben sollte. Setzt der Hausarzt sie leichtfertig ein, haben in Zukunft der Patient und vielleicht auch ein anderer Arzt das Problem, die Mittel wieder abzusetzen, um dem Patienten einen normalen Schlaf zu ermöglichen.

4. *Verhaltenstherapie: Techniken zur Behandlung von Phobien.* Klinische Psychologen waren es, die diese Techniken aufbrachten und entwickelten. Sie sind heutzutage weit verbreitet. Nur lose gestützt auf die Lerntheorie bestehen sie aus empirisch entwickelten Methoden, die Phobien aus dem Gedächtnis zu streichen und den Patienten in gewünschte Verhaltensformen umzutrainieren (s. S. 261 f.).

Bei der Desensibilisierung durch reziproke Inhibition wird versucht, den Patienten gegenüber dem gefürchteten Objekt seiner spezifischen Phobie zu desensibilisieren, indem man ihn durch relaxierende Maßnahmen in Form einer Angstumkehr an das Objekt der Angst heranführt. Der Patient listet dabei zunächst die von ihm gefürchteten Situationen in der Reihenfolge ihrer Ausprägung auf und macht sich stufenweise mit ihnen vertraut. Er beginnt mit weitgehend milden Schreckensbildern unter voller Entspannung, z.B. unter leichter Hypnose oder medikamentöser Sedierung. Hat er eine Phobie gegenüber Gewittern, so würde die gefürchtete Situation auf einem Tonband mit Donner dargestellt, das bei jeder Sitzung, wobei der Patient entspannt in der Horizontalen liegt, etwas lauter gedreht wird. Schließlich ist der Patient entspannt und trotz lauten Donners angstfrei. Freilich kann manche Behandlungsstunde mit der Vorstellung des Patienten vergehen, lebendige Szenen der gefürchteten Situation heraufzubeschwören. In anderen Fällen besteht die wesentliche Maßnahme in einer wirklichkeitsnahen Testung des Alltags, etwa in immer weiteren Spaziergängen, zunächst zusammen mit dem Therapeuten und später ohne ihn, um z.B. eine Agoraphobie zu behandeln.

Bei der *Exposition*, einer prinzipiellen Methode, ist das Vorgehen anders. Der Patient wird mit der gefürchteten Situation konfrontiert und daran gehindert, dieser Situation zu entfliehen. Normalerweise meidet er die Situation und dämpft auf diese Weise seine Angst, kann sie aber nie überwinden. Bei der Behandlung wird er mit Angst überflutet. Bei einer Katzenphobie wird der Patient in einen Raum mit dem Therapeuten und einer Katze zusammengebracht. Die erhebliche Angst nimmt man bei dieser Situation in Kauf. Es ist dem Patienten nicht erlaubt, zu entwischen. Das anschließende Gespräch mit dem Therapeuten macht dem Patienten deutlich, daß er mit dem Schlimmsten konfrontiert wurde und es dennoch überlebt hat, so daß er niemals wieder, ob er will oder nicht, durch eine Katze in Schrecken versetzt werden kann. Es sind natürlich weitere Sitzungen nötig, um das Ergebnis zu festigen und in Gesprächen zu vertiefen. Meist glückt die Behandlung allerdings rasch, soweit es sich um Einzelphobien handelt. Außerdem ist diese Therapieform weniger zeitintensiv als die Methode der Desensibilisierung.

Beim sogenannten *Modellernen* („modelling") bedient sich der Therapeut wieder der Aufmunterung. Er überredet den Patienten, seinem Verhaltensmodell zu folgen. Zunächst soll er in die Nähe des gefürchteten Objektes gehen, dann es berühren, und zwar zunächst eine kleine Katze, dann eine große Katze. Während der Etappen steht der Therapeut dem Patienten zur Verfügung, um seine Ängste mit ihm durchzusprechen, ihn zum Fortschritt zu ermuntern, seinen Rückzug zu verhindern und seine guten Ergebnisse zu bestätigen.

Verhaltenstherapeuten konnten ihre Methoden modifizieren, als sie die Erfahrung machten, daß sie mit den Techniken des Belastungstrainings bessere Resultate erzielten, wenn es ihnen glückte, außer der genauen Beobachtung auch einen guten Rapport zum Patienten herzustellen und ihm zu gestatten, umfassendere Aspekte seiner Probleme zu diskutieren. Heutzutage gibt es geringere Unterschiede zwischen verhaltenstherapeutischen und psychotherapeutischen Techniken, als dies früher der Fall war: Die Verhaltenstherapeuten kombinieren glücklicherweise unter Beachtung der Angstformen seitens des Patienten personale und psychologische Methoden.

5. *Tageskliniken* eignen sich oft bestens zur Behandlung schwerer Angstzustände; hier kann eine umfassende Behandlung in relativ kurzer Zeit erreicht werden. Es können Entspannungsgruppen und praktische Spaziergänge für agoraphobische Patienten organisiert werden, ebenso ist eine Individual- oder Gruppenpsychotherapie hier möglich.

6. *Selbsthilfegruppen:* Die anonymen Agoraphobiker haben vielen Patienten durch Telefondienste und Briefkontakte Hilfe geleistet.

Prognose

Die Prognose eines rasch behandelten akuten Angstzustandes ist günstig. Die Intervention muß hier autoritativen Charakter haben, um die Therapie zu beenden. Bei unbehandelten oder nicht erfolgreich behandelten Patienten kann es leicht zu Komplikationen durch sekundär depressive und hysterische Zustandsbilder kommen. Eine Agoraphobie kann manchmal nicht beherrscht werden, besonders wenn die Familie darin verwickelt ist. Schließlich ist die limitierte Routine der einzige aussichtsreiche Weg im Leben eines solchen nur beschränkt aktionsfähigen Menschen.

Von mehreren ängstlichen Patienten, die über fünf Jahre beobachtet wurden, zeigten 25% im wesentlichen keinerlei Symptome, weitere 40% hatten sich leicht verschlechtert. Ältere Patienten, insbesondere Frauen und Patienten aus niederen sozialen Schichten, zeigten gravierendere Symptome. Patienten mit einem zeitlebens angstgetönten Persönlichkeitsprofil bessern sich unter Streßsituationen beträchtlich, wenn ihnen zuverlässige Hilfe zuteil wird. Spezifische Einzelphobien sind selten, doch oftmals heilbar.

9 Hysterische Zustandsbilder

Definition

Hysterische Zustandsbilder, die nie völlig bewußt, sondern eher unbewußt ablaufen, stellen den Versuch dar, sich von einer sonst unerträglich werdenden Streßsituation durch die öffentliche Entfaltung von Krankheitssymptomen zu erleichtern.

Dies ist unsere Definition. Es sollen außerdem zwei weitere Definitionen zitiert werden, die eine wichtige Unterscheidung treffen, vom Studenten aber oft mißverstanden werden. Die Fehlinterpretation dieser Definitionen, die Beachtung verdienen, soll an dieser Stelle ausgeräumt werden. Die beiden Definitionen lauten wie folgt:

1. Hysterische Symptome sind Symptome von nichtorganischer Genese, die durch Motive erzeugt und aufrechterhalten werden, die nie völlig bewußt sind und die sich gegen ein reales oder eingebildetes Ziel richten;
2. hysterische Krankheitsbilder, die nie völlig bewußt, sondern oft unbewußt auf seiten des Patienten ablaufen, stellen den Versuch dar, einen Vorteil aus der öffentlichen Entfaltung und Darstellung von Krankheitssymptomen zu ziehen.

Bei den beiden hier zitierten Definitionen muß man auf die Termini *„Vorteil“* und *„wirkliches oder eingebildetes Ziel“* achten. Die Schwierigkeit liegt darin begründet, daß es sich bei der Hysterie um eine überlegt zweckgerichtete Reaktion handelt und ein Vorteil aufgedeckt werden muß, um das Zustandsbild zu verstehen und zu diagnostizieren. Das kann sogar so weit gehen, daß der Student verleitet wird zu sagen: „Dabei kann es sich nicht um Hysterie handeln, weil ich nicht sehen kann, was der Patient schließlich daraus macht...“ Tatsächlich verfolgen hysterische Reaktionen nur einen relativen Vorteil und ein relatives Ziel in dem Sinne, daß eine *Besserung* einer sonst unerträglichen Streßsituation erfolgt, wobei auf die Definition abgehoben wird, die wir zu Anfang dieses Kapitels gaben. Die Erleichterung besteht für den Patienten realiter und ist nicht mit dem Bild vor der hysterischen Reaktion zu vergleichen, das nun abgemildert erscheint. Dennoch geht der Patient aus der hysterischen Reaktion mit keiner endgültigen Besserung als Ergebnis hervor, wenn er seine Lage mit derjenigen vor Ausbruch der Streßsituation vergleicht.

Ätiologie und Psychopathologie

Beim Streß kann es sich um emotionalen Streß oder einen Konflikt handeln, der aus der Lebenssituation des Patienten entspringt und für jeden Patienten unterschiedlich ist. Der Streß kann sich als *körperliche Krankheit* ausdrücken, und zwar durch Schmerz, Mißbefindlichkeit und Unberechenbarkeit. Wenn körperliche Krankheit das Gehirn befällt, z. B. bei einer Demenz oder anderen neurologischen Zustandsbildern, werden die gesamte Spannkraft und das Gleichgewicht des Patienten betroffen. Streß kann auch durch schwere endogene Psychosen ausgelöst werden, besonders durch Depression oder Schizophrenie.

Ist eine schwere körperliche oder endogen psychotische Manifestation von zusätzlichen hysterischen Symptomen begleitet, die ihrerseits nicht auf dem Wege pathologischer Organstruktur zustande kamen, bezeichnen wir das als sogenannte *hysterische Überlagerung.* Dies ist ein Ausdruck, der von den Patienten ungerechtfertigterweise abgelehnt wird. Treten die hysterischen Symptome in den Vordergrund, kann der Arzt zu der übereilten Schlußfolgerung kommen, daß der Patient „hysterisch" ist. Die körperliche und psychopathologische Untersuchung wird dann vernachlässigt, so daß die richtige Diagnose des Zustandsbildes außer acht bleibt, ein Umstand, der dann mit katastrophalen Folgen für den Patienten verbunden sein kann.

Es gibt noch weitere Faktoren, die mit Streß einhergehen. Hysterische Reaktionen können zutage gefördert werden, wenn eine *krankheitsbelohnende Situation* zu erwarten ist. Dafür gibt es eine Unzahl spezifischer und allgemeiner Beispiele; etwa in der Armee oder im Gefängnis, wenn man die ärztliche Sprechstunde aufsucht, in der Überzeugung, eine Befreiung vom Militärdienst wegen Krankheit bzw. eine Einweisung auf die Krankenstation sei das kleinere Übel. Hysterie kommt in diesen Institutionen gehäuft vor. Streß und krankheitsbelohnende Situationen sind ständig vorhanden. Die einschlägigen Behörden treffen daher Vorkehrungen, um keine Anreize zu schaffen und erschweren den Zugang zur ärztlichen Sprechstunde. In der Universität sind Examina mit Streß verbunden. Ärztliche Bescheinigungen, die retrospektiv eine Krankheit attestieren und erkennen lassen, daß der Examenskandidat am Prüfungstag nicht in der Lage war, gute Noten zu erreichen, legen den Verdacht auf ein hysterisches Zustandsbild nahe. Insofern ergreifen die Behörden auch hier Schritte, um solche Krankheitsbescheinigungen weitgehend zu verhindern.

Einer familiären Situation entspringt die sogenannte *Kompensationsneurose,* bei der das hysterische Symptom durch Belohnungen gefördert wird. Dieser Ausdruck wird ungenau gegenüber Patienten benutzt, die nach einem Unfall oder einer Verletzung die Folgen nicht kompensiert oder bewältigt haben oder an deren Symptomatik man zweifelt. Körperliche Schäden sind natürlich häufig Folge eines Unfalls. Lange nach einer Genesung können Symptome persistieren, die mit den früheren Mißempfindungen identisch sind und die jetzt in weit verschlimmerter Form wieder auftreten. Diese Symptome sind oft mit Angst verbunden. In einigen Fällen steht der Patient ihnen auch mit erstaunlichem Gleichmut gegenüber, der sich gelegentlich zur Selbstgefälligkeit steigert. JANET bewertete das als Charakteristikum und bezeichnete es mit dem Terminus *„belle indifférence"*.

Dem Erscheinungsbild liegt ein unlösbarer offener Konflikt zugrunde. Der Konflikt besteht in dem Wunsch, einerseits wieder arbeitsfähig zu werden und zu genesen, andererseits stellen sich dem ernsthafte Befürchtungen entgegen, ob der Patient wirklich wieder so rüstig wie vor dem Unfall wird und ob er seine berechtigte Forderung nach Sympathie und Beachtung oder nach einer weiteren finanziellen Kompensation für seine Leiden geltend machen kann, wenn er noch nicht wieder einsatzfähig ist.

Solche Fälle sind äußerst schwer zu behandeln, da hier viel vom Vertrauen des Patienten abhängt, nicht nur zu seinem Arzt oder der Ehrlichkeit bzw. dem Edelmut derjenigen, die für eine Entschädigung verantwortlich sind, sondern letztlich zu sich selbst. Ein tiefsitzendes Mißtrauen, das der Patient gegen sich selbst hegt, erzeugt und unterhält die hysterische Mißbefindlichkeit. Wegen des finanziellen Anspruchs hat der Patient kein Interesse zu genesen: Die Festlegung einer dauernden Krankheit ist mit Geld identisch, Genesung und Rückkehr an den Arbeitsplatz sind aber nicht mit Geld identisch, da der Unternehmer den Anspruch zurückweist. Es mag noch andere bewußte oder unbewußte Motive geben, z.B. Groll- und Vergeltungsgelüste gegenüber Behörden. Die Anstrengungen auf seiten des Patienten, der sich stolz in den Kampf wirft, um den Fall schließlich für sich zu gewinnen, können jedenfalls ungeheuer groß sein.

Die Position des Patienten ist häufig unbefriedigender, als wenn er seine Besserung hinnehmen könnte. Sein Fall wird in den Mühlen der Behörden wieder und wieder geprüft, so daß er für die Zukunft auf die Folter der Ungewißheit gespannt ist, während seine Chancen, zu gesunden, nach Jahren der Krankheit immer geringer werden.

Chronische Angstzustände, schwere Depressionen und der Ausbruch einer bisher nur vage diagnostizierten schizophrenen Psychose können die Situation erschweren. Bevor eine Behandlung einsetzt, die sich gezielt auf die eigentliche Symptomatik richten kann, muß unbedingt so schnell wie möglich ohne weitere Verzögerung ein Ende des noch nicht überschaubaren Prozesses herbeigeführt werden. Man hat dann oft festgestellt, daß eine Behandlung nach einer endgültigen Schlichtung außerordentlich leicht war und die Symptome bemerkenswert rasch verschwanden.

Krankenhäuser, laut Definition angenehme, vom Streß durch Krankheit entlastende Zufluchtsstätten für Kranke, bergen eine ganze Reihe hysterischer Krankheitsbilder, die man in allen Abteilungen antreffen kann.

Auch unter Patienten, die ihren Hausarzt konsultieren, sind derartige Syndrome häufig. Die Hysterie pfropft sich gerne parasitisch auf eine körperliche Krankheit auf, und wenn letztere fortdauert, wird sich auch das hysterische Syndrom nicht verlieren.

Den wesentlichen Krankheitsgewinn aber erhält der Patient aus der Umgebung, die von seiner Krankheit tangiert wird, besonders von der eigenen Familie. *Der Kranke hat eine Rolle* mit vielen Rechten und Privilegien. Nach dem Kranken muß man schauen, von seiner Arbeit ist er entschuldigt und wird obendrein noch bezahlt, während er zu Hause bleibt. Ein Patient, der krank ist, schafft sich immer eine Ära der Hilfsbedürftigkeit.

Persönlichkeitsfaktoren und individuelle Unterschiede in den Belangen der einzelnen Patienten können dazu beitragen, daß sich ein hysterisches Zustandsbild unter Streß und in Gegenwart einer Krankheitserwartungssituation entwickelt. Eine *hysterische Persönlichkeit* ist z. B. ein solch belastender Faktor. Der selbstunsichere Anteil der Persönlichkeit reagiert auf Streß durch Rivalitäten, Verantwortung und emotionale Anforderungen im Erwachsenenleben mit unterwürfigen Reaktionen und appellativer Hilflosigkeit in Form einer Krankheit. Kinder entwickeln häufig hysterische Krankheitsbilder, ebenso geistig Behinderte. Bei ihnen kann man gelegentlich drastische und bizarre Syndrome antreffen, z. B. Blindheit, Paraplegie, außergewöhnliche Gangformen, Bilder, wie man sie früher bei hysterischen Zuständen in der Bevölkerung in großem Umfang antraf, als das Syndrom noch nicht so hochstilisiert war. Psychosomatische Symptome finden sich außerordentlich häufig unter Emigranten. Ihre Krankheitsbilder lassen sich oft als hysterische Störungen auffassen.

Die verschiedenen Bevölkerungsgruppen und die Situationen, bei denen Patienten zu hysterischen Syndromen neigen, haben Gemeinsamkeiten von außerordentlicher Bedeutung. In erster Linie sind Menschen in schwachen Positionen betroffen. Erwachsene können ihren Weg unbeirrt verfolgen, Kinder aber müssen schmeicheln. Einwanderer müssen, am Rande der Gesellschaft befindlich, für sich sorgen. Hysterische Persönlichkeiten agieren manipulierend durch ihre Emotionen. Eine Gesellschaft, die von Männern beherrscht wird, „können Frauen nur erobern, wenn sie sich schnell als die schwächeren unterwerfen" (Oscar Wilde). Ein Weg, sich aus einer Position der Schwachheit Einfluß zu verschaffen, läuft über das Krankenbett.

Wesentlich ist auch ein relativer Mangel an Wortgewandtheit. Einwanderer sind benachteiligt, wenn sie sich in der fremden Sprache verständigen wollen. Sie können aber gut auf ihr Abdomen zeigen, Geräusche vernehmen lassen und den Arzt damit auffordern, sie zu untersuchen. Schwerfällige Menschen und Kinder zeichnen sich durch Agieren, Tanzen und Rituale aus. Das Agieren anstelle von Wortgewandtheit kann sich aber als Trugschluß erweisen. Besonders geistig Behinderte werden hinsichtlich der komplexen sprachlichen Äußerungsmöglichkeiten ihre besonderen Schwierigkeiten haben. Bei der Demenz geht der Sprachfluß mit dem Einsetzen der unterschiedlichen Formen einer Dysphasie weitgehend verloren. Die hysterische Persönlichkeit kann sich zwar artikulieren, kommuniziert jedoch in typischer Weise lieber ohne Worte, und zwar mit der Sprache der Augen, des gesamten Körpers, in Anspielungen, auf dramatische Art, mit Tränen oder mit einem Flirt.

Hysterische Syndrome sind demnach, wie wir jetzt feststellen, Formen einer Kommunikation in der Sprache einer Krankheit, wie sie von schwachen oder geschwächten Personen ausgeht.

Der *Mechanismus* einer Symptomproduktion beruht auf der normalen Fähigkeit des Menschen, Begriffe mit einer emotionalen Bedeutung und imaginativen Vervollkommnung zu bilden und dabei auf diese Begriffe zu reagieren, als wenn sie normal wären. Hysterische Symptome erwecken den Eindruck, als wenn sie aufgrund einer Dissoziation der normalen geistigen Prozesse erzeugt würden, wobei gewisse Begriffe, Aktivitätsmuster und verwandte Assoziationen aus der Bewußtseinsebene gelöst und ins Unbewußte abgedrängt werden. Einsicht oder Kritik können den Auswirkungen einer Suggestion nicht zuwiderlaufen. Die Fähigkeit des Patienten, seine Erfahrungen zu begreifen oder zu modifizieren, ist entsprechend begrenzt.

Simulation. Bei den meisten oberflächlichen Erscheinungsbildern hysterischer Syndrome kann der unvoreingenommene Beobachter den Vorteil offen erkennen. Die dagegen gerichteten Symptome können ebenfalls transparent sein. Es kann allerdings schwierig werden, zwischen einem überlegenden und bewußten Simulieren und einer mehr oberflächlichen Art hysterischer Symptomatik zu trennen. Dennoch bleibt echtes Simulieren eine Seltenheit, wenn überhaupt, dann wegen der jedem Menschen eigenen Fähigkeit, an Notwendiges und Wünschenswertes zu glauben. Dieser Suggestionseffekt kann zur Klärung der Frage beitragen, warum Hysterie im Gegensatz zu Simulation verhältnismäßig häufig vorkommt.

Klinische Zustandsbilder

Die einfachsten Formen einer hysterischen Reaktion zeichnen sich durch den Verlust oder die Entstellung der normalen motorischen oder sensiblen Funktionen aus. Blindheit, Taubheit, Gefühllosigkeit oder Parästhesien, Lähmungen oder Störungen der motorischen Reflexaktivität, z.B. in Form von Erbrechen, sind geläufig. Symptome psychologischer Art treten dabei eher als rein körperliche Phänomene in den Vordergrund: Verlust oder Störung des Bewußtseins oder des Gedächtnisses (Amnesie); Pseudohalluzinationen oder Verhaltensstörungen können ebenfalls vorkommen.

Gründe für die Symptomwahl

a) Entscheidender Faktor ist die *Kenntnis des Patienten* über die Krankheit: Etwas Unbekanntes kann man schlecht imitieren. Dieser Umstand erklärt die Schlichtheit und Naivität der undurchdachten Symptomatik eines unintelligenten Menschen, während sich hysterische Zustandsbilder bei Ärzten und Schwestern durch ihre Komplexität, Differenziertheit und Hinterlist auszeichnen.

b) *Körperliche Krankheit in der Familie:* Der Patient entwickelt im Anschluß an eine Migräne, zu der die Mutter neigt, hysterische Kopfschmerzen. Der Epileptiker hat zusätzlich hysterische Konvulsionen. Der Patient mit multipler Sklerose leidet an Symptomen mit hysterischer Überlagerung, die mit den Läsionen im Nervensystem nicht korrespondieren.

c) *Soziale Trends* sind beteiligt, wenn es um eine begriffliche Bestimmung der Krankheiten geht, die nachgeahmt werden. Zufällige Gefühllosigkeit, Blindheit und Taubheit gehören heutzutage zu den seltenen hysterischen Syndromen. Häufiger werden Kopfschmerzen beobachtet, die eingehend untersucht werden müssen, um nach organischen Ursachen zu fahnden. Die Ursache von Rückenschmerzen ist schwer feststellbar. Es handelt sich meist um eine Kompensationsneurose, wie sie schon beschrieben wurde. Schließlich werden auch schwer depressive Krankheitsbilder nachgeahmt von Patienten, die z. B. wegen einer Notlage auf eine ärztliche Bescheinigung hoffen, die ihnen einen Wohnungswechsel ermöglicht.

d) *Die eigenen Anschauungen des Patienten zum Krankheitsbild* können die Symptomatik entsprechend beeinflussen. Körpersprache und Symbolik können einfließen, indem die Symptome eine gewisse Teillösung der Schwierigkeiten des Patienten mit nachfolgender Besserung der subjektiven Angst herbeiführen können. Die Art der Lösung selbst kann symbolisch ausdrücken, was der Patient gefühlsmäßig akzeptieren könnte, was ihm aber in der Praxis unter Umständen nicht möglich ist. Hier sei das Beispiel eines stark kontrollierten Bankmanagers erwähnt, der nach monatelangem schweren Streß plötzlich in das Zustandsbild eines Mutismus verfiel und dabei zusätzlich eine Schwäche mit Schütteln im rechten Arm zeigte. Die Symptome stellten sich als hysterisch heraus. Später konnte er erklären, daß die Symptomatik in einer Krisenzeit eingesetzt hatte, als er Gefahr lief, seine teuersten Grundsätze über den Haufen zu werfen, und beinahe seinen Sohn geschlagen und verflucht hätte (der seinerseits zum Entstehen der Streßsituation Veranlassung gegeben hatte). Die hysterischen Symptome hinderten ihn daran, zu schlagen oder zu sprechen. Sie symbolisierten seine Kraft- und Sprachlosigkeit angesichts der Probleme. Darüber hinaus verschafften sie ihm die Rolle des Kranken und die Behandlung in einer psychiatrischen Abteilung. Ein anderes Beispiel schildert Fall Nr. 16.

Fassen wir zusammen, so sehen wir, daß hysterische Syndrome dann auftreten, wenn Patienten unter Streß, in einer krankheitsbelohnenden Situation oder bei persönlichen Belastungen körperliche Krankheiten nachahmen und so sicherstellen wollen, als Kranke behandelt zu werden. Das hysterische Syndrom bringt bereits Entlastung von akutem Streß, wenn auch nur zeitweise und unzureichend. Meidet der Patient aber die Streßsituation, so kann er vom Regen in die Traufe gelangen.

Krankengeschichten

Einige Beispiele aus der klinischen Praxis sollen die oben beschriebenen Merkmale näher illustrieren und sie mit einigen bereits dargelegten ätiologischen Faktoren verbinden.

a) *Hysterische Reaktion im Rahmen einer für den Patienten lebenswichtigen Situation.*

Fall Nr. 15

Eine Patientin im Alter von Ende 50 wurde in einem erheblich beeinträchtigten Zustand spät in der Nacht in die Intensivabteilung eines großen Krankenhauses eingeliefert. Ihre Kleider waren bis auf die Unterwäsche völlig durchnäßt, ihre Handtasche hatte man leer neben ihr gefunden. Sie wurde entdeckt, als sie am Ufer eines nahegelegenen Flusses auf dem Boden herumkroch.

Die Untersuchung zeigte, daß sie, abgesehen von einem leichten Schock, an keiner körperlichen Krankheit litt. Sie konnte sich aber nicht erinnern, wer sie ist, wo sie wohnt, noch irgendwelche Details ihrer Biographie angeben. Sie wußte aber, daß sie ins Krankenhaus eingeliefert worden war, kannte auch genau die Uniformen der Polizisten, die sie hierher gebracht hatten. Sie wußte über den Notfallwagen Bescheid und andere Einzelheiten, so etwa, wie man ein Telefon bedient oder ein Telefonverzeichnis benutzt. Sie wurde als Notfall eingewiesen. Am nächsten Tag konnte man dann mit entsprechender Ermunterung und freier Assoziation, wenn auch mit Schwierigkeiten, folgende Vorgeschichte erheben.

Seit 18 Monaten war sie verwitwet. Ihr früherer Ehemann war ein engagierter, doch im kaufmännischen Sinne wenig verantwortlicher Künstler, der frühzeitig verstorben war und große Schulden hinterließ. Sie mußte ihr Haus verkaufen, das mit Hypotheken belastet war, um den noch ausstehenden Verpflichtungen nachzukommen. Sie hatte keine Verwandten mehr und hatte eine Teilzeitarbeit als Näherin in Privathaushalten aufgenommen, um sich ihre Unabhängigkeit und Selbstachtung zu bewahren. Im vergangenen Winter erkrankte sie an einer Lungenentzündung und war gezwungen, nach der Entlassung aus dem Krankenhaus ihre Wohnung zu wechseln. Sie entwickelte daraufhin einen erheblichen depressiven Verstimmungszustand. Sie unternahm zu ihrer großen Schande auch einen Suizidversuch, indem sie einige Aspirin-Tabletten nahm und versuchte, sich die Pulsadern zu öffnen. Dies hatte ihr eine zweite stationäre Einweisung ermöglicht und die Vertreibung aus ihrer zweiten Wohnung verhindert. Unmittelbar vor dem Ereignis, das jetzt zu ihrer stationären Aufnahme führte, hatte sie Kontakt mit den ihr bekannten Verwandten ihres Mannes aufgenommen, um sie um Hilfe zu bitten. Obwohl man sie oberflächlich willkommen hieß, hatten sich die Angehörigen doch nicht näher nach ihr erkundigt. Sie war andererseits auch nicht fähig, couragiert von ihrer gegenwärtigen Lage zu berichten oder ihnen gar zu verstehen zu geben, wie verzweifelt ihr Zustand war, seit ihr Ehemann verstorben war. Sie hatte sich eine kleine Flasche Gin gekauft und einige Aspirin-Tabletten und war an den Fluß gegangen mit der Absicht, sich selbst zu ertränken, wenn sie genügend berauscht wäre. Nach dem Kauf von Gin und Tabletten konnte sie sich jedoch an nichts mehr erinnern. Die Umstände ließen vermuten, daß sie wohl noch in den Fluß gewatet sein mußte, dann aber das ganze Unternehmen wohl abbrach und eine hysterische Amnesie als letzte psychophysiologische Verteidigung gegenüber all ihrer gesamten Hilflosigkeit, Hoffnungslosigkeit und Verzweiflung aufbaute.

Mit angemessenen supportiven, individuellen und rehabilitiven Maßnahmen ließ sich das Zustandsbild wieder erfreulich bessern. Die Patientin verblieb aber dann noch weiter in ambulanter psychotherapeutischer Behandlung.

Fall Nr. 16

Eine junge Frau mit 22 Jahren wurde zu einer ambulanten Behandlung überwiesen mit einer sechs Jahre alten Vorgeschichte von totaler Unfähigkeit wegen fortdauernd generalisierten Schüttel- und Zitterbewegungen, die den Eindruck von Myoklonien erweckten. Eingehende und erschöpfende Untersuchungen in einer ganzen Reihe auswärtiger Krankenhäuser konnten eine körperliche Krankheit völlig ausschließen. Zur Vorgeschichte ihres Beschwerdebildes war zu erfahren, daß sie anfangs zunächst hilflos zu Boden fiel und dort krampfhaft zuckend verharrte, nachdem sich ihre Eltern geweigert hatten, ihr zu erlauben, noch ein weiteres Jahr die Schule zu besuchen. Vielmehr sollte sie für die Familie Geld verdienen. Seinerzeit war sie 16 Jahre alt. Damals kam es für sie selbst und innerhalb ihrer Familie zu einer zunehmend schweren Disharmonie. Nach Verlauf eines Jahres folgten auf die Sturzattacken zunehmend Perioden von Zuckungen, Krämpfen und Zitterbewegungen, bis sie schließlich nach zwei weiteren Jahren total hilflos wurde.

Bei der Untersuchung krampfte sie am ganzen Körper, zeigte Zuckungen und Zittern an allen Gliedmaßen sowie an Kopf und Rumpf. Sie war weder zum Lesen, Schreiben noch zur Nahrungsaufnahme in der Lage und konnte sich nicht alleine versorgen. Sie war hilflos und ans Bett gefesselt. Ihre einzige Abwechslung bestand darin, Radio zu hören.

Eine sorgfältige und intensive Einzelpsychotherapie über einen Zeitraum von nur zwei Monaten enthüllte beachtliche unterdrückte Ressentiments und Gefühle der Verzweiflung über die Beziehung zu ihren Eltern, aber auch in bezug auf ihre Umwelt. Es wurden zahlreiche Möglichkeiten eruiert, durch die sie über kurze Zeit eine Besserung ihrer Verspanntheit erfuhr. Nach einer kurzfristigen kontinuierlichen Schlafbehandlung war sie in der Lage, allmählich ihre Gliedmaßen wieder regelrecht zu bewegen und unter Kontrolle zu bringen. Nach zwei Wochen wurde sie schließlich beschwerdefrei und hatte jede ihrer Bewegungen unter Kontrolle. Als man schließlich retrospektiv ihr gesamtes Krankheitsbild noch einmal erörterte, sagte sie spontan: „*Ich war einfach nicht in der Lage aufzustehen,* um in meiner damaligen Lebenssituation kontinuierlich zu kämpfen und mich zu wehren."

b) *Hysterische Reaktion nach schwerer Kopfverletzung.*

Fall Nr. 17

Eine verheiratete 54jährige Frau klagte nach einem Autounfall vor drei Jahren darüber, daß sie in den Fingerspitzen jegliches Gefühl verloren habe, Musik als „schmerzhaftes Geräusch" empfinde, mit ihren Augen nur verschwommen sehen könne und dauernd unter Kopfschmerzen leide, wenn sie für mehr als einige Minuten zu lesen versuche.

Sie und ihr Ehemann waren zur Zeit des Unfalls Mitfahrer im Auto eines Nachbarn, als das Fahrzeug ins Schleudern geriet, den Bordstein hinauffuhr und gegen eine Wand prallte. Die Patientin hatte eine leichte Commotio davongetragen, war aber nicht länger als ein oder zwei Minuten bewußtlos. Es gab keinerlei Hinweise für neurologische Ausfallerscheinungen bei der klinischen Untersuchung. Schadenersatz oder andere rechtliche Fragen im Anschluß an den Unfall ergaben sich auch nicht.

Aus ihrer Biographie war zu erfahren, daß sie stets ängstlich gewesen war und zur Zeit des Unfalls während der Menopause über Erröten und Erschöpfung klagte. Zudem gab es Komplikationen in der Familie. Die älteste Tochter war von ihrem Ehemann im Stich gelassen worden, hatte sich scheiden lassen und wollte jetzt den Sohn des Fahrers heiraten, mit dem die Patientin den Unfall hatte. Die Patientin selbst hatte sich vor dieser zweiten Eheschließung gefürchtet. Nach dem Unfall hatte man den Hochzeitstag im gegenseitigen Einvernehmen mit den Familien bis zum Zeitpunkt ihrer Genesung verschoben.

Angesichts der langen Vorgeschichte und der Chronizität der Symptome wurde die Patientin stationär zu einer umfassenden Untersuchung und Behandlung aufgenommen und schließlich in eine psychiatrische Abteilung überwiesen.

Ein wichtiger Aspekt war dabei die psychologische Untersuchung. Diese zeigte charakteristische Ausfallserscheinungen im kritischen Denken, bei der Begriffsbildung, der Integration und der Fähigkeit, Vergleiche anzustellen, was man eigentlich bei ihrem Intelligenzgrad hätte erwarten können.

Im Zuge einer sorgfältigen individuellen psychologischen Behandlung und unter Berücksichtigung der emotionalen Probleme, die sich im Zuge der Nachwirkungen des Unfalls eingestellt hatten, ließ sich eine Besserung erkennen. Ausgenommen war davon ein Zeitraum, als sich ein erneuter depressiver Verstimmungszustand mit Schuldgefühlen über die Auswirkungen ihrer Krankheit auf das Leben ihrer Tochter entfaltete. Dies veranlaßte uns, eine entsprechende antidepressive Medikation (s. S. 99) in Verbindung mit einer Einzelpsychotherapie zu verabreichen. Schließlich konnte die Patientin nach drei Monaten gänzlich beschwerdefrei entlassen werden.

In diesem Falle war eine verdeckte, aber wichtige Störung der Hirnfunktionen mit einer körperlichen Schädigung verknüpft, die man ohne eingehende Untersuchung nicht hätte feststellen können. Die Hirnfunktionsstörung war die Folge einer leichten Contusio cerebri. Das hysterische Reaktionsmuster trat dabei in den Vordergrund und schien für die Hirnfunktionsstörung verantwortlich zu sein, stand aber zu der körperlichen Schädigung in keiner Verbindung. Dieses besondere Syndrom sieht man recht häufig nach scheinbar unbedeutenden Hirntraumen. Die Beziehung zwischen Hirntrauma und persönlichen psychodynamischen Faktoren ermöglicht oft erst eine gezielte Behandlung, sofern man dem Problem nur genügend Beachtung schenkt.

c) *Hysterische Reaktion im Anschluß an anderweitige Traumen.*

Fall Nr. 18

Ein 34jähriger verheirateter Mann klagte seit sieben Jahren über eine totale Paralyse und Empfindungslosigkeit des rechten Armes. Das hatte ihn nicht daran gehindert zu heiraten, und die Hochzeitsfeierlichkeiten gehörten zu den wenigen Malen, bei denen seine Unfähigkeit nicht weiter beeinträchtigt wurde. Er war glücklich verheiratet, seine Frau ging arbeiten, um sein Krankengeld bzw. seine verhältnismäßig dürftigen Rentenbezüge entsprechend aufzubessern (s. u.).

Die Symptome hatten sich bald nach einem Arbeitsunfall eingestellt. Ein Küchenlift, in den er gerade Tabletts aus einer Kantine, wo er als Kellner arbeitete, einstellte, setzte sich vorzeitig nach unten in Bewegung, während sein Kopf, die Arme und der obere Teil seines Rumpfes noch innerhalb des Aufzugs staken. Er schrie sofort auf und versuchte sich zu befreien. Doch seine rechte Hand, die noch die Tablettgriffe umklammert hielt, und sein rechter Arm wurden in den absteigenden Lift herabgezerrt, bis seine rechte Schulter zwischen dem oberen Liftteil und der Unterkante der Liftschachtöffnung eingequetscht waren. Zu diesem Zeitpunkt wurde der Lift gestoppt und der Mann gerettet.

Man diagnostizierte einen Schock, doch keine ernsthaften Verletzungen. Seine rechte Schulter war verwundet und zeigte oberflächliche Hautabschürfungen, ebenso die Achselgegend. Er konnte Finger, Arm und Schulter bewegen. Doch waren die Finger steif und schmerzhaft, die Nackenpartie schmerzte auf der rechten Seite. Insgesamt erschien der Patient in erheblichem Maße verängstigt.

Lähmung und Empfindungslosigkeit wurden erst sieben Tage später entdeckt. Während dieses Zeitraums hatte man seinen Arm mit einem sogenannten Stuka-Verband in einer Schiene ruhiggestellt sowie Röntgen- und elektromyographische Untersuchungen zum Ausschluß einer Nervenschädigung in einem nahegelegenen Krankenhaus vorgenommen. Die totale Paralyse und Empfindungslosigkeit koinzidierten zeitlich mit der Entfernung der Schiene und der anschließenden Mitteilung, daß er keinen ernsthaften Schaden davongetragen habe.

Bei der sieben Jahre später erfolgten Untersuchung erstreckte sich die totale schlaffe Paralyse und Anästhesie von den Fingerspitzen bis hin zum rechten Akromion. Sekundäre Hautveränderungen im Palmarbereich sowie Beugekontrakturen der Finger waren feststellbar, wurden aber nicht beklagt. Die Verteilung der motorischen bzw. sensorischen Ausfallserscheinungen korrespondierte nicht mit dem Brachialplexus bzw. einer spinalen Beteiligung. Dennoch war sein Arm bewegungsunfähig, gefühllos und ödematös geschwollen. Der Patient berichtete, daß man ihm bereits geraten habe, eine Amputation im Oberarmbereich in Erwägung zu ziehen. Das bestätigten auch seine Aufzeichnungen.

Der Schadenersatzanspruch gegenüber dem Besitzer des Restaurants wurde in verschiedenen Stufen abgewickelt. Zunächst zahlte man dem Patienten wöchentlich etwa ein Drittel seines zuvor verdienten Lohnes. Nach Aufnahme ins

Krankenhaus ließ sich eine Schadenersatzklage mit höchster Prioritätsstufe vor Gericht erfolgreich gewinnen. Nach einem langen Verfahren wurde schließlich ein längst überfälliger Kompromiß geschlossen. Der Restaurantbesitzer zahlte ohne Rücksicht auf Besserung oder Verschlechterung des Zustandsbildes dem Patienten eine Pauschalsumme. Daraufhin – und jetzt zum ersten Mal – wurde eine effektive Behandlung möglich. So nahm der Verlauf dieses Beschwerdebildes den gleichen günstigen Ausgang wie derjenige des Mädchens mit den multiplen Zitteranfällen, wie sie als Fall Nr. 16 beschrieben wurden. Seine schließliche Wiederherstellung nach dreieinhalb Monaten gelang vollständig. Auch nachdem er in jährlichen Abständen nachuntersucht wurde, war er bei gutem Befinden. Er konnte wieder einer Beschäftigung nachgehen und sogar seinen rechten Arm und seine rechte Hand zur Feinarbeit benutzen, wenn er in seiner Freizeit Radios und Fernsehapparate reparierte.

Fall Nr. 19

Ein 48jähriger verheirateter Mann fiel 8,5 m tief, als eine Leiter, auf der er arbeitete, um Lampen in einem Untergrundbahnhof zu reinigen, aus dem Gleichgewicht geriet und auf den Bahnsteig stürzte. Die Leiter hätte eigentlich bei den dauernden Verrichtungen durch seinen Gehilfen befestigt werden müssen, der allerdings zu jenem Zeitpunkt abwesend war, um beiden eine Tasse Tee aus der nahegelegenen Kantine zu holen.

Als unmittelbare Unfallfolge zeigte sich eine Fraktur des Beckens und dreier Rippen sowie ein erheblicher Schockzustand. Die Frakturen verheilten, und sein Allgemeinzustand hatte sich nach dreimonatigem stationären Aufenthalt sichtlich normalisiert, doch klagte er noch über eine erhebliche Schwäche, Unsicherheit und Unfähigkeit, einen Fuß auf eine Leiter zu setzen. Auch klagte er über multiple Schmerzen im Becken- und dorsolumbalen Übergangsbereich. Er ließ sich von einem Anwalt drängen, eine Schadenersatzklage gegen die U-Bahn-Behörde oder alternativ gegenüber der Vertragsfirma geltend zu machen, für die er als Lampenreiniger zur Zeit des Unfalls tätig war.

Wiederum erwies sich hier die Abklärung der rechtsmedizinischen Situation als wesentlicher erster Schritt. Sorgfältige und eingehende Nachforschungen ergaben, daß weder die Gewerkschaft des Patienten noch seine Ehefrau und Familie die Klage durchsetzen konnten. Die Klage hätte weder gegen die Bahnbehörde noch gegen die Vertragsfirma, sondern einzig und allein gegen seinen Gehilfen geführt werden können. Dieser hatte ja seinen Posten am Fuße der Leiter zeitweilig verlassen. Die Leiter selbst hatte man eingehend geprüft und in jeder Weise für in Ordnung befunden.

Als sich schließlich auch der Rechtsbeistand, der den Patienten beraten hatte, eingestehen konnte, daß weder die Bahnbehörde noch die Vertragsfirma für den Schaden haftbar sein könnten, wurde die Klage zurückgezogen. Innerhalb von sechs Wochen besserte sich das Befinden des Patienten wesentlich. Unter ambulanter supportiver Psychotherapie gelang die endgültige gesundheitliche Wiederherstellung. Als die Sache schließlich zu einem klärenden Ende kam, lautete sein eigener Kommentar dazu: „Gott sei Dank, jetzt weiß ich wenigstens, wo ich stehe ..., jetzt kann ich mich wieder besser fühlen und leichten Herzens zu meiner Arbeit zurückkehren.“

Die Zusammenfassung dieser Fallbeispiele zeigt, daß hysterische Symptome niemals ohne Bedeutung sind: Unreife und Transparenz sind für jeden ersichtlich, nur nicht für den Patienten selbst. Hysterische Symptome provozieren Verachtung und Feindseligkeit, aber immer sind sie eine Warnung, daß ein Mensch in Not keine bessere Lösung als eine solche Teilkapitulation gefunden hat. Es ist leicht, Hysteriker zu entlarven. Aufwendig und schwierig ist es, solchen Menschen wieder zur Gesundheit zu verhelfen. Kein Zweifel sollte darüber bestehen, welchen Weg hierbei der Arzt zu beschreiten hat.

Behandlung und Prognose

Sorgfältiger Ausschluß körperlicher Krankheiten oder psychotischer Zustandsbilder, die den Symptomen zugrundeliegen

Körperliche Krankheit oder schwere Depression zu übersehen, wäre ein schwerer Fehler. Andererseits können wiederholte Untersuchungen nur Schaden stiften, besonders in einer Atmosphäre von Unsicherheit. Durch viele Untersuchungen und Röntgenaufnahmen kann der Patient unter Umständen an seine Krankheit gebunden werden. Immer besteht ein gewisses Risiko, nicht ganz normale Befunde zu entdecken, die den Patienten dann noch weiter ängstigen können. Die Mitteilung eines „übertüchtigen Arztes", man habe die Ursache gefunden, kann sich nur als Nachteil erweisen: so z. B. Sakralisation des fünften Lumbalwirbels, Osteophyten im zervikalen Bereich, kleine Spasmen beim Bariumbreischluck. Ein kluger Arzt untersucht sorgfältig, aber nur einmal. Kommt man zu keiner Diagnose, muß die Vorgeschichte schon eingehender erhoben werden, bevor man den Patienten zu einer Bariumkontrastdiagnostik überweist.

Beseitigung der dem Krankheitsgeschehen zugrundeliegenden und provozierenden Streßfaktoren

Die erfolgreiche Behandlung einer angeblich unverstandenen körperlichen Krankheit schafft die hysterische Überlagerung beiseite. Die Besserung einer schweren Depression durch Elektroschockbehandlung kann genauso dramatisch sein wie die Besserung der ursprünglichen „hysterischen" Symptome. Ist die Streßsituation durch persönliche Probleme bedingt, kann sie möglicherweise nie völlig gebessert werden, wenn z. B. die Probleme vom Arzt nicht beseitigt werden können, bzw. es kann im wörtlichen Sinne unmöglich sein, ein Riegelschloß auszuwechseln. Nachfolgende Maßnahmen können sich als hilfreich erweisen.

Psychotherapie

Die Psychotherapie schließt den Patienten und seine Umgebung ein. Eine supportive oder aufdeckende Einzelpsychotherapie mit dem Patienten (beschrieben in Kap. Psychotherapie) wird sich im wesentlichen auf die

Eruierung der Streßfaktoren, der Motivationskonflikte und Stimuli erstrecken, die dem Patienten bekannt sind. Man wird eingehend die Wirkung des Syndroms auf die Umgebung studieren, die durch die Krankheit angesprochen werden soll. Hier kann in kombinierten Gesprächen mit den verschiedensten Personen aus dem Umfeld des Patienten ein kompliziertes Feilschen notwendig werden. Hinweise und Kompromisse gehören zum Tagesgeschäft.

Jeder, der mit einer krankheitsbelohnenden Situation zu tun hat, kann selbst in die Affäre mit hineingezogen werden. Vom Gesichtspunkt des Psychiaters wird besonders der Hausarzt in die Diskussionen und Verhandlungen einbezogen. Aber auch die Krankenhausärzte müssen sich in den Fall hineindenken.

Mit dem Patienten und seiner Familie sollte man Diskussionen über Motive und Echtheit der Symptome vermeiden. Hier soll die Hilfe darin bestehen, Vorteile für die Gesundung zu schaffen und jegliche Krankheitsbelohnung auf ein Minimum zu beschränken. Letztes wird sicher gerne akzeptiert. Man hat damit keinen Erfolg, wenn für den Patienten Krankheit mehr Sicherheit als Gesundheit bietet. Dennoch ist es für den Patienten im Augenblick der einzig gangbare Weg. Sind hysterische Symptome einmal tief verwurzelt und verfestigt, so sind sie einer Behandlung nicht mehr zugänglich.

Symptombeseitigung durch Suggestion

Unter Einleitung der oben angeführten Maßnahmen verschwinden hysterische Symptome oft spontan, und es werden Tendenzen zur Heilung erkennbar. Gelegentlich kann die Symptomatik aber auch unbeeinflußt bleiben, da der Patient davon überzeugt ist, daß er krank ist, weil er sich noch krank fühlt. Dies darf nach all den Untersuchungen, mißglückten Behandlungen und den vielen Meinungsverschiedenheiten zwischen den Ärzten nicht verwundern. Persistieren die Symptome jedoch trotz weitgehender Besserung, so kann sich Suggestion als nützlich erweisen. Dem Patienten soll auf natürliche Weise zu Gesundheit verholfen werden, ohne jede Erniedrigung oder lange Erörterung seiner Situation. Die klassische Technik ist zwar die Hypnose, doch ist diese nicht unbedingt notwendig. Der Arzt, dessen Zeit knapp bemessen ist, kann dazu verleitet werden, sich zu früh der Suggestion zu bedienen, statt zunächst die Streßsituation abzumildern oder Psychotherapie einzusetzen. Der Hypnotiseur könnte dann zwar mit den Symptomen erfolgreich zu Rande kommen (und dies wäre von entscheidendem Nutzen, wenn die Hypnose die Kommunikationsfähigkeit bei einem hysterisch Tauben, Stummen oder amnestischen Patienten wiederherstellte), nur stellen sich dann später andere Symptome ein, die die ersten ersetzen, weil sich der Patient noch nicht mit seiner Streßsituation auseinandergesetzt hat (siehe Fall Nr. 1, S. 19). Ist die Zeit aber reif für die Entfernung der Symptome, kann auch jede andere eindrucksvolle Behandlung, soweit sie taktvoll angewendet wird, die Hypnose genauso effektiv ersetzen: Schließlich wurden schon Erfolge mit einer körperlichen Untersuchung, einem Einreibemittel, einer physiotherapeutischen Behandlung, einer übel- oder wohlschmeckenden Arznei, einer Röntgenaufnahme, einem EKG oder gar mit einem wohlwollenden Rat des Hausarztes erzielt.

10 Zwangssyndrome

Definition

Zwangssyndrome lassen sich definieren als seelische Erfahrungen, Ideen, Bilder, Impulse oder Verhaltensmuster, bei denen ein subjektiv empfundener Zwangssinn einem bewußten und überlegten Widerstand entgegensteht. Die Symptome treten gewöhnlich gehäuft auf, sind oftmals unangenehm, stets unwillkommen und von emotionaler Spannung begleitet.

Die Termini Obsession und Kompulsion, soweit sie isoliert gebraucht werden, sind reserviert für die seelische Inanspruchnahme und den Zwang zur Durchführung sowie für die tatsächliche Ausführung des ritualen Aktes oder des Verhaltensmusters. In praxi werden die Begriffe gewöhnlich für das gleiche Syndrom verwendet.

Ätiologie

Die Angewohnheit, z. B. eine Melodie oder eine sinnlose, immer wiederkehrende Idee im Kopf zu haben, ist völlig normal. Die Tendenz nimmt bei Ermüdung oder Angst zu, so daß in diesem Sinne das Zustandsbild als Reaktion auf angstbedingten Streß hinweist. Die individuelle Fähigkeit, solche Verhaltensmuster in einem Ausmaß zu entwickeln, daß sie als Krankheit zu bezeichnen sind, hat eine klar abgegrenzte, körperlich bedingte Basis. Diese ist bis zu einem gewissen Grade auch erblich. Wie bei vielen anderen Formen psychotischer Manifestationen kann der hereditäre Faktor auch peristatische Faktoren erzeugen. Der Elternteil, von dem der Patient den genetischen Hintergrund erwirbt, hat auch frühe Kindheit und Aufwachsen des Patienten beeinflußt.

Zwangsphänomene aus dem Bereich des Denkens und Verhaltens können auch durch einen Hirnschaden freigesetzt werden, etwa bei Kopfverletzungen und Enzephalitis. So ist z. B. der postenzephalitische Parkinsonismus häufig von Zwangsphänomenen wie etwa Blickkrämpfen begleitet.

Klinisches Bild

Die Symptome können diffus auftreten, aber auch, was häufig der Fall ist, mit einer spezifischen geistigen Inanspruchnahme verbunden sein. Soweit sie generell und diffus auftreten, zeichnen sie sich durch krankhafte Übergenauigkeit aus, die jeden Aspekt im Leben des Kranken beeinträchtigt. Im allgemeinen sind die Phänomene mit der Schwierigkeit vergesellschaftet, eine Tätigkeit zu Ende zu bringen. Z. B. ist der Patient nicht in der Lage, einen Wasserhahn abzudrehen, ohne zurückzukehren, ihn mehrere Male wieder aufzudrehen, um ihn anschließend wieder abzudrehen und sich wiederum zu vergewissern, daß er auch wirklich abgedreht ist. Briefe können nicht zur Post gebracht werden, ohne daß der Briefumschlag wieder geöffnet und anschließend wieder mehrere Male fest verschlossen werden muß, und zwar manchmal 3mal, 7mal, 9mal (3 × 3), 11mal usw. Alltagsverrichtungen wie Aufstehen, Anziehen, zur Arbeit gehen, Routineaufgaben erledigen und nach Hause zurückkehren, können ganz unmöglich werden. Die Zeit für das morgendliche Anziehen und den Gang zum Bad kann durch Kontrolle und erneute Kontrolle eines jeden Stadiums der Prozedur, die oftmals dadurch kompliziert wird, daß man die Dinge in einer gewissen vorgeschriebenen und extrem komplizierten Weise durchführen muß, so verzögert werden, daß es wieder Zeit wird, zu Bett zu gehen. Ein Beispiel soll dies erläutern.

Fall Nr. 20

Ein Patient mit einem Zwangssyndrom benötigte 2 ½ Stunden zur Rasur. Die meiste Zeit füllte er damit, den genauen Ansatz des Rasierapparates zu überprüfen, um sich zu vergewissern, daß alle verstellbaren Teile bis zu einem gewissen Grad des vollständigen Gleichgewichtes unter Spannung festgeschraubt waren. In ähnlicher Weise verfuhr er, wenn er eine Karte auf der Arbeitsstelle in die Stechuhr schob oder herauszog. In jedem Falle mußte er die Karte sechs- bis zwölfmal hin und her schieben, um sich zu vergewissern, daß sie ganz korrekt eingeschoben war und Zeit und Datum exakt mit der aktuellen Stunde und dem Tag übereinstimmten, an dem er die Verrichtung durchgeführt hatte.

Folgende Themen werden häufig zum Kern von Zwangsritualen:

In sexueller Hinsicht: verbunden mit der Furcht, Frauen zu schwängern, soweit es sich bei dem Patienten um einen Mann handelt bzw. schwanger zu werden, wenn der Patient eine Frau ist.

In aggressiver Hinsicht: verbunden mit der Befürchtung, Verletzungen zu verursachen oder jemandem Schaden zuzufügen, auch gegenüber dem Patienten selbst.

In kontaminierender Hinsicht: verbunden mit der Befürchtung, eine Infektion oder Kontamination zu übertragen oder zu akquirieren, indem man Gegenstände anfaßt, von denen dann Schmutz oder Keime aufgefangen werden können, entweder um dem Patienten zu schaden, oder – was häufiger passiert – daß der Patient selbst solche Keime auf andere überträgt, wodurch diese dann geschädigt werden könnten.

Sauberkeit, also die Kontrolle von Unordnung, ist oftmals verknüpft mit der Sorge, Schäden gegenüber Dritten (die über unsaubere Dinge stolpern könnten) zu verhindern oder eine Kontaminierung zu vermeiden, indem man schmutzige Gegenstände reinigt. Sauberkeit kann aber auch ein Gefühl der Sicherheit einflößen. Die Themen können in Kombination auftreten: sexuelle mit aggressiven Themen oder auch dem zwanghaften Gedanken, stehlen zu müssen. Themen der Ansteckung und Sexualität können kombiniert vorkommen, wenn die mögliche Übertragung einer Geschlechtskrankheit bestimmend im Vordergrund steht.

Die Fülle der geistigen Inanspruchnahme führt schließlich zu komplizierten und quälenden Ritualen, mit denen aufkommende Ängste unterdrückt werden sollen. So kann z. B. ein zwanghaft veranlagter Mann eine Badewanne drei- oder viermal mit einem Desinfektionsmittel abwaschen, bevor er selbst ein Bad nimmt. Nach dem Bad wiederholt er den Vorgang, um eine Kontamination oder Benetzung der Badewanne oder des Badewassers mit Samenflüssigkeit zu verhüten, die dann eine Frau infizieren oder schwängern könnte, die als nächste von derselben Badewanne Gebrauch macht. Solche Ängste können keineswegs durch rationale Erkenntnis als sinnlos und irrational abgemildert werden.

Es ist absolut charakteristisch, daß der Patient in vollem Umfang im Bilde ist über die Nichtigkeit seiner Gedanken und Maßstäbe, denen er sich ausgesetzt sieht, um die Ängste, die sie in ihm hervorrufen, zu reduzieren. Er sieht dies nicht nur alles ein, sondern er ist sich auch völlig im klaren über die Absurdität seiner Lage. Gleichzeitig akzeptiert er aber nicht die Auswirkungen auf sein Leben, außer solchen Dingen, denen er vertrauen kann. Er ist über sein sinnloses Leiden, das er sich selbst – und anderen im geringeren Umfang – zufügt, aufgebracht.

Das Syndrom zeigt eine ausgesprochene Tendenz, schließlich in einen konditionierten Reflex überzugehen. Die Assoziation der schmerzhaften Idee mit dem Gedanken- oder Handlungsritual wird dadurch zeitweilig zerstreut, entartet aber schließlich ohne einen Bezugspunkt zu Logik oder Vernunft, wie dies der folgende Fall zeigt:

Fall Nr. 21

Eine hochintelligente Frau, die über zwanghafte Ängste im Hinblick auf eine Schwangerschaft klagte, hatte es schließlich verstanden, sich im Alter von 45 Jahren einer Hysterektomie zu unterziehen. Sie hoffte, daß sich damit endgültig ihre Ängste erledigen würden, schwanger zu werden, wenn sie Gegenstände anfaßte, die vorher ein Mann angefaßt haben könnte. Nach der Operation jedoch entdeckte sie, daß ihre Rituale, Handschuhe zu tragen, sich die Hände zu waschen und eine totale Unfähigkeit in der Erledigung der normalen Hausarbeit überhaupt nicht beeinflußt wurden durch die Tatsache, daß sie keinen Uterus mehr hatte und also überhaupt nicht schwanger werden konnte. Sie mußte vielmehr in der gleichen Weise dieselben Rituale durchführen, um ihre Ängste zu vermindern, die in genau der gleichen Weise wieder in Erscheinung traten. „Dies beweist mir", sagte sie in einer Anwandlung von Wut und Verzweiflung, „daß ich vollständig verrückt bin."

Psychopathologie

Hysterische Symptome sind Ausdruck eines symbolischen Begriffes, verbunden mit mächtigen emotionalen Assoziationen auf einer im wesentlichen unbewußten Basis seelischer Aktivität. Zwangssymptome dagegen stellen die Ausbildung eines symbolischen Konzeptes mit vergleichsweise mächtigen emotionalen Assoziationen dar, die zu Beginn auf einer bewußten Ebene angesiedelt sind. Die diesbezügliche Angst wird auch voll erkannt und vom Patienten eingestanden, obwohl ihre Intensität unfaßbar und quälend ist. Die Rituale stellen dabei eine Regression auf ein primitives magisches Gedankenniveau dar, wobei die Handhabung einer Idee oder die Austragung einer motorischen Handlung in gewisser Weise das subjektive Gefühl von Kraft oder Kontrolle gegenüber einer sonst bedrohlichen Situation vermitteln.

So stellt das Händewaschen einen symbolischen Akt dar, um sich den Makel von Schuld wegzuwaschen, wie im Fall von Pontius Pilatus und Lady Macbeth, die den Tod von Menschen auf dem Gewissen hatte. Das Ritual bringt zwar Erleichterung, bleibt aber irrational wie das Gefühl, das zur Kontrolle aufruft.

Ein weniger bedeutsames Beispiel gibt es aus der Kindheit, wenn ein Kind auf den Pflasterlinien geht, und in die Änderung des Musters eine günstige Wende der täglichen Ereignisse hineindeutet. Ein Beispiel für Rituale als Antwort auf Angst und auf die Möglichkeit, mit ihr fertig zu werden, wurde in Kap. 8 gegeben, wo der normale Zustand der Examenskandidaten vor einer Prüfung beschrieben wurde. Eingangstüren, Füllfederhalter und Schuhriemen werden am Prüfungstag von Kandidaten mit konstitutionell zwanghaften Tendenzen mehrfach kontrolliert. Das spätere Stadium einer Symptomkonsolidierung, in dem die Reiz-Antwort-Reaktion automatisiert wird und dem Wesen nach einen konditionierten Reflex annimmt, mildert nicht den Leidensdruck, sondern kann das Syndrom einschließlich seiner Komplikationen und Verzweigungen noch festgefügter und weitläufiger ausgestalten. Obwohl es an der Krankheitseinsicht nicht fehlt, kann schließlich die Fähigkeit des Patienten, sein Verhalten zu kontrollieren, total verlorengehen.

Zwanghafte Persönlichkeitsstrukturen müssen nicht unbedingt pathologischen Charakter haben. In besonderen Fällen können peinlich genaue

Menschen ihre unaufhörliche Besorgnis um Präzision und Genauigkeit auch einem kunstvoll ausgestatteten Abwehrmechanismus ihrer Persönlichkeit verdanken, um Irrtümer, Sorglosigkeit oder Katastrophen zu vermeiden. Peinliche Genauigkeit kann in Berufen mit extremer Verantwortung in bezug auf Korrektheit von großem Vorteil sein, denkt man z. B. an den Edelmetall-Feingehaltsstempel einer Bank oder an den Signalaufseher bei der Eisenbahn. Es ist immer eine Frage der Vor- und Nachteile auf verschiedenen Ebenen: Ein beherrschter und zuverlässiger Mensch wird sich als Bankangestellter äußerst wertvoll erweisen, aber kaum erfolgreich auf einer Arbeitsstelle, die Geschwindigkeit, Kreativität und künstlerisches Temperament erfordert; umgekehrt natürlich genauso.

Unter psychodynamischen Aspekten werden Zwangssymptome als Abwehrmaßnahmen gegen unbewußte Gefahren angesehen. Die Ängste haben ihre Wurzel in der Kindheit, besonders in der Periode einer primitiven Aggression, wenn das Kind vermutlich seine ersten lustbetonten Erfahrungen mit der Defäkation sammelt. Die verbotenen Lustgefühle werden durch Zwangsphänomene abgewehrt, die zurückgedrängten Themen und Wünsche kehren aber in anderer Form und maskiert ins Bewußtsein zurück, und zwar *im Zusammenhang der Symptome*. Der Mensch, der damit beschäftigt ist, sich hochgradig sauberzuhalten, wählt eine ganze Reihe von recht schmutzigen Arbeitsplätzen, untersucht seinen Stuhlgang eingehend und beschmutzt sich häufig tagsüber selbst, ohne an Seife zu denken. Der Patient, der von Gedanken gequält wird, seine geliebte Frau zu schädigen, schwächt und verletzt sie, indem er ihr häufig von seinen Qualen berichtet.

Allen Zwangsphänomenen, sowohl den auf gedanklicher Ebene als auch denjenigen, die mit Ritualen ablaufen, ist die Anstrengung gemeinsam, ängstliche Emotionen zu kontrollieren, handelt es sich dabei nun um innere Ängste mit sexuellen oder aggressiven Wünschen oder um äußere, die mit Krankheit, Schmutz, Unordnung und Ungewißheit einhergehen.

Behandlung

Psychotherapie

Die Psychotherapie ist in vielen Fällen erfolgreich, wenn sie frühzeitig bei Entwicklung der Störung einsetzt, besonders dann, wenn es sich um Kinder handelt. Im Hinblick auf eine günstige Aufnahme, effektive Hilfe und als Trost ist sie bei allen Patienten angebracht, die schon weitgehend der Lächerlichkeit und Verachtung preisgegeben sind, sofern sie bereit sind, über ihre Symptome zu sprechen.

Trotz des faszinierenden symbolischen Materials, das der Patient anbietet, erweist sich eine aufdeckende Psychotherapie, besonders die Psychoanalyse mit der Technik der freien Assoziation, als nicht erfolgreich. Die ständige emotionale Kontrolle stellt ein unüberwindliches Hindernis für diese Methode dar, die die Gedanken des Patienten entlasten soll.

Verhaltenstherapie

Rituale können ausgelöscht werden. Angst kann durch praktische Techniken vermindert werden, wenn sich der Patient mit Unterstützung seines Therapeuten auf eine solche Behandlung einläßt. Die prinzipielle Methode besteht in der *Exposition* gegenüber einem provozierenden Stimulus (z.B. den Patienten mit Waschzwang dazu zu bringen, sich selbst mit Schmutz zu beschmieren, wobei der Patient zunächst zuschaut und später dann mit dem Therapeuten darin wetteifert). Ein weiterer Bestandteil der Methode ist die *Reaktionsverhütung* (normales Waschen ist dabei durchaus erlaubt). Ob der Patient während dieser Maßnahmen entspannt oder verängstigt ist, scheint ohne Bedeutung zu sein. Immerhin sind eine ganze Reihe von Sitzungen für diese Maßnahmen nötig. Es gehört schon Erfindungsgeist dazu, Wege zu entdecken, wie man die verschiedenen Rituale bei den Patienten zum Verschwinden bringt. Man muß auch darauf achten, welchen Tätigkeiten der Patient zu Hause nachgeht, die ihn wieder mit Problemen zwischen den einzelnen Sitzungen konfrontieren könnten. Den Familienangehörigen des Patienten müssen neue Wege gewiesen werden, wie sie die Rituale des Patienten ignorieren, ihn andererseits aber loben bzw. seine Leistungen belohnen.

Besteht das Zwangssyndrom nur aus unerwünschten Gedanken, so kann die Reaktionsverhütung darin bestehen, sich im *Gedankenbremsen* zu üben: Der Patient wird dahingehend belehrt, daß er sich von den Gedanken sofort zu Anfang durch einen Trick ablenken muß, z.B. durch ein plötzlich abreißendes Gummiband, das er zu diesem Zweck um das Handgelenk trägt.

Verhaltensmethoden klingen einfach, sie erweisen sich aber auch als praktisch und systematisch. Sie werden vom Patienten verstanden, und man sieht gleich zu Beginn der Behandlung bereits eine Besserung. Eine Substitution durch andere Symptome, wenn sich die ursprünglichen gebessert hatten, wurde nicht beobachtet.

Medikamentöse Behandlung

Es kann erforderlich sein, Angstzustände durch Tranquilizer, wie etwa Diazepam, zu behandeln, dessen Anwendung in Kap. 8 beschrieben wurde. Trizyklische Antidepressiva, beschrieben in Kap. 7, tragen zu einer Besserung gleichzeitig bestehender depressiver Zustandsbilder bei, die einige Fluktuationen bei Zwangssyndromen erklären.

Elektrische Durchflutungsbehandlung

Gelegentlich wird unter Umständen auch von einer elektrischen Durchflutungsbehandlung Gebrauch gemacht, um eine begleitende Depression zu behandeln.

Prognose

Von denjenigen Fällen, die innerhalb von sechs Monaten bis zu einem Jahr seit Einsetzen des Syndroms beobachtet wurden, können etwa 15–20% auf eine kombinierte Psychotherapie und Psychopharmakotherapie ansprechen, bei einer Elektroschockbehandlung beläuft sich der Prozentsatz etwa auf 20%. Studien, in denen eine ganze Reihe von Patienten über 20 Jahre lang beobachtet werden konnten, zeigen bei ungefähr $^3/_4$ keinerlei Veränderung, bei $^1/_4$ immerhin eine weitgehende Besserung. Bei Patienten mit einer typisch ausgeprägten Symptomatik, ohne signifikante Depression und ohne irgendeinen Verdacht auf eine Prozeßpsychose, kommt es zu einem frühen Einsetzen der Symptome. Daraus ergibt sich eine schlechte Prognose mit nur wenigen Remissionen und geringen Phasen der Besserung. Selbst die enthusiastische Anwendung moderner verhaltenstherapeutischer Techniken führt nur bei der Hälfte der Patienten nach Jahren zu einer Besserung.

11 Persönlichkeitsstörungen

Im Glossary of the International Classification of Diseases sind Persönlichkeitsstörungen definiert als „tief verwurzeltes, schlecht anpassungsfähiges Verhalten, das im allgemeinen in der Adoleszenz oder schon früher erkennbar wird und die meiste Zeit des Erwachsenenlebens über andauert, obwohl es oft im mittleren bzw. höheren Alter geringer ausgeprägt ist. Die Persönlichkeit ist dabei entweder hinsichtlich des Gleichgewichtes ihrer Komponenten, ihrer Eigenschaften und ihrer Ausdrucksfähigkeit oder aber in ihrem gesamten Aspekt abnorm“.

Schizoide Persönlichkeiten werden in Kap. 5, zwanghafte Persönlichkeiten („anankastische“) in Kap. 10 beschrieben.

Psychopathische Persönlichkeit

Definition

Der Psychopath ist erkennbar am Reifemangel seiner Persönlichkeit. Dies kommt nicht so sehr im seelischen oder im Gefühlsbereich als vielmehr im Verhalten des Patienten zum Ausdruck, besonders aber in seiner Effizienz, sich ausreichend seiner Umgebung anzupassen. Hierin liegt die grundlegende Abnormität des Psychopathen, die allerdings nicht verwechselt werden darf mit einer intellektuellen Schwäche. Diese Persönlichkeitsentwicklung ergibt sich vielmehr daraus, daß der Psychopath aus der explosiven Phase frühester Kindheit sich nicht zum Erwachsensein hat entfalten können. Über sein viertes oder fünftes Lebensjahr hinaus hat er keine weitere Reifung erfahren.

Der Mangel an sozialer Entwicklung kann in einigen Bereichen deutlich hervortreten. Im EEG können Wellenformen dominieren, wie sie nach Häufigkeit und Verteilungsgrad normalerweise bei Kindern vor dem fünften Lebensjahr gesehen werden. Die psychologischen Charakteristika, die persönliche Biographie und das Alltagsverhalten des Psychopathen sind mehr als bei anderen Abnormitäten des Erwachsenenalters als Ausdruck eines unbeständig-flüchtigen kindlichen Verhaltens verstehbar.

Eine verhältnismäßig weitgefaßte und nicht spezifische Definition der Psychopathie in der Mental Health Act von 1983 lautet: „Psychopathie als eine persistierende seelische Störung oder Unfähigkeit (mit oder ohne signifikanten Intelligenzmangel) liegt in einem abnorm aggressiven und in hohem Grade unverantwortlichen Verhalten der betreffenden Person begründet." Laut Mental Health Act sind Promiskuität, unmoralisches Verhalten, sexuelle Devianz oder Alkohol- bzw. Drogenabhängigkeit ausdrücklich davon ausgenommen. Derartige gesetzliche Kategorien bestehen in Schottland nicht.

Definition der psychopathischen Persönlichkeiten nach Kurt Schneider (Anmerkung des Übersetzers): „Bei den psychopathischen Persönlichkeiten, die insgesamt zu den abnormen Persönlichkeiten gehören (= Abweichungen von einer uns vorschwebenden Durchschnittsbreite von Persönlichkeiten, wobei hier die Durchschnittsnorm und nicht etwa eine Wertnorm maßgebend ist), zählen wir diejenigen, die an ihrer Abnormität leiden oder unter deren Abnormität die Gesellschaft leidet.

Psychopathie ist keine sogenannte Geisteskrankheit. Psychopathie bezeichnet vielmehr eine Persönlichkeitsvariante, die zwar nicht extrem zu sein braucht, die aber den Patienten beeinträchtigt und sich besonders ungünstig auf seine nähere und weitere Umgebung auswirkt. Geringere Ausprägungsgrade solcher Persönlichkeiten gehen ohne scharfe Grenze in den Normalbereich über.

Ätiologie

In der Literatur werden zur Ätiologie hereditäre, konstitutionelle und peristatische Faktoren aus der frühen Kindheit und dem weiteren Leben angeführt. Die hereditäre Komponente ist schwierig einzuschätzen, da sie sich in weiten Zügen auf die Ähnlichkeit der Typologie von Persönlichkeiten bei eineiigen Zwillingen stützt und in diesen Fällen höchstwahrscheinlich von multifaktoriellen Genen bestimmt wird. Zusammen mit dem konstitutionellen Element kann sie ein Grund für die psychopathische Persönlichkeit eines einzelnen Familienmitgliedes sein, während die übrigen Familienangehörigen und die Geschwister normal sind. Elektroenzephalographische Ergebnisse bestätigen in vielen Fällen das Vorhandensein physischer Unterschiede.

Einige Fälle sind auch auf Hirnschäden zurückzuführen. Die Studien von Pond über Epilepsie zeigen, daß sich delinquentes Verhalten weit mehr in der Nähe eines sozial schwachen Hintergrundes als bei Epilepsie findet.

Überzeugend wirken ätiologische Hinweise, die Familie und soziale Eigenschaften in der Kindheit berühren. Psychopathen stammen in erschreckender Häufigkeit aus zerbrochenen Familien („broken homes"). Es sind nicht nur die uninteressierten und lieblosen Eltern, in vielen Familien hat schiere Feindseligkeit das Los des Kindes bestimmt, das auf diese Weise in eine psychopathische Persönlichkeit hineinwächst. Die allgemeinen Feststellungen maskieren eine weitgestreute Resistenz der Individuen gegenüber unterschiedlichen elterlichen Verhaltensweisen. Im weitesten Sinne sind auch soziale Faktoren maßgebend. Die vorherrschende Subkultur bei einigen Teilen der Gesellschaft übt antisoziale Verhaltensweisen als normal ein. Aber auch kriminelle Interessen und selbstsüchtige Brutalität gegenüber Dritten können den Lebensweg des einzelnen bestimmen. Manche Familien halten es für normal, ihren Kindern in nur geringem Umfang ein systematisches Training im sozialen Miteinander zu vermitteln.

CRAFT faßt die Ursachen zusammen: Es handelt sich bei der Psychopathie „um eine genetische Ausstattung von Persönlichkeitszügen, deren Ursachen auf die frühe Kindheit zurückgehen und eine entsprechende Veranlagung und Ausrichtung bedingen. Soweit ein Hirnschaden vorliegt, treten die präexistenten Züge prononciert hervor (bei Frontallappensyndrom kann es zu Unzurechnungsfähigkeit kommen, bei Temporallappensyndromen können emotionale Ausbrüche je nach Sitz der Schädigung auftreten). Es kann zu nachteiligen peristatischen Engrammierungen kommen, die die jeweiligen Persönlichkeitszüge bis zu einem psychopathischen Grad vertiefen. Lokale Faktoren können dazu beitragen, den Betreffenden entsprechend sensibel reagieren zu lassen“.

Klinische Zustandsbilder

Für den Psychopathen sind ein *Mangel an positivem Gefühlsleben oder Zuneigung gegenüber anderen,* ferner eine Neigung, *impulsiv und ohne Vorbedacht zu handeln,* charakteristisch. Ein liebloser, impulsiver Mensch kann unter entsprechenden Umständen anderen gegenüber *aggressiv* werden. Einem solchen Menschen scheint jegliche *Scham zu fehlen,* und er scheint gegenüber dem Schaden, den er anrichtet, keinerlei *Reue* zu zeigen. In typischer Weise demonstriert er, daß er durch Erfahrung nicht lernt, auch wenn er dafür bestraft wird. Dies spiegelt sich oft in einem langen Register krimineller Verurteilungen in Kindheit, Jugend und frühem Erwachsenenalter wider. Verknüpft mit einem Mangel an Instinkt und Motivation, kommt es zu einer allgemeinen *Unausgeglichenheit* des Verhaltens. Offensichtliche Fähigkeiten werden nicht genutzt. Durch Streß und Probleme im Alltag leicht verletzbar, wird der Versuchung nach unmittelbarem, unverantwortlichem Genuß von Drogen, Alkohol, Sex, Geldspielerei, Stehlen oder auch Zornesausbrüchen leicht nachgegeben. Negative Charakteristika in der Diagnose sind das Fehlen einer Psychose, die Absenz eines ausgeprägteren intellektuellen Defizits sowie das Fehlen einer kriminellen Motivation bzw. die Planung von Handlungen angesichts eines möglichen riskanten Ausgangs.

Man kann das Zustandsbild der Psychopathie zwischen dem Psychotiker und dem Kriminellen ansiedeln. Er kann als das „schwarze Schaf der Familie“ bezeichnet werden. Früher wurde er eines Tages aus dem Haus geschickt und bekam Geld zugesandt, damit ihn die angesehene Verwandtschaft los war. Heute löst er seine Probleme auf kriminelle Weise, schmarotzt bei der Familie oder lebt von der öffentlichen Wohlfahrt und endet häufig genug im Gefängnis. Psychopathen wollen und können nicht mit der Gesellschaft in geordneten Verhältnissen leben: Ihre Unausgeglichenheit bzw. ihre Unverantwortlichkeit oder gar Schlechtigkeit sind ein Teil ihrer echten Unfähigkeit, für die wir keine ausreichende Behandlung kennen.

Psychopathen neigen dazu, impulsiv zu reagieren und weisen eine nur sehr geringe Frustrationstoleranz auf. Sie zeigen Verhaltensweisen aus der Kindheit: So können sie ihre Launen und Trotzphasen zeigen oder rennen davon, wenn sie mit der Situation nicht zu Rande kommen.

Fall Nr. 22

Ein junger Mann landete Silvester während seines Dienstes im Militärgefängnis. Zwei Tage vorher hatte er sich als Offizier maskiert – obwohl er bald zum Offizier befördert werden sollte –, nur um bei einer Bekannten Eindruck zu schinden. Der Vater war ein angesehener Offizier a. D. und der Patient sein einziger Sohn. Der Sohn hatte keinen engeren Kontakt mit seinem Vater, doch respektierte er ihn aus einer gewissen Distanz. Seine Mutter idealisierte er, bemerkte aber über sie: „Ich fürchte, daß ich für sie eine große Enttäuschung bin..."

Er war aus folgenden Gründen in Schwierigkeiten geraten: Er hatte in einer Bar in der Stadt, wo seine Kaserne lag, ein Mädchen kennengelernt und behauptet, er sei Offizier und müsse Silvester Dienst tun. Mutwillig prahlte er, daß er sie in der gleichen Bar am nächsten Abend treffen und die Wahrheit seiner Behauptung unter Beweis stellen wolle. Abends brach er dann in die Kleiderkammer ein und stahl sich die Schulterklappen eines Leutnants, um sie am folgenden Abend zu tragen und in der Bar zu erscheinen, wo seine Freundin ihn treffen sollte. Sie wartete aber nicht auf ihn, und er wurde von der Militärpolizei in Haft genommen.

Als man später über den Vorfall sprach, der ihn das Offizierspatent gekostet hatte, und er sich erneut als diensthabender Offizier verkleidet hatte und dabei falsche Schecks in Rechnung gab, sagte er: „Ich kann mir gar nicht vorstellen, warum man davon soviel Aufhebens macht. Man wußte doch, daß ich vor der Beförderung zum Offizier stand; und die Banken sollten wissen, daß mein Vater schon die Schecks decken würde, wenn man mir sie doch nur zur Zahlung eingelöst hätte..."

Psychopathen wollen ihre Wünsche auf der Stelle erfüllt wissen, ohne die Konsequenzen zu beachten. Trotz Aussicht auf zukünftige Stabilität oder Erfolg können sie keinen Genuß zurückstellen. Sie können intelligent oder dumm sein; in jedem Fall sind sie besonders unfähig, soziale Bindungen aufrechtzuerhalten. Sie tendieren dazu, ihre Probleme mit sich selbst auszutragen und weisen medizinische oder psychologische Hilfe zurück, soweit man einmal von Notfallmaßnahmen in extremen Krisenfällen absieht. Aber auch dann werden sie eine solche Hilfe eher ausnutzen als sich kooperativ verhalten, falls sie es vermögen. Man gewinnt den Eindruck, daß sie überzeugende Anforderungen an sich selbst stellen und gleichzeitig emotional störrisch wirken. Sie handeln impulsiv, streben danach, ihre Phantasien auszuleben und zeigen in nur ganz seltenen Fällen Vorsicht und Klugheit. Statt dessen versuchen sie, die Wirklichkeit zu verdrehen und falsch zu interpretieren, um sie nach ihren eigenen, „selbst gestrickten" Konzepten umzugestalten.

Am Ende ihres Lebens sind Psychopathen immer erfolglos. Die selbstunsicheren und stimmungslabilen Psychopathen werden, besonders sobald sie aus der elterlichen Obhut entlassen sind, bereits im mittleren Lebensalter typische Langzeitklienten der Sozialarbeiter mit sogenannten „multiplen sozialen Problemen". Die aggressiven Psychopathen werden oft zu längeren Haftstrafen verurteilt. Allen ist gemeinsam, daß sie in ihrer Arbeitsweise unstet sind und sehr viele Arbeitsstellen nur über ganz kurze Zeit innehalten.

Fall Nr. 23

Ein 24jähriger Mann mit acht Vorstrafen hatte vor der jetzigen Verurteilung zu fünf Jahren Haft einen Polizisten bei einem Einbruchsversuch angeschossen. Bei Erhebung der Biographie ergab sich, daß er bereits wegen Suizidversuchs dreimal stationär in ein psychiatrisches Krankenhaus aufgenommen worden war. Auf seine Beziehung zu seinem Vater angesprochen bemerkte er: „Ich spreche nicht mit meinem Vater; er tötete meine Mutter..." Damit meinte er, daß seine Mutter an einem kriminellen Abort, auf dessen Durchführung sein Vater bestanden hatte, starb. Schulbesuch und Arbeitsplatz waren von häufigem Wechsel gekennzeichnet. Nach seiner Bestrafung wurde er akut gespannt, unruhig und versuchte, wie er es selbst ausdrückte, „auszubrechen, abzuhauen und sich davonzumachen".

Sein einziger Trost war das Malen. Im Verlaufe der Untersuchung wiederholte er immer wieder: „Mir würde es ganz gut gehen, wenn ich doch nur meine Farben hätte... Warum sollte ich denn mein Malzeug nicht haben dürfen...? Wenn ich mich damit nicht beschäftigen kann, so muß ich etwas anderes tun." Ein Beispiel für „etwas anderes tun" bestand darin, daß er in den Wassertank sprang, während er die Erlaubnis hatte, in den Gefängnisanlagen spazierenzugehen. Dies verstärkte lediglich seine Probleme und bereitete seiner gesamten Umgebung nur Unannehmlichkeiten. Mehr als einmal kam es zu einem heftigen Kampf, wenn man ihn mit nassen Kleidern aus dem Tank herauszuziehen versuchte.

Seine destruktiven, impulsiven und gänzlich unvorteilhaften Gemütsausbrüche stellten Phänomene dar, über die er, wenn er verhältnismäßig ruhig war, durchaus mit beträchtlicher Einsicht sprechen konnte. Er wußte wohl, daß er nicht nur sich selbst, sondern auch jeden anderen aus der Fassung brachte. Er wußte ebenso, daß es aufgrund seines Verhaltens für die übrigen Gefängnisinsassen manchmal schwierig war, sich vor ihm in Sicherheit zu bringen. Das galt auch für die Gefängnisbeamten, wenn sie der ganzen Gruppe ein Stück Freiheit einräumten, das sie ihnen sonst nicht zugebilligt hätten.

Die Auswirkungen des Verhaltens dieses Mannes waren für ihn selbst und für seine gesamte Umgebung ausgesprochen unheilvoll. Er stellte das klassische Beispiel eines impulsiven, aggressiven und explosiblen Psychopathen dar, dessen klinische Symptomatik und dessen EEG-Merkmale charakteristisch waren.

Diagnostik

Die Diagnose einer psychopathischen Persönlichkeit läßt sich mit Hilfe der oben erwähnten Kriterien aufgrund der Lebensgeschichte und der bereits angeführten physiologischen und psychologischen Unreife stellen. Die Diagnose selbst ist Erwachsenen vorbehalten, da ein in Kindheit und Adoleszenz aufgetretenes, anscheinend psychopathisches Verhalten durchaus wieder abflauen kann, ohne eine lebenslange Störung darzustellen.

Behandlung

Patienten mit einer psychopathischen Persönlichkeit klagen sehr selten über ihre Persönlichkeitsstörung. Sie suchen eher Hilfe wegen aktueller Probleme, in die sie verstrickt sind (z. B. ein Ultimatum seitens ihrer Frau, die sie verprügelt haben und die auf Trennung pocht, oder die drohende Gefängnisstrafe wegen wiederholter gefährlicher Schlägereien) oder aufgrund der Reaktion, die dadurch hervorgerufen wurde, z. B. Angst oder Depression.

Grundsätzlich muß die Behandlung eine mögliche Nachreifung der Persönlichkeit anstreben und ein soziales Training, das früher im Leben fehlte, ersetzen. Gelegentlich kann dies eine Gruppentherapie erreichen, in sehr seltenen Fällen auch eine geschickte intensive Einzelpsychotherapie. Das individuelle Arbeiten setzt den Arzt häufig Enttäuschungen und Frustrationen aus, da der Patient oft versucht, die Beziehung zum Arzt in der gleichen Weise auszuschlachten, wie er dies bei allen anderen Beziehungen in seinem Leben schon versucht hat.

Es gibt Projekte, die eine Behandlungsverbesserung anstreben: So bedient sich Maxwell Jones im Henderson Hospital einer besonderen Form der Gruppentherapie in einer therapeutischen Wohngemeinschaft. Nach der von Maxwell Jones inaugurierten Methode werden die Patienten gezwungen, eine Gemeinschaft zu bilden, sich Arbeit und Spiel zu teilen und den ganzen Tag über zusammenzusein, wodurch sie voneinander lernen und einander ertragen müssen. Eine solche Atmosphäre fördert die persönliche, wenn auch instabile Verantwortlichkeit für alle Handlungsweisen innerhalb der Gruppe. Ausflüchte und Entschuldigungen für unverantwortliches Handeln werden von den Gleichgesinnten nicht zugelassen. Die Übernahme von Verpflichtungen wird durch ein System zahlreicher Posten und Ausschüsse gefördert, so daß Autorität nicht mehr länger als eine Art Fremdkörper angesehen wird. Die Patienten bleiben in

einer solchen Wohngemeinschaft über Monate oder Jahre zusammen. Man geht davon aus, daß sich etwa die Hälfte von ihnen bessert und sich über lange Zeit aus Unannehmlichkeiten heraushält. Selbsthilfegruppen mit freiwilligen Mitarbeitern, Sozialarbeitern oder früheren Patienten als Personal haben Variationen dieser Methode ausgearbeitet. Oft kommt es zu besonders drastischen Formen der Konfrontation eines Patienten mit seinen Ausflüchten und unverantwortlichen Handlungsweisen während langer hektischer Sitzungen vor der gesamten Gemeinschaft. Erfolge stellen sich bei schwergestörten Persönlichkeiten ein, doch fehlen Vergleichsmöglichkeiten mit den üblichen traditionellen kustodialen und autoritären Einrichtungen. Die Ergebnisse der Studie von Borstal und seiner Nachsorgesupervision lassen vermuten, daß auch diese Methode glaubwürdige Resultate beanspruchen kann.

Einige Psychopathen werden unter sicheren Bedingungen in den Sonderkrankenhäusern von Broadmoor und Rampton unter Beachtung der Behandlungsvorschriften der Mental Health Act oder nach einer Verurteilung wegen begangener Verbrechen behandelt. Der Butler-Report über psychisch kranke Rechtsbrecher empfahl nach der Bemerkung, daß die meisten Psychiater oft über keine erfolgreichen Methoden zur Behandlung von Psychopathen verfügten, die Einrichtung von Trainingsabteilungen innerhalb des Strafvollzugs für gefährliche antisoziale Patienten, unter Berücksichtigung eines flexiblen Verfahrens für angemessene Arbeit und soziale Aktivität.

Prognose

Im allgemeinen erweist sich eine Intervention während einer Krise weit erfolgreicher als jede Anstrengung, die Persönlichkeit als solche zu verändern. Schwere Psychopathieformen sieht man im mittleren und höheren Lebensalter seltener, obwohl die Gründe hierfür unsicher sind. Die Persönlichkeit kann durch innere Prozeßabläufe reifen, oder es können sich schwach ausgeprägte Lerneffekte einstellen, die der einzelne aufgrund seiner Lebenserfahrungen gewinnt. Andererseits kann es weit tragischer sein, daß viele Psychopathen zu langen Freiheitsstrafen in Gefängnissen abgesondert sind. Trotz der Frustrationen sollte man sich nicht weigern, Psychopathen zu helfen, zumal diese Menschen in ihrer Variationsbreite, Leidenschaftlichkeit und sporadisch auftretenden brutalen oder hilflosen Lieblosigkeit nicht nur für den Mediziner, sondern überhaupt für die Gesellschaft eine beträchtliche Herausforderung darstellen.

Hysterische Persönlichkeit

Definition

Bei der hysterischen Persönlichkeit ist die Folge eines Reifungsmangels weniger tief angesiedelt als bei der psychopathischen Persönlichkeit. Dennoch lassen sich markante Züge feststellen, die ein grundlegendes psychologisches Syndrom darstellen. Während die emotionale Entwicklung des Psychopathen infantil geblieben ist, hat der Patient mit einer hysterischen Persönlichkeit das Stadium der Kindheit zwar erreicht, aber die Entwicklung von der Adoleszenz an verfehlt. Emanzipationsschwäche und Herauswachsen aus dem Elternhaus und der Umgebung stehen hier in keinem Bezug zur Intelligenz.

Ätiologie

Wie bei der psychopathischen Persönlichkeit spielen auch hier konstitutionelle und Umweltfaktoren eine gleich wichtige Rolle. Soweit es sich um den Umweltanteil handelt, scheint der Schlüsselfaktor unvollständig zu sein. Sehr häufig findet sich eine gespaltene emotionale Beziehung zu einem oder beiden Elternteilen, in charakteristischer Weise zu dem gegengeschlechtlichen Elternteil. Es ist so, als wenn der Patient es verfehlt habe, den Teil des Wachstumsprozesses zu vervollständigen, bei dem die kindliche Abhängigkeit von einem Elternteil durch das Ansehen und die Beachtung als Erwachsener ersetzt wird. Die Patienten sehen wie Kinder aus, zeigen ergebene und unterwürfige Verhaltensweisen in Positionen, die ihnen Streß abverlangen und Verantwortung fordern. Gelegentlich versuchen sie, über Menschen durch emotionale Manipulation, weniger aber durch Handlungsweisen und Beziehungen nach Art der Erwachsenen Kontrolle zu gewinnen. In den Vereinigten Staaten wird hierfür gerne der Ausdruck „passiv-aggressive Persönlichkeit" benutzt.

Klinische Zustandsbilder

Menschen mit hysterischen Persönlichkeitszügen sind in psychologischer Hinsicht vorwiegend durch eine besonders extrovertierte Haltung charakterisiert und zeigen eine relativ gute Fähigkeit, mit anderen Menschen oberflächlichen Kontakt herzustellen. Sie zeigen ein theatralisches Verhalten mit ausgesprochener Tendenz zur Dramatisierung sowie einen meßbar hohen Grad an Suggestibilität. Auf körperlicher Seite kann das Phänomen einer Unreife stehen. Menschen dieses Zuschnitts tendieren zu einem ausgesprochen gebieterischen, darüber hinaus aber auch oberflächlichen Verhalten in ihren Beziehungen zu anderen. In bezug auf Entscheidungen, die sie als Erwachsene treffen müssen, zeigen sie die Unverantwortlichkeit von Kindern und kämpfen mit einem Gutteil kind-

licher Hilflosigkeit gegen die Komplikationen, die ihnen eine solche Unverantwortlichkeit unvermeidbar beschert. Durch ihre gute Artikulationsfähigkeit und offensichtliche Intelligenz wird das Phänomen noch deutlicher und sozial inakzeptabel. Ungewappnet gegenüber den unvermeidbaren schmerzlichen und unendlich schwierigen Prozessen einer emotionalen Anpassung im Erwachsenenleben entwickeln die Patienten neurotische Reaktionen. Für die weibliche hysterische Persönlichkeit ist es hinsichtlich ihres Geschlechts- und Ehelebens charakteristisch, daß sie beim Flirten frigide und emotional ungestüm ist und dazu neigt, einen ruhigen, standhaften und unaufdringlichen Ehemann zu heiraten. Geht eine solche Ehe gut, so betrachtet die Frau ihren Mann als eine Art Kraftspender für sich und als „ausgezeichnet, denn er belästigt mich mit Sex nicht sehr viel". Stellt sich die Beziehung als schwach heraus, wird der Ehemann für seine Zaghaftigkeit und Schüchternheit gerügt, und die Frau sehnt sich nach einem kräftigeren, robusteren Stil, den der Mann an den Tag legen soll.

Diagnose

Die Diagnose ist wesentlich vom klinischen Bild abhängig. Ihre Feststellung ist nicht schwer, wenn man einmal den Typ einer Persönlichkeitsstörung erkannt hat. Das entscheidende Bild ist die offensichtlich unkorrigierbare kindliche Verhaltensweise, die sich durch das ganze Leben hindurch im gesamten Verhalten des Patienten entfaltet. Wie ein noch unsicheres Kind, das den einen Elternteil gegen den anderen ausspielt in seinem unbewußten und verzweifelten Versuch, ein Stück relativer Sicherheit zu gewinnen, versteht es der erwachsene Hysteriker, zwischen Ärzten, Familien und Freunden zu manipulieren. Hilflos, fast immer zum eigenen Nachteil, mit einer unheimlichen intuitiven Geschicklichkeit aus einer inneren Spannung heraus, nutzt er die Verletzbarkeit aller, die näher mit dem Patienten in Kontakt kommen, aus.

Behandlung

Bei Symptomen von hysterischer Angst oder Depression ist eine Behandlung erforderlich. Angst und Depression können entstehen, wenn die Patienten mit den Problemen des Erwachsenenlebens nicht zurecht kommen. Zunächst könnte man glauben, daß ein solcher Fall besonders für eine Einzeltherapie geeignet ist. Die Kombination ausreichender Intelligenz, Rapportfähigkeit, offensichtlicher Einsichtsfähigkeit und einem aufrichtig vorgetragenen und überzeugenden Wunsch nach Hilfe scheint sich dabei geradezu als unwiderstehlich zu erweisen. Bedauerlicherweise lehrt bittere Erfahrung, daß das zugrundeliegende und persistierende Element der Unreife den Grad jeglicher Kooperation und auch den Umfang des Fortschrittes begrenzt. Eine stützende Psychotherapie erweist sich auf lange Sicht als das Beste, was man dem Patienten anbieten kann. Zusätzlich zu den psychotherapeutischen Maßnahmen sollte eine symptomatische Behandlung des Syndroms, das der Patient bietet, durchgeführt werden.

12 Probleme der Sexualität

Normale Entwicklung

Allgemeine Aspekte zur psychosexuellen Entwicklung wurden bereits in Kap. 3 erwähnt. Hier sollen weitere Details folgen.

Männliche und weibliche Sexualhormone sind bei Individuen beiderlei Geschlechtes, wenn auch in unterschiedlichem Ausmaß vorhanden, da ihre Produktion sowohl von der Nebennierenrinde als auch von den Gonaden abhängt. Das geringe Hormonniveau in der Kindheit steigt unmittelbar vor der Pubertät steil an, wobei es bei den Knaben zu diesem Zeitpunkt zu einem größeren Anstieg der Androgene kommt. Die Androgenerhöhung ist weit weniger bei Mädchen ausgeprägt, hier steigt der Östrogenspiegel enorm an. Die Pubertät streckt sich über etwa vier Jahre hin und beginnt bei Mädchen zu einem früheren Zeitpunkt. Bei Mädchen findet sich als erstes Zeichen gewöhnlich eine Vergrößerung der Brüste, die von der Menarche gefolgt wird, und zwar in einem Durchschnittsalter zwischen 10 und 16 Jahren. Das überaus häufige Alter der Menarche von 13 Jahren, das über lange Zeit eine fallende Tendenz hatte, scheint jetzt stationär zu bleiben.

Die in der Kindheit auftretende sexuelle Aktivität in Form von Erektionen, genitaler Manipulation, einfachem Spiel mit den Sexualorganen und gelegentlicher Masturbation nimmt während der präpubertalen Periode an Häufigkeit zu, so daß die sogenannte „Latenzphase", wie sie die psychoanalytische Theorie entworfen hat, sich in Wirklichkeit außerhalb des sozialen Miteinanders abspielt und außerhalb eigentlicher sexueller Zielgerichtetheit verläuft.

Androgene beeinflussen den Sexualtrieb bei beiden Geschlechtern. Die Östrogene scheinen die Libido nicht zu beeinflussen, doch erweisen sie sich für die Aufrechterhaltung einer vaskulären und mukösen Vaginalauskleidung als erforderlich. Gleichwohl wird die Entwicklung des normalen Erwachsenenverhaltens einschließlich des Geschlechtsverkehrs unzweifelhaft auch von sozialen Faktoren bestimmt, wobei frühere Erfahrungen mit den Eltern eine Rolle spielen.

Die Entwicklung, ob man sich als sexuell gereifter Mann oder als sexuell gereifte Frau fühlt, hängt davon ab, ob man auch als Junge oder Mädchen erzogen wurde. Studien zum Problem des Hermaphroditismus und Pseudohermaphroditismus (Vorhandensein von zweideutigen äußeren Organen) haben gezeigt, daß sich das Kind in seinem Gefühlsleben psychologisch und sexuell zu dem Geschlecht hingezogen fühlt, das ihm bei der Geburt zugewiesen wurde, selbst dann, wenn dies mit dem chromosomalen Geschlecht oder mit den in Erscheinung tretenden Gonaden kollidieren sollte.

Homosexualität

Homosexualität kann als Phase der sexuellen Entwicklung in der Adoleszenz auftreten, kann aber auch bis hinein ins Erwachsenenleben als teilweise oder festgefügte und vollständige homosexuelle Orientierung persistieren. Bei heterosexuell veranlagten Individuen kann das Phänomen unter Streß oder Deprivationsbedingungen wieder in Erscheinung treten, z. B. im Gefängnis oder in nicht gemischten Schulen.

Zwillingsstudien lassen vermuten, daß ererbte Faktoren in der Ätiologie eine Rolle spielen und die Sensibilität gegenüber Faktoren der Außenwelt während der Entwicklung, besonders in der Kindheitsperiode, entscheidend ist. Chromosomen und endokrine Funktion von Homosexuellen sind normal, obwohl es auch möglich ist, daß ein Androgenmangel während einer entscheidenden Periode des intrauterinen Wachstums die Homosexualität verursachen könnte, weil dadurch die Ausbildung maskuliner Verhaltensformen in der weiteren Entwicklung inhibiert wird.

Die peristatischen Faktoren bei männlichen Homosexuellen stehen wahrscheinlich mit dem Verhältnis zu den Eltern in Zusammenhang. Viele entsprechende Studien lassen vermuten, daß der männliche Homosexuelle typischerweise in Schwierigkeiten geriet, ein gutes Verhältnis zu seinem Vater herzustellen, der oft von zu Hause abwesend war oder zumindest keine dominierende Figur darstellte. Väter mit weichen Charakterzügen werden von ihren Ehefrauen dominiert, die als Mütter überaus eng und in emotionaler Weise erdrückend ihren Söhnen näherstehen. So ist es möglich, daß in einer solchen Familie ein Sohn emotional überhaupt nicht bis zu dem Stadium eines heterosexuellen Wunsches gegenüber einer Frau heranreifen kann, doch erklärt dieser Umstand die Entwicklung einer positiven Orientierung gegenüber anderen Männern nicht. Vergleicht man stabile homosexuelle mit stabilen heterosexuellen Individuen, so sind die Unterschiede zwischen den entsprechenden Vätern nicht evident. Diesbezügliche Theorien erscheinen daher zum gegenwärtigen Zeitpunkt noch als ungewiß und würden jedenfalls ohne Bezugspunkte zu soziologischen Strukturen einschließlich des Einflusses einer ächtenden oder akzeptierenden Einstellung gegenüber der Homosexualität in der Gesellschaft unvollständig bleiben.

Eine Verführung zur Homosexualität durch entsprechende Erfahrungen in der Jugend ist wahrscheinlich selten. Eher sind bei beiden Geschlechtern Züge einer bevorstehenden homosexuellen Entwicklung schon vor dem entsprechenden Ereignis gegeben.

Beim weiblichen homosexuellen Individuum, der Lesbierin, ist die Situation in bezug auf die Ätiologie ähnlich: Eine Mischung genetischer und peristatischer Faktoren spielt hier eine Rolle. Eine ganze Anzahl von Theorien läuft darauf hinaus, daß das Mädchen in der Aufnahme einer Beziehung zu seinem Vater Schwierigkeiten hat. Von der zukünftigen Forschung der intrauterinen hormonellen Einflüsse verspricht man sich eingehendere Erkenntnis der Problematik.

Man schätzt, daß ungefähr 4% der erwachsenen Männer und eine weit geringere Anzahl Frauen während ihres Lebens ausschließlich homosexuelle Beziehungen haben, während 25% der Männer und ungefähr 15% der Frauen nur gelegentlich homosexuelle Beziehungen eingehen.

In der Vergangenheit haben männliche Homosexuelle oft ärztliche Hilfe in Anspruch genommen, als sie im Hinblick auf ihr sexuelles Verhalten mit dem Gesetz in Konflikt geraten waren. Sie bekundeten dabei, daß sie ihr Leben ändern wollten. Dies gehört jetzt zu den Seltenheiten, doch kann es durch Nötigung in Form eines Drucks von seiten der Eltern oder Ehegatten auf Patienten beiderlei Geschlechts noch immer unvermittelt zu Konsultationen beim Arzt kommen. Ein solcher Patient erscheint dann gewöhnlich recht ungern in der Praxis, bekundet aber damit nach außen, daß er sich doch in Wahrheit bemüht habe, eine Behandlung anzustreben. Der Arzt muß versuchen, die Situation einfühlend zu verstehen und einzuschätzen, ob der Patient nun wirklich aus eigenem Antrieb eine Behandlung wünscht, um seine Orientierung zu ändern. Meist ist das nicht der Fall, und die Hilfe des Arztes wird sich dann im wesentlichen darauf beschränken, dem Patienten die Fortsetzung seines Lebensentwurfes in der Gefühlswelt weiter zu ermöglichen, die er als den einzigen gangbaren Weg für sich selbst empfindet.

Zu Konsultationen kann es aber auch kommen, wenn Verstimmungen sich entwickeln, weil eine homosexuelle Beziehung zerbrach, die den Patienten an seiner Zukunft verzweifeln läßt. Hier kann einfühlendes Verstehen dazu beitragen, den Patienten wieder umstimmen zu helfen, soweit sich herausstellt, daß eine umfassendere Behandlung nicht erforderlich ist. Dabei erweisen sich oft Diskussionen über eine bessere Anpassung gegenüber den Unwägbarkeiten und Widrigkeiten des homosexuellen Lebens als erforderlich.

Homosexuelle sind genau wie Heterosexuelle den gleichen psychotischen, neurotischen und Persönlichkeitsstörungen ausgesetzt. Solche Zustandsbilder werden in der üblichen Weise, wie in den übrigen Kapiteln dieses Lehrtextes beschrieben, behandelt.

Eine kleine Anzahl von Patienten fragt immer wieder nach einer Behandlungsmöglichkeit, um die sexuelle Orientierung zu ändern. Zu diesem Zweck wurden spezielle Methoden entwickelt, einschließlich einer dynamischen individuellen Psychotherapie, Psychoanalyse oder verhaltenstherapeutischen Techniken. Früher wurde eine grob anmutende Aversionstherapie durchgeführt, während man jetzt häufiger eine Desensibilisierung gegenüber den Ängsten anstrebt, wie sie sich in einer heterosexuellen Beziehung dann entwickeln können. Insgesamt gesehen haben sich die Ergebnisse in der Hand von Spezialisten jedoch als dürftig erwiesen.

Fetischismus

Bei der Vollziehung des Sexualtriebes wird ein symbolisches Objekt als Ersatz für die normale Vereinigung eines Individuums mit demjenigen des anderen Geschlechts benötigt. Bei dem Objekt kann es sich entweder um einen besonderen Teil oder Aspekt des normalen Ziels handeln, z. B. um Haare, Füße oder Gesäßpartie. Es kann sich aber auch um seltenere Gegenstände handeln, z. B. um einen Kleidungsartikel. Die Gegenstände müssen jedoch von dem erwünschten Partner getragen worden sein, um einen Orgasmus überhaupt zu erreichen. In einigen Fällen kann es aber auch schon allein durch den Anblick oder die Berührung des Objektes zum Orgasmus kommen.

Beim Fetischismus handelt es sich fast immer um eine Perversion des männlichen Geschlechts, und zwar wahrscheinlich, weil Projektionen und symbolische Assoziationen gegenüber einer sexuellen Erregung normalerweise in weitaus größerem Maße für männliche als für weibliche Triebmuster in Frage kommen. Natürlich gibt es Elemente eines partiellen Fetischismus bei allen Menschen; sowohl Extremfälle, wie oben beschrieben, wie auch der unten beschriebene Fall Nr. 24. Dabei kommen zahlreiche Schattierungen zwischen Übererregung angesichts der Ausschmückung der sexuellen Situation bis hin zum Normalfall vor. Gewöhnlich kann das fetischistische Interesse bis zur frühen Kindheit zurückverfolgt werden, wo seine Ursprünge sich im Dunkeln verlieren. Unter Umständen kann es in wichtigen emotionalen Erfahrungen während einer angenehmen oder sexuellen Situation, die anschließend als konditionierte Antwort mit symbolischen Tendenzen persistierte, wurzeln: Das fetischistische Objekt ist sicherer und weniger kompliziert als das weibliche und verspricht gleichzeitig eine gesicherte sexuelle Erregung mit anschließender Erektion.

Fall Nr. 24

Eine unglücklich verheiratete 32jährige Frau kam mit ihrem Ehemann in die Tagesklinik und bat um ein privates Interview. Im Laufe des Gesprächs erläuterte sie ihr eigentliches Ziel, nämlich Rat einzuholen, und zwar wenn möglich für ihren Ehemann. Er hatte ein zunehmend überwältigendes Verlangen danach, vor einem Spiegel zu masturbieren, während er einen Damenregenmantel trug, im übrigen aber nackt war. Er war zwar noch zu gelegentlichem Geschlechtsverkehr mit seiner Frau in der Lage, doch nur dann, wenn sie auch gleichzeitig einen Regenmantel trug und auch nackt darunter war. Der Ehemann hatte sich eine ganze Reihe von diesen Regenmänteln gekauft, die für seine Frau bestimmt waren, zeigte sich im übrigen aber wenig an ihrem Kleiderrepertoire interessiert. Ohne eine solche Plastikregenhaut war er impotent und auch zu einer Masturbation unfähig. Trug er jedoch einen Plastikumhang und hatte er seine Frau dazu überredet, auch einen zu tragen, so hatte er häufig eine vorzeitige Ejakulation, auch dann, wenn ein Geschlechtsverkehr versucht wurde. Einwänden seitens seiner Frau begegnete er mit der Drohung, sie zu verlassen und tat dabei Äußerungen wie etwa diese: „Ich halte mich dann in der Gegend von Kinoschlangen auf, wenn es abends regnet und werde mir bald ein Mädchen mit dem richtigen Regenumhang einfangen ..." So kam es denn auch, und er empfand solche Besucherschlangen an Kinos nahezu unwiderstehlich. Seine Frau fürchtete, daß er sich anständig gekleideten Frauen gegenüber entblößen könnte; eine Furcht, die sie zu Hause gegenüber dem fortgesetzt betriebenen Fetischismus ihres Ehemannes nachsichtig sein ließ.

Sie hatte ganz richtig prophezeit, daß ihr Mann sich überhaupt keine Vorwürfe machen würde; weder gegenüber sich selbst noch gegenüber den sexuellen Aspekten ihres gemeinsamen Ehelebens. Sie verband ihren Appell nach Hilfe für ihn mit der dringenden Bitte, daß man nichts unversucht lassen sollte, was zu einer Heilung, Verbesserung oder Veränderung seines Lebensweges beitrüge. Aber er sollte auf keinen Fall den Eindruck bekommen, daß sie als Ehefrau dies erwähnt habe.

Sieht man die Sache vom Standpunkt des Ehemannes aus, so verhielt sich dieser weitgehend ausweichend und versicherte dem Arzt, daß er nur deshalb die Sprechstunde aufgesucht habe, weil seine Frau zu nervös gewesen sei, um alleine zu kommen. Er ließ, soweit er betroffen war, weitgehend durchblicken, daß die Angst, die Spannung und die Schlaflosigkeit seiner Frau den Grund für die Konsultation darstellten.

Eine Behandlung durch psychotherapeutische Einzeltherapie oder Verhaltenstherapie erweist sich in etwa der Hälfte der Fälle als erfolgreich.

Transvestitismus

Transvestitismus, wörtlich genommen, besteht im Tragen von Kleidern, die für das andere Geschlecht charakteristisch sind. In einigen Fällen kann es sich dabei um eine Sonderform des Fetischismus handeln, wobei Subjekt und Objekt kombiniert sind. Der Transvestitismus kommt hauptsächlich bei Männern vor, da das Tragen von Männerkleidern durch Frauen von der Umgebung solcher Patienten und wegen der Mode eher akzeptiert wird. Gewöhnlich reicht die Tendenz bis in die frühe Kindheit zurück. Manchmal ist ein Elternteil homosexuell. Nur selten streben die Patienten eine Behandlung an. Meist kommen sie auf Druck eines Ultimatums ihres Ehepartners, eines Arbeitgebers oder im Zuge eines juristischen Verfahrens. Gelegentlich suchen sie auch einfach einen nichtjuristischen Rechtsbeistand.

Transsexualismus liegt dann vor, wenn ein Transvestit sich vollständig mit dem entgegengesetzten Geschlecht identifiziert. Ein solcher Patient kann sogar auch in dieser Hinsicht wahnhafte Überzeugungen entwickeln, die darauf hinauslaufen, daß er z.B. eine wahrhaft weibliche Persönlichkeit sei, die irrigerweise Gefangener eines männlichen Körpers ist. In körperlicher Hinsicht sind derartige Menschen fast immer normal, soweit es sich um unkomplizierte Transvestiten handelt. Sie drängen aber hartnäckig, besonders im Licht der heutigen Öffentlichkeit, auf hormonelle Behandlung und Operation, um die Anatomie ihrer Sexualorgane zu verändern.

Fall Nr. 25

Eine jung verheiratete 28jährige Frau, die aus einem unglücklichen Elternhaus stammte und fluchtartig ihr Zuhause verlassen hatte, um mit 17 Jahren zu heiraten, verlangte in der Sprechstunde nach der Amputation ihrer Brüste. Sie sagte, daß sie nach der Geburt ihres zweiten Kindes, im Alter von 19 Jahren, zu der Überzeugung gelangt sei, daß sie nichts als Ekel vor ihrem Ehemann empfinde, da „ich wirklich überhaupt nicht wie eine Frau fühle; und ich will auch nicht mit einem Mann verheiratet sein ...“. Ihr Mann hatte das nicht begriffen und zeigte auch kein Verständnis für sie, so daß sie ihn verließ. Sie hatte sich daraufhin zusammen mit ihren beiden kleinen Kindern selbst zu helfen gewußt und nahm eine Stelle als einfache Arbeiterin an, wobei sie Männerkleider trug.

Sie kam jetzt zur Sprechstunde mit dem Ziel, sich zum Mann umwandeln zu lassen und ein Mädchen zu „heiraten“, das sie mittlerweile kennengelernt und der sie alles über ihre Vergangenheit erzählt hatte. Wegen ihrer Gefühle, lieber in Männerkleidung zu erscheinen und ihren ganzen Status vom weiblichen in das männliche Geschlecht umzuwandeln, wünschte sie die Operation ihrer Brüste und die definitive Verbergung ihrer weiblichen Gestalt. Sie trug ihr Haar kurz geschoren und legte sich auch eine weitgehend männliche Stimme zu.

Fall Nr. 26

Ein 48jähriger Mann mit Glatze, jedoch sonst normaler männlicher Haarverteilung einschließlich eines Stoppelbartes und gänzlich normalen männlichen Genitalien verlangte, operativ in eine Frau, die er seiner Meinung nach sein wolle, umgewandelt zu werden. Seine Vorstellung zur Operation ging dahin, Penis und Hoden amputiert zu bekommen und darüber hinaus in Form einer plastischen Operation auch weibliche Brüste zu erhalten.

Bei einer näheren Exploration seiner Hoffnungen und Wünsche machte er deutlich, daß er sich mit dem Plan trage, wenn die erwähnte Umwandlung abgeschlossen sei, einen Mann zu heiraten. Er hoffe, daß es für ihn noch nicht zu spät sei, auch ein Kind zu bekommen.

Wie viele andere, so waren auch diese beiden Patienten auf der Suche nach einer magischen Transformation der Wirklichkeit in Form einer „Geschlechtsumwandlungsoperation“. Es ist sehr zweifelhaft, ob ein Psychiater jemals eine solche Prozedur „empfehlen“ kann, obwohl einigen wenigen Patienten geholfen werden konnte, die jahrelang darauf drängten, durch eine solche Operationsserie eine Geschlechtsumwandlung zu erhalten.

Bei vielen Patienten handelt es sich um schwergestörte Persönlichkeiten, die gelegentlich aufgrund eines ganz anderen psychiatrischen Krankheitsbildes, z. B. einer Schizophrenie, zur Behandlung gelangen oder in großen Schwierigkeiten aufgrund ihrer psychopathischen Persönlichkeitsstruktur stecken. Psychotherapeutische Verfahren einschließlich einer Aversionstherapie haben gegenüber dem Transsexualismus kaum Erfolge zeitigen können.

Sadismus und Masochismus

Sadismus und Masochismus sind pathologische Übertreibungen in bezug auf die normalen aggressiven und unterwürfigen Komponenten der Sexualität. Wird die Rücksichtnahme auf sich selbst bzw. die Rücksicht gegenüber anderen verletzt, stellen sie eine Indikation zur Psychotherapie dar. Sexuelle Beziehungen, die auf komplementären Charakteristika dieser Art basieren, sind gewöhnlich nicht befriedigend. Vielmehr tendieren sie eher dazu, katastrophal zu enden, da sie sich gegenseitig verschlimmernd auswirken können, wobei es entweder zu einem Bruch der Beziehungen oder in seltenen Fällen auch zu suizidalen oder Tötungsabsichten kommt.

Exhibitionismus

Exhibitionismus ist ein allgemeiner Ausdruck, der einen spezifisch sexuellen Begriffsinhalt aufweist. Allgemein gefaßt kann der Begriff ein Aufmerksamkeit heischendes Verhalten bedeuten, wobei eine Tendenz zu einer gezierten Zurschaustellung der eigenen Person in jeder Beziehung bestehen kann.

Hinsichtlich seines sexuellen Begriffsinhaltes ist der Terminus gewöhnlich beschränkt auf die unaufgeforderte Zurschaustellung der männlichen Genitalien, wodurch der Betreffende eines öffentlichen Ärgernisses bezichtigt werden kann.

Exhibitionismus ist eine weitverbreitete Form sexuellen Verhaltens, die sich oftmals zwanghaft wiederholen kann und häufig damit endet, daß die Serie krimineller Entgleisungen zunimmt und damit ein respektabler Lebensentwurf ruiniert werden kann. Das Phänomen findet sich besonders assoziiert mit niedriger Intelligenz, in jedem Fall aber gekoppelt mit einer allgemeinen sexuellen Unzulänglichkeit. Viele dieser Männer sind eher sanfte, passive und wenig erfolgreiche Liebhaber, die von ihren Frauen beherrscht werden oder aber unverheiratet und erfolglos auf sexuellem Gebiet im Hinblick auf eine Eheschließung blieben. Das Zurschaustellen der Genitalien schockiert und ängstigt vorbeikommende Frauen. Dies wiederum liefert dem Betreffenden eine gewisse sexuelle Entlastung, die gelegentlich mit gleichzeitiger Masturbation einhergeht, andererseits aber auch von Schuld und späterer Verschämtheit getragen sein kann.

Erscheinen solche Ersttäter vor Gericht, werden sie häufig davon abgeschreckt, das Delikt zu wiederholen. Werden sie erneut gefaßt, überweist man sie zum Arzt. Eine bedingte Freilassung erweist sich häufig als die beste Form eines gerichtlichen Ausgangs, und obwohl eine psychiatrische Behandlung mit Psychotherapie nur einem gewissen Teil der Patienten hilft, gibt es doch vielversprechende Erfahrungen mit Gruppentherapie und verhaltenstherapeutischen Maßnahmen.

Sexuelle Unausgeglichenheit

Die Gefühle der *sexuellen Minderwertigkeit* drücken sich in Form einer *Impotenz beim Manne, einer vorzeitigen Ejakulation, einer weiblichen Frigidität und einem Nichtvollzug der Ehe* aus.

Diese Termini umfassen ein weites Feld von Leid, das menschliche sexuelle Unfähigkeit beinhaltet und in verschiedener Ausprägung Auslöser für ungezähltes persönliches Leid und Erniedrigung sein kann.

Der impotente Mann und die frigide Frau haben einen wesentlichen Aspekt gemeinsam. Beide sind ängstlich. Es sind Ängste wegen dieses Mangels, die die Erektion beim Manne bzw. den entspannten Beckenboden und die gedehnte Vagina bei der Frau verhindern. Bei jedem mißglückten Versuch nimmt die Schuld, Verzweiflung und Angst weiter zu. In diesem Teufelskreis gibt es freilich bewußte und oberflächliche Quellen von Schuld und Angst sowie Minderwertigkeitsgefühle, aber auch tiefere psychodynamische Komplexe, die der bewußten Introspektion nicht zugänglich sind und denen bereits in umfassenden Abhandlungen zu diesem Thema große Aufmerksamkeit gewidmet wurde. Andererseits kann der niedergelassene Arzt fast immer bei einer großen Anzahl solcher Fälle wertvolle Hilfe leisten, wenn die Quellen von Schuld, Angst und Minderwertigkeitsgefühlen bewußtseinsnahe angesiedelt sind.

Exploration und Behandlung

Der Patient muß fühlen, daß der Arzt für ihn Zeit hat und daran interessiert ist, sein Problem anzuhören, den Gefühlen des Patienten und der Art seiner Beschreibung Aufmerksamkeit zu schenken, ohne ihn zu unterbrechen. Dabei sollte der Arzt keine voreiligen Fragen stellen oder gar zu Schlußfolgerungen kommen und sich vor allem davor hüten, den Eindruck zu erwecken, daß er das Problem als trivial abtut oder in die Nähe einer Attitüde der Niederlage und Verzweiflung bringt. In dieser Situation ist vielmehr die Erhebung einer eingehenden Vorgeschichte äußerst wichtig.

In einem ersten Abschnitt der Vorgeschichte muß das Problem des Patienten dargestellt werden. Nachdem dies eingehend vom Patienten herausgearbeitet worden ist, sollte man weitere Fragen in bezug auf die frühere sexuelle Entwicklung stellen, nach seinen diesbezüglichen Interessen und Erfahrungen fragen und schließlich dem Patienten Gelegenheit geben, seine Ängste, seine Fehlschläge oder seine Unbesonnenheit in der Vergangenheit offenzulegen. Viele dieser Ängste sind mit dem Gefühl von Schuld verknüpft, sei dies nun in bezug auf Masturbation, außereheliche Abenteuer oder angsteinflößende Überzeugungen, wie sie durch irregeleitete Erwachsene während der Kindheit dem Patienten eingeprägt wurden, oder wie sie sich durch gestörte Klassenkameraden aus Schule und Jugend im Inneren des Kranken festgesetzt haben. Es ist dabei nicht nötig, das zutage geförderte Material sofort zu kommentieren, zumindest nicht, bevor die Krankengeschichte eingehend aufgenommen wurde, vorausgesetzt, das gequälte und ängstliche Zustandsbild des Patienten erfordert nicht zuvor schon eine zwischenzeitliche Beruhigung, um mit der Erhebung des Interviews fortfahren zu können. Zum Schluß sollte man auch einen Überblick über den allgemeinen Hintergrund des Patienten einschließlich Familienanamnese und früherer Krankheiten aufnehmen, sich ein Bild über seine Persönlichkeitszüge verschaffen, aber auch die unmittelbare Situation beurteilen, während der die Impotenz, die Frigidität oder die Dyspareunie entstanden sind. Manches wird dabei dem Hausarzt, der seinen Patienten schon kennt, sehr vertraut sein. Hier bewährt sich die goldene Regel: *Es ist nicht so wichtig, was der Arzt dem Patienten sagt, sondern das, was der Patient dem Arzt berichtet.* Dies allein schafft schon Linderung und Vertrauen. Hat sich der Patient dann ausgesprochen, wird es später einfach sein, erklärend, beruhigend und zur rechten Zeit beratend zu wirken.

Eine körperliche Untersuchung ist zwar erforderlich, doch sind gewöhnlich keine weiteren Untersuchungen nötig, außer dem Test auf Zucker im Urin, vorausgesetzt, daß man keinen Verdacht auf eine andere körperliche Krankheit hat. Der Überblick über mögliche körperliche Faktoren, die der Sexualstörung zugrunde liegen, wird auch den Diabetes mellitus als mögliche metabolische Ursache der männlichen Impotenz zu berücksichtigen haben, ferner andere endokrine Krankheitsbilder und natürlich jede andere schwächende Krankheit. Eine allgemeine Mattigkeit kann die Sexualfunktionen zum Erliegen bringen, ebenso erheblicher Alkoholmißbrauch oder Drogenabhängigkeit. Auch Medikamente, die zur antihypertensiven Behandlung verschrieben wurden, stellen einen häufigen Grund für eine Impotenz und das Versagen der Ejakulation dar. Eine endogene Depression muß ausgeschlossen werden. Körperliche Erklärungen wie Mattigkeit und fortgeschrittenes Alter sollten nicht gleich ohne weiteres akzeptiert werden, ohne etwa die persönlichen und psychologischen Gründe für sexuelle Schwierigkeiten außer acht zu lassen. *Warum* überarbeitet sich der Patient und wird müde, *warum* trinkt er so viel, *warum* ist er verstimmt?

Wurden die Ursachen der Schuld, Angst und Befürchtung geklärt, ist der Patient in der nächsten Behandlungsphase bereits in der Lage, dem Arzt weiter Vertrauen zu schenken, so daß ein ärztlicher Rat und ein Behandlungsplan, der auf realistischer Einschätzung der eigentlichen Natur des Problems basiert, respektiert wird und seinerseits zu einer Vertiefung des Vertrauens führt.

Dem Patienten sollte auch mitgeteilt werden, daß Erektion, Ejakulation bzw. Eindringen in die Vagina und weiblicher Orgasmus komplizierte, doch gänzlich natürliche nervöse Prozesse darstellen, die schon im Normalfall eine gewisse Zeit der Anpassung und Vertrautheit bis zur völligen Einübung verlangen. Ein relatives Mißlingen oder Schwierigkeiten an einigen Stellen sind weniger wichtig als die Realisierung des Patienten, daß mit gegenseitigem Vertrauen, einer entsprechenden Praxis und einer Akzeptanz der Situation auf beiden Seiten die Dinge schon zu einem guten Ende kommen werden.

In einem *gemeinsamen Interview* mit beiden Partnern können wechselseitige Mißverständnisse entdeckt und geklärt werden. Unkenntnis über die Natur der sexuellen Antwort des anderen Geschlechts ist weitverbreitet. Hilfe in Form von Diskussionen über die Natur der Unterschiede zwischen den beiden Geschlechtern erweist sich als sehr hilfreich, z. B. die Aufklärung über die Tatsache, daß die Frau erst langsam zum Höhepunkt der Erregung und zum Orgasmus gelangt, der von einer Stimulation der Klitoris und Vagina abhängt, aber auch an die innige Zuneigung und liebende Hingabe zum Partner gebunden ist; ferner, daß der Höhepunkt beim Manne heftiger ist und sehr von einer körperlichen Stimulation abhängt, dann aber rasch im Zuge einer Erschlaffung abfällt und ein erneuter Orgasmus sofort danach nicht möglich ist.

Ehemänner können betroffen sein, wenn ihre Frauen keinen Orgasmus erreichen, und diese fühlen sich deshalb unzulänglich, weil sie glauben, daß ein Orgasmus als normale Antwort nötig ist. Hier sollte man erklären, daß ein gewisser Teil von Frauen nie einen Orgasmus erreicht und daß, soweit sie mit ihren intimen Beziehungen und ihren Partnern glücklich sind, kein Anlaß zur Klage bestehen sollte.

Eine Diskussion über einen normalen sexuellen Vollzug sollte auch die vorsichtige Frage des Vorspiels beinhalten, ferner die Frage, wie die Partner auf die Hoffnungen und Wünsche des anderen reagieren, wie sie ggf. vor Anforderungen zurückschrecken, wie sie sich vor einem Ausgeliefertsein und einem Kontrollverlust scheuen, wie ein aktueller Schmerz antizipiert wird, eine Schwangerschaft oder gar das Gegenteil, eine Infertilität, befürchtet wird. Der Arzt wird die Betonung vom sexuellen Mißerfolg weg zu dem Ziel verlagern, dem anderen Partner Genuß zu vermitteln. Für beide wird gleichzeitig eine gegenseitig umsorgende Haltung und eine Ablenkung von der Selbstabsorption in der eigenen Problematik erreicht.

Die Partner sollen dann – vor ihrem nächsten Besuch – ihre Erfahrungen beim sexuellen Vorspiel sammeln, doch nur insoweit, als hiermit keine Ängste mobilisiert werden. Auf den eigentlichen Geschlechtsverkehr, selbst wenn beide ihn wünschen, sollen sie verzichten. In einem gemeinsamen Interview wird dann über den Fortschritt gesprochen, und es werden neue Empfehlungen gegeben, die die Partner dann wiederum gemeinsam einüben. Der Frau wird erklärt, wie ein zartes Drücken am Schaft der Glans penis des Mannes im erigierten Stadium die Erektion wieder vermindert, so daß ein einfühlsames, wiederholtes Taktieren dazu beitragen kann, den Zustand der Erregung zu verlängern. Den Partnern werden die unterschiedlichen Positionen des Geschlechtsverkehrs erklärt, etwa, daß die Frau zuoberst rittlings kniet und dabei den auf dem Rücken liegenden Mann anschaut. In dieser Position kann sie sich Schritt für Schritt dem erigierten Penis nähern und gleichzeitig ihre eigenen Ängste und diejenigen ihres Partners beim Fortschritt des sexuellen Umganges abmildern. Der Geschlechtsverkehr ist in diesen frühen Stadien auf Anweisung des Arztes noch verboten, um Angstgefühle gegenüber dem finalen Stadium allmählich zurücktreten zu lassen. Während der Diskussions- und Experimentierphase wird aber der sexuelle Wunsch danach so nachhaltig aufgebaut, bis die Regeln dann zwar unerlaubt, doch fröhlich gebrochen werden und die Partner bei ihrem nächsten Besuch von einem erfolgreichen Geschlechtsverkehr berichten können.

Für diese von MASTERS und JOHNSON eingeführte Form der Behandlung sind zwei Therapeuten nötig, ein männlicher und ein weiblicher. Der männliche Therapeut nimmt die Krankengeschichte des Mannes auf, der weibliche Therapeut die der Frau. In einem gemeinsamen Interview zu viert werden dann Mißverständnisse und evtl. Befürchtungen bzw. Ängste erörtert, die gewissermaßen von einem Anwalt des gleichen Geschlechts durch Beschwichtigung aus der Welt geschafft werden können, indem er die Schwierigkeiten erläutert. Aus dieser Methode wurden eine ganze Reihe von Modifikationen entwickelt, und auch einfachere Techniken mit nur einem Arzt können gleich gute Resultate ergeben.

Ein vorzeitiger Samenerguß beim Manne, und zwar unmittelbar vor oder nach dem Eindringen in die Vagina, führt im Laufe der Zeit zu Mißbefindlichkeiten und wird häufig im Beschwerdebild vorgetragen. In schweren Fällen handelt es sich dabei um eine defizitäre Sexualfunktion. Die schnelle Ejakulation nach dem Eindringen in die Vagina kann als ein Reflex gelten, der in Abhängigkeit von der Geschwindigkeit einer Reflexantwort gleichkommt. Er kann durch verschiedene Faktoren in der Biographie des Mannes, aber auch durch soziale Umstände bedingt sein. Beim männlichen Partner hielt man es in gewissen Kreisen für unwichtig, die Frau erst allmählich zu einem Höhepunkt ihres Orgasmus zu bringen.

Eine vorzeitige Ejakulation kann gebessert werden, indem man eine umfassende Krankengeschichte aufnimmt, sich mit beiden Partnern eingehend bespricht und Anweisungen für das sexuelle Leben einschließlich der bereits erwähnten Drucktechnik auf den Schaft der Glans penis erteilt. Unterstützend kann man zusätzlich auch noch eine Medikation in form von Thioridazin (Melleril) in Dosen von etwa 50 mg vor dem Geschlechtsverkehr geben. Dieses Medikament zeigt einen autonomen Effekt in der Verzögerung der Ejakulation. Erfolge nach Anwendung des Medikaments vermögen den Teufelskreis von Angst und Versagen zu durchbrechen.

Schwere Formen der Frigidität mit Vaginismus und ggf. auch einem Nichtvollzug der Ehe sprechen u. U. günstig auf eine Kombination vorsichtiger körperlicher Exploration mit psychotherapeutischen Methoden an. Am besten nimmt sich dieser Aufgabe eine Ärztin an, die auch eine vorsichtige Exploration der Vagina mit einem Fingerling durchführen und dabei bereits eine ganze Menge von Ängsten lindern kann. Der gleiche Vorgang sollte dann in Gegenwart des Ehemannes wiederholt werden. Mit graduierten Dilatatoren – die die Patientin selbst anwenden kann – können ebenfalls Erfolge erzielt werden. Bei schweren Angstzuständen können vor dem Geschlechtsverkehr Tranquilizer verabreicht werden, die die Spannung abbauen, ohne gleichzeitig ein sexuelles Verlangen oder den Geschlechtsverkehr selbst zu inhibieren. Zum Beispiel kann Diazepam, in der Dosierung von 5 mg, ein bis zwei Stunden vorher gegeben werden. Viele Patientinnen machten den Versuch mit Alkohol, bevor sie ärztliche Hilfe in Anspruch nahmen, doch können ernste sexuelle Probleme nur selten mit Alkohol gelöst werden.

Soll die Behandlung Erfolg haben, müssen die angsterzeugenden Probleme zwischen den beiden Partnern gelöst werden. Der Patient, der Hilfe will, muß darauf vorbereitet und auch willens sein, in jeder Beziehung eifrig mitzuwirken. Es ist z.B. sinnlos, eine Impotenz bei einem treulosen Ehemann zu behandeln, wenn er seine Treulosigkeit fortsetzen will, die ihrerseits aber die Quelle der Schuld gegenüber seiner Ehefrau darstellt. Besonders der praktische Arzt muß nach sorgfältigem Anhören der Vorgeschichte die wirklichen Nöte der Situation richtig einschätzen, bevor er Ratschläge erteilt. Danach sollte er weitere Interviews auf der Basis anbieten, daß er die täglich aufkommenden Gefühle mit dem Patienten bespricht, verbleibende Zweifel oder Befürchtungen aufklärt und sich im Lauf der Zeit vom Patienten über den Fortgang berichten läßt.

Einige Patienten, die eine vollständige primäre Impotenz bzw. einen Vaginismus zeigen, können keine sexuelle Beziehung mehr eingehen von dem Tag an, als sie entsprechende Anstrengungen unternahmen. Bei diesen Patienten finden sich tief gelegene emotionale Störungen, die einer vollständigen Besserung mit der oben dargestellten Behandlung nicht zugänglich sind. Für sie kann sich die Durchführung einer psychoanalytisch orientierten Psychotherapie über längere Zeit hin als notwendig erweisen.

Angesichts der gesamten, breit gestreuten Thematik sexueller Unzulänglichkeiten läßt sich feststellen, daß zumindest ein Viertel bis ein Drittel der Patienten im Verlaufe von etwa sechs bis zwölf Interviews innerhalb von zwei bis drei Monaten Besserung erfahren können.

Krankhafte Eifersucht

Vorurteile, die von Eifersucht geprägt sind, quälend mit Zweifeln einhergehen und gelegentlich zu vollständiger Verzweiflung und zu einem tragischen Ausgang führen, sind uns aus der Literatur bestens bekannt. Ein Arzt, der das Vertrauen seiner Patienten genießt, wird auch mit dieser Thematik konfrontiert werden. Eifersucht basiert auf sexueller Unsicherheit und Unausgeglichenheit – was manche Patienten durchaus erkennen –, die aber eine gewaltige Intensität aufweist und oft nicht voll ins Bewußtsein dringt. Die Gefühle können dabei auf den Partner projiziert werden, der in den Augen des Patienten sexuellen Verrat übt und im Gegensatz zur eigenen Treue verachtet wird. Eifersüchtige Anschuldigungen können dabei zu Ausbrüchen fortwährenden Nörgelns und Tyrannisierens eskalieren, um ein Eingeständnis zu entlocken. Die schwerlastende Verstimmung kann aber auch zu gefährlichen Attacken gegen Leib und Leben führen. Die Suche nach stichhaltigen Beweisen nimmt fanatischen Charakter an. Evident wird die Sache, wenn sich Haare und unsichtbare Markierungen am Bettzeug finden oder Zeichen entdeckt werden, wie etwa, daß sich Vorhänge am gegenüberliegenden Haus bewegen oder Autos langsamer am Haus vorbeifahren. Wahnvorstellungen der Treulosigkeit können den Patienten dabei ganz in Anspruch nehmen, was sich leicht an seinem psychischen Zustand ablesen läßt. Die Unschuld seiner angeklagten Frau berücksichtigt er jedenfalls nicht.

Das Syndrom kommt bei vielen psychiatrischen Krankheitsbildern vor, so daß sich eine eingehende Diagnose als wichtig erweist. Einige Patienten leiden an einer schizophrenen Psychose, bei anderen läßt sich ein endogen depressives Zustandsbild feststellen. Gelegentlich findet sich das Bild auch in frühen Stadien einer zerebralen Krankheit, die schließlich zur Demenz führt. Auch kommt das Phänomen bei schwerem Alkoholismus vor, und zwar, wenn paranoide Züge in der Persönlichkeit mit einem sexuellen Defizit vermischt werden, wie es durch Alkohol und die Abneigung der Ehefrau gegenüber sexuellen Beziehungen mit einem häufig betrunkenen Ehemann zustande kommen kann. Gewöhnlich tritt das Zustandsbild im Kontext einer Persönlichkeitsstörung des Patienten auf, wobei eine weitgehend gestörte eheliche Verbindung die unreifen und selbstunsicheren Persönlichkeitszüge des Kranken in Mitleidenschaft zieht.

Soweit sich psychische Störungen finden, bedürfen sie einer eigenen Behandlung, wie sie im vorliegenden Lehrbuch beschrieben wird. Eine Psychotherapie vermag die Konstellation nur selten zu ändern. Doch können den Partnern Ratschläge gegeben werden, besonders der Ratschlag im Hinblick auf die Zielscheibe von Anschuldigungen, nichts um des lieben Friedens willen zu „beichten", wenn der Partner in Wirklichkeit unschuldig ist. Oft muß aus Sicherheitsgründen eine Trennung in Erwägung gezogen werden.

13 Psychosomatische Reaktionen und verwandte Syndrome

Definition

Psychosomatische Reaktionen können als körperliche Veränderungen aufgefaßt werden, die in einem engen Bezug zu emotionalen Faktoren entstehen.

Ätiologie

Im Grunde ist jede Form von Krankheit mit psychosomatischen Aspekten behaftet. Das wesentliche Bindeglied zwischen Psychiatrie, Allgemeinmedizin, Chirurgie und Geburtshilfe liegt in der Unmöglichkeit begründet, seelische Zustandsbilder getrennt von körperlichen Befindlichkeitsstörungen zu behandeln, ebensowenig wie körperliche Zustandsbilder von psychischen trennbar sind. Hätte die Psychiatrie nur einen solchen Beitrag zum allgemeinen medizinischen Kurrikulum geleistet und nur dieses einzelne Faktum bekräftigt, wäre ihr Beitrag doch unbezahlbar. In der Vergangenheit war während der ärztlichen Ausbildung meist die Vorstellung verbreitet, daß psychische Zustandsbilder entweder erwiesen oder als irrelevant zu vernachlässigen seien, solange körperliche Zustandsbilder nur erschöpfend beobachtet und eingehend studiert würden.

Die anatomisch-physiologische Basis für psychosomatische Reaktionen ist bei näherer Erwägung selbstverständlich. Das Zentralnervensystem, das autonome Nervensystem und das neuroendokrine System, als dessen Angelpunkt die Hypophyse angesehen werden kann, repräsentieren drei innerlich miteinander verbundene Kommunikationssysteme, wodurch der Mensch sein Gleichgewicht zwischen sich selbst und seiner Umwelt, aber auch innerhalb seines Organismus aufrechterhält.

Der zerebrale Kortex und das Zentralnervensystem sind erstrangig verantwortlich für die Vermittlung subjektiver Erfahrung und objektiven Verhaltens. Das autonome Nervensystem ist verantwortlich für die Aufrechterhaltung des inneren physiologischen Gleichgewichtes und dessen Bezug zu Anforderungen durch Erfahrungen von außerhalb. Die Verbindung zwischen dem autonomen Nervensystem und dem neuroendokrinen System wird durch das Neuralrohr des Infundibulums hergestellt, das den Hypothalamus mit der Hypophyse verbindet.

Die verschiedenen Phänomene der Emotion, die als eine Kombination von subjektiver Erfahrung und objektivem physiologischen Wechsel definiert werden können, stellen ein normales und universelles Beispiel für eine psychosomatische Reaktion dar. So kann Angst z.B. in Verbindung mit einer äußeren Erfahrung, aber auch mit einer inneren kortikalen Assoziation im Zentralnervensystem entstehen, und zwar dann, wenn man sich einer angsterzeugenden Thematik zuwendet. Angst wird dabei durch autonome Aktivität bei der adrenergen Antwort vermittelt. Bleibt dieser Zustand lange genug aufrechterhalten, so kann es zu Veränderungen im neuroendokrinen System kommen, z.B. in einer Überaktivität der Schilddrüse.

Obgleich solche Interaktionen zwischen den Systemen einen konstanten und invariablen Aspekt bei menschlicher Gesundheit und Krankheit darstellen, so werden diese Gesichtspunkte häufig in der medizinischen Praxis verkannt. In Wirklichkeit sind aber Rückwirkungen einer protrahierten Angst oder Frustration auf die körperliche Gesundheit nicht nur einleuchtend, sondern völlig unvermeidbar. Auch kann die Wertigkeit einer rein subjektiven Erfahrung nicht außer acht gelassen werden. Geschweige denn kann man es zulassen, daß Medizinstudenten und Ärzte noch mit solch sinnlosen und widersprüchlichen Begriffen operieren wie „eingebildeter Schmerz"; oder etwa die unsinnige Vorstellung, daß emotionale Rückwirkungen bei schwerer körperlicher Krankheit sich vielleicht verringern könnten.

Schmerz ist im wesentlichen eine subjektive Erfahrung. Entweder er existiert, oder er existiert nicht. Sagt ein Patient, daß Schmerzen ihn plagen, so sagt er entweder die Wahrheit, oder er lügt. Im ersten Fall leidet er wirklich, ob der Arzt nun eine organische Erklärung dafür finden kann oder nicht. Im zweiten Fall stellt das Beschwerdebild eine Form der Simulation dar. Der Patient leidet aber nicht an Schmerzen aufgrund einer funktionellen oder hysterischen Genese. Simulation ist im Gegensatz zu hysterischen Symptomen in der klinischen Allgemeinpraxis ein seltenes Vorkommnis.

Einige spezielle klinische Beispiele

Die folgenden Zustandsbilder sollen beispielhaft Syndrome zeigen, bei denen die emotionale Komponente in der Erfahrung des Patienten von besonderer Wichtigkeit ist. Bei einigen dieser Beispiele, so etwa beim Heuschnupfen, sind die organischen Veränderungen gering, während Impotenz und Dyspareunie gewöhnlich nicht in den klassischen Listen psychosomatischer Zustandsbilder figurieren, aber dennoch aus guten Gründen in der nachfolgenden Aufzählung erwähnt werden.

1. *Im Bereich des kardiovaskulären Systems*
   Hypertension
   Angina pectoris
   kardiale Ischämien
2. *Im Bereich des Verdauungstraktes*
   Chronische Dyspepsie, Colitis mucosa et ulcerosa
   sowie Darmreizungen
   peptisches Ulkus
3. *Im Bereich der Haut*
   Urtikaria
   Ekzem
   unter Umständen Psoriasis und seborrhoische Dermatitis
4. *Allergische Reaktion und spezifische Empfindlichkeiten*
   Heuschnupfen und allergische Rhinitis
   Bronchialasthma
   Migräne
5. *Im Bereich des Muskel- und Skelettsystems*
   Rheumatische Arthritis
   Rückenschmerzen, „Rheumatismus" und „Fibrositis"
6. *Im Bereich des Stoffwechsels und des endokrinen Systems*
   Diabetes mellitus
   Hyperthyreoidismus
7. *Im Bereich des Fortpflanzungssystems*
   Impotenz – s. Kap. 12
   Dyspareunie und Vaginismus – s. Kap. 12
   Menstruationsstörungen
   Symptome in der Menopause
8. *Anorexia nervosa*

Diese Befindlichkeitsstörungen weisen als wichtiges gemeinsames Kriterium auf, daß überall das autonome Nervensystem bei Entwicklung der Symptomatik beteiligt ist. Das Ausmaß der Beschwerden wird im wesentlichen durch den großen Anteil kontinuierlicher oder wiederkehrender emotionaler Streßsituationen bestimmt, die beim Zustandekommen, in der Aufrechterhaltung und in der Beeinflussung der Symptomatik eine Rolle spielen.

Das Beispiel des Diabetes mellitus veranschaulicht dies besonders. Schon lange ist bekannt, daß verschiedene Ursachen die Insulintoleranz und insofern auch das gesamte Gleichgewicht des stabilisierten Diabetikers verändern. Hauptsächlich kommen hierfür Infektionen in Frage, aber auch Schockzustände im Zusammenhang mit Verletzungen oder bei Operationen unter Narkose. Einen gleichermaßen signifikanten Faktor kann aber auch eine emotionale Katastrophe darstellen.

Plötzliche Beraubung, Untreue oder Fremdgehen des Ehemannes bzw. der Ehefrau, aber auch ein Geschäftszusammenbruch oder der Verlust eines ganzen Vermögens können ein diabetisches Koma bei einem zuvor stabilisierten Diabetiker auslösen, und zwar nicht, weil der Patient seine üblicherweise selbst zugeführte Insulininjektion zu diesem Zeitpunkt vergessen hat (obwohl dies auch möglich ist), sondern auf dem gleichen Wege wie eine Infektion oder andere physiologische Störung. Es gibt dabei eine ganze Reihe von möglichen Mechanismen: entweder Nebennierenmarkhormone, deren Sekretion durch das autonome Nervensystem in Gang gesetzt wird, erzeugen eine Hyperglykämie, aber auch Nebennierenrindenhormone, die bei allen Streßsituationen freigesetzt werden, auch bei heftigen Gefühlsausbrüchen.

Scheinbar sind diese Prozesse eine angeborene folgerichtige Antwort des Lebewesens gegenüber außergewöhnlichen Situationen, mag sich dies nun um Angst oder Schmerz, Hunger oder Infektion, emotionalen Streß oder körperliche Krankheit handeln.

Klinische Zusammenhänge

Die Ursachen lassen sich leicht herausfinden, wenn man die Vorgeschichte des Patienten aufnimmt und bei der Untersuchung eingehend die gesamte Lebenssituation berücksichtigt, insbesondere die Hintergründe und die persönliche Biographie, aber auch das gegenwärtige Beschwerdebild.

Besonders wertvoll und transparent für die Zuordnung der gewonnenen Daten erweist sich die Auflistung einer sogenannten *Lebenstafel* des Patienten. Diese umfaßt vier vertikal verlaufende Kolumnen, deren erste und zweite Säule das Alter des Patienten und die einschlägigen Daten für die gesamte Lebensgeschichte enthalten, die dritte Kolumne beinhaltet die besonderen Lebensumstände und ihre Entwicklung zu wichtigen Zeitpunkten, die vierte Kolumne bezeichnet die Symptome, an denen der Patient gelitten hat und berücksichtigt gleichzeitig die Exazerbationen, Rückfälle und Remissionen bestehender Krankheitsbilder sowie die Fluktuationen im allgemeinen Gesundheitsbefinden. Korrelationen, die auf diese Weise in Erscheinung treten, können jeden Arzt dazu befähigen, sich gegenüber dem Patienten noch aufmerksamer, sorgfältiger, effektiver und menschlicher zu verhalten.

Fall Nr. 27

C. L., männlich, 34 Jahre, Diagnose: *Colitis ulcerosa*

Alter (J.)	Datum	Biographische Daten und Lebenssituation	Vorhergehende und laufende Symptome
	geboren 17. Juni 1940		
4	März 1945	Eltern trennten sich, Patient wechselte ins Internat über	Einsetzen von Enuresis nocturna

Alter (J.)	Datum	Biographische Daten und Lebenssituation	Vorhergehende und laufende Symptome
8	Oktober 1948	Patient wechselte zur Mutter über: Eltern wieder vereint, jedoch Auseinandersetzungen	
8	Dezember 1948		Nachlassen der Enuresis nocturna
9	April 1950	Schulschwierigkeiten. Patient für Stipendium vorgesehen. Reibereien zwischen Vater und Lehrern des Schülers. Rückwirkungen auf den Patienten	Beginn von Schulversäumnissen, sonderbare Zeit: „Koliken und Diarrhoe“
13	August 1953 September 1953	Stipendium erhalten Internat. Sehr unglücklich	
13	Oktober } 1953 November }		Im Schulsanatorium mit laufenden abdominalen Beschwerden, Tenesmen.
14	1954		Stufenweise fluktuierende Häufigkeit von Stuhlgängen mit Diarrhoe während der nächsten drei Jahre
17	1957	Schulabgang. Keine ausreichenden Leistungen zum Besuch der Universität. Im ersten Lehrjahr Angestellter als Rechtsanwaltsgehilfe.	
19	1959	Schwierigkeiten mit dem National Service. Auseinandersetzung wegen Militärdienst usw. Vater hat als pensionierter Soldat kein Verständnis für den Patienten	
19	November 1959		Zum erstenmal Blut im Stuhlgang festgestellt
19	Dezember 1959	Abgelehnt für den National Service	Symptomatik wieder aufgetreten
20–25	1960–65	Prüfung als Rechtsbeistand bestanden. Mutter stolz. Vater abwesend.	Wohlbefinden

Alter (J.)	Datum	Biographische Daten und Lebenssituation	Vorhergehende und laufende Symptome
27	1966–67	Vater nach Hause zurückgekehrt. Unruhig, nervös, extravagant, gegenseitige Beschuldigungen. Patient wohnt weiterhin zu Hause. Besorgt und empfindlich: Befaßt sich zuhause meist mit Reparaturen. Mutter wird ängstlich und hypochondrisch	Rückfall mit Darmsymptomatik. Colitis ulcerosa diagnostiziert. Verweigert stationäre Einweisung (blieb ihm indes nicht erspart)
28	Juni 1968	Lernte seriöse Freundin kennen (auch mit familiären Problemen). Zu einer Heirat nicht fähig	Exazerbation der Colitis ulcerosa. *Einweisung ins Krankenhaus.* Symptome ließen unter Routinebehandlung weitgehend nach
29	März 1970	Beim Vater Lungenkrebs diagnostiziert	Patient sehr depressiv: ängstlich, Schuldgefühle. Colitis ulcerosa inaktiv
30	September 1970	Vater gestorben	Patient sehr verstört. Außer Schlafstörung und Müdigkeit gesundheitlich o. B., insbesondere keine aktive Colitis
30	April 1971	Heirat. Wohnt mit der Mutter im gleichen Haus. Mit Problemen gegenüber Schwiegermutter, Schwiegertochter konfrontiert. Wechselte, um beruflich voranzukommen, zu einer anderen Firma über	
31	Juni 1971		Schwerer Rückfall der Colitis ulcerosa mit Hämorrhagien. Wiederaufnahme ins Krankenhaus. Patient verzweifelt und sehr deprimiert. Psychiatrisches Konsil.
31	Juli, August September 1971	Analytische und supportive Psychotherapie unter stationären Bedingungen	Allmählich eintretende Remission mit symptomfreiem Zustandsbild

Alter (J.)	Datum	Biographische Daten und Lebenssituation	Vorhergehende und laufende Symptome
32	24. September 1971	Nach Hause entlassen. Ambulante Nachbetreuung und Fortsetzung der Psychotherapie einmal pro Woche über drei Monate, danach alle 14 Tage bzw. monatlich	Einsicht gewonnen. Remission hält an
34	September 1974	Übernahme in eine Drei-Jahres-Kontrollstudie	Wohlbefinden

Fall Nr. 28

J. D., weiblich, 30 Jahre. Diagnose: *Rheumatische Arthritis*

	geboren 2. März 1943	Einzelkind. Angepaßt, ängstliche Eltern. Glücklich, wenn auch als Kind überprotegiert: Patientin war von Hause aus ein athletischer Typ und neigte zum Eigensinn; mußte gelegentlich mit ihren Eltern darum kämpfen, die Erlaubnis zu erhalten, an wilden Spielen und Wettkampfsport teilzunehmen, bei denen sie vorzüglich abschnitt Signifikante Merkmale tauchen jetzt erstmals in der Lebensskala der frühen Erwachsenenzeit auf	
24	Juni 1967	Heiratete einen „halsstarrigen, ehrgeizigen jungen Elektriker von 26 Jahren“	Fühlt sich sehr wohl und glücklich
25	Januar 1969	Ehemann entschied sich zur Auswanderung. Erhebliche Opposition seitens der Eltern der Patientin. Selbst voller Konflikte, Ambivalenzgefühle	Ängstlich, schlaflos, weint viel, Gewichtsverlust

Alter (J.)	Datum	Biographische Daten und Lebenssituation	Vorhergehende und laufende Symptome
26	März 1969	Mutter drängt (heimlich) auf Schwangerschaft bei Patientin. „Dann kannst du die Auswanderung um mindestens ein Jahr verschieben ...“	Patientin (voller Schuldgefühle und ohne es ihren Ehemann wissen zu lassen) unterläßt Einnahme der Kontrazeptiva. Zuvor war man übereingekommen, in den ersten drei Jahren keine Kinder haben zu wollen
26	Mai 1969	Ehemann wütend, sah sich getäuscht (unklugerweise von der Patientin unter Druck zugegeben)	*Eintritt einer Schwangerschaft.* „Haßte sich selbst, Mutter, Ehemann, ungeborenes Kind ...“. Deutlich depressiv. Keine ärztliche Beratung
26	Juli 1969	Ehemann zeitweilig reumütig. Mutter argwöhnisch	*Spontanabort.* Patientin sehr verstört. „Ich weiß nicht, was ich will. Auf jeden Fall nichts Gutes ...“
		Hausarzt konsultiert. Riet allen, sich zusammenzureißen	
26	September 1969	Günstige Gelegenheit für den Ehemann in Kanada. Emigrierte ohne die Patientin. „Für dich ist es dieses Jahr zu kalt: Du fühlst dich nicht richtig wohl: Komm später nach, wenn ich eine Wohnung gefunden habe und ich dich rufe ...“	Patientin völlig aus der Fassung geraten und empört. Gab ihrer Mutter die Schuld. Beschuldigte auch ihren Ehemann. Betete, es möge etwas passieren, daß der Ehemann zurückkomme
26	November 1969	Bei Hausarzt Kontrolluntersuchung der Patientin. Empfahl dem Vater, den Ehemann zur Rückkehr zu bewegen. Vater telegrafierte dann unmittelbar darauf an Ehemann: Kehre sofort zurück. Ehemann flog zurück	Patientin empfindlich, dann aber gebessert, als sie Ehemann wiedersah

Alter (J.)	Datum	Biographische Daten und Lebenssituation	Vorhergehende und laufende Symptome
26	Dezember 1969	Harmonisches Eheleben einschließlich Intimverkehr erfolgreich. Angenehme Weihnachtsfeiertage in der Wohnung der Eltern der Patientin	Patientin fühlt sich sehr wohl
26	Januar 1970	Ehemann kündigte unmittelbare Rückkehr nach Winnipeg an: „Du kannst im Frühjahr nachkommen ..." Reaktion des Ehemanns daraufhin: „Es ist doch alles mit dir in Ordnung. Du spielst mir nur etwas vor, um deinen eigenen Weg zu gehen."	Reaktivierung der Mißbefindlichkeiten der Patientin. *„Du kannst mich doch nicht schon wieder verlassen ..."* Patientin gedemütigt und verstört
26	Februar 1970	Ehemann fliegt wieder zurück nach Kanada. Situation insgesamt angespannt	Patientin entwickelt Symptome einer rheumatoiden Arthritis am linken Handgelenk und in der Hand
		Patientin stellt fest, daß sie schwanger ist.	Symptome lassen nach
		Ehemann verspricht, zurückzukehren, um sie dann im April nach Kanada mitzunehmen	Patientin wohlauf und voller Hoffnung
27	April 1970		Zweiter Spontanabort. Rhesusinkompatibilität diagnostiziert. Schwere rheumatische Arthritis im linken Handgelenk, der Hand, im Bereich beider Knie und am rechten Fußknöchel. Stationäre Einweisung. Deutlich depressiv. *Psychiatrisches Konsil angefordert*
		Angesichts des vorliegenden Materials aus der Biographie Beginn mit psychotherapeutischer Behandlung, auch 8 Elektroschockbehandlungen	Remission, Entlassung innerhalb von 2 Monaten mit nachfolgender ambulanter Psychotherapie für 6 Monate

Alter (J.)	Datum	Biographische Daten und Lebenssituation	Vorhergehende und laufende Symptome
27	November 1970	Fortführung der Kontakte zwischen Patientin und Hausarzt, nachdem Psychotherapie beendet ist	Remission hält an
27	Dezember 1970	Patientin flog nach Kanada, um sich mit ihrem Ehemann zu treffen	
30	Dezember 1973	Weitere Erholung der Patientin in Kanada hält an, laut schriftlicher Mitteilung als Antwort auf eine Anfrage innerhalb der Follow-up-Studie	

Zur Spezifität der Ursachen und Syndrome

Trotz ansehnlicher Forschungsanstrengungen gibt es nur wenige Ergebnisse, die besondere körperliche Syndrome mit typischen prämorbiden Persönlichkeiten oder speziellen Streßproblemen in Beziehung setzen können. Andererseits werden die gleichen Persönlichkeitsbeschreibungen bei einer Vielzahl psychosomatischer Krankheiten beschrieben, wobei die typischen Opfer mit ausgesprochen zwanghaften Impulsen ausgestattet sind und zusätzliche Verpflichtungen bei der Arbeit auf sich nehmen, während sie eigentlich dazu unfähig oder nicht willens sind, ihren Ehrgeiz und Erfolgstrieb zu bremsen: Hier handelt es sich um das Stereotyp der sogenannten Ulkuspersönlichkeit bzw. den Menschen, der dazu bestimmt ist, eine Koronarthrombose zu entwickeln.

Das spezifische Element ist hier nicht der Streß und auch nicht die Persönlichkeit, sondern das Syndrom: Der Patient, der als junger Mann eine Colitis ulcerosa entwickelt, neigt unter Streß zu Rückfallerscheinungen, wobei die Streßformen während seines Lebens ganz verschieden sein können. Gleiches geschieht mutatis mutandis beim Ulcus pepticum, dem Bronchialasthma usw.

Bronchialasthma als Beispiel für eine psychosomatische Störung

Das Syndrom des Bronchialasthmas mit seinen Episoden der Bronchuskonstriktion, wobei es zu schwerer Dyspnoe, einer bedrohlichen Gesamtsituation und sogar zu Todesfällen kommen kann, illustriert die Prinzipien der psychosomatischen Medizin sehr gut. Der Tonus der glatten Bronchialmuskulatur ist einer Reihe von Faktoren ausgesetzt, die einerseits im Bereich des Bronchus selbst liegen, beispielsweise Toxizität und Irritation durch obstruierende eitrige Sekrete, die andererseits aber auch entfernt in Form von humoralen Faktoren und vom Grad einer autonomen Entlastung abhängen können. Der autonome Tonus wird seinerseits teilweise durch den emotionalen Zustand des Patienten über den Hypothalamus bestimmt. Diese Mechanismen mit ihren psychologischen und somatischen Ursachen, aber auch ihren komplexen Ätiologien lassen sich bei vielen Patienten eruieren.

Die Funktionen bei einer bronchialen *Infektion* und einer *Allergie*, beispielsweise Allergie auf Hausstaubmilben und gewisse andere Substanzen, wie Blumen, Nahrungsmittel und Getränke, sind bestens bekannt, und häufig kommt es zur Interaktion beider Faktoren. Auf die Inhalation des Allergens folgt eine schwere Atemstörung im Bereich des Bronchiallumens, während schon eine Infektion vorhanden war, die der Patient selbst vielleicht kaum wahrgenommen hat.

Psychologische Faktoren spielen häufig eine wesentliche Rolle. Dies läßt sich an den Fällen vieler asthmatischer Kinder illustrieren. Die Gegenwart des Allergens wird dabei zum konditionierten Stimulus, um Asthma zu verursachen. Gelegentlich genügt schon der Anblick oder sogar nur die Erwähnung des üblichen Allergens, um eine Attacke auszulösen, ohne daß etwa eine Spur davon inhaliert worden wäre.

Bei vielen Patienten werden Attacken durch Emotionen ausgelöst, obwohl das Muster jeweils von Patient zu Patient verschieden ist. Auslöser können auch Frustrationen und gelegentlich Verstimmungen oder Ängste sein, in seltenen Fällen sogar auch freudige Erregung.

Das Krankheitsbild kann durch unglückliche familiäre Verhältnisse eine Zuspitzung erfahren. Der Patient kann z. B. nach einer Auseinandersetzung mit seiner Mutter eine Attacke haben. Er ist über den Streit erzürnt, fühlt sich schuldig, weil er sie aus der Fassung gebracht hat und ist verstimmt darüber, daß dies schon wieder einen Asthmaanfall bei ihm ausgelöst hat. Die Mutter ihrerseits empfindet auch Gefühle des Zorns wegen des Streits, ferner Ängste und Schuldgefühle darüber, daß sie wiederum bei ihrem Kind eine Asthmaattacke ausgelöst hat, schließlich Frustrationsgefühle angesichts ihrer Unfähigkeit, zu ihrem empfindlichen Kind keine glückliche Beziehung zu haben. Natürlich können noch andere Gefühlstönungen hinzutreten.

Von Müttern und anderen nahen Verwandten hat man immer angenommen, daß sie gegenüber asthmatischen Patienten überängstlich seien und durch komplizierte Abhängigkeitsverhältnisse das Zustandsbild verschlimmern könnten. Dies ist jedoch ein hartes Urteil, da solche Ängste das Asthma bei der Erstmanifestation nicht hervorgerufen haben können, sondern eher als Antwort auf den Streß zu verstehen sind, ein asthmatisches Kind zu haben.

Zweifellos kommt es zu Interaktionen durch infektiöse, allergische und psychologische Genese, wobei die Bronchialmuskulatur sich als gemeinsame Endstrecke erweist. Ein Autor stützte sogar die psychosomatische Hypothese durch folgende Bemerkung: „Asthma ist in allen Fällen mit Sicherheit eine allergische Krankheit. Einige Patienten sind allergisch gegenüber Pollen, andere gegenüber den Schürzenbändern ihrer Mutter."

Die Behandlung muß auf verschiedenen Ebenen durchgeführt werden, die sich logischerweise von den ätiologischen Faktoren ableiten. Psychiatrische Methoden sollten folgende Maßnahmen umfassen: Muskelrelaxierung, Durchführung hypnotischer Sitzungen zur Vertiefung der Relaxation, medikamentöse Sedierung, Psychotherapie, und zwar überwiegend als Einzeltherapie, gelegentlich aber auch in gegebenenfalls effektiverer Form nach Absprache mit den Eltern als Familientherapie.

Einige spezifische Syndrome von besonderer Wichtigkeit in der Psychiatrie

Anorexia nervosa

Die Anorexia nervosa äußert sich in einer ausgesprochenen Aversion gegenüber der Nahrungsaufnahme. Das Syndrom führt oft zu schweren Hungerzuständen und ist zumindest am Anfang von einem subjektiven Wohlbefinden und von Beteuerungen, voller Energie zu sein, begleitet. Abmagerung und ggf. Tod durch Verhungern oder sekundäre Infektionen stellen bei diesem Krankheitsbild in unbehandelten Fällen signifikante Risiken dar.

Ätiologie

Die Störung beschränkt sich vor allem auf heranwachsende Mädchen oder junge erwachsene Frauen, obgleich man das Bild gelegentlich auch bei jungen Männern antrifft. In 20% der Fälle handelt es sich um schizophrene oder deutlich depressive Patienten bzw. Patienten, die an einem Zwangssyndrom leiden. Das typische Syndrom erstreckt sich jedoch auf die Unreife der Persönlichkeit sowie auf den Konflikt, heranzuwachsen, erwachsen zu werden und sexuelle Reife zu erlangen. Zwischen Eltern und Tochter kommt es vor Ausbruch der Krankheit zu stürmischen Auseinandersetzungen. Soziale Einflüsse prägen dabei die vorherrschende Sorge junger Frauen in bezug auf die Schlankheit, da eine rundliche Figur aus der Mode gekommen ist.

Das Bild der Anorexia nervosa tritt oft bei Mädchen auf, in deren Familie sich die Probleme vermehrt um Ernährung und die Figur drehen. Die wohlüberlegte erhebliche Einschränkung der Nahrungsaufnahme führt dann zu einem Abmagerungszustand mit Amenorrhoe, während sich das Mädchen noch in einer präpubertalen Phase befindet und sich sexuell nicht entwickelt. Die Gewohnheit wird weiter aufrechterhalten, da sie gegenüber den sexuellen Konflikten eine unbewußte Entlastung bedeutet oder auch aus anderen Gründen, z.B. infolge familiärer Streßsituation und da Gewohnheiten ihre eigene Schwungkraft zu gewinnen pflegen und dann schwierig zu unterlassen sind.

Klinische Merkmale

Die Kombination von Abmagerung, subjektivem Wohlbefinden und einer gezielten, gelegentlich auch verzweifelten Verweigerung oder Unfähigkeit, eine normale Nahrung zu sich zu nehmen, während andere krankhafte Symptome fehlen, ist äußerst charakteristisch. Es besteht eine konstante Amenorrhoe. Die Erfindungskraft von Methoden, um nicht zuzunehmen, kann sich über die Verheimlichung und Täuschung bei der Nahrungsaufnahme bis hin zur Einnahme von Abführmitteln und selbstinduziertem Erbrechen erstrecken.

Differentialdiagnose

Differentialdiagnostisch muß das Spektrum von der endokrinen Störung wie Hypopituitarismus bis hin zur schweren latenten Infektion, wie chronischer Miliartuberkulose abgeklärt werden. Der Verlust der sekundären Geschlechtsmerkmale, wie Scham- und Achselhaare sowie Brustkonturen, findet sich bei endokriner Störung häufig, jedoch nicht bei Anorexia nervosa.

Behandlung

Wesentlichstes Ziel ist die Wiederherstellung von Kontakt, Sympathie und Rapport, parallel mit einer Gewichtsaufbesserung und Wiedergewinnung der Leistungsfähigkeit durch Verabreichung einer sorgfältigen Diät unter stationären Bedingungen. Eine umsichtige Unterstützung und Supervision des Essens durch das Pflegepesonal ist dabei erforderlich. Der Patient hält unter Verordnung von Chlorpromazin zunächst Bettruhe ein, damit eine Gewichtszunahme unter Sedierung erreicht wird. Eine ausdrückliche Hierarchie von Belohnungen ist nötig, um überhaupt eine Gewichtszunahme zu beginnen und erfolgreich fortführen zu können. So darf der Patient nur nach Feststellung kleiner Gewichtszunahmen Besucher empfangen. Dann erst wird ihm erlaubt aufzustehen, und anschließend darf er an der Beschäftigungstherapie teilnehmen. Um diese strikte Handhabung einzelner Stimuli mit Hilfe des Personals durchführen zu können und um eine lebensrettende Gewichtszunahme sicherzustellen, ist zu jedem Zeitpunkt der Behandlung ein supportiver Kontakt mit dem Patienten erforderlich. Im zweiten Stadium der Behandlung richtet sich das Augenmerk dann auf die psychopathologischen Probleme, die meist mit dem Patienten alleine, oft aber auch in Form einer Familientherapie psychotherapeutisch behandelt werden.

Prognose

Die unmittelbare Prognose in behandelten Fällen erweist sich als gut, während Langzeitprognosen leider schlecht ausfallen. Über 60% der Patienten, die das Bild einer Anorexia nervosa gezeigt haben, bieten im weiteren Verlauf ihres Lebens erneute Rückfallserscheinungen oder entfalten relativ schwere Persönlichkeitsstörungen, besonders hysterischer Art.

Hypochondrische Syndrome

Definition

Die hypochrondische Fehlhaltung kann als übersteigerte Besorgtheit um die Erhaltung der körperlichen Gesundheit oder der Möglichkeit zu erkranken definiert werden.

Vorkommen

Das Zustandsbild gehört wahrscheinlich zu den verbreitetsten Schreckgespenstern in der Allgemeinpraxis. In der einen oder anderen Form ist es für etwa 10% aller regulären stationären chirurgischen Einweisungen bzw. in der ambulanten Praxis verantwortlich zu machen. Subjektiv betrachtet, kann sich das Bild auf die Patienten erschöpfend, erniedrigend und entkräftend auswirken.

Differentialdiagnose

Hypochondrische Syndrome sind oft sehr eindrucksvoll und ihre Differentialdiagnose ist so wichtig, daß dem Zustandsbild ein besonderer Abschnitt dieses Kapitels gewidmet wird. Eine hypochondrische Einstellung kann das einzig feststellbare Merkmal eines Angstzustandes oder einer endogenen Depression sein. Es kann sich aber auch um eine hysterische oder zwanghafte Reaktion handeln, oder es kann sich dahinter eine schleichend verlaufende chronische Schizophrenie bzw. eine Demenz verbergen.

Angstzustände

Hypochondrische Entäußerungen bei Angstzuständen können in zwei Formen auftreten. Bei der einfacheren Form handelt es sich um eine Mißdeutung der autonomen Begleiterscheinungen der Angst als Anzeichen einer zunehmend in Erscheinung tretenden körperlichen Störung. Diese Form der hypochondrischen Angst sieht man bei Jugendlichen und jungen Erwachsenen, besonders häufig bei Medizinstudenten und Studenten, die ihr Krankenpflegepraktikum absolvieren. Die Beschwerden zeigen sich in Form von Tachykardien, Dyspnoe bei Anstrengungen, Mattigkeit, Verdauungsstörungen, Schwitzen, Zittern und Schlafstörungen. Bei der körperlichen Untersuchung lassen sich dann nur die autonom ablaufenden Begleiterscheinungen der Angst feststellen, deren Symptome aber das Ergebnis und nicht die Ursache darstellen.

Die zweite Variante einer ängstlich-hypochondrischen Fehlhaltung entspringt Phobien gegenüber bestimmten Krankheiten; z.B. gegenüber Krebs oder Geschlechtskrankheiten. Man kann dem Patienten die Angst nehmen, wenn man ihn sorgfältig und eingehend klinisch untersucht, ihm anschließend alles erklärt und ihn mit angemessenen Worten beruhigt. Trotzdem kann dadurch, auch wenn der Patient zunächst dankbar ist und sich sein Zustand bessert, der Krankheitsprozeß bestehen bleiben. Die Therapie besteht dann in einer Behandlung des phobischen Angstzustandes.

Hysterische Reaktionen

Bei hysterischen Reaktionen ist die hypochondrische Fehlhaltung weniger mit einer offenliegenden Angst, sondern mit der latenten Notwendigkeit belastet, eine positive Beziehung zu einem anderen Menschen durch die Zurschaustellung und die Erfahrung im Umgang mit Krankheitssymptomen herzustellen. Diagnose und Therapie hängen davon ab, ob die diesem Syndrom zugrundeliegende Psychopathologie erkannt und ausreichend beachtet wird.

Depressive Verläufe

Hypochondrische Ideen, die gelegentlich wahnhaften Charakter erreichen können, sind verhältnismäßig häufig und kommen besonders bei agitierten Depressionen älterer Menschen vor. Diese hypochondrischen Ideen zeichnen sich durch selbstbestrafende und nihilistische Tendenzen aus: „Mein Darm ist völlig blockiert..., mein Gehirn löst sich auf..., ich verfaule in meinem Inneren..., ich bin unsauber und nicht geeignet, mit anderen Patienten in der gleichen Abteilung zusammen zu sein..." Solche Ideen müssen bei der Prognose des Zustandsbildes berücksichtigt werden, sprechen aber erfolgreich auf die gleiche Behandlung an.

Zwangsneurotische Störungen

Zwangsneurotische Störungen zeigen eine hypochondrische Fehlhaltung in ihrer deutlichsten Ausprägung, da in den meisten Fällen eine krankhafte Überbesorgtheit um die körperliche Gesundheit oder die Möglichkeit einer Krankheit den einzigen Weg darstellt, auf dem sich die zwanghafte Tendenz manifestieren kann. Dieses Zustandsbild kommt bei Männern häufiger als bei Frauen vor, oftmals handelt es sich um übertrieben geschäftige Junggesellen. Dem Arzt bereiten solche Patienten kaum Kopfzerbrechen. Sie sind zufrieden, wenn in ihrem Arzneischrank riesige Kollektionen von Medikamenten in fester und flüssiger Form vorrätig sind, die sie laufend einnehmen, um so Erfolg und Trost zu finden. Angst und Verstimmung sind nicht immer vorhanden. Die eingehende Kontrolle der eigenen Gesundheit scheint zum zwanghaften Hobby in ihrem begrenzten, sinnentleerten Leben geworden zu sein. Andere Patienten suchen laufend den Arzt auf, legen ihm lange Listen mit Symptomen vor und berichten eingehend über ihre Darmbeschwerden sowie die Verfärbung des Toilettenpapiers.

Soweit eine Behandlung in Frage kommt, ist die supportive sowie die verhaltens- oder analytische Psychotherapie die Methode der Wahl.

Hypochondrische Symptomatik bei Schizophrenie

Das Charakteristikum einer hypochondrischen Einstellung bei Schizophrenie zeigt sich in einer bizarren Wahnqualität. Im Gegensatz zum hypochondrischen Wahn bei der Depression fehlt die selbstbestrafende und selbstanklagende Komponente. Es werden absurde Erfahrungen vorgetragen, bzw. Ideen ausgedrückt, die weit über das Maß einer depressiven Psychose hinausgehen. Die Patienten glauben häufig an Ungeheuer, die sich in ihrem Körper aufhalten und klagen über nicht definierbare besondere Veränderungen und Sensationen, die manchmal auf äußere Einflüsse oder Geschlechtsverkehr bzw. auf Verfolgung zurückgeführt werden und nicht selten den Patienten um eine chirurgische Intervention bitten lassen.

Soweit der Patient dazu überredet bzw. befähigt werden kann, eine Behandlung zu akzeptieren, richtet sich diese nach der eigentlichen Grundkrankheit.

Hypochondrische Syndrome bei Demenz

Man muß besonders an diese klinische Variante denken, wenn hypochondrische Symptome zum erstenmal im Zusammenhang mit einem psychotischen Bild im hohen Lebensalter auftreten. Hypochondrische Syndrome bei Demenz persistieren gewöhnlich, neigen zur Wiederholung, zeigen bizarre Formen und sind zunächst mit Angst oder Wehleidigkeit verknüpft, im weiteren Verlauf stellt sich dann eine emotionale Labilität ein, die für die zugrundeliegende Störung charakteristisch ist. Supportive Psychotherapie und beruhigende Maßnahmen, die zwar nur von begrenzter Dauer in ihrer Auswirkung sind, erweisen sich als nützlich und stellen oft den eigentlichen Beitrag für eine wirkliche Besserung angesichts der Hilflosigkeit des Patienten dar.

Unklarer Abdominalschmerz

Kinder mit unklaren abdominellen Beschwerden werden gelegentlich von den Kinderärzten als „kleine Leibschmerzenpatienten“ bezeichnet, die im wörtlichem Sinne unter Zuhilfenahme ihres Magens über etwas „klagen“.

Unter Erwachsenen, die wegen wiederholt auftretender oder persistierender Abdominalbeschwerden stationär aufgenommen werden, finden sich in 50% der Fälle depressive oder durch Angst und Spannung charakterisierte Zustandsbilder. Manche Patienten zeigen auch hysterische Syndrome oder sind alkoholabhängig. Bei vielen Patienten wurden in der Kindheit die Gefühle in Gestalt von Schmerzen geäußert. Ein Teil der Patienten klagt über deutliche persönliche Probleme und leugnet sie nicht ab, betont aber, daß das einzige Problem der Schmerz ist. Manchmal hat sich der Patient mit einer in seinem Leben wichtigen Person, die an abdominellen Beschwerden litt, identifiziert. Den meisten Patienten kann durch eine sorgfältige psychopathologische Diagnostik und Behandlung weitgehend geholfen werden.

Prämenstruelle Spannungszustände

Viele Frauen registrieren solche Sensationen als Spannung und Erregbarkeit im prämenstruellen Teil ihres Zyklus. Wahrscheinlich handelt es sich dabei nicht um ein spezifisches Syndrom, sondern um eine Anhäufung von nur schwer definierbaren Beschwerden. Es stellen sich seltener Abnormitäten ein, als man angenommen hat. Die Gewichtszunahme bleibt allerdings unklar.

Der Mechanismus des Syndroms beruht vermutlich auf einer komplizierten hormonellen Ungleichgewichtigkeit, die noch nicht erklärt werden konnte. Ferner treten soziale Stereotype und Erwartungshaltungen unter jungen Frauen auf. Die Symptome sprechen häufig auf Tranqauilizer, Progesteronpräparate und Diuretika an: Doch ist bisher nicht nachgewiesen, daß eine dieser speziellen Behandlungsmethoden eher als ein Plazebopräparat, mit oder ohne Information der Patientin verabreicht, eine erklärliche Besserung erbracht hat.

Menopause

Die Menstruation hört infolge Abfalls der Östrogenproduktion gewöhnlich zwischen dem 45. und 50. Lebensjahr auf. Vergleichbare Veränderungen beim Mann gibt es nicht. In den Wechseljahren, die auf den Östrogenabfall zurückzuführen sind, leidet die Patientin unter gleichzeitig auftretenden Hitzewallungen und Schweißausbrüchen, später kommt es zu einer vaginalen Atrophie mit Nachlassen der Vaginalfeuchtigkeit, ggf. kommt es auch zu Osteoporose. In diesem Alter treten bei Frauen gehäuft depressive Verstimmungen auf, die bereits vor der Menopause einsetzen und diese meist um ein Jahr überdauern. Die Symptomatik hängt dabei nicht vom Östrogenspiegel ab und läßt sich auch nicht durch eine Hormontherapie ausgleichen.

Die Wechseljahre bei der Frau können von weit größerer Wichtigkeit sein als der Wechsel in der Hormonstruktur. Die Frau spürt jetzt, daß sie altert. Ihr Ehemann zeigt abnehmendes Interesse für sie. Die Kinder verlassen das Elternhaus und heiraten. Eltern im vorgerückten Alter erkranken und sterben. Alle Streßsyndrome, die in diesem Lehrbuch aufgeführt werden, können nun auftreten, besonders bei solchen Patientinnen, die bei Verstimmungszuständen besonders empfindlich reagieren. Hier ist eine einfühlende und gezielte Behandlung erforderlich.

14 Alkoholismus und Drogenabhängigkeit

Alkoholismus

Alkohol wird praktisch von allen Gesellschaftsschichten konsumiert und anerkannt. Die Gefahren erhöhten Alkoholkonsums sind eingehend bekannt. Trinkgelage und Trinker werden schon von Homer beschrieben. Bis heute hat sich daran nichts geändert, zumal Konsum, Freuden und Katastrophen infolge von Alkohol ständig zunehmen.

Einige können regelmäßig Alkohol in großen Mengen trinken, ohne abhängig zu werden und ohne Schaden an Leib und Leben zu nehmen, obwohl sie der Abhängigkeit und Zerstörung durch großen Alkoholkonsum ausgesetzt sind. Die Abhängigkeit kann, da Alkohol ähnlich wie andere Substanzen wegen seiner psychologischen Wirkungen genossen wird, ausschließlich physischer oder psychischer Natur sein. Trinker, deren Gesundheit durch Alkohol geschädigt ist, nennen wir Alkoholiker, eine Definition, die nur schwer klar zu bestimmen ist. Die gängige Definition lautet entsprechend der WHO von 1952: „Alkoholiker sind exzessive Trinker, deren Alkoholabhängigkeit einen Grad erreicht hat, so daß sich eine merkliche geistige Störung oder Beeinflussung der geistigen und körperlichen Gesundheit zeigt. Außerdem weisen sie Störungen in ihren zwischenmenschlichen Beziehungen und im reibungslosen sozialen und wirtschaftlichen Kontakt auf oder zeigen die Vorzeichen einer solchen Entwicklung."

Die traditionelle Einstellung gegenüber Trinkern, die in Schwierigkeiten geraten sind, ist von moralischen und gesetzlichen Zügen geprägt. Verhaltensweisen wie Schimpf und Verachtung gegenüber dem Betrunkenen und die Abstempelung zum unwürdigen armen Teufel, der von chronischer Trunksucht geplagt einem schlimmen Ende entgegensieht, sind üblich. Ursprünglich teilte auch die Medizin diese Anschauung. Der Versuch, den Alkoholismus als eine Krankheit anzusehen und als menschliches Anliegen der Medizinalberufe zu qualifizieren, hat sich fast durch unser gesamtes Jahrhundert hindurchgezogen. Trotz gewisser Unlogik hat sich der Ansatz als human erwiesen. Besondere Probleme tauchen auf, wenn sich der Arzt persönlich verantwortlich fühlt, vom Alkoholiker aber konterkariert wird mit der Auffassung, daß Alkoholismus eine Krankheit ist, für die es keine Hilfe gibt.

Verbreitung

Bevölkerungsstatistiken und indirekte Schätzungen mittels anderer Indizes, wie etwa die Todesraten infolge von Leberzirrhose, sind mit zu vielen Irrtümern behaftet, obwohl es auch einige Übereinstimmungen gibt.: 1. Im Vereinigten Königreich kann von 200 000 bis 400 000 Alkoholikern ausgegangen werden (in der Bundesrepublik Deutschland ca. 600 000), d. h., ein Prozent der Bevölkerung, Frühstadien eingeschlossen. 2. Die Häufigkeit nimmt zu. 3. Die Inzidenzrate besonders bei jungen Menschen und bei Frauen steigt an.

Ätiologie

Beim Alkoholismus handelt es sich wahrscheinlich um ein komplexes Problem, bei dem Wechselwirkungen zwischen sozialen, persönlichen und körperlichen Faktoren eine Rolle spielen. Einen entscheidenden Anteil haben außerdem verschiedene, auf das Individuum einwirkende Einflüsse.

Beim Trinken in Gesellschaft spielen besonders soziale Faktoren eine Rolle. Entscheidend ist die Einstellung der Gesellschaft zum Problem des Trinkens. Alkohol wird in England, Irland oder Frankreich sehr unterschiedlich betrachtet. Wo vieles Trinken zur Normalität gehört, müssen Alkoholiker nicht immer eine schwer gestörte Entwicklung nehmen. Preise, Gesetze und andere Faktoren bestimmen den Alkoholkonsum und beeinflussen die Alkoholismusraten. Einige Berufssparten sind mit erhöhtem Alkoholgenuß gekoppelt und damit auch mit seiner Schattenseite, dem Alkoholismus verbunden. In der voll lizenzierten Gaststätte, beim Militär und bei der Handelsmarine gibt es unzählige Situationen, in denen man dem Trinken unbarmherzig stark ausgesetzt wird.

Die Entwicklung zum Alkoholismus wird von frühester Jugend an beeinflußt. Viele Alkoholiker stammen aus zerrütteten Familien und haben mit Alkoholikern schon ihre Erfahrung gesammelt. Nicht immer schreckt das elterliche Vorbild ab und der Heranwachsende versucht, seine emotionale Unruhe mit denselben verführerischen Getränken wie sein Vater zu stillen. Das Verlangen nach sofortigem Lustgewinn und die Versuchung zu erliegen, können labile Persönlichkeiten zu starken und unbesonnenen, ggf. zu Alkoholikern machen. Poetisch ausgedrückt zählen sie dann zu denen, die die nüchterne Wirklichkeit nicht ertragen können, oder deren bitteres Maß der Wirklichkeit bis zum Rand angefüllt ist. Viele betäuben, einmal verführt, ihre Angst oder ihre Phobien mit der eigenen „Verschreibung" von Alkohol.

Alkoholismus ist sicher nicht erblich. Dennoch spielt Erblichkeit eine Rolle, wie wissenschaftliche Reihenuntersuchungen bei adoptierten Kindern von Alkoholikern gezeigt haben. Besonders bei den späteren Stadien des Alkoholismus sind körperliche Faktoren beteiligt: Die physische Abhängigkeit entwickelt sich einerseits in Gestalt eines Rückzuges, andererseits aber auch durch das Auftreten körperlicher Komplikationen der chronischen Alkoholvergiftung, wie sie weiter unten beschrieben werden.

Klinisches Bild

Im Frühstadium des Alkoholismus bleibt das Trinken nicht mehr nebensächliches Vergnügen und Ausdruck des gesellschaftlichen Lebens, sondern wird zum *Vorwand*, um Notwendiges mit Wichtigtuerei zu verschleiern und mit einer Art Erwartungshaltung zu verknüpfen. Später entarten diese Symptome zu gierigem Verlangen, zunächst sind sie nur in leichter Form vorhanden. Getrunken wird täglich, die Menge wächst. Der Patient ist neugierig, wie viele Gäste zur Party kommen und ob der Abend für ihn anstrengend werden könnte. Beginnt der Patient schon allein mit dem Trinken, ist der Weg für ein anderes typisches Symptom bereitet, nämlich das *Schuldgefühl*, daß er trinkt. Dem Patienten wird bewußt, daß er mehr trinkt, als er sollte. Er schränkt das Trinken für eine Weile ein, um seine Unabhängigkeit von dieser Gewohnheit zu prüfen. Später weicht er aus, wenn es darum geht, wieviel er trinkt und protestiert heftig, daß er es jederzeit aufgeben könne, wenn er sich dazu entschließen würde.

Schließlich vernachlässigt er seine Familie, seinen Arbeitsplatz und seine sozialen Verpflichtungen. Frau und Kinder werden mit Geld kurz gehalten und gewöhnen sich daran, ihn betrunken zu sehen. Flaschen von immer billigeren Getränken findet man überall im Hause oder in dem neuerdings vernachlässigten Garten. Am Arbeitsplatz ist er als Trinker bekannt und kommt nach dem Wochenende manchmal nicht auf seinen Posten zurück. Möglicherweise ist er der Polizei bekannt. Wiederholte Verurteilung wegen Trunkenheit am Steuer kann bei einem sonst verantwortlichen Menschen ein ernstes Trunksuchtproblem ankünden. Es mangelt ihm an Appetit, zum Frühstück nimmt er seinen ersten Schluck schon, um seine „Nerven zu beruhigen" und um von seinem „Zittern" befreit zu werden, ein Zeichen für die physische Abhängigkeit im Bereich des Nervensystems. Ein „Kontrollverlust" kann sich einstellen: Der Patient bleibt über lange Perioden hin nüchtern, fühlt sich aber nie sicher, ob er an einer offenen Gastwirtschaft vorbeigehen kann. Er hat keine Gewißheit, ob er nicht eines Tages doch wieder stark zu trinken anfängt, bis er trunksüchtig, ohne Ansehen und krank ist. Ein schwerer Alkoholiker weiß manchmal durchaus, daß mit ihm etwas nicht in Ordnung ist, wenn er aus dem Gleichgewicht gerät. Kleinere Mengen machen ihn bereits betrunken, ein körperliches Phänomen, das noch nicht geklärt ist.

Es kann zu einer ganzen Reihe von *Spätkomplikationen* kommen.

Fällt der Blutalkoholspiegel ab, tritt physische Abhängigkeit auf, verbunden mit Tremor, Unruhe und Schlafstörung mit lebhaften Alpträumen („Schreckensängste"). Bei relativem oder vollständigem Entzug einer früher größeren Trinkmenge oder körperlicher Krankheit kann das zu folgenden Symptomen führen:

Ein *Delirium tremens* mit Verwirrtheit, Agitiertheit, verbunden mit angstvollen visuellen und akustischen Halluzinationen, Schlaflosigkeit, Schwitzen, mit dem Risiko eines epileptischen Anfalls oder eines körperlichen Zusammenbruchs kann sich entwickeln. Nach drei oder vier Tagen Alkoholentzug kommt es zum Höhepunkt. Gleichzeitig bestehende Krankheiten, wie etwa Kopfverletzungen oder eine Hypoglykämie, können dadurch übersehen werden.

Eine *chronische Halluzinose* oder ein *paranoides Syndrom* ohne begleitende Verwirrtheit können über Wochen oder Monate anhalten.

Körperliche Erkrankungen, wie Hepatitis oder Zirrhose, peptisches Ulkus, Ösophagus- und Magenblutungen, periphere Neuropathie und Herzbeschwerden können den Zustand des Patienten verschlechtern, ebenso eine Wernicke-Enzephalopathie und ein Korsakow-Syndrom (Verlust des Kurzzeitgedächtnisses verbunden mit Konfabulation bei relativ gut erhaltenem Verständnis; der Gedächtnisverlust kann dauerhaft sein). Als Ursachen gelten die toxischen Langzeitwirkungen des Alkohols und ein starker Thiaminmangel.

Eine *Demenz* leichten Grades wird häufiger als sonst diagnostiziert. Sie kann zur Unfähigkeit beitragen, dem Trinken zu widerstehen.

Unfälle am Arbeitsplatz, zu Hause oder auf der Straße treten auf. Subdurale Hämatome können die Folge sein.

Depressionen und Suizid, oft ausgelöst durch Alkohol und Hypnotika, können auftreten. Suizid als Todesursache beim Alkoholiker ist häufiger als die oben angeführten körperlichen Komplikationen.

Verwahrlosung und Vagabundieren können das Endstadium einleiten. Es kommt zum vollständigen sozialen Verfall. Der Patient hat keinen festen Wohnsitz, leidet unter Fehlernährung und körperlichen Komplikationen und ist wegen Diebstahls und Trunkenheit laufend in Haft. Es droht ihm die Gefahr der Erblindung oder der Tod im Koma durch Methylalkohol in Form von billigem giftigen Spiritus.

Therapie

1. Erziehung und Vorbeugung.
2. Fachlich spezialisierte Dienste.
3. Körperliche Rehabilitation.
4. Psychologische Rehabilitation.
5. Soziale Rehabilitation.

Hausärzte, Personalchefs in der Industrie, Personal im Gesundheitsdienst, aber auch Geistliche, die bei ihrer Arbeit Alkoholiker in den Frühstadien ihres Niedergangs antreffen, sollten darin ausgebildet werden, näher zu sondieren und die Prodromalzeichen des Alkoholismus zu erkennen. Sie müssen sich aber auch der Bedeutung einer Beurteilung bewußt sein. Humaner und wichtiger ist es, den Patienten taktvoll mit einem Arzt in Berührung zu bringen, der Verbindung zu spezialisierten Diensten hat.

Legale Maßnahmen, den Alkohol zu ächten, sind verschiedentlich auch in England durchgeführt worden. Die Gesetzgebung, die eine Lizenz und Kontrolle des Handels vorsieht, hat gute Erfolge bei der Lösung sozialer Probleme und der Verminderung der Erkrankungshäufigkeit zu verzeichnen. Man sollte sich die nationale Verpflichtung auferlegen, den Alkoholkonsum im eigenen Land vor einem weiteren Anstieg (etwa durch Preisanhebung) zu bewahren. Durch eine entsprechende Gesetzgebung könnte man zu einer engeren Zusammenarbeit zwischen den Gerichten und den speziellen Alkoholikerfürsorgeeinrichtungen gelangen: Die Gerichte müßten darauf drängen, vor einer Entscheidung über Strafaufhebung oder -minderung, eine Rehabilitation und Remission bei Verbrechen durch Alkoholismus durchzusetzen.

Zur Behandlung sind *spezielle Einrichtungen notwendig*, denn Alkoholiker eignen sich nicht für die Unterbringung in allgemeinen psychiatrischen Abteilungen. Besondere Arbeitsstile in Kliniken und Wohngemeinschaften sind erforderlich, die einen multidisziplinären Zugang erfordern, nicht nur von seiten der Medizinalberufe, sondern auch von kirchlichen und freiwilligen Organisationen, die in diesem Bereich großes Ansehen genießen. Es haben sich eine ganze Reihe spezialisierter Dienste entwikkelt. Von seiten der (englischen) Regierung wurde die Einrichtung von Entgiftungszentren sowie die institutionalisierte Sorge für depravierte Alkoholiker vorangetrieben. Nach einigen Tagen Aufenthalt in einem solchem Zentrum sollten dann Untersuchungen und rehabilitative Anstrengungen einsetzen. Um überhaupt eine Erfolgschance zu haben, muß ein unterschiedliches Angebot an räumlichen Unterbringungsmöglichkeiten zur Verfügung stehen.

Die *Rehabilitierung* eines Alkoholikers mit körperlichen Komplikationen macht eine stationäre Aufnahme mit Leberfunktionsproben, pflegerischen Maßnahmen und Exploration des psychopathologischen Zustandsbildes des Patienten erforderlich. Bei Tremor, Agitiertheit und Schlaflosigkeit müssen Sedativa eingesetzt werden. Diazepam in Dosen von wenigstens 30 mg pro Tag und 10 bis 20 mg zur Nacht haben sich als wirkungsvoll erwiesen. Große Dosen von Thiamin sollten – eingang intravenös – verabreicht werden. Gewöhnlich stellt sich der Appetit in drei bis vier Tagen wieder ein. Der Schlaf normalisiert sich spätestens nach gut einer Woche. Dieses „Austrocknungs"-Verfahren kann im Fall eines Delirium tremens ergänzt werden, wenn es zu Halluzinationen und der Gefahr von Grand-mal-Anfällen kommt, indem dann größere Dosen von

Diazepam eingesetzt werden, bis es zu einer völligen Sedierung des Patienten kommt. Gegebenenfalls können auch zusätzliche Dosen von Promazin in der Größenordnung von 50 oder 100 mg eingesetzt werden. Wird Diazepam verschrieben, erübrigen sich antikonvulsive Medikamente, um einer Epilepsie vorzubeugen. Die Einnahme von zusätzlichem Alkohol während der Behandlung ist nicht nötig. Diazepam wird vor der Entlassung wieder ausgeschlichen, um eine spätere Abhängigkeit zu verhüten.

Die *psychologische Rehabilitation* beginnt bereits bei der ersten Kontaktaufnahme mit dem Personal, sowohl bei ambulanter als auch bei stationärer Behandlung. In der Psychotherapie hat sich ein erzieherischer Stil als nützlich erwiesen, der Persönlichkeitsschwächen und Probleme des Patienten, die zum Alkoholismus geführt haben, berücksichtigt. Der Patient soll soviel wie möglich über die einzelnen Stadien des Alkoholismus erfahren und mit seinen Ausflüchten und mit seinem Widerstreben gegenüber dem Freiheitsverlust konfrontiert werden. Die Diskussionen sollten auch das praktische Vorgehen einschließen, wie man in gesellschaftlichen Situationen ohne Alkohol auskommt, wie man Getränke von „wohlmeinenden" Freunden ablehnt und wie man das soziale Vertrauen und das Rollenspiel in schwierigen Gesprächen mit Arbeitgebern oder Treffen mit entfremdeten Verwandten verbessert. Gruppendiskussionen mit anderen Patienten, aber auch mit rehabilitierten Alkoholikern zeigen die Schärfe, Relevanz und Nützlichkeit dieser Gespräche.

Bei einem stationären Aufenthalt ist ein gut organisiertes Heilverfahren von mindestens einem Monat Dauer erforderlich. Längere Perioden konnten keine besseren Resultate zeigen. Sonst kann es zu nachteiligen Folgen kommen. Der Alkoholiker sollte in der Besserungsphase ohne Verzögerung wieder Verantwortung für sich in der Außenwelt übernehmen, was natürlich auch eine ubiquitäre Verfügbarkeit des Alkohols einschließt. Er sollte möglichst wieder Kontakt zu seiner Familie haben und seine Arbeit wieder aufnehmen. Eine konzentrierte Behandlung in einer ambulanten Gruppentherapie im Anschluß an die üblichen Arbeitszeiten sollte abgehalten werden. Folgt man den Worten von MAGGS, so kann die Aufnahme in ein psychiatrisches Krankenhaus die Situation nur schlechter gestalten, „da dieses Procedere sehr häufig die fortschreitende Lösung sozialer, personaler und persönlicher Probleme verhütet, so daß sich die sekundär repressiven Effekte mit jedem neuen Tag zunehmend zerstörerisch auswirken. Es stellt keine vernünftige Therapie dar, einen Patienten aufzunehmen, dem man ein Versprechen abgenommen hat, das für ihn ungeeignet wäre oder das zu erfüllen er nicht in der Lage wäre". Dennoch sind Aufnahmen in eine psychiatrische Klinik oftmals notwendig, da man die Hoffnung hegt, daß eine Besserung aus dem totalen Chaos einen neuen Start möglich machen wird. Zusätzlich kann eine mit dem Alkoholismus einhergehende Depression oder eine andere psychiatrische Störung die stationäre Aufnahme notwendig werden lassen.

Der Patient soll zu anhaltender Abstinenz verpflichtet werden. Ohne diese Forderung käme es nur zu häufigen Rückfällen und zum Kontrollverlust. Selten können Alkoholiker auch erfolgreich zu einem entspannten sozialen Trinken ohne Gefahr des Rückfalls gelangen, doch sollte man aus praktischen Erwägungen heraus lieber den Versuch einer permanenten Abstinenz in Erwägung ziehen. Argumente seitens des Patienten, daß er das Trinken nicht gänzlich aufzugeben brauche und schon alles im Lot sei, wenn er bei seinem Bier bleibe, lassen den Verdacht aufkommen, daß er von seiner Alkoholismusproblematik nicht genügend alarmierende Erkenntnis hat.

Schwankende Bindungen gegenüber einer totalen Abstinenz können durch den Einsatz von *Medikamenten* unterstützt werden, die *mit Alkohol inkompatibel* sind, z.B. Disulfiram (Antabus). Der Patient nimmt 100–400 mg täglich; trinkt er dann ein Glas Alkohol, kommt es zu einem unangenehmen und gefährlichen Flushsyndrom mit Abfall des Blutdrucks und möglicherweise auch zu einer Ohnmacht, da die Azetaldehydvergiftung Histamin freisetzt. Der Patient muß vor einem derartigen Mechanismus der Behandlung gewarnt werden. Üblicherweise wird eine kleine Testdosis bereits unter stationärer Aufsicht verabreicht. Der Vorteil liegt darin begründet, daß der Patient sich selbst dazu zwingt, tagsüber nichts zu trinken. Hat er sich mit dieser Anforderung vertraut gemacht, wird er auch vor der wirklichen Gefahr, wenn man ihm ein Glas Alkohol hinsetzt oder er im Laufe des Tages alkoholischen Getränken ausgesetzt wird, in Schutz genommen. Die Behandlung hilft Alkoholikern, die in hohem Maße abstinent bleiben wollen, versagt jedoch bei denen, die einfach damit aufhören, die Tabletten einzunehmen. Dem Patienten bleibt es selbst überlassen, wieder mit dem Trinken zu beginnen.

Eine striktere Methode besteht in der „supervidierten vertraglichen chemischen Abschreckung“: Zu Beginn der Behandlung wird vereinbart, daß die tägliche Tablette zerkleinert und geschluckt werden muß, und zwar unter Aufsicht der Ehefrau, des Arztes oder der Krankenschwester.

Die *Anonymen Alkoholiker*, eine organisierte Gemeinschaft von genesenen Alkoholikern, die sich regelmäßig treffen und freiwillige Unterstützung anbieten, einschließlich eines sehr effektiven Samaritertelefondienstes, genießen ein ausgezeichnetes Echo bei der konsequenten Hilfe für Alkoholiker. Es empfiehlt sich in zunehmendem Maße, mit diesem Dienste zusammenzuarbeiten, der (in England) seine regelmäßigen Zusammenkünfte in Krankenhäusern abhält und dabei Kontakt zu den Patienten und möglichen neuen Mitgliedern herstellt. Dieser Dienst arbeitet in supportiver Form als eine Gruppe von Ebenbürtigen, die über Problemkenntnisse aus erster Hand verfügen, verbunden mit einer nahezu religiösen Philosophie gegenüber ihren Zuhörern, in ihrem Kreuzzug der Überzeugung, daß Alkoholismus eine Krankheit ist.

Soziale Rehabilitation. Viele Alkoholiker haben schon weitgehend ihr soziales Lebensgefüge während ihres langen Abstiegs verloren. Ihre Ehen wurden geschädigt und schließlich zerstört, sie verloren ihren Arbeitsplatz und verließen ihr Zuhause. Die Wiedergewinnung des eigenen Respekts und die Wiederherstellung von Bindungen erfordert seitens derjenigen, die mit ihrer Hilfestellung engagiert sind, eine hingebungsvolle und umfassende Aufmerksamkeit. Dies gilt besonders für Sozialarbeiter, mag es sich dabei um professionelle oder freiwillige Helfer handeln. Als erster Schritt nach der Entlassung aus stationärer Behandlung oder nach der Wiedereingliederung in die Gesellschaft – nach Abgleiten von der Lebensbahn – sollten die Patienten in Gemeinschaftsunterkünften mit unterschiedlichen therapeutischen Programmen aufgenommen werden. In freiwilligen Gruppen findet man eher zu sich selbst und vollbringt echte Leistungen der Glaubwürdigkeit.

Eine supportive Psychotherapie mit Ehefrauen und Ehegatten trägt dazu bei, das eheliche Band wieder herzustellen. Die Patienten haben eine weit bessere Chance, abstinent zu bleiben, wenn sie von Familienmitgliedern darin unterstützt werden und nicht auf den Müllhaufen der Gesellschaft verstoßen werden. Bei den „Al-Anon" handelt es sich um eine freiwillige Gruppe für Partner von Alkoholikern, die ihre Erfahrungen austauschen und sich gegenseitig helfen.

Prognose

Bei einem einmal entwickelten Alkoholismus besteht die fortdauernde Gefahr einer typischen Rückfallkondition. Wiederholte Enttäuschungen dürfen den Arzt nicht vor neuen Anstrengungen zurückschrecken lassen, auch wenn sich der Patient nur einige Monate oder Jahre seiner Gesundheit und Abstinenz erfreut, bevor ihn eine neue Periode des Abstiegs überfällt.

Wahrscheinlich variieren die Ergebnisse in unterschiedlichen Behandlungszentren nur geringfügig. Eine detaillierte und umfassende Diagnostik und Beratung bei ambulanten Patienten und deren Lebensgefährten kann sich in vielen Fällen als ebenso wirkungsvoll erweisen wie eine stationäre Aufnahme und entsprechend daraufhin zugeschnittene Dienste. Die Langzeitprognose ist günstiger, wenn der Patient seine Lage realistisch einschätzt und nicht am Ende der ersten Kontaktperiode mit einem professionellen Helfer dem Problem seines Trinkens ausweicht.

Abhängige Patienten aus psychiatrischen Einrichtungen zeigten in etwa 50% nach einem Jahr eine beträchtliche Besserung, obwohl weniger als die Hälfte ganz abstinent wurde. 40% konnte wenig geholfen werden. Einige trinken sich selbst zu Tode. Geht uns demnächst ein Alkoholiker um Hilfe an, kann es unter Umständen die entscheidende Zeit für ihn sein. Dann müssen wir zu einer neuen Anstrengung bereit sein, um ein Menschenleben vor dem Ruin zu bewahren.

Drogenmißbrauch

Definition

Drogen sind Substanzen, die mit Vorbedacht eingenommen werden, um körperliche oder seelische Funktionen zu verändern. Tausende von Jahren war in der westlichen Kultur der Alkohol die Hauptdroge, die seelische Störungen hervorrief, jetzt zieht der Tabakkonsum gleich. Andere Substanzen wurden ursprünglich selten genommen und von Pharmazeuten erforscht. Die wirksamsten heute verfügbaren Substanzen wurden in letzter Zeit synthetisiert und sollten als Monopol der Ärzte zur Verschreibung gegen Krankheit dienen. Doch der eigentliche *Drogenabusus* findet exzessiv außerhalb der ärztlichen Praxis statt, und man bedenke stets dabei, daß der Arzt Drogen exzessiv verschreiben kann. Alkohol und Tabak besitzen einen anormalen Stellenwert, da sie außerhalb jeglicher medizinischer Kontrolle zugänglich sind. Drogen werden als Mißbrauch angesehen, wenn sie dem persönlichen Wohlbefinden dienen, indem man von bestimmten Stoffen eine psychische Wirkung erwartet.

Sofortiges Wohlbefinden oder zumindest Besserung des gegenwärtigen bedrückenden Zustandsbildes stellt einen ständigen Reiz dar. Mit der Drogeneinnahme zu beginnen ist leicht. Aufzuhören, erweist sich als sehr hart: „Der Mensch kann nicht viel Wirklichkeit ertragen“ (T. S. Eliot). Die Wirkung nutzt sich ab, es entwickelt sich eine Gewöhnung. Der ursprüngliche Druck kehrt wieder, zusätzlich noch frühe Unlustgefühle, so daß es am einfachsten erscheint, die Drogeneinnahme zu steigern. Auf diese Weise gibt es kein Entrinnen mehr aus dem Circulus vitiosus, und dieser stellt sich gänzlich unerwartet durch den Rückfall in alte Mißbefindlichkeiten ein; jetzt hingegen wird die Entlastung vom Druck durch die Drogen gesucht.

Drogenabhängigkeit entwickelt sich laut Weltgesundheitsorganisation als „ein Zustandbild, das in psychischer und manchmal auch in physischer Hinsicht in Erscheinung tritt, aus der Interaktion eines lebenden Organismus und einer Droge hervorgeht und durch verhaltensmäßige und andere Antworten charakterisiert ist, die stets den Zwang einschließen, die Droge regelmäßig oder in periodischen Abständen zu nehmen, wegen der psychischen Wirkungen oder, um ein Drogenentzugssyndrom zu vermeiden. Toleranz kann, muß jedoch nicht gegeben sein. Man kann von mehr als einer Droge abhängig sein.“

Gesetzgebende Maßnahmen

Auf der Grundlage des Opiumgesetzes vom 10. 12. 1929 trat am 10. 1. 1972 das „Gesetz über den Verkehr mit Betäubungsmitteln“ für den Geltungsbereich der Bundesrepublik Deutschland in Kraft. Ordnungswidrige Herstellung, Aufbewahrung und Veräußerung von Betäubungsmitteln sind insofern unter Strafe gestellt. Das Betäubungsmittelgesetz umfaßt ca. 100 indizierte Stoffe, u.a. neben Opiumalkaloiden und Stimulantien insbesondere auch Haschisch und LSD 25. Im Rahmen sog. „Gleichstellungsverordnungen" können auch neue Medikamente in die Liste der gesetzlich verzeichneten Suchtstoffe aufgenommen werden, um die Suchtbekämpfung flexibel und effizient zu gewährleisten.

Zu therapeutischen (und wissenschaftlichen) Zwecken stehen Betäubungsmittel indes auf Grund der „Betäubungsmittel-Verschreibungs-Verordnung" (jüngste Novellierung vom 24. 1. 1974) zur kontrollierten Verfügung. In der ärztlichen Praxis sind für die Verschreibung von Narkotika insoweit besondere Rezeptvordrucke (3fach) erforderlich. Mengenangaben auf solchen Rezepten müssen in Wort und Zahl erfolgen. Ein Vordruck hiervon verbleibt beim verschreibenden Arzt, einen Durchschlag muß der das Mittel abgebende Apotheker aufheben, ein drittes Exemplar gelangt an die Krankenkasse (Aufbewahrungsfrist 10 Jahre).

Allgemeine Merkmale

Drogenabusus und Drogenabhängigkeit waren in Europa bis in die sechziger Jahre weitgehend unproblematisch. Opium- und Kokainabhängigkeit waren selten, die Ziffern stagnierten. Viele Patienten kamen aus medizinischen Berufen, waren erwachsen und isoliert. Gesellschaftliche Veränderungen waren an ihrem Los nicht beteiligt. Barbiturate und Amphetamine wurden meist von Hausärzten über lange Zeiträume neurotischen Patienten verschrieben, dadurch resultierte zwar eine große, nicht näher bekannte Zahl von drogenabhängigen, aber nicht unbedingt drogengeschädigten Patienten. Insbesondere fanden sich unter diesen zahlenmäßig nur wenig jüngere Menschen.

In den sechziger Jahren begann der Abusus von Opiaten, speziell von Heroin anzusteigen. Opiate waren in den Vereinigten Staaten von Amerika schon lange üblich, besonders bei jungen und instabilen Menschen. Die beträchtliche Zunahme führte 1967 zum Beschluß einer neuen Gesetzgebung. Der Barbiturat- und Amphetaminabusus aus unerlaubten Quellen stieg bei jüngeren Menschen, besonders unter Teenagern und den Jahrgängen der frühen Zwanziger an. Es entwickelten sich Modeströmungen, die Drogen wurden häufig sogar intravenös injiziert. Drogenkonsumierende Subkulturen entstanden, deren Mitglieder mit jeder verfügbaren Droge experimentierten, einschließlich einer Reihe von Hypnotika wie Glutethimid und Methaqualon. Häufig wurden sie gemischt oder intravenös appliziert, besonders bei Parties, die dann meist tragisch endeten. Alkohol und Cannabis wurden gelegentlich in unverantwortlich großen Mengen und Kombinationen konsumiert. Die verschiedenen Möglichkeiten psychischer Intoxikation sind weitgehend austauschbar. Jugendliche können auf dem schwarzen Markt Schlafmittel wesentlich billiger als eine äquivalente Dosis Alkohol erwerben. Die Verfügbarkeit und das Experimentieren mit LSD datiert aus derselben Zeit.

Drogenkonsumenten erliegen häufig der Versuchung und experimentieren gefährlich. Sie üben Druck auf das Milieu ihrer Freunde aus und sind gewöhnlich schon weitgehend gestört und unglücklich. Sie gehen Schwierigkeiten aus dem Weg und entlasten sich von jeglicher Spannung. Berufe, die nicht zusagen, werden aus Trägheit oder wegen Kritik am bürgerlichen System aufgegeben. Sexuelle Kontakte werden im Umfeld veränderlicher und lockerer Bindungen geknüpft. Geld, Besitz und Interessen der anderen werden den eigenen Interessen untergeordnet. WILLIS beurteilte die in England lebenden Heroinabhängigen als eine Gruppe schwergestörter Individuen, die Drogen wählen als Form einer Entlastung ihrer aufgewühlten Gefühle durch intrafamiliäre Störungen mit nur geringfügiger sozioökonomischer Deprivation.

Besondere Merkmale

Folgende Typen der Drogenabhängigkeit sind entsprechend der WHO definiert worden:

1. Abhängigkeit vom Morphintyp
2. Abhängigkeit vom Barbiturat- oder Alkoholtyp
3. Abhängigkeit vom Amphetamintyp
4. Abhängigkeit vom Kokaintyp
5. Abhängigkeit vom Cannabistyp
6. Abhängigkeit vom Halluzinogentyp

Opiate

Ursprünglich stabile Persönlichkeiten können oft weiter erfolgreich im gesellschaftlichen Leben bleiben, selbst wenn sie regelmäßig, ja sogar in großen Dosen Drogen konsumieren. Bei psychopathischer Persönlichkeitsstruktur und unter der Voraussetzung, daß die Quellen illegal und skrupellos ausgebeutet werden, findet sich der typische Abstieg in ein Leben ohne Interessen, ausschließlich im Umfeld der Droge selbst und bei gleichgesinnten Abhängigen. Um sich mit Drogen zu versorgen, besteht die Neigung zur Lüge, zum Stehlen, zur Selbstdegradierung oder der Degradierung von anderen. Der Patient erlebt eine schläfrige Euphorie. Der Arzt kann nach jeder Drogeneinnahme kleine Pupillen beobachten. Langandauernde Obstipation tritt auf. Schnell entwickelt sich Gleichgültigkeit. Stark Opiatabhängige können im Endstadium eine 20fach höhere als die therapeutische Dosis vertragen. Komplikationen erstrecken sich insbesondere auf die ungekonnte und unhygienische intravenöse Injektion. Kutane Abszesse, Blutvergiftung, Serumhepatitis mit signifikanter Todesrate von seiten der körperlichen Krankheiten sowie Selbstvernachlässigung und äußerst unangenehme Erlebnisse in der Drogenwelt sind häufige Folgen. Gesetzeskonflikte führen mehr und mehr auf einen schicksalhaft vorgezeichneten kriminellen Lebenspfad. Schließlich entsteht eine physische Abhängigkeit mit Entzugssyndrom und beträchtlicher Unruhe, Schlaflosigkeit, laufender Nase, tränenden Augen, Diarrhöe, Krämpfen und Schmerzen. Soweit der Patient ohne Zufuhr der psychotropen Droge wach und zugewandt ist, stellt sich geradezu eine Gier nach der Abhängigkeitsdroge ein, die zu aufdringlichem Verhalten führt.

Zu den wichtigsten Drogen dieser Gruppe gehören Heroin, Morphium, Methadon, Pethidin, Dextromoramid, Dipipanon sowie Levorphanol.

Barbiturate

Die Psychopharmakologie dieser Substanzen ähnelt sehr der des Alkohols: Sie beeinträchtigen die höheren zerebralen Funktionen, erniedrigen die Hemmschwelle, verlängern die Reaktionszeit und tragen zu einer Gefährdung im Straßenverkehr bei. Sie verursachen Schläfrigkeit, in hohen Dosen unklare Aussprache und wirken antikonvulsiv. Es entwickelt sich eine ausgesprochene Toleranz. Das Entziehungssyndrom ist charakterisiert durch schwere Schlaflosigkeit, Agitiertheit sowie die Gefahr möglicher Grand-mal-Attacken. Bei Einsatz von kleinen, wiederholt gegebenen Dosen konnte experimentell nachgewiesen werden, daß das EEG sich auffällig abnormal für wenigstens sechs Wochen veränderte, sowohl bei abhängigen Patienten als auch bei solchen, die seit Jahren nur eine einzige barbiturathaltige Tablette zur Nacht nahmen. Beschwerden durch Schlafstörungen können über die gesamte Länge der Entzugsperiode auftreten. Komplikationen entstehen bei intravenöser Injektion; ferner besteht Unfallneigung unter Drogeneinfluß bei schweren Abhängigkeitsformen. Es kann zu tödlichem Ausgang im Koma nach Unglücksfällen mit unterschiedlichen Dosen und Kombinationen von Drogen, einschließlich Alkohol, kommen.

Amphetamin

Die Droge wirkt als zerebrales Stimulans, hebt den Wachheitsgrad an und vertreibt Schlaf und Appetit. Amphetamin ist ein beliebtes Mittel, um Wachheitsphasen zu verlängern und sich bei Parties mit Drogenmißbrauch ein Gefühl des „High-Seins" zu verschaffen. Der Blutdruck steigt, die Pupillen erweitern sich. Es entwickelt sich eine Toleranz. In großen Dosen kommt es zu paranoiden Tönungen im Rahmen des rastlosen flinken Wahrnehmungsvermögens des Patienten, wobei sich unter Umständen eine voll aufblühende paranoide Psychose in meist klarem oder nahezu klarem Bewußtseinszustand entwickeln kann, ein Bild, das der Schizophrenie äußerst ähnlich sieht. Bei Entzug von Amphetamin kommt es zu einer Phase der Apathie, Schläfrigkeit und typischerweise auch Depression. Es stellt sich eine dranghafte Gier nach der Droge ein, allerlei Ausflüchte werden benutzt, um sie sich zu verschaffen. Ersatzdrogen zur Verschreibung sind nicht bekannt. Diese Gruppe von Drogen umfaßt auch Phenmetrazin und Durophet.

Kokain

Die Abhängigkeit gegenüber diesem Stimulans ist derzeit selten und nimmt weiter ab.

Cannabis

Cannabis, das gewöhnlich als Marihuana oder Haschisch geraucht wird (andere Namen in der Drogenszene lauten „weed", „grass" oder „tea"), ist eine Droge mit relaxierenden und euphorisierenden Effekten. Es kann zu Wahrnehmungsveränderungen mit momentanen Halluzinationen kommen. Cannabis wurde nur selten medizinisch angewandt. Die Droge wurde vom Gesetzgeber wegen ihrer Schädlichkeit mehr geächtet, als es gerechtfertigt war. Bei entsprechenden gesellschaftlichen Gelegenheiten wird Haschisch immer wieder genommen – auch wenn der Genuß unter schwere Strafe gestellt ist –, oft von Personen mit stabiler Persönlichkeit, die der Ansicht sind, daß Cannabis zur Entspannung und Erholung verfügbar sein sollte. Das Risiko sollte wie bei Alkohol eingeschätzt werden: Die Droge kann von charakterfesten Menschen maßvoll ohne übermäßiges Risiko eingenommen werden, bleibt bei labilen Persönlichkeiten jedoch nicht ohne Folgen.

LSD (Lysergsäurediäthylamid)

Diese synthetische Droge (in der Drogensubkultur „acid" genannt) hat eine extrem starke halluzinogene Wirkung und dies schon in Mikrogrammdosen. Die Droge wird meist nur selten sporadisch eingenommen. Die lebhaften und ungewöhnlichen Phänomene der Wahrnehmung, die viel diskutiert wurden und in modernen Schriften Erwähnung fanden, ja sogar gelegentlich zu psychiatrischer Behandlung eingesetzt wurden, sind nicht immer als bereichernd empfunden worden. Manch einer wird von langandauernden schweren Angstzuständen heimgesucht. Der „bad trip", bei dem das entsetzte Opfer von seinen Freunden oder bei stationärer Behandlung vor verzweifelten und unrealistischen Handlungen bewahrt werden muß, wird abgelöst von sogenannten „flash-backs" und monatelangen psychischen Selbstkontrollen. Im akuten Stadium sollte Chlorpromazin verschrieben werden, vorzugsweise in großen Dosen und kombiniert mit Diazepam, um eine Sedierung und Schläfrigkeit herbeizuführen. Eine hochdosierte Behandlung ist ratsam, um einen Übergang in ein chronisches Syndrom zu verhüten, das, wenn es sich erst einmal ausgebildet hat, nur schwer mit psychotherapeutischen Methoden und Tranquilizern zu bessern ist.

Behandlung

Die Patienten müssen ermutigt werden, ohne den Mißbrauch von giftigen und gefährlichen Substanzen ihr Leben zu gestalten. Schwierigkeiten entstehen, weil die Patienten dies eigentlich nicht verwirklichen wollen. Aufnahmeersuchen kommen erst, wenn der Betreffende mit dem Gesetz in Konflikt geraten ist, ein Ultimatum seitens der Ehefrau oder des Arbeitgebers vorliegt oder der Betreffende durch eine körperliche Krankheit entmutigt ist. Ein widerstrebender Patient mag zwar zunächst auf medizinischen Rat hin einwilligen, später wird er aber kaum seinen Verpflichtungen nachkommen und sich ggf. auch von einer Station selbst entlassen, nachdem er eine kurze Zeit mit üblen Tricks versucht, sich Drogen oder Ersatzpräparate zu verschaffen.

Ein Rapport kann nur mit großer Geduld in der Klinik hergestellt werden, doch kostet dies Zeit. Der Patient ist dann aber noch drogenabhängig und bittet unter Umständen um Verschreibung neuer Präparate.

Opiatabhängige Patienten können unter Umständen mit Präparaten von besonders dazu ermächtigten Ärzten (in England) in Ambulanzen behandelt werden. Gelegentlich ist auch ein schrittweiser Entzug möglich. Weit häufiger wird nur eine strikte stationäre Überwachung in speziellen Abteilungen in Frage kommen, wobei dann regelmäßige Urintests erfolgen müssen. Ein Verfahren, grundsätzlich Methadon zu verschreiben, hat sich nicht als aussichtsreich erwiesen, da dadurch nur Methadon-abhängige Patienten iatrogen geschaffen werden. Bei Patienten, die Amphetamine und Hypnotika mißbrauchen, können die Arzneimittel in reduzierter Dosierung noch für eine kurze Zeit als Teil der Behandlung weiter verschrieben werden. Der Arzt hofft, dem Patienten ggf. durch andere Verfahren, besonders durch supportive Psychotherapie, die Vermittlung einer sozialen Tätigkeit oder die Anbindung an einen Bewährungshelfer, der den Patienten gut kennt, zur Seite zu stehen. Bei einer Barbituratabhängigkeit müssen die Dosen stufenweise reduziert werden, da ein plötzlicher Entzug die Gefahr von Grand-mal-Anfällen mit sich bringt.

Das gestörte Persönlichkeitsbild vieler dieser Patienten wurde bereits erwähnt. Als Ergebnis können wir festhalten, daß nur mit soliden und supportiven Verfahren die Ansprüche und Erwartungshaltungen dieser Patienten geändert werden können, damit sie in Streßsituationen nach besseren Lösungen Ausschau halten. Für stationäre und ambulante Patienten kommt eine Gruppentherapie in Frage. Das hier eingesetzte Personal sollte neben einer guten Portion Sympathie auch eine besondere Erfahrung für diese Art der Arbeit aufbringen. Die Patienten sind am meisten rückfallgefährdet, wenn sie aus der stationären Behandlung entlassen werden, nach Arbeit Ausschau halten und einen neuen Lebensstil beginnen. Für solche Krisenzeiten eignen sich besondere Übergangsheime, die Hilfe und laufende psychotherapeutische Überwachung anbieten können, besonders wenn das Personal in dieser Richtung spezialisiert ist.

Prognose

Die Heroinabhängigkeit ist am eingehendsten untersucht worden. Sie weist eine beträchtliche Letalitätsrate auf, die über 1% im Jahr liegt. Ungefähr 20% Heilungen können nach fünf Jahren Behandlung erzielt werden. Soweit es sich um Patienten mit abnormen Persönlichkeiten handelt, sind die Resultate mit verschiedenen Behandlungsmethoden nur spärlich. Die wenigen Erfolge liegen vor allem bei den weit stabileren Individuen. Die Drogenabhängigkeit stellt geradezu eine Herausforderung an den medizinischen Beruf dar, in Zukunft bessere Ergebnisse zu erzielen, da die Resultate hinsichtlich des Strafmaßes und der Inhaftierung gewiß keine Besserung erbracht haben. Hier fehlt der menschliche und erst recht der praktische Bezugspunkt, wozu wir doch als Ärzte bei unseren Patienten aufgerufen sind.

15 Geistige Behinderung

Begriff und Definition

Geistige Behinderung ist durch eine mangelhafte und verzögerte Entwicklung von Geburt oder früher Kindheit an charakterisiert. Der Mangel der Gesamtentwicklung betrifft alle Fähigkeiten, wobei die Intelligenz einzig meßbares Kriterium ist, während die sozialen Fähigkeiten jedoch ebenfalls beeinträchtigt sind. Ungeachtet der Entwicklung in der Medizin und der vielen medizinischen Ursachen ist das eigentliche Problem sozialer Art. Geistig Behinderte fallen in den meisten Fällen schon während der Schulzeit auf oder wenn sie Hilfe suchen, um das Minimum eines unabhängigen Lebens meistern zu können.

In der Kindheit sind Behinderungen auf dem Gebiet der Intelligenz und des sozialen Umfelds nur schwer voneinander zu trennen, da eine extrem begrenzte Intelligenzentwicklung sowohl das Lernen beeinträchtigt als auch die Schwierigkeiten im sozialen Bereich verschärft und zudem die Entwicklung des emotionalen Lebens genauso beeinträchtigt. Die Ausprägung der Behinderung in diesen beiden Bereichen ist unterschiedlich, was für professionelle Helfer von entscheidender Bedeutung ist: Die Probleme eines geistig Behinderten, doch emotional stabilen Individuums unterscheiden sich von denen eines Behinderten, dessen Gefühlsleben instabil ist. Eine Intelligenzmessung einschließlich Tests über Problemlösungen, Angaben zur erzieherischen Retardierung sowie Daten über die soziale Unzulänglichkeit, sowohl im rechtlichen wie im klinischen Bereich, sind erforderlich. In diesem Zweig der Psychiatrie, der sich aus den historischen Pflegeinstitutionen für geistig Behinderte und der Rolle der Gehirnmißbildung bei gestörtem Verhalten sowie der Entwicklung schwer Behinderter herausgebildet hat, hat sich die traditionelle Definition geändert: Heute werden weit mehr die sozialen und erzieherischen Ansätze als die eigentlich medizinischen betont. KEITH BROWN stellte dazu ganz richtig fest: „Alle geistig behinderten Kinder stellen ein Bildungsproblem dar, viele von ihnen ein soziales Problem, nur wenige ein medizinisches Problem.“ Allerdings müssen auch wichtige medizinische und psychiatrische Ursachen, Aspekte und Komplikationen der geistigen Behinderung berücksichtigt werden, ebenso Methoden der Pflege und Behandlung sowie die Verpflichtungen, derer diese Leidenden bedürfen. Mediziner, Psychologen, Erzieher und Sozialarbeiter müssen partnerschaftlich zusammenarbeiten.

Die einschlägigen Termini haben oft gewechselt, einerseits, um ein entsprechendes Stigma zu vermindern und andererseits, um die Aufmerksamkeit und Behandlungsmöglichkeiten auf das Problem als solches zu lenken. Der Begriff „Behinderung" ist der heutzutage gebräuchlichste Terminus. Die gesetzlichen Richtlinien hierzu finden sich im Bundessozialhilfegesetz bzw. im sogenannten PsychKG (vgl. Kap. Fosensische Psychiatrie), das das einschlägige Procedere für Zwangseinweisungen bzw. die Regelung einer Vormundschaft erläutert. Die Kriterien einer *schweren geistigen Behinderung* sind folgende: „Das Zustandsbild weist eine nicht fortentwickelte oder unvollständige geistige Entwicklung auf, die mit einer schweren Intelligenzschwäche und einer sozialen Defizienz verbunden sowie mit einem abnorm aggressiven oder nicht zurechnungsfähigen Verhalten seitens der betreffenden Person gekoppelt ist." Die Kriterien für *geistige Behinderung* sind folgende: „Zustandsbild einer nicht fortentwikkelten oder unvollständigen geistigen Entwicklung, die eine signifikante Beeinträchtigung der Intelligenz und der sozialen Funktionen beinhaltet und mit einem abnorm aggressiven oder völlig unzurechnungsfähigen Verhalten seitens der betreffenden Person behaftet ist."

Prävalenzraten

Das einschlägige Zahlenmaterial variiert im Verhältnis zu den sozialen Fähigkeiten, die von den in der Population untersuchten Individuen erwartet werden. Nahezu 3% einer Population weisen einen IQ von unter 70 auf. 90% hiervon sind leicht behindert (IQ von 60–70). Es verbleiben ungefähr 4‰, die die Kriterien einer deutlichen sozialen und geistigen Behinderung mit einem IQ unter 50 aufweisen. Etwa 3‰ bedürfen der einschlägigen Versorgung in der Gesellschaft, und etwa 1‰ ist ständig hospitalisiert, ein gering erhöhter Promillesatz liegt in anderen Dauereinrichtungen. Die höchsten Raten einer geistigen Behinderung werden zur Schulzeit im Pubertätsalter festgestellt, ein Zeitraum, in dem sich nahezu alle Fälle einschlägig dekuvrieren. Sieht man von den Todesfällen im weiteren Verlauf ab, so gelingt es einigen, sich gesellschaftlich anzupassen, und sie entgleiten somit einer weiteren öffentlichen Registrierung.

Ätiologie

Ätiologisch kommen in Betracht:

1. subkulturelle und soziale Ursachen,
2. pathologische (genetische, chromosomale und peristatische) Genese.

Die Intelligenz verteilt sich innerhalb der Population entsprechend der sogenannten „Normalkurve", wobei der oberste Häufigkeitsgrad bei einem

IQ von 100 angesiedelt ist, während hohe und tiefe Einschnitte an der Kurve um so seltener vorkommen, je extremer sie sind. Auf das untere Ende der Kurve verteilt sich eine Population von abnorm entwickelten Individuen, von denen nahezu alle gesicherte Hirnschäden aufweisen. Innerhalb des IQ-Bereiches zwischen 50 und 70 trifft dies für weniger als die Hälfte zu, während die Mehrzahl eher als statistisch deviant, denn als geschädigt oder krank zu bezeichnen ist. Diese Gruppe ist in der ersten Rubrik enthalten.

Subkulturelle geistige Behinderung und sozialer Hintergrund

Der Begriff der subkulturellen geistigen Behinderung bezieht sich auf die Masse der geistig Behinderten, die dem unteren Bereich des sozial intellektuellen Feldes angehören: sie sind nicht krank, genau wie die meisten kleinwüchsigen Menschen nicht an einer Krankheit der Knochen oder endokrinen Drüsen leiden.

Die niedrige Intelligenz und der soziale Rückstand sind in der kompletten Zusammensetzung multifaktorieller erblicher und perinataler Faktoren zu suchen, sowie mit den durch die Umwelt initiierten Behinderungen verbunden.

Diese Menschen neigen zu einer normalen Fertilität. Sie sind keine Kinder von Behinderten, sondern weniger intelligente Nachkommen von nur leicht Behinderten. Ihre Geschwister sind im Durchschnitt ebenso unintelligent. (Im Gegensatz dazu sind die geistig schwer Behinderten ausgesprochen selten, konzentrieren sich auf wenige, drastische Fälle, sind typischerweise unfruchtbar und Kinder von Eltern mit normalem Intelligenzdurchschnitt. Ihre Geschwister gehören zu den normalbegabten Individuen. Der Patient ragt als behindertes Mitglied der Familie heraus.)

Trotz konstitutioneller Fähigkeiten des Individuums spielen doch immer auch soziale Faktoren beim Erkennen von Schwierigkeiten, die aus der reinen Begabung resultieren, eine wesentliche Rolle. Die höchsten Raten geistiger Behinderung werden in der Schulzeit erkannt, wenn die Anforderungen des üblichen Schulzwangsystems Unfähigkeiten aufdecken, die bisher in der Obhut der Familien unentdeckt geblieben sind oder auch weiter unentdeckt bleiben. Diese Kinder haben normal das Kriechalter erreicht, lernten zum rechten Zeitpunkt laufen, boten ein normales Aussehen und wurden von ihren Familien für normal gehalten. Großfamilien finden sich gehäuft in den unteren sozioökonomischen Schichten. Ihre Kinder wachsen in einer nicht gerade stimulierenden Umgebung auf. Sie entbehren der Aufmerksamkeit ihrer geplagten, selbst oft nur wenig gebildeten Mütter und leben oft in Gegenden, wo nur spärliche geburtshilfliche Einrichtungen sowie schlechte Schulen zur Verfügung stehen.

Ein Circulus vitiosus bildet sich heraus: Die behinderte soziale und familiäre Umgebung hemmt den Fortschritt der weniger Behinderten, die ihrerseits dann nur eine geringfügige Ausbildung erhalten und nicht in der Lage sind, ihr Leben zu meistern. Unter diesen unterstimulierenden Bedingungen kommt es zu vermehrtem Kinderreichtum, so daß sich der Teufelskreis in die nächste Generation weiterschleppt. Hieraus läßt sich eine umfassende Definition der subkulturellen geistigen Behinderung nach Blackie u. Mitarb. (1975) formulieren: „Eine Begrenzung der Intelligenz, die auf polygenetischer Vererbung beruht, aber mit ausgesprochen sozialen und erzieherischen Benachteiligungen verbunden ist, so daß die Mehrzahl dieser Menschen eines Tages auf besondere Hilfe von außen angewiesen ist (im Hinblick auf Erziehung, Sozialarbeit oder medizinische Intervention)."

Pathologische geistige Behinderung

a) *Spezifisch hereditäre Zustandsbilder.* Angeborene Fehler im Metabolismus, wie sie nach Art der Mendelschen, rezessiv genetischen Mechanismen übertragen werden, erklären eine Reihe von Zustandsbildern mit schwerer geistiger Behinderung. Unter den seltenen Aminoazidurien ist die *Phenylketonurie* von größter Wichtigkeit. Sie weist eine Inzidenz von etwa 1:10000 in der allgemeinen Population auf und geht gewöhnlich mit schwerer geistiger Behinderung einher. Die Patienten sind verhältnismäßig gering pigmentiert und zeigen ein überaktives Verhalten. Vorsorgeuntersuchungen bei Neugeborenen sollten heute stets einen Test für Phenylbrenztraubensäure in Blut und Urin vorsehen. Bei positivem Ergebnis muß das Kind mit einer Phenylalanin-restriktiven Diät ernährt werden. Bei Beginn der Diät in der frühen Kindheit kann der Grad der Behinderung größtenteils reduziert werden.

Zu den Lipidspeicherkrankheiten gehört die Tay-Sachssche Krankheit, bei der die Kinder schon früh sterben. Unter den Störungen im Kohlehydratstoffwechsel ist besonders die *Galaktosämie* wichtig. Als Behandlungsversuch empfiehlt sich die Verordnung einer laktosefreien Diät, da man als Krankheitsursache bei den Kindern Galaktose im Urin fand.

Der kongenitale Hypothyreoidismus („Kretinismus") wird durch einen Jodmangel in vielen Gegenden hervorgerufen und durch entsprechende Jodsubstitution in der Diät behandelt. Er kann in seiner endemischen Form hier übergangen werden. Gelegentlich kommt es aber zu sporadischen Formen, die in einer konnatalen Störung des Thyreoidmetabolismus oder gar in einem Fehlen der Schilddrüse begründet sind. Eine Frühdiagnose ist schwierig, da sich das typische Bild erst nach einigen Monaten entwikkelt: Das Kind wächst nicht, zeigt ein gelblich graues Hautkolorit, verhält sich reaktionsarm, apathisch und näselt. Die Haut schwillt an, besonders im Bereich der Augenlider, Lippen, Hände und Füße sowie im Bereich des Nackens. Die Körpertemperatur ist subnormal. Stets bestehen Schwierigkeiten beim Füttern. Die geistige und körperliche Entwicklung ist verkümmert. Nach Durchführung der einschlägigen Laboruntersuchungen sollte eine Behandlung mit L-Thyroxin oral erfolgen; dadurch werden weitgehend die geistigen Funktionen erhalten, doch verbleibt gewöhnlich ein gewisser Grad an Behinderung. Blutuntersuchungen aller Kinder zum Zeitpunkt der Geburt sind möglich und sollten zur Routine werden: Ein Krankheitsfall findet sich auf 4000 Geburten.

Einige Krankheiten werden im Sinne der Mendelschen Gesetze dominant vererbt. Am bekanntesten ist die tuberöse Hirnsklerose. Bei diesem Zustandsbild finden sich eine ganze Reihe von Abnormitäten, insbesondere zerebrale Deformierungen, ein Adenoma sebaceum und Epilepsie. Die geistige Behinderung ist gewöhnlich außerordentlich schwer. Viele Patienten sterben im jungen Alter. Die Eltern solcher Patienten weisen infolge neuer Mutationen keinerlei äußere Krankheitszeichen auf.

Mikrozephalie, also ein im Wachstum behinderter Schädel und ein zu kleines Gehirn, ist gewöhnlich mit schwerer geistiger Behinderung gekoppelt und besteht wahrscheinlich aus einer Vielzahl von Einzelformen, die noch nicht klar voneinander getrennt werden konnten und deren Ätiologie noch unbekannt ist.

b) *Chromosomale Abnormitäten.* Beim Klinefelter-Syndrom bestehen abnorme Konfigurationen der Geschlechtschromosomen (Konstellation XXY). Es kommt zu einer leichten geistigen Behinderung, während das XYY-Syndrom offensichtlich eine normale Intelligenz aufweist. Man findet immer mehr Fälle kleiner chromosomaler Aberrationen, die mit geistiger Behinderung einhergehen.

Das bei weitem wichtigste Zustandsbild ist in diesem Zusammenhang das Down-Syndrom („Mongolismus“), das bei einer von 700 Geburten gefunden wird und mit schwerer geistiger Behinderung einhergeht. Das am weitesten verbreitete Syndrom findet man bei über einem Viertel aller in Behindertenschulen und Übungszentren untergebrachten Kindern, aber auch bei 10% derjenigen Kinder, die sich in stationärer Behandlung befinden. Das Risiko steigt steil mit dem Alter der Mutter. Bei einer 40 Jahre alten Mutter liegt das Risiko in einer Größenordnung von 1:100. Bei einem Alter von 45 steigt das Risiko auf 1:25. Das Kind mit einer solchen Störung ist typischerweise das jüngste in seiner Familie. Die Ursache liegt in einer Anomalie infolge eines überzähligen Chromosoms 21. In den meisten Fällen ist die Ursache eine Nichtkopplung der 21-Chromosomen in der mütterlichen Keimzelle, so daß das Kind mit einem Down-Syndrom eine Trisomie 21 in seinen Zellen aufweist.

Das Down-Syndrom ist mit einer Menge körperlicher Anomalien verbunden, besonders charakteristisch ist der Gesichtsausdruck mit schräg verlaufenden Augenlidern, einer breit aufsitzenden Nase, einem abgeflachten Kopf und einer grob gefurchten und vergrößerten Zunge. Schlaffe Gelenke, Minderwuchs, tiefsitzende Ohren, breit ausladende Hände mit abnormer Furchenbildung und schlecht entwickeltem kleinem Finger kommen vor. Zwischen der Großzehe und dem übrigen Fußteil findet sich eine Spalte. Auffällig ist ein aufgeblähtes Abdomen sowie eine ganze Reihe weiterer gastrointestinaler und kardiovaskulärer Anomalien. Die Mortalität zeigt eine ansteigende Tendenz in den ersten Lebensjahren, im weiteren Verlauf sieht man schon in recht frühem Alter pathologische Veränderungen nach Art eines Morbus Alzheimer.

c) *Peristatische Faktoren.* Viele Zufälle können die normale Entwicklung verzögern und zu Hirnschäden führen, wobei das daraus resultierende Syndrom oft keinerlei erkennbare Beziehung zur schädigenden Ursache aufweist.

Infektionen: Pränatal ist der Fötus folgenden Risiken ausgesetzt: *kongenitale Syphilis* (heutzutage sehr selten); *Röteln* (in den ersten Wochen der Schwangerschaft; geistige Behinderung ist selten; entsprechende Impfungen können eine solche Entwicklung verhindern); Zytomegalie (ein Virus der Herpesgruppe verursacht eine Mikrozephalie, Hepatosplenomegalie, motorische Störungen sowie eine Gelbsucht); *Toxoplasmose* (wird durch Katzen übertragen, in Form von zu gering gekochtem Fleisch; durch Enzephalomyelitis und Verkalkungsherde entsteht gewöhnlich nur eine leichte geistige Behinderung). *Mütterliche Phenylketonurie, Alkoholismus* sowie *Drogenabhängigkeit* können sich auf den Fötus ebenso fatal auswirken. Nach der Geburt sind Schäden infolge einer *Meningitis* und *Enzephalitis* auf viraler, akut bakterieller oder tuberkulöser Genese möglich. *Geburtstraumata* sowie Hypoxie vor oder während der Entbindung gehen zunehmend häufig mit einer geistigen Behinderung einher, dies ist besonders bei *Frühgeburten* der Fall. Hier kommt es wahrscheinlich zu einer komplexen Verbindung medizinischer und sozialer Faktoren; Eltern der unteren sozialen Schichten suchen weit weniger häufig die Schwangerenberatungsstellen auf oder finden in ihrer Nähe nur einfachere Möglichkeiten zur Entbindung wie etwa in ärmeren Bezirken. Die Minderversorgung prädisponiert für geburtshilfliche Komplikationen, wie z.B. Frühgeburten, Anoxie sowie Schäden an Kopf und Gehirn beim Föten. Die Traumata behindern die gesamte Entwicklung. Zusätzlich stellen sich noch andere Gefahren ein, die durch die biochemische Unreife des zu früh geborenen Kindes resultieren: Ein Icterus neonatorum wird bei solchen Kindern weit heftiger verlaufen. Es kann sich ein Kernikterus entwickeln und daraus ein weiterer zerebraler Schaden resultieren. Die Verbindung einer geistigen Behinderung bei den meisten Fällen einer *zerebralen Lähmung* ist ebenso komplex, da hier genetische, pränatale und geburtstraumatische Interaktionen ablaufen, insbesondere bei Frühgeburten. Ein *Schädeltrauma* kann ebenso wie eine *Bleivergiftung* und eine *Hypoglykämie* die kindliche Entwicklung retardierend beeinflussen, ebenso ein *Hydrozephalus.*

Klinische Zustandsbilder und ihre Problematik

Kindheitsphase

Kongenitale Anomalien, sowohl anatomischer als auch physiologischer Art sind häufig und kommen besonders bei Schwerbehinderten vor. Aber auch wenn eine Behinderung sehr einschneidend ist, erscheinen einige Behinderte nach außen hin körperlich völlig gesund. Epilepsie stellt eine zusätzliche, sehr häufig vorkommende Form der Behinderung dar. Die schwer retardierten Patienten sind oft mit multiplen Behinderungen versehen, z. B. mit zusätzlicher Blindheit, Taubheit und Lähmungen, wodurch ihre Hilflosigkeit noch weiter verschlimmert wird.

Mit den betroffenen Eltern müssen taktvolle Gespräche geführt werden, insbesondere Diskussionen über die Prognose sowie Informationen über entsprechende Institutionen und Hilfsangebote, wie sie von Elterngruppen und anderen Körperschaften, die sich mit geistig behinderten Kindern befassen, angeboten werden. Gelegentlich muß eine prolongierte Periode des Kummers nach dem Verlust der Aussicht auf ein normales Gedeihen des Kindes durchgestanden werden. Die physische, emotionale und finanzielle Belastung solcher Familien kann außerordentlich groß sein. Eine genetische Beratung und Familienplanung sollten, soweit dies angezeigt ist, angeboten werden.

Die *Diagnose* beim Kinde, dessen langsame Entwicklung zu Beunruhigung und Sorge Anlaß gibt, muß auf einer engmaschigen Erhebung der Entwicklungsgeschichte, einer Untersuchung des Kindes und einem formalen Intelligenztest basieren. Der IQ hat sich dabei als guter Maßstab bei Lernschwierigkeiten während der Schuljahre erwiesen, obwohl damit keine verläßliche Aussage über die Leistungsfähigkeit im Erwachsenenleben getroffen werden kann. Meist bedingt durch die Besorgnis der Eltern, wird vom Arzt oft eine Beurteilung der Möglichkeiten einer geistigen Behinderung schon bei ganz kleinen Kindern gefordert. Später, im Alter von fünf Jahren, kann angesichts des anstehenden Schuleintritts eine umfassendere Einschätzung der Lernfähigkeit vonnöten sein.

In den ersten zwölf Lebenswochen kann ein normal gedeihendes Kind seinen Kopf aufrecht halten, vermag mit seinen Augen einem baumelnden Spielzeug zu folgen, kann die Bewegungen der eigenen Hände studieren und sein Gewicht auf die Unterarme verlagern. Es wird eine Reaktion auf Ansprache zeigen und verbale Äußerungen als Antwort von sich geben. Ein geistig behindertes Kind ist zu solchen Äußerungen meist überhaupt nicht in der Lage. Sollte keines dieser Zeichen am Ende der 20. Lebenswoche feststellbar sein, ist eine endgültige Diagnose wahrscheinlich. Im weiteren Verlauf wird das auffallende Defizit im Erlernen der Sprache liegen. Die Kriterien zur Diagnosestellung bleiben aber die gleichen: Die Entwicklung schreitet nur langsam voran, um am Ende auf einem niedrigen Niveau abzuflachen. Wird in allen Bereichen eine langsame Entwicklung festgestellt, ergibt sich eine weitgehende Evidenz für eine geistige Behinderung. Sorgfältig ist dabei auf eine mögliche zusätzliche Hirnschädigung, Taubheit oder Psychose zu achten.

Zur Psychologie der geistigen Behinderung

Lernunfähgkeit äußert sich vor allem beim Erfassen neuer, abstrakter Tatbestände. Einfache Routinearbeiten werden weit leichter erlernt. Komplexe Vorgänge können in einfache Schritte zerlegt werden, indem etwa nur eine einzige der fünf Sinnesqualitäten gleichzeitig angesprochen wird und laufend das bereits Angelernte wiederholt wird. In einigen Instutionen wird ein großer Pessimismus in bezug auf erlernbares Wissen an den Tag gelegt. Psychologische Grundsätze gehen davon aus, daß obere Grenzwerte für Erlernbares wahrscheinlich nicht existieren und Höherqualifizierungen äußerst langsam ablaufen können. Das Lehren muß in solchen Fällen besonders geplant werden: Eine nichtspezifische „stimulierende Umgebung“ reicht dabei nicht aus, wenn es unmöglich ist, auf der Basis einer gewöhnlichen unstrukturierten Erfahrung spontan zu lernen.

Ohne zähes Training ist ein Schwerbehinderter, besonders dann, wenn er gleichzeitig körperlich behindert ist, meist völlig hilflos. Solche Behinderte können sich nicht selbst ankleiden und Nahrung zu sich nehmen, sie können zur Körperhygiene nicht in der Lage sein, es kann eine Inkontinenz von Urin und Stuhlgang bestehen. Ihrer Umgebung gegenüber werden solche Menschen sich oft nur recht bescheiden ausdrücken können.

Eine nur leichte Behinderung läßt sich von schlicht strukturierten Menschen, die in der Welt abstrakter Begriffe nicht zu Hause sind, kaum unterscheiden. Leicht Behinderte sind nur begrenzt zum Lesen in der Lage, können nur begrenzt mit Geld umgehen und haben ihre handfesten Schwierigkeiten beim Broterwerb, auch in ungelernten Berufen. Die Persönlichkeitsstruktur variiert genau wie sonst auch. Es kann sich emotionale Stabilität zeigen, aber auch das krasse Gegenteil davon. Das Spektrum reicht von Übellaunigkeit über gutwillige Naturen, von Energie oder von Passivität geprägt, freundlich oder zurückhaltend, am anderen Geschlecht interessiert bis hin zu verhältnismäßig indifferenten Naturen.

Psychopathologisches Zustandsbild

Unter den leicht Behinderten können die gleichen Formen psychopathologischer Störungen wie in der allgemeinen Bevölkerung auftreten. Die Ausdrucksform der Psychose wird dabei natürlich dahingehend modifiziert, daß der Patient nur relativ schwer seine Mißbefindlichkeiten und seine Sorgen zum Ausdruck bringen kann. Das Ausmaß psychopathologischer Störungen ist dabei wahrscheinlich größer, besonders in der Kindheit und im Bereich der Schwerbehinderten. Hinzutreten können Mischbilder infolge der zerebralen Dysfunktion, der persönlichen Frustrationen und einer Menge sozialer Schwierigkeiten für den Patienten und seine Familie.

Eine Reihe von Syndromen, die unter den Schwerbehinderten häufig anzutreffen sind, sollen hier besonders erwähnt werden: Hyperkinese im Zusammenhang mit einer Hirnschädigung; Autismus (s. S. 294); stereotype repetitive Bewegung wie z.B. Schaukeln; schwer zu beeinflussende persistierende Selbstverletzungen, destruktives Verhalten und Gekreisch.

Adoleszenz

Die Probleme für die Patienten und ihre Familien häufen sich am Ende der Pubertät, wenn sie aus der Schule entlassen werden. Ängste kommen auf, wie man seinen Lebensunterhalt bestreiten oder wie man sich tagsüber beschäftigen soll. Das häusliche Familienleben kann gestört sein, weil die anderen Kinder der Familie sich durch die Gegenwart eines auffällig behinderten Familienmitgliedes eingeschränkt fühlen, und die Eltern, die älter werden, ihre Hoffnungen auf Unabhängigkeit schwinden sehen, da ihr jüngstes Kind nur bescheidene Fortschritte im Hinblick auf eine Selbständigkeit zu verzeichnen hat.

Gewissenhafte und besorgte Eltern fürchten um ihr behindertes Kind nach ihrem Tode: Wer wird das Kind dann wohl verstehen und sich darum kümmern, wird man seine Interessen wahrnehmen oder nicht, kann man hoffen, daß es in eine medizinische Obhut kommt und ggf. stationär unbegrenzt dort bleiben kann?

Wie in der Normalpopulation, so kann die Adoleszenz auch für den Behinderten Probleme auf dem Gebiet der Sexualität, der Aggression und der Rebellion gegenüber den Eltern mit sich bringen. Diese Probleme stellen sich um so schlimmer, wenn man nicht darauf vorbereitet ist. Noch schlimmer ist die Problematik in weitgehend gestörten Familien zu ertragen. So fürchten die Eltern um die sexuelle Verwundbarkeit ihrer Töchter und die deliktischen Neigungen ihrer Söhne. Beratungen zu Hause, in der Schule oder in Diskussionsgruppen innerhalb sozialer Vereinigungen können dazu beitragen, die Frustrationen zu reduzieren und über Verantwortlichkeit, angemessenes Verhalten, Geburtenkontrolle und venerische Krankheiten zu unterrichten. Die Ausprägung des Sexualtriebes ist dabei sehr unterschiedlich: Bei Schwerbehinderten ist der Sexualtrieb typischerweise nicht stark ausgebildet. Probleme können entstehen, wenn es zu öffentlichem Masturbieren und taktlosen bzw. plumpen Annäherungen bei sexuellen Begegnungen kommt. Es kann schwierig werden, einen sexuellen Partner zu finden, was zur Quelle von Frustrationen wird, ein Zeichen dafür, daß man dem Patienten in dieser Beziehung viel Verständnis entgegenbringen muß.

Probleme im Erwachsenenleben

Da Arbeit Interesse und Befriedigung vermittelt, muß man sich bemühen, dem Patienten eine anregende Beschäftigung zu verschaffen, etwa in einer beschützenden Werkstatt oder in einer offenen Einrichtung, je nach den Fähigkeiten des Betreffenden. In schwierigen Fällen müssen einschlägige Dienste oder eine soziale Tätigkeit vermittelt werden. Mit laufender Weiterbildung im geistigen, sozialen und praktischen Bereich kann der Behinderte Fortschritte erzielen. Auch soziale Verbände können diesen Menschen wirkungsvoll helfen.

Ein leicht Behinderter kann heiraten. Nicht immer müssen durch emotionale Einschränkungen oder geringere Verantwortungsbereiche Probleme entstehen. Manche Ehepaare sind einer praktischen und beratenden Hilfe gegenüber aufgeschlossen. Da Kinder von Behinderteneltern oft nicht ausreichend versorgt werden, muß dieser Bereich oft beaufsichtigt werden.

Bei vielen leicht Behinderten zeigen sich nur unter schulischen Anforderungen zeitlich begrenzte Einschränkungen der Leistungsfähigkeit. Später haben sie dann keine Probleme mehr.

In strafrechtlicher Hinsicht sind geistig Behinderte leichten Grades u. U. für ihr Handeln nicht verantwortlich. Nach der Verurteilung können besondere Unterbringungsformen benötigt werden (s. S. 228). Für geistig Schwerbehinderte, aber auch für einfach geistig Behinderte kann die Zwangseinweisung nach dem PsychKG erforderlich werden (s. S. 234). Das zuständige Jugendamt muß in einigen Fällen die Vormundschaft übernehmen.

Einschlägige Institutionen, Ausbildung, Training und Behandlung geistig Behinderter

Historische Entwicklung und staatspolitische Aspekte

Dies gilt für das Vereinigte Königreich; analoge Maßnahmen in der Bundesrepublik Deutschland sieht u. a. das Bundessozialhilfegesetz vor (d. Übers.).

Früher zentrierten sich die einschlägigen Fürsorgeeinrichtungen rund um die großen, abseits gelegenen Anstalten, so daß sich die Gemeindefürsorge und die Einbindung sozialer Dienste, abgesehen von medizinischen und pflegerischen Maßnahmen, nur langsam entwickeln konnten. Seit langem ist bekannt, daß viele dieser behinderten stationären Patienten eine stationäre Aufnahme zu einer entsprechenden Behandlung überhaupt nicht wünschen, dennoch gibt es etwa 40 000 Patienten in Spezialkrankenhäusern in England, darunter 3000 Kinder. Die Zahl nimmt allerdings ab.

Die Behörden fördern heute die Entwicklung einer Gemeinschaftsfürsorge. Große Anstalten im früheren Stil werden nicht mehr errichtet. Das Schwergewicht liegt auf umfassenden Fürsorgeeinrichtungen, wie sie für die einzelnen Bezirke mit Arbeitsgruppen vorgesehen sind. Diagnostik, Beratung, Erziehung und Übung, individuelle Fürsorge und Behandlung finden auf verschiedenen Ebenen statt. Diese Dienste werden nicht von der Klinik wahrgenommen, schließen aber eine umfassende Kooperation zwischen den einzelnen Berufen ein, insbesondere, was die Zusammenarbeit von Hausärzten, Kinderärzten, Psychiatern, Krankenschwestern, Psychologen, Sozialarbeitern und Lehrern angeht, aber auch die Kooperation freiwilliger Organisationen ist erwünscht. Von den Gesundheits- und Sozialbehörden erwartet man heute koordiniertes, rasches Planen und Handeln.

Unter Zugrundelegung einer typischen Bezirksbevölkerung mit 250000 Personen lassen sich für Patienten, die spezielle Hilfe benötigen, folgende Richtlinien des Gesundheitsministeriums und der sozialen Sicherheit zur Ergreifung einschlägiger Maßnahmen festlegen: Abgesehen von den schulischen Einrichtungen für Schwererziehbare sind etwa 150 Plätze in örtlichen Schulen für geistig Schwerbehinderte erforderlich, dies gilt auch für Krankenhausschulen. Als Trainingszentren für Erwachsene werden etwa 370 Plätze benötigt. Schließlich sind 200 Plätze in den verschiedenen privaten Einrichtungen der Gemeinde vonnöten. Etwa 50 Kinder und 160 Erwachsene eines solchen Distriktes dürften derzeit stationär eingewiesen sein. Einige von ihnen könnten zweifellos auch in entsprechenden Plätzen der Gemeinde aufgenommen werden. Obwohl viele Patienten auch in Zukunft einer medizinischen und pflegerischen Hilfe bedürfen, könnte eine ganze Reihe von ihnen doch auch als Tagesklinikpatienten von ihrer Wohnung aus die Klinik aufsuchen. Stationäre Einrichtungen sind ganz sicher für Patienten erforderlich, die schwerbehindert sind, aber auch für Patienten mit Vielfachbehinderungen wie Blindheit, Taubheit, schlecht einstellbaren Epilepsien und Lähmungen sowie schweren psychopathologischen Zustandsbildern bzw. unlenkbaren, ausgeprägten Verhaltensstörungen. Bevor man bei diesen Patienten an erfolgreiche Erziehungs- und Trainingsaufgaben denkt, sind psychiatrische und pflegerische Maßnahmen erstrangig. Eine stationäre Aufnahme oder die Einweisung in kleine spezielle Pflegeheime mit 12–24 Plätzen sollte bei besonderen Behandlungsmaßnahmen erwogen werden, inklusive einer eingehenden Diagnostik und Besserung spezifischer Behinderungen durch audiologische, sprachtherapeutische und physiotherapeutische Maßnahmen, in Zusammenarbeit mit den zur Verfügung stehenden Trainingsprojekten.

Die einschlägigen Behandlungseinrichtungen der Gemeinde gehören zwar in den Verantwortungsbereich der sozialen Dienste bei den örtlichen Behörden, doch bedarf es auch medizinischer und besonders psychiatrischer Einrichtungen hinsichtlich Diagnostik, Beratung und Behandlung sowohl in den Gemeindezentren, in den Tageskliniken als auch bei Visiten in den Wohngemeinschaften, Schulen und Trainingszentren für Erwachsene.

Geistige Behinderungen in der Kindheit

Einschlägige Dienste zur Unterstützung der betroffenen Familie müssen von Anfang an vorhanden sein. Solche Institutionen beraten die Eltern und klären über die zur Verfügung stehenden Einrichtungen auf. Krankenpflegeschulen, Babysittereinrichtungen sowie Wäschereidienste können schon die gröbste Not lindern. Kurzfristig läßt sich die Unterbringung in einer Wohngemeinschaft arrangieren, nicht nur in Notfällen, sondern auch als Möglichkeit zu eingehender Diagnostik, wobei dann Empfehlungen für die weitere Erziehung gegeben werden können. Um möglichst viele Kinder in der häuslichen Umgebung zu belassen, können besonders Patienten, die weder mit ihren Eltern zusammenleben noch in einer Klinik untergebracht werden können, in den örtlichen Wohngemeinschaften (in vielen Gegenden schon, aber noch nicht in ausreichendem Maße vorhanden) bzw. in Pflege- oder Adoptivfamilien Aufnahme finden.

Alle Kinder, auch die Behinderten, haben Anspruch auf eine schulische Erziehung, deren Verantwortlichkeit bei den örtlichen Erziehungsbehörden liegt. In Sonderschulen liegt der durchschnittliche IQ bei 70. Geistig behinderte Kinder und Grenzfälle mit ausgeprägten Lernstörungen werden in Schulen für schwererziehbare Kinder aufgenommen. Bei einigen dieser Schulen handelt es sich um Gemeindeeinrichtungen für Tageskinder, einige sind Schulen für Wohngemeinschaften und andere sind an Kliniken angegliedert. Nachdem die individuellen Belange für jedes Kind festgestellt wurden, richtet sich das Lernen auf eine schrittweise Verbesserung der mangelnden Fähigkeiten, wobei besonders auf folgende Lernelemente abgehoben wird: normaler Gang, Waschen, Anziehen, Essen, Tischmanieren, Verminderung der Unbeholfenheit und Verbesserung sozialer Interaktionen. Sprachunterricht wird von Anfang an erteilt. Die Techniken einer Verhaltensänderung, z. B. operantes Konditionieren und sogenanntes Modellernen („modelling") mit systematischen Belohnungen für Verhaltensverbesserungen und zum Erwerb neuer Fertigkeiten können dabei sowohl für Schwestern und Lehrer als auch für die Eltern in den Lehrstoff miteinbezogen werden. Diese Methoden haben dazu beigetragen, nicht nur einfache Mängel, sondern auch das Erlernen der Sprache, des Lesens und des Schreibens zu verbessern. Einige Kinder haben in der Schule Probleme und reagieren bei Lernschwierigkeiten mit Frustrationen und launischem Verhalten, bei anderen drückt sich ihre Unfähigkeit eher in Apathie und Passivität aus und behindert dadurch eine erfolgreiche Erziehung.

Adoleszenz

Im Alter von 16 Jahren tritt der Jugendliche und seine Familie in ein alarmierendes Stadium: Entscheidungen für die Zukunft in einer Welt voller Konkurrenzdenken müssen gefällt werden. Die sogenannte National Development Group hat die Wichtigkeit einer besseren Beurteilung für die Aussichten und die in Frage kommenden Hilfsmaßnahmen eines jeden Schwerbehinderten in seinem letzten Schuljahr betont. In den Schulen werden multidisziplinäre Konferenzen einberufen, an denen Lehrer, Trainingszentrumsmanager, Sozialarbeiter, Psychologen, Berufsberater und Eltern teilnehmen; Hausarzt, Psychiater oder Sprachtherapeut werden miteinbezogen. Von dem Gremium müssen Empfehlungen ausgesprochen werden, ob der Heranwachsende in ein Erwachsenentrainingszentrum überwechseln soll, in eine weiterführende Schule (wo einzelne Spezialklassen zur Verbesserung der Allgemeinbildung und sozialen Fertigkeiten sowie zur kreativen Freizeitnutzung vorgesehen sind), oder ob er in einer beschützenden Werkstatt tätig werden soll. Auch den an Klinikschulen unterrichteten Kindern sollte ein möglichst großes Spektrum von Wahlmöglichkeiten zugänglich sein.

Der geistig Behinderte als Erwachsener

Leicht Behinderte werden ihr Leben meist als unauffällige Bürger führen können, einer normalen regelmäßigen Beschäftigung nachgehen und ihren Lebensunterhalt selbst bestreiten können, ob sie nun mit ihren Eltern zusammenleben oder außerhalb des Elternhauses wohnen. Es können sich trotzdem Schwierigkeiten ergeben, bei denen der Sozialarbeiter, aber auch der Arzt mit Rat und Tat zur Seite stehen muß.

Den stärker Behinderten, die kein unabhängiges Leben führen können, bleibt als Möglichkeit eines Mittelweges zwischen Klinik und Gemeindefürsorge das Trainingszentrum für Erwachsene im Bereich der örtlichen Sozialbehörde. Im Idealfall sollte dieses Zentrum ein Platz umfassender Hilfe sein, den Zugang zu einer weiterführenden Ausbildung in Aussicht stellen und gleichzeitig eine soziale Bildung im weitesten Sinne, weniger eine bloße Beschäftigung und Arbeitsstätte, darstellen.

Nach einer eingangs durchgeführten Diagnostik können für die individuellen Belange jedes einzelnen stufenweise aufgebaute erzieherische Schritte und weiterführende Beschäftigungen ausgearbeitet werden, die zu einer realistisch vergüteten Arbeit führen können und die Fähigkeit schulen, mit der zur Verfügung stehenden Freizeit richtig umzugehen.

Die Gemeinde benötigt Unterkünfte in Gestalt von Übergangsheimen, aber auch zur Beköstigung außer Haus, die von geeignetem Personal ausgeführt werden sollte. Kurzfristige Belegungsmöglichkeiten in Übergangsheimen, geeigneten Gemeindezentren oder klinischen Einrichtungen werden besonders für die jungen Patienten benötigt. In Übungszentren und Krankenhäusern gibt es viele Möglichkeiten zur Förderung des Lernens, insbesondere wird das stufenweise und mit Belohnung arbeitende Lernen angewandt (s. besonders Kap. 5).

Die begleitenden Symptome und Befindlichkeitsstörungen müssen gesondert behandelt werden, insbesondere die Epilepsie. Schizophrenien, Manien, Depressionen und Angstzustände werden nach den üblichen Richtlinien – wie in den zugehörigen Kapiteln beschrieben – behandelt. Schwere Verhaltensstörungen und überschießendes Reagieren lassen sich am besten mit Chlorpromazin und Haloperidol abfangen. Bei Hyperkinesen ist Amphetamin das Mittel der Wahl.

Prognose

Theoretisch gibt es keine Kapazitätsbeschränkungen, um für die Bewältigung des Alltags neue Fähigkeiten zu erwerben, obwohl sich die Schwerfälligkeit des Verständnisses nicht ändert. Geistige Behinderung ist also nicht unheilbar, sofern mit dem Terminus „unheilbar" gemeint ist, daß der einzelne für ewig zu seinen Schwächen verdammt ist. Einige Behinderte, die in der Kindheit entsprechend gefördert wurden, sind in der Lage, als Erwachsene selbständig zu leben und mit nur wenigen Problemen ihr Leben zu meistern.

Schwerbehinderte erreichen in größerer Zahl das Erwachsenenalter, aber auch ein hohes Alter, wodurch die Population der älteren Menschen in Behindertenheimen zunimmt.

Präventive Maßnahmen

Hinsichtlich pathologischer Defekte können spezielle Maßnahmen ergriffen werden (z. B. Amniozentese zur Chromosomenuntersuchung und Feststellung des Alphafetoproteinspiegels, ferner Schwangerschaftsunterbrechung im Fall eines Down-Syndroms oder bei offenen Neuralrohrdefekten; Untersuchung aller Neugeborenen auf Phenylketonurie und Hypothyreoidismus; auch aufgrund genetischer Beratungen ist zu erwarten, daß sich die Häufigkeit einiger dieser Zustandsbilder verringern läßt). Im Hinblick auf die Reduzierung der Fertilität der Behinderten selbst wird oft die Sterilisierung empfohlen. Dies trägt allerdings nicht zur Prävention bei, selbst dann nicht, wenn es eine vertretbare menschliche Maßnahme wäre, denn nur ein Zehntel der geistig leicht Behinderten sind Nachkommen von Behinderten der vorigen Generation.

Vielversprechender sind zwei andere Maßnahmen. Die hohe Fertilitätsrate der untersten sozialen Schichten sollte durch tatkräftige Aufklärungsmaßnahmen im Hinblick auf eine Geburtenkontrolle reduziert werden. Besonders wenn ein Kind als behindert diagnostiziert wurde, sollte den Eltern eindringlich der Rat zur Geburtenkontrolle erteilt werden, um die

Zahl weiterer Geschwister in dieser Familie zu reduzieren. Die Zahl subkulturell geistig Behinderter in der nächsten Generation könnte damit vermindert werden. Die andere Möglichkeit bestünde darin, der speziellen Ausbildung geistig behinderter Kinder von Müttern mit einem niedrigen Intelligenzquotienten von der frühen Kindheit an höchste Priorität einzuräumen und den Müttern eine zusätzliche Ausbildung anzubieten. Können diese Mütter ihr schwieriges Leben dann besser gestalten, erfahren eine umfassende Schwangerenbetreuung und gründen nur eine Kleinfamilie, so können sie ihren Fähigkeiten entsprechend eine weithin verbesserte Umgebung auch für ihre Kinder arrangieren.

16 Notfälle in der Psychiatrie

Jeder Hausarzt, Chirurg, Allgemeinpraktiker oder Gynäkologe muß sich gelegentlich mit den hier aufgezeigten psychiatrischen Notfällen auseinandersetzen. Die meisten klinischen Syndrome sind in den zugehörigen Kapiteln beschrieben; zu einigen wichtigen Details sei jedoch hier folgendes angemerkt.

Suizidversuch

Vorbemerkungen

Mit diesem ernstzunehmenden Notfall kann jeder Arzt konfrontiert werden, wenn z. B. ein schwererregter Patient versucht hat, sich aus dem Fenster oder in einen Fluß zu stürzen bzw. sich unter einen Bus zu werfen und noch in letzter Minute gerettet werden konnte.

Auch das Aufschneiden der Pulsader, besonders nach Einnahme einer Überdosis von Medikamenten, meist dazu noch in Verbindung mit Alkohol, hat in den letzten 20 Jahren zugenommen.

Es kommt immer häufiger zu Selbstvergiftungen in so bedrohlichem Maße, daß stationäre Aufnahme vermehrt erforderlich wird. Bei der Art des Verhaltens, insbesondere in Streßsituationen, spielen soziale Trends eine Rolle. Viele Vorfälle spiegeln eher eine versuchte Selbsttötung vor, als daß sie wirklich ernst gemeint wären. Läßt man Elend und Verzweiflung des Patienten und seine körperliche Gefährdung zum Zeitpunkt der Tat beiseite, ist der Patient für die Zukunft trotzdem in zweifacher Hinsicht gefährdet: Erstens zeigt jeder, der bereits einen Suizidversuch oder ähnliches hinter sich hat, in den folgenden Jahren ein beträchtlich gestiegenes Suizidrisiko. Zweitens kann der Grad des Risikos nicht aus der Schwere der Vergiftung oder aus der Tiefe der Schnittwunden an den Handgelenken abgeschätzt werden.

Suizidversuche finden sich häufig bei jüngeren Menschen, seltener im Alter, mehr bei Frauen als bei Männern. Emotional labile Persönlichkeiten sind besonders suizidgefährdet, aber auch bei schwerkranken Patienten können Suizidversuche vorkommen.

Differentialdiagnose

Für die Praxis sind besonders die folgenden vier Situationen relevant:

1. Krisen in der Persönlichkeit, hysterische Zustandsbilder sowie situationsbedingter emotionaler Druck auf andere, wobei der Patient etwas ausdrücken, oder einem Dritten die Schuld zuschieben will, daß er in solche Verzweiflung geraten ist;
2. depressive Zustandsbilder;
3. schizophrene Erkrankungen;
4. Patienten unter Alkohol- oder Medikamenteneinfluß (wobei zusätzlich natürlich die obengenannte Kriterien 1, 2 und 3 zutreffen können).

Behandlung

Zunächst muß der Arzt jede neue Möglichkeit der Selbstbeschädigung ausschalten (versteckte Rasierklingen, Tabletten usw.). Bei Vergiftungen kann eine stationäre Aufnahme zur Beobachtung und Behandlung nötig werden. Die Grundsätze der medizinischen Behandlung einer Vergiftung sollen hier nicht weiter ausführlich erörtert werden. Der Verlauf einer Salizylatvergiftung bei einem scheinbar wachen Patienten kann trügerisch und unvorhersehbar sein. Außerdem sei darauf hingewiesen, daß verschiedene Medikamentengruppen – wie trizyklische Antidepressiva, Monoaminooxidasehemmer und Barbiturate – bei Behandlung psychischer Kranker die Kollapsneigung erhöhen.

Stationäre Patienten mit akuter Vergiftung müssen unter dauernder ärztlicher Kontrolle stehen, zu ihrer eigenen Sicherheit und um einen Nervenarzt konsiliarisch in die Behandlung einbeziehen zu können, der die weitere psychiatrische Behandlung des Patienten in die Hand nimmt.

Besteht keine Vergiftungsgefahr mehr, muß der Arzt ferner beurteilen, ob der Patient in unmittelbarer Zukunft suizidgefährdet ist. Bestehen Tendenzen zu einem erneuten Suizidversuch, muß auf eine stationäre Aufnahme gedrängt werden, um das Leben des Patienten nicht zu gefährden. In seltenen Fällen kann eine Zwangseinweisung nach dem PsychKG erforderlich sein. Es ist nicht nur ethisch gerechtfertigt, sondern es muß so gehandelt werden, wenn die Gefahr oder die Wahrscheinlichkeit einer psychischen Krankheit vorliegt und der Patient zu keiner freien Willensentscheidung fähig ist. Nur so läßt sich irreversiblen verzweifelten Handlungen innerhalb kurzer Zeit zuvorkommen, mit der zusätzlichen Möglichkeit, den Patienten unter stationären Bedingungen gezielt zu behandeln. Verläßt er dann stabilisiert das Krankenhaus, ist er wieder in der Lage, sein Lebensschicksal selbst in die Hand zu nehmen.

Liegt keine unmittelbare Wiederholungsgefahr des Suizidversuchs vor, und ist der Patient nicht gefährlich verletzt, sollte er trotzdem von einer stationären Aufnahme überzeugt werden, auch wenn es zu einer panischen Abwehrhaltung von allen Seiten, besonders von den Verwandten kommt. Zu den ersten Maßnahmen gehört folgendes:

1. Die Patienten müssen im Bett bleiben und dürfen es nicht allein wieder verlassen;
2. man muß sich dem Patienten lang genug widmen, um von ihm zu erfahren, was in ihm vorging, und warum er sich zu dieser Tat entschlossen hat;
3. lag keine Medikamentenüberdosierung oder Alkohol vor, sollte man zur Nacht ein Sedativum verabreichen, z. B. Nitrazepam in der Höhe von 10–15 mg, Chlorpromazin in der Dosis von 100–200 mg oder möglicherweise auch Pentobarbital in einer Stärke von 100–300 mg, jeweils dem Allgemein- und Kräftezustand des Patienten entsprechend. Am folgenden Morgen sollte das Zustandsbild erneut abgeklärt werden.

Wenn die unmittelbare Krise behoben ist und Diagnostik und Zustand des Patienten keine weiteren Schwierigkeiten darstellen (s. Fall Nr. 15), können die Indikationen zur stationären Aufnahme oder zur weiteren Behandlung zu Hause bzw. in einer Tagesklinik erörtert werden.

Allgemeine Überlegungen

Ist die unmittelbare Krise mit medizinischen bzw. chirurgischen Maßnahmen bewältigt, muß man sich bei jedem Suizidversuch und auch bei den Fällen, die unverantwortlich eine solche Situation heraufbeschworen haben, daran erinnern, daß ein Mensch es riskiert oder den Entschluß gefaßt hat, den Tod als einzige Lösung einer erdrückenden Gefahr oder eines Unglücks zu wählen. Es ist die Pflicht des Arztes, die Natur dieser Gefahr oder dieses Unglücks zu ergründen und dem Patienten Wege aufzuzeigen, um ihm sein Schicksal in Zukunft erträglich erscheinen zu lassen. Bei hysterischen Persönlichkeiten kann dies nur eine Frage des Selbstakzeptierens oder des Akzeptierens durch die Umgebung sein, und einfühlendes Verstehen und Helfen können genügen. Bei Depression oder Schizophrenie wird für einen begrenzten Zeitraum eine stationäre Aufnahme erforderlich sein. In allen Fällen ist der Arzt aufgerufen, nicht als reiner Techniker oder Vermittler eines kurativen oder juristischen Prozesses, sondern als Freund und Helfer aufzutreten.

Akute hysterische Zustandsbilder

Zwei Arten müssen unterschieden werden:

1. hysterischer Funktionsverlust,
2. hysterisches Ausagieren.

Diese Symptome können auch ohne eigentliches Krankheitsbild auftreten. Es bedeutet aber immer, daß ein Mensch in seinem Elend keine bessere Lösung als eine weitgehende Aufgabe seiner geistigen und emotionalen Integrität gefunden hat. Die Motivation ist teils unbewußt. Häufig symbolisiert sich darin eine Art Flucht und Entlastung bzw. eine Lösung, die der Patient in anderer Weise nicht erreichen konnte.

Hysterischer Funktionsverlust

Zuvor normale Fähigkeiten können – wie wir gesehen haben – plötzlich verlorengehen: z.B. die Kraft oder das Gefühl in einer oder mehreren Extremitäten, ferner Sehverlust, Sprachverlust, Gehörlosigkeit, Bewußtlosigkeit oder der Verlust eines vorher normal funktionierenden Gedächtnisses. Häufig war der Patient vorher einer Streßsituation oder einer Gefahr in seiner Umgebung ausgesetzt, und bei der Untersuchung lassen sich keinerlei Anzeichen für eine Schädigung oder Erkrankung im Zentralnervensystem bzw. anderenorts entdecken, womit sich der Schlüssel zur Diagnose ergibt. Der Patient kann kooperativ, widerstrebend oder unnahbar sein. Die unmittelbare Behandlung sollte drei wesentliche Schritte umfassen.

1. Absolute Bettruhe für den Patienten.
2. Der Patient sollte allein untersucht werden. Er sollte die Möglichkeit haben, sich – egal wie – mitteilen zu können, um die Ursache seiner schlechten Verfassung zu erklären. Man hüte sich, Eile, Ungeduld oder gar feindselige Kritik zu zeigen. Durch Akzeptanz und eine Atmosphäre mitfühlenden Verstehens wird ein vernünftiger und menschlicher Zugang hergestellt und gleichzeitig auch der erste Schritt zur Lösung der Problematik getan.
3. Falls nötig, sollte man ein angemessenes Sedativum zur Nacht (s. vorhergehenden Abschnitt dieses Kapitels) verabreichen und den Patienten am nächsten Morgen erneut visitieren.

Läßt sich die Situation nicht klären und kontrollieren, ist die Anforderung eines psychiatrischen Konsils gerechtfertigt. Andererseits kann ein solches Konsil auch zu einem späteren günstigeren Zeitpunkt vereinbart werden, wenn sich schon weitere Hinweise für den Vorfall ergeben haben.

Hysterisches Ausagieren

Im Gegensatz zum hysterischen Funktionsverlust setzt sich der Patient in Szene und schlägt Alarm, um seine Umgebung in Verzweiflung zu versetzen (man nimmt an, daß er seine emotionalen Probleme gegenüber der Umgebung ausagiert und selbst nur wenig an ihnen leidet). Die Entscheidung des Arztes, ob er den Patienten alleine sieht oder nicht, ist oft sehr aufschlußreich und hilft, die Situation zu klären. Als weitere Maßnahme muß der Patient beruhigt werden und für einen begrenzten Zeitraum Sedativa erhalten (s. o., wobei Chlorpromazin auch intramuskulär gegeben werden kann, ferner stehen Diazepam oder Barbiturate auch i. m. zur Verfügung, ggf. auch langsam i. v.).

Der Patient kann später exploriert werden – wie im entsprechenden Abschnitt erläutert –, und zwar entweder, wenn das Medikament wirkt oder wenn seine Wirkung abgeklungen ist. Gespräche mit Personen aus dem Umfeld des Patienten, die in den Fall involviert waren, können ebenso für ein umfassendes Verständnis der Situation von Bedeutung sein (wie in Kap. 9 beschrieben).

Aggressives Verhalten

Jeder Arzt muß sich gelegentlich mit Episoden aggressiven Verhaltens auseinandersetzen, etwa bei Angriffen auf Eigentum oder Personen. Die verängstigte Umwelt ist dann zu Hause, auf Unfall- oder Polizeistationen darum bemüht, einen wild um sich schlagenden Menschen in Schach zu halten.

Die Differentialdiagnose muß folgende Überlegungen einschließen:

1. Bei *akut paranoid schizophrenen Zustandsbildern* zeigt der Patient unter akustischen Halluzinationen und Verfolgungswahn ein zunehmend erregt-impulsives und vernunfts- sowie realitätsfernes Verhalten. Gegen die vermeintlichen Verfolger, deren Existenz er sich sicher ist, kann er einen Kampf vom Zaune brechen.

2. *Zustandsbilder manischer oder katatoner Erregung.* In einer manischen Phase ist der Patient für seine Umwelt nur selten gefährlich, ausgenommen, man hemmt seine Überaktivität unabsichtlich. Behandlung s. Kap. 7. Katatone Zustände eskalieren ohne äußere Provokation; Näheres hierzu siehe weiter unten.

3. Bei *organischen Zustandsbildern* kann ebenfalls eine Impulskontrolle gegenüber der Umwelt fehlen, so daß der verwirrte Patient gerade den bekämpft, der ihm helfen will. *Epilepsie* tritt bevorzugt mit schweren Stimmungsschwankungen und Jähzorn, Verwirrtheit und Gewalttätigkeit auf, sofern der Patient die Kontrolle über sich verliert. Manchmal müssen bei epileptischen Notfällen aggressiver Tönung eine ganze Reihe von Helfern tätig werden, abgesehen von der Gabe entsprechender Dosen Diazepam oder Barbituraten.

4. *Medikamente und Alkohol* können bei den oben geschilderten Zustandsbildern die Kontrolle über aggressives Verhalten herabsetzen. Häufig werden dadurch soziale Krisen mit nichtpsychotischen Aggressionen – wie sie weiter unten beschrieben werden – ausgelöst. Sowohl Alkohol wie zerebral dämpfende oder auch stimulierende Medikamente, z. B. des Am-

phetamintyps, können gestörtes Verhalten herbeiführen. Alkohol ist kein psychiatrischer Notfall, wenn nicht wegen einer Alkoholvergiftung, einer Kopfverletzung oder anderer nicht erkannter medizinischer Umstände sowie einer gleichzeitig auftretenden psychischen Krankheit Probleme zu erwarten sind. Ansonsten ist es nicht notwendig, daß sich der Arzt bis zum Ende der Trunkenheitsphase voll verantwortlich fühlt.

In vielen Fällen reicht es, den Patienten in einem geeigneten Raum einfach ausnüchtern zu lassen, oder die Sache bleibt in den Händen der Polizei.

5. Die meisten Notfälle gehen nicht unbedingt mit den obenerwähnten Phänomenen einher. Sonst eher unauffällige Menschen mit impulsiver Aggressivität („psychopathische Aggression“) verhalten sich nach einem Zornesausbruch plötzlich aggressiv. Polizei, Arzt oder sogar beide können gerufen werden.

Der Arzt findet eine total verwüstete Umgebung mit einem sich sträubenden Patienten vor, den einige Männer zurückhalten. Die Hilfe besteht dann darin, die Sicherheitsmaßnahmen, so gut es geht, zu lockern, den Menschenauflauf zu zerstreuen, um so zu demonstrieren, daß Arzt und Patient jetzt miteinander sicher sind. Bietet die nachfolgende Exploration keine Anhaltspunkte für ein psychotisches Krankheitsbild, sollte möglichst keine medizinische Behandlung eingeleitet werden, denn es sprechen wichtige Gründe dagegen, Patienten mit psychopathischer Gewalttätigkeit in psychiatrische Einheiten einzuweisen: Der Patient wird dann als krank etikettiert und zeichnet für sein Verhalten nicht verantwortlich. In solchen Fällen würde bei wirklich gewaltsamen Zornesausbrüchen jedesmal zu medizinischer Hilfe und zu Krankenhausaufenthalten Zuflucht genommen werden. Das psychiatrische Personal hätte am nächsten Tag keine entsprechende Behandlungsrichtschnur. Die Behandlung anderer Patienten könnte dann Schaden nehmen.

Trotzdem muß zum gegebenen Zeitpunkt eine klare Diagnose gestellt werden. Gelegentlich gibt es Fälle, wo die Einweisung in eine psychiatrische Abteilung für einen sedierten Patienten unvermeidbar ist. In den meisten Fällen reicht es, eine Supervision und Beruhigung des Betreffenden zu Hause zu ermöglichen oder die Polizei einzuschalten.

Akute psychotische Störungen

Psychiatrische Notfälle, etwa im Verlauf internistischer oder chirurgischer Erkrankungen, die mit zunehmendem Kontaktverlust zwischen Patient und Umgebung, wechselnden Bewußtseinsgraden und einer gleichzeitig vorhandenen Erregung mit Stupor oder Panik einhergehen, können in zwei große Gruppen eingeteilt werden:

1. In das Delir und
2. akute Episoden einer funktionellen Psychose.

Delir

Die akute Form des Delirs tritt in den klinischen Abteilungen als häufiger Notfall auf, aber auch zu Hause, wenn ein Patient erkrankt und seine zerebrale Funktion in Mitleidenschaft geogen ist. Dabei kann die Schädigung durch die ursprüngliche Krankheit verursacht werden, wobei versehentlich verabreichte Medikamente und sonstige Behandlungen das Zustandsbild noch verschlechtern können. Das Delir wurde in Kap. 5 umfassend dargestellt.

Akute Episoden einer funktionellen Psychose

Bei den akuten psychotischen Episoden handelt es sich um plötzliche Manifestationen einer klassischen psychotischen Erkrankung, die bei Patienten in Erscheinung treten, die konstitutionell zu solchen Krankheitsbildern neigen und die in dieser Ausprägung durch eine streßüberladene Umgebung oder durch internistische bzw. chirurgische Krisensituationen ausgelöst werden. Im wesentlichen handelt es sich dabeim um:

1. Akute schizophrene Episoden,
2. akute depressive Episoden,
3. akute Manien,

einschließlich der im Wochenbett auftretenden Episoden dieser Zustandsbilder

Akute depressive und katatone schizophrene Episoden sind in den dazugehörigen Kapiteln eingehend beschrieben und werden an dieser Stelle nur summarisch abgehandelt. Die folgenden drei Kriterien erleichtern die Differentialdiagnose zwischen akuten Episoden einer funktionellen Psychose und akut deliranten Zustandsbildern:

1. Erhebung der Biographie, der allgemeinen Vorgeschichte und der Familienanamnese; eine latente Psychose kann dabei schon deutlich werden;
2. Fehlen eines akuten deliranten Syndroms, besonders Fehlen einer Bewußtseinstrübung; ungetrübtes Frischgedächtnis; keine Desorientierung;
3. Charakteristika des klinischen Krankheitsbildes selbst, wobei im Einzelfall differentialdiagnostische Erwägungen herangezogen werden müssen.

Im allgemeinen zeigen akute funktionelle psychotische Episoden einen weit längeren Verlauf als Delirien und weisen eine tiefere Störung der Basispersönlichkeit auf. Solche Zustandsbilder sind näher im Bereich des normalen physiologischen Gleichgewichts angesiedelt, als dies bei akuten toxischen Delirien der Fall ist.

Behandlung der akuten psychotischen Notfälle im allgemeinen

Der Patient wirkt zunächst verängstigt und befremdet, erscheint deshalb oft unnahbar und steht vielleicht einer normalen klinischen Diagnostik ablehnend und feindselig gegenüber. Es spielt keine Rolle, wie sehr das Verhalten des Patienten gegenüber anderen gestört sein kann, er selbst ist es, der leidet und am meisten gestört ist. Für ihn ist es zunächst einmal wichtig, daß Arzt und Schwester ihn verstehen, akzeptieren und helfend eingreifen. Die Wichtigkeit dieser Verpflichtung kann gar nicht genug betont werden; so gesehen sind die folgenden allgemeinen Grundsätze leicht zu verstehen.

1. *Allgemeines:* Die Pflege des Patienten ist in Kap. 5 unter dem Abschnitt Delir beschrieben. Die Aufnahme in ein Krankenhaus ist meist notwendig, gelegentlich muß auch eine Zwangseinweisung nach PsychKG erfolgen (s. S. 234).

2. Die spezifische Behandlung akuter deliranter Zustandsbilder ist in Kap. 5 beschrieben. Steht der Patient bereits unter einer Behandlung, müssen die ätiologischen Faktoren überprüft und entsprechend behandelt werden. Ein häufiger Grund für eine notfallmäßige stationäre Einweisung ist ein akutes Entzugssyndrom. Der Patient ist sich meist überhaupt nicht darüber im klaren, daß er ein habitueller Konsument großer Mengen von Barbituraten oder Alkohol ist. Eine umfassende Liste ätiologischer Faktoren findet sich in Kap. 5.

Die Gabe von Vitaminen und eine Sedierung sind erforderlich. Diazepam in Dosen von üblicherweise 60 mg täglich und gelegentlich auch mehr oder Chormethiazol in wiederholt gegebenen Dosen von 0,5 bis 1,0 g stellen oftmals die Medikamente der Wahl dar, besonders bei Alkoholentzugssyndromen, aber auch bei akuten deliranten Zustandsbildern anderer Genese. Beide Medikamente können sowohl oral als auch intravenös verabreicht werden. Beide Arzneimittel wirken sedativ und leicht hypnotisch, antikonvulsiv, leicht muskelrelaxierend und bewähren sich auch in größeren Dosen. Chlormethiazol neigt in Nase und Bronchien zu Irritationen und sollte bei Patienten mit manifester respiratorischer Insuffizienz nicht verabreicht werden. Diese Medikamente können über ein bis zwei Wochen in ausschleichender Dosierung gegeben werden, soweit das gebesserte Befinden des Patienten dies zuläßt.

Haloperidol gilt als gebräuchlichstes Medikament, um viele solcher Notfälle unter Kontrolle zu bringen. Es kann in Dosen von 5–20 mg notfallmäßig intramuskulär verabreicht werden. Wird Haloperidol gegeben, so können Dyskinesien auftreten, die den Patienten sehr belästigen. Dann werden entsprechende Antiparkinsonmittel wie etwa Biperiden (Akineton) 5 mg intramuskulär oder 3 × 2 mg oral über den Tag verteilt verabreicht.

3. *Spezifische Behandlungen von akuten Zustandsbildern einer funktionellen Psychose (d.h. nicht deliranten Ursprungs)*

Hier gelten die gleichen allgemeinen Grundsätze der Pflege, wie sie unter Punkt 1 oben ausgeführt sind. Die spezifische pharmakologische Behandlung besteht in der Gabe von Chlorpromazin, das in Dosen von bis zu 100 mg alle vier bis sechs Stunden intramuskulär gegeben werden kann, oder man greift auf Haloperidol in den oben beschriebenen Dosen zurück. Die weitere Behandlung der akuten Episoden einer funktionellen Psychose gleicht im übrigen weitgehend derjenigen von akut deliranten Zustandsbildern. Soweit es um die menschlichen und medizinischen Verpflichtungen gegenüber solchen Patienten geht, besteht kein Unterschied zu den Patienten mit deliranten Zustandsbildern. In diesem Zusammenhang müssen noch einige allgemeine Prinzipien beachtet werden.

Abschließende allgemeine Grundsätze

1. Man bedenke, daß Verwirrtheitszustände nicht ungewöhnlich, aber oft vermeidbar sind.

2. Vorausschauend denken und frühzeitig alle möglichen Umstände berücksichtigen (ein Patient, der um 18 Uhr abends unruhig ist, wird, falls er nicht behandelt wird, um 2 Uhr nachts extrem erregt sein).

3. Die Behandlung solcher Fälle sollte vom Arzt wie auch von der Schwester nicht als schlimme Katastrophe angesehen werden, deren Verantwortung beiseitegelassen oder jemand anderem zugeschoben werden kann. Man sollte daran denken, daß Ärzte und Schwestern in den Augen der Patienten Eckpfeiler des Vertrauens, der Akzeptanz und der Nächstenliebe im wahrsten Sinne des Wortes, ja der bleibenden Hilfe gelten. Kein Arzt und keine Schwester mit Selbstachtung würden vor einer stinkenden Wunde oder einer plötzlichen Hämatemesis zurückschrecken; noch weniger würden sie sich vor der Fürsorge um einen akut erregten und schwerkranken Patienten zurückziehen. Wie bei vielen therapeutischen Techniken werden Erfolg oder Mißerfolg letztlich von einer mehr oder weniger intelligenten Vorausahnung und der grundsätzlichen geistigen Einstellung gegenüber dem Problem bestimmt.

Spezielle Fälle akut psychotischer Zustandsbilder

Akute paranoide und katatone Zustände

a) Rasch zunehmende Erregung, bis hin zur Raserei,
b) jäh auftretende plötzliche Unnahbarkeit bis hin zum Stupor.

Beide Zustände erfordern unmittelbares und effektives Handeln. Dies ist einfach.

Die Umgebung des Patienten bis auf ein oder zwei besonders vertraute Freunde entlasten.

Wird der Patient extrem erregt, feindselig, argwöhnisch oder anklagend, so sollte man ruhig, sanft und freundlich und in einer unerschrockenen Art zu ihm sprechen. Man sollte möglichst eruieren, *was in ihm vorgeht*. Man sollte ihm eingehend und ohne weitere Bedrohung erklären, daß man eine intramuskuläre Injektion von Chlorpromazin in der Dosierung von bis zu 100 mg oder Haloperidol in der Dosierung von 20 mg zur Sedierung für nötig erachtet. Ist ein verantwortlicher Helfer verfügbar, um den Arm festzuhalten, so können diese Medikamente auch intravenös gegeben werden. Ein milder Schlaf kann auch durch die Verabfolgung von Natriumamylobarbiton 0,5 g* erreicht werden.

Diese Behandlung wird für jedes Stadium der Erregung oder einer impulsiv auftretenden Unruhe ausreichen. Eine plötzlich einsetzende Unnahbarkeit, die zu Stupor führt, läßt sich günstig mit intravenös verabreichtem Natriumamylobarbiton und persönlicher Kontaktaufnahme behandeln. Läßt sich so kein Erfolg erzielen, ist eine absolute Indikation für die stationäre Einweisung gegeben, wobei angesichts der allgemeinen Verfassung des Patienten das entsprechende Procedere klar ist.

Ängstlich agitierte Depression

Die ängstlich agitierte Depression kennzeichnet eine starke Verzweiflung, eine untröstliche Trauer und Verstimmung sowie eine allgemeine Unruhe und Unnahbarkeit, die sich auf alles erstreckt, was mit dem Patienten zu tun hat. Der Patient kann Symptome der Schlaflosigkeit und Dehydratation zeigen, oft hat er tagelang nur wenig oder überhaupt keine Nahrung zu sich genommen. Solche Patienten müssen sofort notfallmäßig eingewiesen werden. Die unmittelbare Behandlung muß sich ganz auf die Wiederherstellung des psychologischen und physiologischen Gleichgewichts des Patienten erstrecken:

a) Mit einfachen, aber nachhaltig beruhigenden Worten sollte man einen persönlichen Kontakt und Rapport, so weit wie möglich, mit dem Patienten herstellen.
b) Diazepam in der Dosierung von 10–20 mg oral oder intramuskulär zuführen, ferner intravenös Vitamin B verabfolgen, falls die Ernährungsweise ernsthaft in Mitleidenschaft gezogen ist.
c) Sollte es unmöglich sein, den Patienten vor Einbruch der Nacht stationär einzuweisen, empfiehlt sich eine nächtliche Sedierung in ausreichender Dosierung (Nitrazepam 15 mg, Chloralhydrat 2,0–3,0 g, Chlorpromazin 150 mg oder Pentobarbital 200–300 mg).

* In der Bundesrepublik Deutschland nicht im Handel.

Depressiver Stupor

Beim depressiven Stupor befindet sich der Patient nach Durchlaufen einer Phase von tiefer Verzweiflung in einer absoluten Untätigkeit und wird schließlich stuporös und unnahbar. Seine Augen sind gewöhnlich geöffnet, manchmal voller Tränen und zeigen nur selten einen Lidschlag; der Gesichtsausdruck ist ernst, die Gesichtsfarbe totenbleich, der Puls langsam und voll, die Haltung gebeugt und bewegungslos.

Die Behandlung unterscheidet sich nicht von der einer agitierten Depression mit der Ausnahme, daß hier natürlich keine Sedativa gegeben werden, obwohl die intravenöse Gabe von Natriumamylobarbiton, langsam injiziert, zeitweilig das Zustandsbild bessert. Oral sollte man Flüssigkeit zuführen, doch wenn der Patient ernsthaft dehydriert ist und nicht dazu bewegt werden kann zu trinken, so empfiehlt sich eine parenterale oder intragastrische Zufuhr von Flüssigkeit. Dies ist jedoch nur in seltenen Fällen erforderlich, da die meisten Patienten durchaus trinken, wenn man genügend Geduld und Sorgfalt aufwendet, um sie zu überreden. Eine stationäre Aufnahme sollte auch hier nicht hinausgezögert werden, um bei Komplikationen evtl. Wiederbelebungsmaßnahmen durchzuführen.

Die unmittelbare stationäre Behandlung eines depressiven Stupors kann in einer elektrischen Durchflutungstherapie unter Anwendung von Anästhetika bestehen, so daß es ratsam ist, das Krankenhaus darüber zu informieren, ob der Patient vor der Einweisung Nahrung oder Flüssigkeit zu sich genommen hat.

Schlußbemerkungen

Eine der eindrucksvollsten Entdeckungen, die jeder Arzt, der erstmalig in einer psychiatrischen Intensivstation arbeitet, machen kann, besteht darin, daß im wesentlichen alle psychiatrischen Notfallsituationen, wenn sie regelrecht behandelt werden, gewöhnlich innerhalb von 48 Stunden abklingen. Dringende Voraussetzungen hierfür sind unmittelbare Ruhe, Vertrauen, Freundlichkeit und weitere Hilfsmittel, die der Arzt, der den Patienten als erster sieht, anwenden sollte. Eine sofortige Behandlung und stationäre Einweisung sollte veranlaßt werden, damit der Patient bald genesen kann.

Schon die Ausschaltung eins Tumults und die Aufnahme in eine sichere professionelle Umgebung vermindert manche Erregung, noch bevor man sich auf eine besondere Behandlung eingelassen hat. Notfälle in der Psychiatrie sind häufg alarmierend und herausfordernd. Die persönliche Haltung des Arztes ist unschätzbar und entscheidend für den weiteren Ablauf und Ausgang des Zustandsbildes. Die einfachen, menschlichen Hilfsmittel, wie sie in diesem Kapitel aufgezeigt wurden, können sich als umfassend effizient für die Kontrolle der Situation erweisen.

17 Forensische Psychiatrie*

Einleitung

Das Gesetz spielt in jeder Hinsicht der wechselseitigen Beziehungen zwischen Psychiatrie und Gesetz die entscheidende Rolle. Das Gesetz bestimmt die Grundlage dieser Verbindung und ist definitionsgemäß der endgültige Schiedsrichter für alle Interpretationen gerichtsmedizinischer Probleme. Vier fundamentale juristische Prinzipien bilden die Grundlage der forensischen Psychiatrie, und vom Standpunkt der Justiz dulden diese Prinzipien keine Ausnahme. Es handelt sich um folgende Grundsätze:

1. Beim gesunden Menschen wird vorausgesetzt, daß er für alle seine Handlungen verantwortlich ist und ihre Folgen absieht.
2. Ebensogut wie Unschuld angenommen werden muß, während Schuld zu beweisen ist, muß gleichermaßen Gesundheit angenommen und psychische Krankheit als Satisfaktion gegenüber dem Richter oder den Geschworenen erwiesen sein, bevor diese juristisch akzeptiert werden kann.
3. Strafbare Verantwortlichkeit stellt wesentlich eine Angelegenheit des Verstandes, des Körpers, der Intention wie auch der Handlung als solcher dar (obwohl einige Verbrechen davon ausgenommen sind). Dieser Grundsatz wurde bereits vor nahezu 800 Jahren in die englische Gesetzgebung aufgenommen; er verkörpert sich in der berühmten juristischen Redensart: „Actus non facit reum nisi mens sit rea" („wenn der Verstand nicht zurechnungsfähig ist, ist die Handlung als solche nicht strafbar").
4. Niemand darf grundsätzlich aus rein medizinischen Gründen auf unbestimmte Zeit der Freiheit oder des Privilegs auf Ordnung seiner Privatangelegenheiten beraubt werden. Eine solche Freiheitsberaubung darf, selbst wenn sie im eigenen Interesse des Patienten und erst recht aufgrund seiner geistigen Unzulänglichkeit notwendig ist, empfohlen und von einem Arzt in die Wege geleitet werden. Die letztendliche Entscheidung hierüber bleibt allerdings dem Gericht vorbehalten.

* Bearbeitet und an die für die Bundesrepublik Deutschland gültigen gesetzlichen Bestimmungen adaptiert vom Übersetzer. Die Einleitung zu diesem Kapitel stellt indes bewußt eine direkte Übersetzung aus dem englischen Original dar.

Diese vier Grundsätze finden sinngemäß auch für die Belange der forensischen Psychiatrie in der Bundesrepublik Deutschland Berücksichtigung.

Nachfolgend werden nun die für den psychiatrischen Gutachter nach deutschem Recht wichtigsten gesetzlichen Bestimmungen aufgeführt.

Strafrechtliche Aspekte (StGB)

Schuldfähigkeit/verminderte Schuldfähigkeit

Die Reformierung des Strafrechts stellte den Grundsatz der Schuld als Grundlage für die Zumessung der Strafe heraus. Mit anderen Worten: Es wurde weniger bei Beurteilung des Wesens der Strafe auf die Zufügung eines Übels abgehoben als vielmehr zum Ausdruck gebracht, daß dem Schuldunfähigen sein Handeln nicht als schuldhaft angerechnet werden kann.

Der frühere § 51 StGB (= Strafgesetzbuch) wurde durch die seit dem 1. 1. 1975 gültigen neugefaßten §§ 20 und 21 abgelöst. Die Begriffe „Schuldfähigkeit“ (§ 20) bzw. „verminderte Schuldfähigkeit“ (§ 21) sind hier Ausdruck der umfassenden Neuregelung des Strafrechts, das früher nur die Aspekte der Zurechnungsfähigkeit (51,1) bzw. der verminderten Zurechnungsfähigkeit (51,2) kannte.

§ 20 StGB

Schuldunfähigkeit wegen seelischer Störungen. Ohne Schuld handelt, wer bei Begehung der Tat wegen einer krankhaften seelischen Störung, wegen einer tiefgreifenden Bewußtseinsstörung oder wegen Schwachsinns oder einer schweren anderen seelischen Abartigkeit unfähig ist, das Unrecht der Tat einzusehen oder nach dieser Einsicht zu handeln.

§ 21 StGB

Verminderte Schuldfähigkeit. Ist die Fähigkeit des Täters, das Unrecht der Tat einzusehen oder nach dieser Einsicht zu handeln, aus einem der in § 20 bezeichneten Gründe bei Begehung der Tat erheblich vermindert, so kann die Strafe nach § 49 Abs. 1 gemildert werden.*

* § 49 StGB *Besondere gesetzliche Milderungsgründe.*

(I) Ist eine Milderung nach dieser Vorschrift vorgeschrieben oder zugelassen, so gilt für die Milderung folgendes:

1. An die Stelle von lebenslanger Freiheitsstrafe tritt Freiheitsstrafe nicht unter drei Jahren.
2. Bei zeitiger Freiheitsstrafe darf höchstens auf drei Viertel des angedrohten Höchstmaßes erkannt werden. Bei Geldstrafe gilt dasselbe für die Höchstzahl der Tagessätze.
3. Das erhöhte Mindestmaß einer Freiheitsstrafe ermäßigt sich
   im Falle eines Mindesmaßes von zehn oder fünf Jahren auf zwei Jahre,
   im Falle eines Mindestmaßes von drei oder zwei Jahren auf sechs Monate,
   im Falle eines Mindestmaßes von einem Jahr auf drei Monate,
   im übrigen auf das gesetzliche Mindestmaß.

Aufgabe des psychiatrischen Sachverständigen ist es, den vom Gesetz vorgegebenen Rahmen bei der Beurteilung der Schuldfähigkeit nachzuweisen. Aufgrund der Erhebung klinisch-psychopathologischer Daten soll mithin der psychische Zustand zur *Tatzeit* erschlossen werden. Dabei muß im Hinblick auf die Zuerkennung des § 20 der Nachweis der fehlenden Einsichts- oder Steuerungsfähigkeit geführt werden. Abgehoben wird heute ferner nicht mehr auf die qualitative Unterscheidung seelischer Störungen, sondern auf den quantitativen Gesichtspunkt, also den *Ausprägungsgrad.* Es ist also durchaus z.B. nach heutiger Gesetzgebung eine Exkulpierung auch bei psychopathischen Persönlichkeiten (schwere seelische Abartigkeit) möglich, insoweit dadurch die Einsichts- oder Steuerungsunfähigkeit zur Tatzeit aufgehoben würde. Der früher eher schematisierenden Aufgliederung in ein Entweder-Oder, wobei einerseits endogene und symptomatische Psychosen bei Exkulpierung und andererseits psychopathische Persönlichkeitsverfassung und neurotische Konflikte sowie Triebanomalien der Inkulpierung zufielen, wurde im modernen Strafrecht der Gesichtspunkt der individuellen Krankheitserfassung seelischer Störungen mit differenzierender Beurteilung entgegengesetzt. In praxi muß allerdings berücksichtigt werden, daß Exkulpierungsgründe bei organischen und endogenen Störungen um ein Vielfaches häufiger vorkommen, als dies die psychiatrische Gutachtenpraxis bei Psychopathien/Neurosen oder Triebanomalien kennt. Rein quantitativ betrachtet wird indes dieser Gruppe von Störungen bei deliktischen Verhaltensweisen die *Schuldminderung* häufig attestiert werden müssen.

Maßregeln der Besserung und Sicherung

Ist das Gericht den Ausführungen des psychiatrischen Sachverständigen gefolgt, so können nach Anwendung der §§ 20 oder 21 StGB auch Maßregeln der Besserung und Sicherung für den Betroffenen ergriffen werden, zu denen der Sachverständige Stellung zu nehmen hat. Diese erfolgen dann innerhalb eines geeigneten psychiatrischen Krankenhauses und verfolgen den Zweck, die Gesellschaft einerseits vor weiteren Straftaten zu schützen und andererseits dem Täter die Möglichkeit einer Behandlung zu gewähren.

§ 63 StGB
Unterbringung in einem psychiatrischen Krankenhaus.
(1) Hat jemand eine rechtswidrige Tat im Zustand der Schuldunfähigkeit (§ 20) oder der verminderten Schuldfähigkeit (§ 21) begangen, so ordnet das Gericht die Unterbringung in einem psychiatrischen Krankenhaus an, wenn die Gesamtwürdigung des Täters und seiner Tat ergibt, daß von ihm infolge seines Zustandes erhebliche rechtswidrige Taten zu erwarten sind und er deshalb für die Allgemeinheit gefährlich ist.
(2) Das Gericht ordnet jedoch die Unterbringung in einer sozialtherapeutischen Anstalt an, wenn die Voraussetzungen des § 65 Abs. 3 vorliegen.

Die Unterbringung in einem psychiatrischen Krankenhaus hat also zu erfolgen, wenn vom Täter „erhebliche rechtswidrige Taten zu erwarten sind und er deshalb für die Allgemeinheit gefährlich ist“.

Es handelt sich hier im wesentlichen um die Gruppe der vollständigen oder teilweise exkulpierten Probanden mit Psychosen, bei denen eine klinisch-psychiatrische Therapie sinnvoll erscheint. Kriminelle mit psychopathischen oder neurotischen Störungen und solche mit Triebanomalien werden indes nach der Strafrechtsreform in eine sozialtherapeutische Anstalt eingewiesen. Die Unterbringung nach § 65,3 StGB erfolgt für diese Gruppe schuldunfähiger oder vermindert schuldfähiger Täter jedoch nur dann, wenn die „besonderen therapeutischen Mittel und sozialen Hilfen einer ärztlich geleiteten sozialtherapeutischen Anstalt zu einer Resozialisierung“ besser angezeigt sind als eine Behandlung in einem psychiatrischen Krankenhaus, wo die Voraussetzungen für eine geeignete Behandlung der nach § 63 (früher § 42 b) untergebrachten psychopathischen und neurotischen Rechtsbrecher üblicherweise nicht gegeben sind.

Der umfangreiche Text des § 65,3 zeugt von der wesentlichen Verbesserung des Maßregelkatalogs, der den einschlägigen Fällen weit besser Rechnung trägt als die bisherige Insuffizienz der Maßregel nach § 42 b:

§ 65 StGB Abs. 3
Liegen bei einem Täter die Voraussetzungen des § 63 Abs. 1 vor, so ordnet das Gericht statt der Unterbringung in einem psychiatrischen Krankenhaus die Unterbringung in einer sozialtherapeutischen Anstalt an, wenn nach dem Zustand des Täters die besonderen therapeutischen Mittel und sozialen Hilfen dieser Anstalt zu seiner Resozialisierung besser geeignet sind als die Behandlung in einem psychiatrischen Krankenhaus.

Süchtige Kriminelle werden gesondert berücksichtigt. Hierfür gilt § 64 StGB.

§ 64 StGB
Unterbringung in einer Entziehungsanstalt.
(1) Hat jemand den Hang, alkoholische Getränke oder andere berauschende Mittel im Übermaß zu sich zu nehmen, und wird er wegen einer rechtswidrigen Tat, die er im Rausch begangen hat oder die auf seinen Hang zurückgeht, verurteilt oder nur deshalb nicht verurteilt, weil seine Schuldunfähigkeit erwiesen oder nicht auszuschließen ist, so ordnet das Gericht die Unterbringung in einer Entziehungsanstalt an, wenn die Gefahr besteht, daß er infolge seines Hanges erhebliche rechtswidrige Taten begehen wird.

(2) Die Anordnung unterbleibt, wenn eine Entziehungskur von vornherein aussichtslos erscheint.

Die Neuerung im Strafgesetzbuchtext besteht also im wesentlichen darin, daß ein schuldunfähiger Süchtiger heutzutage in eine Entziehungsanstalt eingewiesen werden kann, während früher lediglich nach § 42 b eine Unterbringung erfolgen konnte. Für die Vollstreckung der Maßregeln nach § 63–65 gelten Einzelheiten des Vollzuges. So kann insbesondere die Vollstreckung nach § 67b zur Bewährung ausgesetzt werden.

Jugendgerichtsgesetz (JGG)

Jugendliche zwischen 14 und 18 Jahren fallen hinsichtlich ihrer Strafmündigkeit bei folgenden Voraussetzungen unter den § 3 JGG:

§ 3 JGG
Verantwortlichkeit. Ein Jugendlicher ist strafrechtlich verantwortlich, wenn er zur Zeit der Tat nach seiner sittlichen und geistigen Entwicklung reif genug ist, das Unrecht der Tat einzusehen und nach dieser Einsicht zu handeln. Zur Erziehung eines Jugendlichen, der mangels Reife strafrechtlich nicht verantwortlich ist, kann der Richter dieselben Maßnahmen anordnen wie der Vormundschaftsrichter.

Die strafrechtliche Verantwortlichkeit trifft bei mangelnder Reife also nicht zu: Der jenseits des 14. Lebensjahres befindliche Jugendliche ist dann gleichwohl wie ein Kind, das strafunmündig ist, zu behandeln. Maßgebend für die Beurteilung des Jugendlichen ist folglich dessen Einsichtsfähigkeit, mithin die Fähigkeit, „nach dieser Einsicht zu handeln". Gefordert wird nach dem Gesetz stets die alternative Feststellung:
Verantwortlich oder nicht verantwortlich. Der Reifegrad des Täters ist also im § 3 JGG entscheidend, während die §§ 20 und 21 StGB als Exkulpierungsgrund den Krankheitszustand des Täters wesentlich hervorheben.

Bei Vorliegen einer seelischen Störung, die die Voraussetzungen des § 20 StGB erfüllt, erübrigt sich eine weitere Prüfung nach § 3 JGG. Dann würde eine Straftat als nicht gegeben angesehen werden.

Nach § 5 JGG kommen Erziehungsmaßregeln für solche Jugendliche in Frage, die mangels Reife strafrechtlich nicht für ihre deliktischen Verhaltensweisen verantwortlich gemacht werden können. Hierzu zählen Weisungen hinsichtlich des Aufenthaltes in der Familie, einem Heim bzw. an der Arbeitsstelle. Auch können Schutzaufsicht oder Fürsorgeerziehung angeordnet werden. Desgleichen können beim jugendlichen Straftäter Zuchtmittel wie Verwarnung, bestimmte Auflagen zur Wiedergutmachung und Entschädigung, Freizeitarrest am Wochenende, Kurzarrest bis zu sechs Tagen oder Dauerarrest von maximal vier Wochen verhängt werden. Eine Jugendstraftat kann nach § 5 JGG schließlich noch die sogenannte Jugendstrafe nach sich ziehen, die in besonderen Jugendstrafanstalten verbüßt werden muß (Mindestdauer sechs Monate, Höchstdauer fünf Jahre, in besonders schweren Fällen bis zu zehn Jahren Strafverhängung möglich). Aussetzung der Jugendstrafe bis zu einem Jahr ist möglich; der Richter kann in solchen, auf Bewährung ausgesetzten Fällen auch besondere Weisungen erteilen, um den Jugendlichen zu einer verantwortlichen Lebensführung zu veranlassen. *Heranwachsende*, d.h. solche, die zur Zeit der Tat das 18., aber noch nicht das 21. Lebensjahr vollendet haben, können bei Vorliegen von mangelnder Reife und Entwicklung Jugendlichen rechtlich gleichgestellt werden. Einschlägiges bestimmen die §§ 105 und 106 JGG.

§ 105 JGG
Anwendung des Jugendstrafrechts auf Heranwachsende.
(1) Begeht ein Heranwachsender eine Verfehlung, die nach den allgemeinen Vorschriften mit Strafe bedroht ist, so wendet der Richter die für einen Jugendlichen geltenden Vorschriften der §§ 4 bis 8, 9 Nr. 1, §§ 10, 11 und 13 bis 32 entsprechend an, wenn
1. die Gesamtwürdigung der Persönlichkeit des Täters bei Berücksichtigung auch der Umweltbedingungen ergibt, daß er zur Zeit der Tat nach seiner sittlichen und geistigen Entwicklung noch einem Jugendlichen gleichstand, oder
2. es sich nach der Art, den Umständen oder den Beweggründen der Tat um eine Jugendverfehlung handelt.

§ 106 JGG
Milderung des allgemeinen Strafrechts für Heranwachsende.
(1) Ist wegen der Straftat eines Heranwachsenden das allgemeinde Strafrecht anzuwenden, so kann der Richter anstelle von lebenslanger Freiheitsstrafe auf eine Freiheitsstrafe von 10 bis zu 15 Jahren erkennen.
Bei Feststellung von Schuldfähigkeit i. S. des § 20 StGB erübrigt sich beim Heranwachsendeneine Prüfung nach § 105 JGG. Ist hingegen verminderte Schuldfähigkeit beim Heranwachsenden (der sonst grundsätzlich als strafmündig anzusehen ist) gegeben, so müssen die Voraussetzungen nach § 105 JGG überprüft werden. Kommt es hier zu einer bejahenden Feststellung im Sinne eines Reife- und Entwicklungszustandes wie bei einem Jugendlichen, so finden die entsprechenden Maßnahmen des Jugendrechts Anwendung.

Zivilrechtliche Aspekte (BGB)

Die hier interessierenden Kapitel des Bürgerlichen Gesetzbuches (BGB) sind im wesentlichen:
a) Geschäftsunfähigkeit
b) Nichtigkeit einer Willenserklärung
c) Entmündigung
d) vorläufige Vormundschaft
e) Pflegschaft
f) Testierfähigkeit
g) Eherecht

Geschäftsunfähigkeit

§ 104 BGB
Geschäftsunfähig ist:
1. wer nicht das siebente Lebensjahr vollendet hat;
2. wer sich in einem die freie Willensbestimmung ausschließenden Zustande krankhafter Störung der Geistestätigkeit befindet, sofern nicht der Zustand seiner Natur nach ein vorübergehender ist;
3. wer wegen Geisteskrankheit entmündigt ist.

Wesentlich für die Beurteilung der Geschäftsunfähigkeit ist also, daß diese positiv bewiesen sein muß. Der Gutachter, der die Geschäftsunfähigkeit bejaht, muß diese *unzweifelhaft* beweisen. Diese Frage kann oft schwierig sein, da die Fassade des Probanden nicht selten für psychiatrische Laien gut erhalten erscheint. Zweifel an der Kritikfähigkeit reichen – anders als im Strafrecht, wo durch die verminderte Schuldfähigkeit für den Gutachter ein gewisser Spielraum eingeräumt bleibt – bei diesem bürgerlichrechtlichen Komplex nicht aus. Der psychiatrische Sachverständige muß also bemüht sein, zur Frage der Geschäftsunfähigkeit ein Höchstmaß an Beweissicherheit aufzubringen, d. h., er hat eine psychische Störung von längerer Dauer mit erheblichem Ausprägungsgrad gutachterlich darzulegen.

Nichtigkeit der Willenserklärung

§ 105 BGB
I Die Willenserklärung eines Geschäftsunfähigen ist nichtig.
II Nichtig ist auch eine Willenserklärung, die im Zustand der Bewußtlosigkeit oder vorübergehender Störung der Geistestätigkeit abgegeben wird.

Aufgrund des Gesetzestextes wird erhellt, daß dieser Paragraph bei Bejahung des § 104 dessen logische Konsequenz darstellt. Als „vorübergehende Störung der Geistestätigkeit" in diesem Sinne gelten manische und depressive Phasen, episodisch auftretende symptomatische Psychosen, epileptische Dämmerzustände, Rauschzustände bzw. Delirien. Alle übrigen, also längerfristigen psychopathologischen Zustandsbilder, insbesondere der endogenen und symptomatischen Psychosen, fallen unter § 104,2 und sind unter dieser Maßgabe zu beurteilen.

Entmündigung

§ 6 BGB
I Entmündigt kann werden:
1. wer infolge von Geisteskrankheit oder von Geistesschwäche seine Angelegenheiten nicht zu besorgen vermag;
2. wer durch Verschwendung sich oder seine Familie der Gefahr des Notstandes aussetzt;

3. wer infolge von Trunksucht seine Angelegenheiten nicht zu besorgen vermag oder sich oder seine Familie der Gefahr des Notstandes aussetzt oder die Sicherheit anderer gefährdet.

II Die Entmündigung ist wieder aufzuheben, wenn der Grund der Entmündigung wegfällt.

Die Begriffe „Geisteskrankheit“ und „Geistesschwäche“ bestimmen den Grad der seelischen Störung, nicht die Art. Es handelt sich also nicht um psychiatrische Termini. Der Gesamthaftigkeit der Angelegenheiten, die der Proband zu besorgen hat, ist Rechnung zu tragen. Eine Entmündigung wegen „Geistesschwäche“ läßt seitens des Entmündigten noch ein gewisses Mitwirken, d.h. beschränkte Geschäftsfähigkeit, zu: So kann der Betreffende mit Zustimmung des Vormundes Geschäfte tätigen oder den Arbeitsplatz wechseln. Für die Entmündigung infolge „Geisteskrankheit“ gilt indes Geschäftsunfähigkeit i. S. des § 104,3 BGB. Die Entmündigung, die für den Betreffenden eine gesetzliche Schutzmaßnahme beinhaltet, stellt ein langwieriges gerichtliches Verfahren dar, das vom Ehegatten, einem Verwandten oder von einem sonstigen gesetzlichen Vertreter vor dem Amtsgericht angestrengt werden kann. In jedem Falle muß ein psychiatrischer Sachverständiger gehört werden. Dieser kann sein Urteil auch im Wege einer bis zu sechswöchigen stationären Beobachtung des Betreffenden abgeben.

Die Aufhebung einer Entmündigung ist zu veranlassen, wenn der Grund der Entmündigung entfallen ist. Hierzu ist ein ärztliches Zeugnis vorzulegen, aus dem hervorgeht, daß der Betroffene infolge Besserung seines Zustandsbildes seine Angelegenheiten wieder selbst besorgen kann.

Vorläufige Vormundschaft

§ 1906 BGB

Ein Volljähriger, dessen Entmündigung beantragt ist, kann unter vorläufige Vormundschaft gestellt werden, wenn das Vormundschaftsgericht es zur Abwendung einer erheblichen Gefährdung der Person oder des Vermögens des Volljährigen für erforderlich erachtet.

Die Maßnahme einer solchen vorläufigen Vormundschaft kann jeder Arzt mit einem ärztlichen Attest veranlassen. Das Gutachten eines psychiatrischen Sachverständigen ist hierzu nicht erforderlich. Eine vorläufige Vormundschaft einzurichten ist z. B. bei Patienten mit akut einsetzenden Manien erforderlich, um diese vor unüberlegten Geldgeschäften, die zum finanziellen Ruin führen könnten, zu schützen. Die vorläufige Vormundschaft endet mit der Zurücknahme ihrer Beantragung bzw. ihrer Ablehnung oder aber mit der endgültigen Bestallung eines Vormundes.

Pflegschaft

Trotz ihrer reinen Schutzmaßnahmen gegenüber dem Betroffenen – nicht indes gegenüber Behörden (Querulanten!) – trägt die Entmündigung verständlicherweise in Laienkreisen diskriminierenden Charakter. In den meisten einschlägigen Fällen wird oft die Einrichtung einer Pflegschaft genügen. Der Gesetzgeber hat in dem § 1910 besonders den Fürsorgecharakter betont.

§ 1910 BGB
I Ein Volljähriger, der nicht unter Vormundschaft steht, kann einen Pfleger für seine Person und sein Vermögen erhalten, wenn er infolge körperlicher Gebrechen, insbesondere weil er taub, blind oder stumm ist, seine Angelegenheiten nicht zu besorgen vermag.
II Vermag ein Volljähriger, der nicht unter Vormundschaft steht, infolge geistiger oder körperlicher Gebrechen einzelne seiner Angelegenheiten oder einen bestimmten Kreis seiner Angelegenheiten, insbesondere seine Vermögensangelegenheiten nicht zu besorgen, so kann er für diese Angelegenheiten einen Pfleger erhalten.
III Die Pflegschaft darf nur mit Einwilligung des Gebrechlichen angeordnet werden, es sei denn, daß eine Verständigung mit ihm nicht möglich ist.

Auch hier erübrigt sich die Mitwirkung eines psychiatrischen Sachverständigen. Ein ärztliches Attest genügt. Sofern eine Verständigung mit dem Betreffenden nicht möglich ist, kann die Pflegschaft durch ein psychiatrisches Gutachten auch unabhängig von der Einwilligung des Kranken eingerichtet werden.

Der Terminus „geistige Gebrechen" hebt auch hier wiederum wie in § 104 BGB auf bestimmte Ausprägungsgrade ab, zielt also auf die quantitative Erfassung unter Würdigung der besonderen Lebensumstände (Vermögens-, Rechtsangelegenheiten) des Kranken. Beantragt der Pflegling die Aufhebung seiner Pflegschaft, so muß diesem Begehren Folge geleistet werden. Die gerade in solchen Fällen sich ergebende Frage der Geschäftsfähigkeit wäre dann ggf. gesondert, indes unabhängig von der Pflegschaftsaufhebung, zu prüfen.

Testierfähigkeit

Die Frage der Testierfähigkeit stellt sich oft erst Jahre nach Errichtung eines Testaments oder gar erst nach dem Tode des Erblassers.

Fehlen der Testierfähigkeit

§ 2 TestG.*
Wer wegen krankhafter Störung der Geistestätigkeit, wegen Geistesschwäche

* (Früher enthalten in den Abschn. zum Testamentgesetz §§ 2229 bis 2267, 2272 bis 2277, 2300)

oder wegen Bewußtseinsstörung (z. B. wegen Trunkenheit) nicht in der Lage ist, die Bedeutung einer von ihm abgegebenen Willenserklärung einzusehen und nach dieser Einsicht zu handeln, kann ein Testament nicht errichten.

Die Testierfähigkeit kann als Sonderform der Geschäftsfähigkeit angesehen werden. Relevant ist auch hier das Ausmaß der psychischen Störung. Die Prüfung einer solchen Frage wird schwierig, wenn der psychiatrische Sachverständige sich nur auf Aktenunterlagen und Zeugenaussagen stützen muß. Umgekehrt können aber bloße Zweifel an der Testierfähigkeit des Erblassers den Notar oder Richter nicht daran hindern, den letzten Willen des Erblassers zu beurkunden. Solche Zweifel an der Testierfähigkeit müssen indes bei der Niederschrift des Testamentstextes vom Richter vermerkt werden.

Eherecht

Der psychiatrische Sachverständige muß Kenntnis von zwei für das Ehegesetz (EheG) wichtigen Paragraphen des BGB haben:

§ 18 EheG
(1) Eine Ehe ist nichtig, wenn einer der Ehegatten zur Zeit der Eheschließung geschäftsunfähig war oder sich im Zustand der Bewußtlosigkeit oder vorübergehenden Störung der Geistestätigkeit befand.
(2) Die Ehe ist jedoch als von Anfang an gültig anzusehen, wenn der Ehegatte nach dem Wegfall der Geschäftsunfähigkeit, der Bewußtlosigkeit oder der Störung der Geistestätigkeit zu erkennen gibt, daß er die Ehe fortsetzen will.

§ 32 EheG
(1) Ein Ehegatte kann Aufhebung der Ehe begehren, wenn er sich bei der Eheschließung über solche persönlichen Eigenschaften des anderen Ehegatten geirrt hat, die ihn bei Kenntnis der Sachlage und bei verständiger Würdigung des Wesens der Ehe von der Eingehung der Ehe abgehalten haben würden.
(2) Die Aufhebung ist ausgeschlossen, wenn der Ehegatte nach Entdeckung des Irrtums zu erkennen gegeben hat, daß er die Ehe fortsetzen will, oder wenn sein Verlangen nach Aufhebung der Ehe mit Rücksicht auf die bisherige Gestaltung des ehelichen Lebens der Ehegatten sittlich nicht gerechtfertigt erscheint.

Unter dem Begriff „persönliche Eigenschaften" sind nach höchstrichterlicher Rechtsprechung integrierend personengebundene Merkmale zu verstehen, die nicht vorübergehend existieren. Hierzu gehören z.B. Debilität, Homosexualität oder schwere Suchtformen, sofern diese eine Ehezerrüttung herbeiführten; auch z.B. die früher einmal stattgehabte Manifestation einer endogen Psychose, aber auch sonstige schwere körperliche Erkrankungen, die dem anderen Ehepartner verschwiegen wurden, können Anlaß zur Aufhebung der Ehe sein. Dies gilt allerdings nicht für das erstmalige Auftreten einer solchen psychischen oder körperlichen

Erkrankung *nach* erfolgter Eheschließung, es sei denn, einhellige anamnestische Daten lassen eine solche Anlage erkennen.

Der Begriff „verständige Würdigung des Wesens der Ehe", aber auch der Abs. 2 des § 32 BGB soll Mißbrauch verhindern.

Unterbringung psychisch Kranker

Im Gegensatz zu anderen Ländern, wie z. B. Belgien (gut ausgebautes Meldewesen), England (Mental Health Act von 1959) und der Schweiz, wo jeweils die gutachterlichen Äußerungen zweier approbierter Ärzte zur zwangsweise durchgeführten Einweisung eines psychisch Kranken ausreichend sind, wird in der Bundesrepublik Deutschland, zumal nach den bitteren Erfahrungen im Dritten Reich, die der deutschen Psychiatrie einen immensen Vertrauensverlust eintrugen, die dritte Gewalt an der zwangsweisen Unterbringung eines psychisch Kranken beteiligt. Rein äußerlich betrachtet stellt der Vorgang einer solchen Zwangseinweisung ein Analogon zu einem Entzug von Bewegungs- und Handlungsfreiheit dar, den Infektionskranke – also Geistesgesunde – nach dem Bundesseuchengesetz hinnehmen müssen, wenn sie im Interesse der Allgemeinheit hospitalisiert werden mußten. Bei geistigen Erkrankungen, schweren Suchtformen und Verwahrlosungstendenzen ergeben sich für die Exekutive und Judikatur immer Rechtsgüterabwägungen, die für jeden Fall neu geprüft werden müssen. Die Gefährdung des eigenen wie fremden Lebens (Auto- bzw. Heteroaggression) eines psychisch Kranken muß angesichts einer staatlicherseits zwangsweise eingeleiteten Begrenzung des Freiheitsraumes vor allem insoweit berücksichtigt werden, da ja das Grundgesetz (GG) der Bundesrepublik Deutschland in Art. 2 und 104 Abs. 1 und 2 die Freiheit der Person garantiert.

Artikel 2 GG
(1) Jeder hat das Recht auf die freie Entfaltung seiner Persönlichkeit, soweit er nicht die Rechte anderer verletzt und nicht gegen die verfassungsmäßige Ordnung oder das Sittengesetz verstößt.
(2) Jeder hat das Recht auf Leben und körperliche Unversehrtheit. Die Freiheit der Person ist unverletzlich. In diese Rechte darf nur aufgrund eines Gesetzes eingegriffen werden.

Artikel 104 GG
(1) Die Freiheit der Person kann nur aufgrund eines förmlichen Gesetzes und nur unter Beachtung der darin vorgeschriebenen Formen beschränkt werden. Festgehaltene Personen dürfen weder seelisch noch körperlich mißhandelt werden.
(2) Über die Zulässigkeit und Fortdauer einer Freiheitsentziehung hat nur der Richter zu entscheiden. Bei jeder nicht auf richterlicher Anordnung beruhenden Freiheitsentziehung ist unverzüglich eine richterliche Entscheidung herbeizuführen. Die Polizei darf aus eigener Machtvollkommenheit niemanden länger

als bis zum Ende des Tages nach dem Eingreifen in eigenem Gewahrsam halten. Das Nähere ist gesetzlich zu regeln.

Der Rechtsanspruch auf freie Entfaltung der Persönlichkeit, so dürfen wir schließen, kann indes nur vom geistig Gesunden in Anspruch genommen werden, insofern dem psychisch Kranken fürsorgerische Maßnahmen zuteil werden müssen, um die geistige Gesundheit wieder zu erlangen.

Die Unterbringungsgesetze der einzelnen Länder der Bundesrepublik Deutschland tragen noch keinen gemeinsamen Wortlaut und sind teilweise recht unterschiedlich gefaßt.

Historisch betrachtet, haben sich im Laufe der Zeit – staatliche Vorschriften waren bis ins 18. Jahrhundert hinein praktisch nicht vorhanden – bestimmte Kriterien herausgeschält, die zum Wohle des psychisch Kranken wie auch der Allgemeinheit Berücksichtigung finden mußten (PANSE):

1. Schutz der Allgemeinheit vor gemeingefährlichen Handlungen des psychisch Kranken (Heteroaggressivität).
2. Schutz der persönlichen Freiheit des psychisch Kranken.
3. Schutz der psychisch Kranken vor Selbstgefährdung (Autoaggressivität, also suizidale Handlungsweisen, Selbstverstümmelung).
4. Das Recht des psychisch Kranken auf rechtzeitige und zweckentsprechende Behandlung (in Anlehnung an die Interpretation von Art. 2 GG).

Gemeinsam ist allen Landesunterbringungsgesetzen, daß der Richter des zuständigen Amtsgerichtes die Zulässigkeit und Dauer der Einweisung verfügen muß. Wenn auch eine bundeseinheitliche Regelung der Unterbringung eines psychisch Kranken gegen seinen Willen noch aussteht, so müssen die Kriterien: Krankheit und gravierende Gefahr für den Kranken selbst oder die Öffentlichkeit seitens des Richters klar erkennbar sein.

Es ist hier nicht der Raum, die einzelnen Gesetze im Wortlaut wiederzugeben. Hervorgehoben sei indes der fürsorgerische Charakter des Unterbringungsgesetzes von Baden-Württemberg von 1955. Nach diesem Gesetzestext kann die Unterbringung von Amts wegen angeordnet werden bei „Geisteskranken, Geistesschwachen, Gemütskranken und Suchtkranken" (§ 2), die „für sich selbst oder andere gefährlich oder für die öffentliche Sittlichkeit anstößig oder ohne Anstaltspflege der Gefahr der Verwahrlosung oder ernster Gesundheitsschädigung ausgesetzt" (§ 3) sind. Antragsberechtigt zur Einweisung sind die nächsten Angehörigen, die Fürsorgebehörden und die psychiatrischen Landeskrankenhäuser. Der Amtsarzt oder das psychiatrische Krankenhaus können ein entsprechendes Gutachten abgeben. Bei sofortiger Aufnahmenotwendigkeit (§ 5) oder bei Einspruch des Patienten gegen die Behandlung (§ 7) muß das Krankenhaus innerhalb von drei Tagen die Entscheidung des Richters hierzu herbeirufen.

Abschließend sei darauf hingewiesen, daß in praxi jedoch nur in seltenen Fällen von der Handhabung dieser gesetzlichen Vorschriften und der richterlichen Einweisung eines psychisch Kranken Gebrauch gemacht werden muß. Meist läßt sich auch beim schwerkranken Psychotiker, der zunächst Krankheitsuneinsichtigkeit (Anosognosie) zeigt, rasch ein zunehmend stabiles Arzt-Patienten-Verhältnis mit ausreichender Vertrauensbasis herstellen, was stets die optimale Voraussetzung zur Durchführung einer notwendigen Behandlung darstellt.

Berufsunfähigkeit, Erwerbsunfähigkeit, Invalidität. Gesetzliche sozialpsychiatrische Hilfen für psychisch Kranke und Schwache

Die für die Arbeiterrenten- wie auch Angestelltenversicherung relevanten Begriffe aus dem Sozialversicherungsrecht sind für die Gutachtertätigkeit des Psychiaters gleichermaßen wichtig. Die einschlägigen Paragraphen der Reichsversicherungsordnung (RVO) bzw. aus dem Angestelltenversichertengesetz (AVG) lauten:

§ 1246 Abs. 2 RVO und § 23 Abs. 2 AVG:
Berufsunfähig ist ein Versicherter, dessen Erwerbsfähigkeit infolge von Krankheit oder anderen Gebrechen oder Schwächen seiner körperlichen oder geistigen Kräfte auf weniger als die Hälfte derjenigen eines körperlich und geistig gesunden Versicherten mit ähnlicher Ausbildung und gleichwertigen Kenntnissen und Fähigkeiten herabgesunken ist. Der Kreis der Tätigkeiten, nach denen die Erwerbsfähigkeit eines Versicherten zu beurteilen ist, umfaßt alle Tätigkeiten, die seinen Kräften und Fähigkeiten entsprechen und ihm unter Berücksichtigung der Dauer und des Umfangs seiner Ausbildung sowie seines bisherigen Berufes und der besonderen Anforderungen seiner bisherigen Berufstätigkeit zugemutet werden können. Zumutbar ist stets eine Tätigkeit, für die der Versicherte durch Maßnahmen zur Erhaltung, Besserung oder Wiederherstellung der Erwerbsfähigkeit mit Erfolg ausgebildet oder umgeschult worden ist.

§ 1247 Abs. 2 RVO und § 24 Abs. 2 AVG:
Erwerbsunfähig ist der Versicherte, der infolge von Krankheit oder anderen Gebrechen oder von Schwäche seiner körperlichen oder geistigen Kräfte auf nicht absehbare Zeit eine Erwerbstätigkeit in gewisser Regelmäßigkeit nicht mehr ausüben oder nicht mehr als nur geringfügige Einkünfte durch Erwerbstätigkeit erzielen kann.

§ 1254 RVO:
Invalide ist, wer infolge von Krankheit oder anderen Gebrechen oder Schwäche seiner körperlichen oder geistigen Kräfte nicht imstande ist, durch eine Tätigkeit, die seinen Kräften und Fähigkeiten entspricht und ihm unter billiger Berücksichtigung seiner Ausbildung und seines bisherigen Berufes zugemutet werden kann, die Hälfte dessen zu erwerben, was körperlich und geistig gesunde Personen derselben Art mit ähnlicher Ausbildung in derselben Gegend durch Arbeit zu verdienen pflegen.

Bei der Beurteilung der Berufsunfähigkeit spielt also die frühere Ausbildung des Versicherten eine besondere Rolle, während der Begriff „Invalidität“ die Arbeitsvermittlungsfähigkeit auf dem allgemeinen Arbeitsmarkt berührt. Als präventive Maßnahme oder zur Beseitigung einer ohne weitere Behandlung drohenden Invalidität sind eine Reihe besonderer Maßnahmen vorgesehen, die finanziell von der Rentenversicherung, dem Arbeitsförderungsgesetz bzw. dem Bundessozialhilfegesetz bestritten werden: Heilverfahren und Rehabilitationsmaßnahmen verschiedenster Art, z. B. Umschulung, Berufsförderung o. ä. Die Eckpfeiler der Prävention, Therapie und Rehabilitation lassen sich besonders anhand der Gesetzesstruktur des Bundessozialhilfegesetzes erkennen, das u. a. im § 39 die psychisch Behinderten berücksichtigt und auch für solche eine Eingliederungshilfe vorsieht, die bisher infolge ihrer dauernden Behinderung von Jugend auf noch keinen Anspruch auf Versicherungsleistung hatten.

18 Psychotherapie

Kommunikation und Transformation

Psychische Krankheiten werden seit ihrer Entdeckung auf zwei verschiedene Weisen behandelt: Versuche der Behandlung durch Kommunikation sowie Versuche auf Transformationsebene.

Die Behandlung auf Kommunikationsbasis bedient sich aller Formen des Austausches von Ideen, Diskussionen, Argumenten und Gefühlen: Man möchte die Gedankenwelt des Kranken verstehen und, indem man sie versteht, sie auch dem Patienten verständlich machen können. Der Kranke wird aus einer anderen Sicht betrachtet, und es gelingt, sein Verhalten durch gesteigertes Vertrauen zu verändern. Dies ist die Basis der Psychotherapie, wobei der Begriff „Psychotherapie" Behandlung der Psyche bedeutet. Logischer- und konsequenterweise ist dieser Begriff eigentlich für alle Behandlungsmethoden psychischer Krankheiten gültig. Seine praktische Anwendung ist allerdings auf die Methoden beschränkt, die dem Austausch zwischen Patient und Arzt dienen und den Patienten von seinen Symptomen und seinem Leiden befreien wollen.

Die Verhaltenstherapie bzw. die Verhaltensänderung entstand aus der Lerntheorie und bedient sich subtiler und ausgeklügelter Übungsmethoden, um eingefahrene Verhaltensweisen beim Patienten zu verändern. Einige Techniken ähnelten einer Transformation des Patienten (z. B. die Aversionstherapie, die allerdings die aktive Zustimmung des Patienten zur Behandlung forderte). Heute liegt der Schwerpunkt mehr bei langen Beratungen. Man ist bemüht, Welt und Seele des Kranken zu verstehen. Ein weiteres Schwergewicht liegt auf der Gruppen- und Familientherapie sowie dem Einsatz von Belohnungen, die der Patient selbst wählen kann. Die einzelnen Behandlungsformen gleichen sich heute immer mehr der eigentlichen Psychotherapie an. Das therapeutische Konzept wurde bereits von seinen Befürwortern als Verhaltenspsychotherapie bezeichnet.

Die Behandlung durch Transformation ist so alt wie jede medizinische Behandlung überhaupt. Der Patient soll geheilt werden, ohne daß der Heilungsprozeß – oder nur in sehr beschränktem Maß – von der Zusammenarbeit, dem Verständnis und dem Interesse des Patienten abhängt. Unter diese Rubrik fallen sämtliche Formen körperlicher Behandlung, die zur Heilung psychischer Krankheiten angewandt werden. Der Arzt verschreibt eine Behandlung, von der er glaubt, daß sie dem Patienten helfen wird, weil sie ihn verändert. Der Patient braucht in diesem Fall nicht an der Behandlung mitzuwirken, kann passiv, ja sogar relativ desinteressiert dabei bleiben.

Ein Rückblick in die Geschichte der psychiatrischen Behandlung zeigt, daß immer ein starkes Interesse bestand, den Patienten leiden zu lassen oder einen „Schock" bei ihm zu provozieren, so als müsse der Patient Abbuße für das Verbrechen leisten, psychisch krank zu sein. Selbst in unserer Zeit liegt noch dieser Schatten auf unserer Einstellung über die körperliche Behandlung. Deshalb sei daran erinnert: Einer der wichtigsten Aspekte ärztlichen Handelns besteht darin, dem Patienten bei den therapeutischen Beratungen klar zu machen, daß Angst, Schmerz, „Schock" oder Schrecken absolut keine Rolle mehr bei der heutigen Form der Behandlung spielen.

Stützende Psychotherapie

Die Psychotherapie teilt sich in zwei verschiedene Formen auf. Bei der Kommunikationsform spielt der Arzt eine reine stützende Rolle, um den Patienten zu stärken. Bei der zweiten Form versucht die Psychotherapie die Persönlichkeit zu verändern. Es soll eine Wandlung der Einstellung des Patienten zu seinen gegenwärtigen Schwierigkeiten erreicht werden. „Stützende" und „aufdeckende" Psychotherapie, letztere kann auch Einsichtstherapie („insight therapy") genannt werden, unterscheiden sich wesentlich in der Technik. Die „stützende" Psychotherapie ist einfacher anzuwenden, weniger ehrgeizig in bezug auf ein bestimmtes Ziel, leichter in der Ausführung und für Patienten geeignet, bei denen eine tiefere Analyse nicht praktikabel oder unergiebig wäre.

Die supportive Therapie spielt eine erhebliche Rolle bei der ambulanten Behandlung von Patienten, die sonst keine andere Hilfe von ihrem Arzt erhalten würden. Sie besteht zum Beispiel aus direkten, einfachen und freundlichen Ratschlägen sowie dem Erteilen von Lob und Anerkennung. Die Therapie kann mit einer praktischen Intervention in die sozialen Verhältnisse des Patienten kombiniert werden. Emotional getönte familiäre Komplikationen oder Probleme im Berufsleben können durch persönliche Kontakte des Arztes mit der Familie oder dem Vorgesetzten konstruktiv beeinflußt werden, ggf. auch in Zusammenarbeit mit einem Sozialarbeiter.

Die Grundlagen dieser stützenden Psychotherapie, die mit einer symptomatischen medizinischen Behandlung kombiniert werden kann, sind leicht verständlich (in Kap. 2 wurde dies bereits betont). Arzt und Patient können gemeinsam mehr Objektivität und Verständnis erreichen, als dies vielleicht jemals eine andere Person im Leben des Patienten kann. Mit dem umfassenden Bild, das der Arzt auf diese Weise bereits in einem frühen Stadium erhält, und durch das er beurteilen kann, was für das Leben des Patienten von Bedeutung ist, erhält er einen fundierten Eindruck von der Genese der Symptome und kann so den Druck, dem sich der Patient ausgesetzt fühlt, erleichtern bzw. lösen.

Es ist nicht Ziel der Behandlung, daß der Arzt Ratschläge oder Erklärungen auf den Patienten überträgt, die er selbst als Wunschlösung ansieht, wenn er in der Rolle des Patienten wäre. An diesen beiden Fehlern krankt so mancher gutgemeinte Rat. Im Gegenteil, Ratschläge und Erklärungen des Arztes müssen auf der objektiven Einschätzung der persönlichen Bedürfnisse und Möglichkeiten des Patienten basieren, soweit sie sich aus dem oben erwähnten Verfahren ermitteln lassen.

Auch eine nur vorübergehende Beobachtung und Beratung ist denkbar, damit der Patient wieder zu sich selbst finden kann. Meist hilft es dem Patienten, wenn er jemanden hat, der nicht nur ihn und seine Symptome versteht, sondern ihn ohne Feindschaft und Enttäuschung akzeptiert und ihm sogar noch die Art seiner Symptome und deren Entstehung erklären kann, kurzum, ihm bei der Erleichterung des Drucks hilft, der seinen Symptomen zugrunde liegt. Eine supportive Therapie reicht meist aus, damit der Patient seine Arbeit wieder aufnehmen und seiner häuslichen Verantwortung nachkommen kann. Er wird wieder aktives Mitglied der Gesellschaft, wozu er vorher nicht fähig war. Diese Behandlungsart, wie sie die Medizin anzubieten hat, gilt als die erste „Verteidigungslinie" gegenüber psychischer Krankheit überhaupt. Durch Ängste hervorgerufene Depressionen, aber auch Beklemmung, Spannung oder Schuldgefühl im täglichen Leben können auf diese Weise erfolgreich gelöst bzw. vermieden werden. Die stützende Psychotherapie kann auf einer Beratungsbasis von einer halben Stunde pro Woche oder sogar nur alle zwei, drei oder vier Wochen geführt werden. Allerdings müssen die Ratschläge, Erklärungen und Versicherungen seitens des Arztes auf einem sorgfältigen Training basieren, damit der Arzt den notwendigen Überblick behält.

Jeder Arzt sollte diese zwar begrenzte, aber doch wirkungsvolle Art der Psychotherapie beherrschen. Die Begrenzung der Beratung auf einen bestimmten Zeitraum ist nicht nur menschliches, sondern auch wirtschaftliches Gebot. Mit einer kurzen oder auch längeren Beratung über Wochen oder Monate kann der Arzt chronische Invalidität und Demoralisierung eines neurotischen Patienten verhüten, und er erspart gleichzeitig einem Allgemeinpraktiker, der diese Praktik nicht beherrscht, die Bitterkeit und Frustration einer ständigen Konfrontation mit einem solchen Leiden.

Aufdeckende Psychotherapie

Jede aufdeckende Psychotherapie stützt sich auf drei Prinzipien.

1. Das Verhalten ist von emotionalen Erwägungen geprägt, aber Einsicht und Verständnis sind notwendig, um das Verhalten und die Ziele, die

diesem Verhalten zugrunde liegen, zu modifizieren und zu kontrollieren.

2. Ein bedeutender Teil der menschlichen Gefühlswelt einschließlich der sich aus ihr ableitenden Handlungen ist normalerweise einer persönlichen Introspektion unerreichbar, da die Wurzeln unterhalb der Bewußtseinsoberfläche angesiedelt sind.
3. Logischerweise läßt sich daraus folgern (dies wird durch experimentelle und klinische Arbeiten gestützt), *daß jeglicher Prozeß, der dem individuellen Bewußtsein die wahre Bedeutung emotionaler Konflikte und bisher unterdrückter Spannungen zugänglich macht*, eine verstärkte Bewußtheit sowohl in bezug auf eine vermehrte Stabilität als auch eine emotionale Kontrolle erzeugt.

Die Anwendung dieser Prinzipien in der Praxis kann nicht nur zu einem verbesserten Befinden im weitesten Sinne, sondern auch zu einer gereiften und entwickelten Persönlichkeit führen.

Der psychotherapeutisch gewonnene Einblick in die eigene und bewußte wie auch unbewußte Welt und das Erkennen der Symptome im Zusammenhang mit einem emotionalen Konflikt bedeutet für den Patienten eine unangenehme und wenig akzeptable Behandlungsart, gleich in welchem Stadium der Therapie auch immer. Ein beträchtlicher Vorteil besteht darin, den Patienten zu befähigen, ein Bewußtwerden seiner selbst zu erlangen, das ihm nicht nur helfen wird, sich gegenüber seinen gegenwärtigen Schwierigkeiten zu wappnen, sondern das es ihm auch leichter machen wird, zumindest einen Teil seines Schicksals in Zukunft kontrollierend zu meistern. Die Behandlung ist für den Patienten unangenehmer, weil er eine größere Verantwortung für den Behandlungserfolg übernehmen und auch den schmerzhaften Effekt seiner emotionalen Schwachpunkte erfahren muß. Für den Arzt bedeutet es aber auch eine schwierige Form der Behandlung, da auf ihm genau wie auf dem Patienten ein beträchtlicher Druck lastet. Der Arzt kann seine Angst gegenüber dem Patienten nicht lösen, indem er die Ängste des Patienten aus seiner Kontrolle entläßt.

Die ursprüngliche, klassische und am weitesten erarbeitete Form dieser Behandlung wurde von FREUD entwickelt und von ihm Psychoanalyse genannt. Die durch JUNG entwickelte analytische Psychotherapie sowie die Individualpsychotherapie von ADLER sind zwei weitere spezialisierte psychotherapeutische Techniken. Die früheren FREUD-Schüler trennten sich später von ihrem Meister, um ihr eigenes Konzept der Selbsterkenntnis zu begründen. Ihre Ansätze sollen kurz beschrieben werden.

Werden die Methoden dieser analytischen Behandlungsformen angewandt, so behaupten ihre Verfechter, ist ihr Erfolg radikal und erschöpfend. Der nötige Zeitaufwand wird durch Tiefe und Grad der Erkenntnis sowie konsequente Stabilität entschädigt. In der Praxis verlangt die vollständige Analyse nicht weniger als drei bis fünf Interviews pro Woche mit einer Gesamtdauer von zwei bis vier Jahren, die Ausfallzeiten durch Urlaub von Patient und Arzt nicht mitgerechnet. Der Kostenaufwand eines solchen Verfahrens ist verständlicherweise sehr hoch. Die Verfahren sind nur für Patienten mit entsprechender Intelligenz, Entschlossenheit sowie viel Zeit und Geld geeignet, wenn tatsächlicher Nutzen aus dem intensiven Behandlungstraining erzielt werden soll.

Die Behandlungsform ist daher auf einen kleinen Kreis von Patienten beschränkt und kann nur Erfolg haben, wenn in den einzelnen Stunden rigorose Bedingungen erfüllt werden. Trotz dieser Einschränkungen haben die Verfahren große Bedeutung erlangt, nicht nur wegen der bei den individuell geeigneten Patienten gewonnenen Resultate, sondern auch wegen der Erkenntnisse für die Psychopathologie, die sich aus ihnen ergeben. Aus der Anwendung dieser Methoden und ihrer modifizierten Formen gewann man verschiedene Techniken einer kürzeren Psychotherapie, die innerhalb von Wochen oder Monaten und insofern unter erheblich geringerem Zeit- und Kostenaufwand in den wesentlichen Punkten zum gleichen Ziel führt.

Psychoanalyse

Die einleitenden Interviews entsprechen denen anderer psychotherapeutischer Verfahren. Soweit wie möglich sollte die Krankengeschichte des Patienten in einer ordentlichen und verständlichen Weise in den Aufzeichnungen des Analytikers niedergeschrieben werden. Dann soll der Patient laut und absolut ohne Hemmungen oder Vorauswahl alle seine Gedanken und Gefühle, die ihn beschweren, äußern. Dies wird als sogenannte „freie Assoziationsmethode" bezeichnet. Allein die Beziehung klingt schon schwierig, die Praxis ist noch schwieriger, zumindest in den frühen Stadien der Behandlung.

Hat der Patient einmal die Möglichkeit bekommen, seine Gedanken zu äußern und zu erkennen, werden viele Ideen, die im Inneren des Patienten aufsteigen, schon im Keim erstickt, bevor er überhaupt Zeit hatte, sie wahrzunehmen. Damit ist natürlich mehr das vorbewußte als das wirklich bewußte Material gemeint. Viel schwerer ist es dann, die Quellen dieser Ideen zu erkennen, was schließlich nur mit der Zeit und nach vielen Sitzungen gelingt, vor allen Dingen aber mit einer gehörigen Portion Vertrauen, das dem Patienten zu Beginn der Behandlung noch fehlt.

Wegen der praktischen Schwierigkeiten, diesen wichtigen Verfahrensgrundsatz einzuhalten, nämlich nichts zu unterdrücken oder zu selektieren, muß der Patient von jeder Ablenkung abgeschirmt werden, die ihn von seiner einmal begonnenen Arbeit abhält. Deshalb ist es am günstigsten, wenn der Patient in liegender Stellung, vollständig entspannt, nur auf die Zimmerdecke schaut und ohne die sichtbare Präsenz einer anderen Person, die ihn ablenkt, sprechen kann: Der Analytiker sitzt außer

Sichtweite. Während der Patient in seinem Part der Arbeit fortfährt, sollte der Analytiker keine Veranlassung zu einer Intervention geben. Statt dessen regristriert, sortiert und studiert der Analytiker das vorgebrachte Material und bedenkt dabei mögliche Interpretationen und etwaige Beziehungen zu bereits vorgebrachten Dingen. Macht die Analyse Fortschritte, hat der Analytiker bereits eine tiefere Quelle zum Verständnis des Patienten. Der Analytiker schaltet sich nicht in den Prozeß ein, nur wenn der Patient ohne fremde Hilfe nicht vorwärts kommt. Geheime Phantasien und Träume, die „königliche Straße zum Unbewußten", wie FREUD sie nannte, sind meist die wertvollsten Anhaltspunkte zur Deutung und Erschließung dieses langen Projektes.

Gerade bei Patienten, die bewußt ihr Bestes geben wollen, kommt es oft unweigerlich zum Widerstand und zu heftigen Gefühlen, die der Patient nicht zu artikulieren wagt und die er nicht weiter verfolgen möchte. Der Patient hat das Gefühl, daß es nicht weitergeht, sobald er sich dem äußeren „Verteidigungsgürtel" einer lang vergrabenen schmerzhaften Erinnerung oder eines Gefühls nähert. Aufgrund unseres kurzen Überblicks über die normale Psychologie und Psychopathologie wissen wir, daß vieles, was dem Patienten Schwierigkeiten bereitet und ihn ablenkt, von früheren persönlichen Beziehungen herrührt, die mit intensiver und konfliktbehafteter Emotion verknüpft waren. Sich im Verlaufe der Behandlung aus einer solchen Emotion zu lösen, ist ein großer Störfaktor, bis die Ursache ins Bewußtsein gelangt oder verstanden und akzeptiert wird. Der Patient sucht instinktiv und unbewußt nach einer Rationalisierung oder Projizierung der empfundenen Emotion. Angesichts der Behandlungsbedingungen ist die einzige Person, die für die Rationalisierung oder Projektion in Frage kommt, der Analytiker.

Auf diese Weise kommt es während des Behandlungsverlaufs beim Patienten zu Gefühlen der Liebe, des Hasses, der Abhängigkeit und der Rebellion, der Rivalität oder der Abwehr gegenüber dem Analytiker. Diese Gefühle hat der Patient zwar schon durchlebt, aber noch nie in seinem Leben gegenüber anderen eingestanden, mit denen er früher hart zusammengestoßen ist, wie etwa seinen Eltern, seiner ersten Liebe, seinen Freunden und Feinden, den Helden und Verbrechern seiner Kindheit. Die unkritische und deutliche Darstellung der Gefühlswelt gegenüber dem Analytiker wird Übertragung genannt. Die Kontrolle dieser Übertragung, die Regulierung ihrer Tiefe und Intensität liegt in den Händen des Analytikers, sofern er sie interpretieren kann, wenn es die Situation erfordert. Ein verfrühtes Eingreifen bzw. die verfrühte Interpretation seitens des Analytikers hieße, dem Patienten die notwendige Kraft zu nehmen, die er braucht, um bei der Behandlung seinen eigenen, schwierigen Beitrag zu leisten. Andererseits kann auch der Analytiker dazu tendieren, seiner Verpflichtung bei der Behandlung entrinnen zu wollen, was in seiner eigenen Angst oder Unsicherheit begründet sein kann, wenn er im Verlaufe seiner

Ausbildung nicht gelernt hat, damit umzugehen. Greift der Analytiker zu spät oder falsch ein, oder kommt keine Übertragungssituation zustande, riskiert man die Entwicklung einer totalen Abhängigkeit auf seiten des Patienten, die sich schließlich als ernstere Komplikation als die zu behandelnde Krankheit selbst entpuppen kann.

Die Handhabung der Übertragungssituation ist von vitaler Bedeutung im Verlauf einer Psychoanalyse, aber auch bei jeder Form von Psychotherapie. Die Existenz der Übertragung befähigt den Patienten, die Natur seiner Gefühle zu entdecken und sie schließlich zu akzeptieren. Ist dies einmal gelungen, wird er auch künftig häufiger seine Gefühle toleranter und gelassener akzeptieren können und nicht nur von ihren Auswirkungen auf seine Vergangenheit, sondern auch von deren Einfluß auf seine Zukunft befreit sein.

Analyse nach Jung: analytische Psychologie

Die Technik einer analytischen Psychologie, wie sie von JUNG geschaffen wurde, unterscheidet sich von der ursprünglichen Technik der Analyse durch eine geringere Akzentuierung der freien Assoziation. Mehr Bedeutung wird der Analyse und Interpretation gewisser Aspekte der Traum- und Phantasiewelt des Patienten zugeschrieben, die anders behandelt wird als bei FREUD, der ja eine Annäherung der Traumdeutung durch Assoziation wählte. Vielleicht besteht der wesentliche Unterschied zwischen den Konzepten des unbewußten Seelenlebens JUNGscher und FREUDscher Prägung darin, daß FREUD seinen Blickpunkt näher auf das Unbewußte im Triebleben und die unterdrückten Komplexe richtete, während die These von JUNG darauf basiert, daß ein enormes Reservoir von geteiltem, unbewußtem Wissen und Erfahrung in der gesamten Menschheit vorhanden ist, das sich in das Unbewußtsein jedes Individuums ergießt und das Bewußtsein nur in symbolischer Form erlangen kann, wobei die Gedankenwelt und das Verhalten in kraftvollen, aber indirekten Wegen beeinflußt werden. Die symbolischen Formen, die aus diesem machtvollen archaischen Geistesprozeß herrühren und als gemeinsame Basis der menschlichen Rasse angesehen werden, heißen Archetypen: In der archetypischen Natur von Mythen, Kunst, Geschichten und Träumen liegt für den Analytiker JUNGscher Prägung der Schlüssel zur Erkenntnis der Probleme des Patienten und ihre Interpretation.

Die Projektion der Gefühle in die Beziehung zwischen Analytiker und Arzt läßt sich zwar analysieren; dennoch liegt die Betonung im gemeinsamen Kampf von beiden in der Heilung des Patienten. Die religiösen und philosophischen Interessen von JUNG gipfelten darin, daß er nicht vor Diskussionen über den Lebenssinn und den Tod mit dem Patienten zurückschreckte und auch nicht davor, mit ihm über das Seelenheil zu sprechen.

Einige der Interessen und Unterschiede zwischen JUNG und FREUD können durch den Vergleich der beiden von ihnen geschriebenen Bücher hinsichtlich ihrer Voraussage für das 20. Jahrhundert verstanden und erläutert werden: FREUD schrieb das Buch „Das Unbehagen in der Kultur“, JUNG hingegen „Das Seelenproblem des modernen Menschen“.

Analyse nach Adler: Individualpsychologie

Der spezifische Beitrag von ADLER zur Individualpsychologie bestand in der Wichtigkeit der Erkenntnis des Machttriebes, der im Inneren vieler menschlicher Bestrebungen begründet liegt.

Er beobachtete, daß für viele Menschen die Erlangung von Macht, Status und Prestige zumindest ebenso wichtig war wie die Suche nach sexueller Befriedigung. Ferner erkannte er, daß eine solche Machterlangung gleichzeitig einen ebenso bedeutsamen Anstoß auf das Leben des einzelnen und seine gefühlsmäßige Entwicklung haben könne. ADLER war es, auf den der klassische Terminus „Minderwertigkeitskomplex“ zurückgeht, worunter man nicht ein bewußtes Gefühl von Minderwertigkeit versteht, sondern eher eine unbewußte Konstellation von Ideen, die durch ein unerträgliches Gefühl von Unsicherheit und Unausgewogenheit charakterisiert sind, derer sich das Individuum nicht bewußt ist. Die Wirkung eines solchen Komplexes auf das Verhalten besteht nun darin, daß der Betreffende eine zuversichtliche Attitüde an den Tag legt und sich in Situationen einläßt, in denen er seine tieferen Befürchtungen, sich zu irren, unter Beweis stellen muß.

Die Analyse nach ADLER legt ihren Schwerpunkt auf den idealisierten, teilweise bewußten Zustand des Patienten selbst und richtet sich auf die Ziele, die er sich selbst gesetzt hat. Diese Form der Analyse sucht solche genannten Ziele mit der gegenwärtigen Persönlichkeit, den herrschenden Umständen, Gelegenheiten und Begrenzungen seines Lebens zu verknüpfen. In den unvermeidlichen Konflikten und Frustrationen einschließlich der klaffenden Lücke zwischen Wunsch und Erreichen des Zieles sind die Gründe entweder für ein pathologisches Gefühl und Verhalten oder für ein wiedererstarktes und konstruktives Bestreben zu suchen. Durch Interpretation und Einsicht trägt die Analyse nach ADLER dazu bei, das Individuum zu befähigen, sich der wahren Ursprünge seiner eigenen Nöte, Triebe und Impulse bewußt zu werden, ferner solches ins Bewußtsein zu heben, wodurch wirkliche oder eingebildete Schwäche im Patienten ausgeglichen werden kann, schließlich deren Implikationen bewußt abzuschätzen und durch Unterscheidung von wohlbegründeten und belanglosen Zielen in freier Entscheidung das eine zu verfolgen und das andere zu verwerfen.

Der Inhalt einer Analyse nach ADLER ist daher eng verknüpft mit der Beziehung der persönlichen Wünsche und Ziele des Patienten, und zwar sowohl ihrer bewußten als auch unbewußten, ferner aber auch mit seiner sozialen Situation und seinem gesamten Lebensentwurf. Die mehr instinktmäßig gebundene sexuelle Erfüllung, die FREUD als die ultimative Triebkraft in der menschlichen Erfahrung ansah, oder aber die Integration der Persönlichkeit, die sich als das Konzept menschlicher Erfüllung von JUNG darstellt, tritt dabei in den Hintergrund.

Es ist klar, daß eine noch so konzise Auflistung analytischer Technik sich nicht mit den Details psychodynamischer Theorien befassen kann, die ihnen zugrunde liegen. Wiederholt wurde indes schon auf die äußerst komplizierte Natur dieser Art von Behandlung hingewiesen. Es wäre daher ein schwerer Fehler, die Begriffe „Psychoanalyse" oder sogar „Analyse" für psychiatrische Interviews zu benutzen, die kein anderes Ziel haben als die Erklärung einiger unmittelbar persönlicher Probleme oder einer häuslichen Situation. In der Tat ist die große Mehrheit psychiatrischer Interviews von solch relativ begrenzter Natur. Eine Behandlung durch Psychoanalyse, sei dies nun in der Form nach JUNG oder ADLER, pflegt nur für einen sehr kleinen Kreis von Patienten in Frage zu kommen, bei denen die eine oder andere Form solcher psychotherapeutischer Verfahren erforderlich ist.

Historische Entwicklung der einzelnen Psychotherapieformen

Wenn auch weder der Student noch der Arzt eine detaillierte Kenntnis der verschiedenen, heute gebräuchlichen Psychotherapieformen benötigt, so kann doch eine kurze Darlegung der hauptsächlichen Therapieformen recht nützlich sein, selbst wenn man der jüngsten großen Entwickung von Bemühungen auf diesem Gebiet nicht gerecht werden kann.

Der Altmeister aller Psychotherapieformen war natürlich FREUD, und seine Erfindung der Psychoanalyse stellt eine gewaltige, einzigartige Leistung dar. Seine Theorien wechselten beträchtlich während seines Lebens, und nicht alle seine unterschiedlichen Theorien können miteinander in Einklang gebracht werden. Eine Tradition orthodoxer Psychoanalyse, hauptsächlich auf der Linie der Berufung auf das Werk von FREUD, hat sich in Ausbildung und Praxis in vielen Ländern bis heute erhalten. Allerdings hat es auch in der orthodoxen Schule selbständige Entwicklungen gegeben.

Der Schwerpunkt hat sich von der Betonung der Auswirkungen des unbewußten Instinktlebens zur „Ich-Psychologie" hin verlagert. Die Aufmerksamkeit ist mehr auf den bewußten Anteil der Persönlichkeit gerichtet, der sich durch Rechtfertigung mit den Anforderungen des Bewußtseins, des unbewußten Materials und der Außenwelt mißt. FREUDS jüngste Tochter, ANNA FREUD, schrieb zu diesem Thema ein wichtiges Buch „Das

Ich und die Abwehrmechanismen". Sie entwickelte eine Psychoanalyse für kleine Kinder. Sie hielt die Haltung der Eltern gegenüber dem Kind für genauso wichtig wie andere Kräfte. Weitere Entwicklungen auf theoretischer Basis kamen hinzu, besonders von FAIRBAIRN und WINNICOTT.

MELANIE KLEIN entwickelte eine eigene Theorie und Praxis, die jedoch nur einen Teilaspekt in der Psychoanalyse beleuchtet. Jüngere Kinder, sogar unter sechs Jahren, sollten im Spiel analysiert werden, und sie betonte die Wichtigkeit angeborener aggressiver Strömungen in der frühen Kindheit, die zur Bildung der kindlichen Persönlichkeit beitragen.

In den Vereinigten Staaten konnten soziale und kulturelle Einflüsse die Theorien der weitverbreiteten Bücher von KAREN HORNEY (z. B. „Selbstanalyse", „Der neurotische Mensch unserer Zeit" sowie Schriften, die sich mehr mit den sozialen als mit den biologischen Einflüssen auf die weibliche Persönlichkeit befassen) untermauern. In diesen Kontext gehört auch ERICH FROMM (z. B. „Die Furcht vor der Freiheit" und viele Diskussionsbeiträge zu Soziologie und Politik). Die Psychoanalyse und ihre Weiterentwicklung einschließlich der Loslösung der ADLER-Gruppe, die sich ihrerseits kaum weiter entwickelte, blieb in der amerikanischen Psychiatrie bis etwa in die sechziger Jahre weithin führend.

Die analytische Psychotherapie nach JUNG wurde oben bereits erörtert. Aufgrund ihrer ursprünglichen Entwicklung ist sie zusammen mit professionellen Trainings- und Psychotherapiegruppen eine starke Disziplin geblieben.

WILHELM REICH, ein weiterer Heretiker der Frühzeit der Psychoanalyse, interessierte sich für die psychologischen Auswirkungen der politischen Repression und für die Natur des Orgasmus. Mit seiner Therapie wollte er charakterlich fixierte und in der körperlichen Haltung des Patienten begründete Hemmungen beseitigen. Das Erreichen eines vollständigen Orgasmus wurde daher von ihm zum wichtigen Ziel und zum Zeichen von Gesundheit erklärt. REICH wurde schließlich selbst psychotisch und wäre fast schon vergessen, wäre nicht in jüngster Zeit eine Wiederbelebung des Interesses für den Körper in der Psychotherapie geweckt worden (s. u.).

Das „reine Gold" der Psychoanalyse mußte sich im Lauf der Entwicklung mit „einfachem Metall" vermischen. Große Anstrengungen wurden unternommen, kürzere Psychotherapieformen zu entwickeln, die einen gemeinsamen Teil der theoretischen Basis nutzten, um lohnende Ergebnisse bei der Verfolgung beschränkter Ziele zu erreichen. Beispiel hierfür ist ein einflußreicher Psychotherapeut wie CARL ROGERS, der seine Methode *klientenzentrierte Therapie* genannt hat. Seine Methode stellt nur wenige Bedingungen, gibt sich wenig mit Theorie ab, betont aber ganz das Verhalten des Therapeuten. ROGERS behauptet, daß ein Therapeut, der nur sorgfältig die Gedanken und das Verhalten des Patienten in sich aufnimmt, Empathie für seine Gefühle aufbringt und ihm mit „bedingungsloser positiver Aufmerksamkeit" begegnet, ein Stadium erreicht, um ohne Rücksicht auf eine genaue Orientierung oder Technik dem Patienten helfen zu können. Unsere eigene Darstellung einer Kurztherapie geben wir im Anschluß an diesen Abschnitt wieder.

Es muß auch daran erinnert werden, daß die „Falldarstellungen“, die im Rahmen der Sozialarbeiterausbildung zur Darstellung kommen, auf psychodynamischen Prinzipien der Psychoanalyse basieren, wie sie in vereinfachter Form angewandt wird. Auch das sind Ableger aus dem Werk von FREUD, selbst wenn andere Methoden, auch mit Hilfe der Sozialtheorie, gleichzeitig zur Anwendung kommen.

Die Transaktionsanalyse, eine neue, von ERIC BERNE stammende Therapieform, läßt sich auch von der Psychoanalyse ableiten. Diese nicht emotional unterlegte und sehr einleuchtende Theorie ist bei weitem einfacher, intellektualisierter und schematischer als die Psychoanalyse. Die Persönlichkeit zerfällt in drei Aspekte, nämlich in die Personifikationen von elterlichen, erwachsenen und kindlichen Charakteristika, die offensichtlich, wenn auch nicht ganz identisch, Transformationen des FREUDschen Überich, Ich und Es darstellen. Das Kind wird indes in einem weit größeren Zusammenhang gesehen, wobei sein Freiheits- und Bewegungsdrang eingeschlossen sind. Diese Theorie und Methode hat sich als anpassungsfähiges und kraftvolles Instrument erwiesen und eignet sich sowohl zur Individual- als auch speziellen Gruppentherapie. Die Methode läßt sich leicht Schülern und Patienten vermitteln. Die Bewegung stammt aus den Vereinigten Staaten und erfreut sich in Europa immer größerer Anhängerschaft.

Eine andere Quelle der gegenwärtig üblichen Psychotherapieformen bildet die Verhaltenstherapie, die ursprünglich aus der Anwendung der experimentellen Lerntheorie auf das menschliche Verhalten entwickelt wurde. Der wissenschaftliche Ansatz und der hohe Wert, der auf die Auswertung der Ergebnisse gelegt wurde, sind geblieben, die praktische Anwendung hat sich erweitert, viele neue Anwendungsformen sind hinzugekommen. Die Kombination von Psychotherapie mit Wissenschaft ohne Einsatz medizinischer Techniken war für die klinischen Psychologen, die dies begeistert aufnahmen, sehr attraktiv. Diese emphatische Aufnahme blieb bis jetzt erhalten. Auch Krankenschwestern können diese Methoden erfolgreich anwenden. Zunehmend mehr Ärzte erlernen ebenso diese Techniken und kombinieren sie je nach Bedarf mit Medikamenten oder anderen physikalischen Methoden.

Die *Gruppentherapie* hatte vor dem 2. Weltkrieg nur unerhebliche Bedeutung, wurde aber seither immer einflußreicher. Die Entwicklung *therapeutischer Gemeinschaften* resultiert aus der Arbeit von MAXWELL JONES und der Gründung des jetzigen Henderson-Hospitals, das sich auf die Behandlung von Patienten mit psychopathischen Persönlichkeitsstörungen in der Gemeinschaft spezialisiert hat. Das Konzept befruchtete die Praxis der offenen Tür in den Landeskliniken der fünfziger Jahre und führte zu einer stetig wachsenden Beachtung der sozialen Strukturen der Abteilungen und des Krankenhauses als Ganzem. Ein weiterer Einfluß ergab sich durch die Veröffentlichung soziologischer Artikel über entsprechende Einrichtungen, besonders über *„Asylums"* (1961), wodurch hervorgehoben wurde, was GOFFMAN mit den Landeskliniken für nicht in Ordnung befand. Gemeinsame Besprechungen von Personal und Patienten auf den Stationen, ja sogar offene Treffen des gesamten Personals von Kliniken haben sich zur Routineeinrichtung in vielen Bereichen entwickelt, besonders in Abteilungen und Tageskliniken, die Patienten mit neurotischen und Persönlichkeitsstörungen behandeln, aber auch in Kliniken, wo überwiegend Jugendliche behandelt werden. Therapeutische Gemeinschaften mit besonderer Ausrichtung, die üblicherweise eine ausgesprochen offene Begegnung und ein intensiv soziales Engagement pflegen, haben sich als nützliche experimentelle Ansätze in der Rehabilitation von Drogenabhängigen und rezidivierenden Kriminellen mit schweren Persönlichkeitsstörungen erwiesen.

Die Therapie in kleinen Gruppen geht in ihrem Einfluß in England auch auf Pioniere der ersten Nachkriegszeit zurück, die im Northfield Military Hospital tätig waren. Über die Tavistock-Klinik entwickelte sich dann diese Methode allgemein in der Psychiatrie. Es wurde eine Menge von Theorien von den Pionieren entwickelt, die eine mehr oder weniger größere Verbindung zur Psychoanalyse, Sozialpsychologie und Systemtheorie herausstellten, die ihrerseits wiederum die anwachsende Anwendung von Gruppenmethoden in der Psychotherapie beeinflußt haben. Heutzutage widmen alle psychiatrischen Dienste, die klinischen Psychologen und die ausgebildeten Sozialarbeiter wesentliche Teile ihrer psychotherapeutischen Tätigkeit der Gruppenarbeit. Einfachere Formen der Beratung und Hilfe werden oft in ähnlicher Weise durchgeführt.

Die Verhaltenstherapie, die ursprünglich wie die Psychoanalyse eine Individualtechnik darstellte, wird manchmal in Gruppen praktiziert, obgleich dann eher die Betonung in der Behandlung der einzelnen Teilnehmer als im gruppentherapeutischen Prozeß als solchem liegt.

Weitere Beiträge kamen über die Sozialpsychologie und das Drama, beispielsweise in Form des weit verbreiteten *Rollenspiels* bei der Individual- und Gruppenpsychotherapie, ebenso aber auch im *Psychodrama*. Das Psychodrama wurde von J. L. MORENO in die Behandlung eingeführt, beeinflußt aber heute seinerseits andere experimentelle Psychotherapieformen.

Ein weiterer Trend, der sich auf die gegenwärtigen Gefühle des Patienten und des Therapeuten, auf Offenheit, Ehrlichkeit sowie einen Mangel an sozialveranlaßter Hemmung konzentriert, hat zur *Gestalttherapie* geführt, die individuell oder in der Gruppe zum Tragen kommt, wobei „Spiele" und emotionale Übungen eingesetzt werden. Es gibt indes eine ganze Menge am Rande liegender Aktivitäten, die sich Psychotherapie nennen und aus einem Gebräu von modischem Körperkult und Entspannung, einer ebenso modischen Enthemmung und mangelnden Rücksichtsnahme, einem gegenwärtigen Kult des Irrationalismus und schließlich einer schieren Scharlatanerie entspringen.

Encounter-Gruppen (= Begegnungsgruppen), ursprünglich hervorgegangen aus Weiterbildungspraktiken für Personal und auswärtige klinische Dienste, stellen auch heute noch einen wichtigen Beitrag in der Weiterbildung des Personals dar, wobei sich diese Form gerade als wenig zeitraubende Aktivität für solche Menschen eignet, die gar keine Patienten sind. Es ergeben sich hier aber beachtliche Querverbindungen zur Kleingruppentherapie und zur Gestalttherapie.

Die Familientherapie, die 20 Jahre alt ist und in den Vereinigten Staaten in den Händen besonders ausgerichteter Spezialisten liegt, hat sich in England erst in den vergangenen Jahren weiterentwickelt. Die intellektuelle Vorbedingung besteht in der Theorie, daß die meisten, wenn nicht gar alle psychiatrischen Störungen Störungen sind, die nicht *von* Menschen, sondern *zwischen* Menschen existieren. Diese Überlegungen schlagen sich in verschiedenen Theorien mit Verbindungen zur traditionellen Psychoanalyse und zur Systemtheorie nieder. Die Gründer der Familientherapie, besonders in den USA, sind keine Gruppentherapeuten gewesen, obwohl es sich in gewissem Sinn um eine Form von Gruppentherapie mit einer kleinen, intensiven, natürlich bereits existenten Gruppe handelt.

Gleichzeitig entwickelte sich die *Ehepaartherapie*, nach der zunehmend verlangt wird und die immer häufiger verordnet wird. Auch diese therapeutische Form hat sich sehr rasch ausgedehnt und bedient sich der gleichen Methoden wie die Familientherapie mit Kindern. Einige der *sexualtherapeutischen Methoden* sind in Kap. 12 beschrieben.

Angesichts dieses historischen Aufrisses im Wechsel von einzelnen Psychotherapiemethoden, wie sie bei Patienten zur Anwendung gelangten, gibt es bestimmte Entwicklungslinien. Anfangs stand die Vergangenheit des Patienten im Mittelpunkt, um von der Technik der Psychoanalyse erreicht zu werden, während heute zunehmend zwischenmenschliche Beziehungen und die aktuelle Gedanken- und Gefühlswelt, das sogenannte „Hier-und-Jetzt", im Vordergrund steht. Die Methodik hat sich von der abstrakten Diskussion zur gegenwärtigen Gefühlswelt verlagert, zunehmend werden auch Körper und Entspannung in den Prozeß miteinbezogen. Die Beziehungen zwischen Arzt und Patient haben sich im Formalen gewandelt: Saß Freud damals hinter der Couch, so sitzt heute der Patient dem Arzt am Schreibtisch gegenüber, oder der Arzt und der Patient sitzen sich in Sesseln einander gegenüber, oder auch der Arzt leitet eine Gruppe. Darüber hinaus gibt es Encounter-Gruppen, die mit dem zwanglos gekleideten Arzt auf dem Boden sitzend ihre eigenen Probleme durchsprechen. Wurde die Störung ursprünglich als beim Patienten ansässig gesehen, so wurde sie im Laufe der Zeit zunehmend als eine zwischenmenschliche Beziehung in der Familie identifiziert, so daß die Familie heute häufig als emotional gestörte Einheit identifiziert wird. Es entwickelten sich, besonders in Amerika, Debatten darüber, ob die Gesellschaft die Probleme in den Familien verursache und ob die Psychotherapie nicht logischerweise zusammen mit den Psychiatern als den eigentlichen Sozialreformern auf eine Veränderung der Gesellschaft hin ausgerichtet sein sollte.

Kurzformen einer aufdeckenden Therapie

Alle Kurzformen einer aufdeckenden Therapie hängen von ihrer Kürze in bezug auf die Reduktion von zwei Hauptelementen ab, die normalerweise einen beträchtlichen Teil des psychoanalytischen Vorgehens ausmachen und dabei eine ganze Menge Zeit absorbieren. Diese beiden Elemente bestehen in der laufenden Wiederholung, die die Bearbeitung von Problemen gegenüber einem Widerstand mit sich bringt, solange man sich nur auf die freien Assoziationen des Patienten verläßt, um diese Probleme wieder in den Bereich der Exploration zurückzubringen, sofern sie außer Reichweite geraten oder entglitten sind. Auch gilt es, Zeit und Anstrengung zu berücksichtigen, die man auf ein verhältnismäßig irrelevantes Material verwendet hat, bis man zu einem Punkt kommt, der fraglos wichtig, aber auch zu emotionell belastet ist, um sogleich vom Patienten behandelt zu werden.

Das Wesen aller Kurztherapiemethoden besteht darin, solche Bereiche aus dem Leben des Patienten auszuwählen, die für die Probleme am wichtigsten sind, mit denen er im Augenblick konfrontiert ist, genauso wie für die Symptome, die er bietet. Hat man das Material selektiert, um darauf das gesamte Vorgehen zu konzentrieren, so gilt es, bis man damit zu Rande gekommen ist, die notwendigen Veränderungen, die hierdurch im seelischen Leben des Patienten hervorgerufen wurden, zu beachten. Eine solche Art Technik ist, aufs Ganze gesehen, schwierig in den Griff zu bekommen und erfolgreich zu praktizieren, und zwar schwieriger als die Methoden einer kompletten Analyse. Es gibt wohl eine ganze Reihe von solchen Kurztherapieformen, doch haben sich nur wenige als wertvoll erwiesen. Der Nutzen ist, soweit sie konsequent und unter kompetenter Führung zur Anwendung kommen, unbestritten. Hierfür ist eine regelrechte Übung erforderlich, als der Therapeut hinlänglich Kenntnis über seine eigene Persönlichkeit und seinen blinden Fleck, aber auch über seine Vorurteile bei zwischenmenschlichen Beziehungen haben muß. Ohne diese Erfahrung kann er seine Persönlichkeit nicht sorgfältig genug therapeutisch einbringen, um den Patienten zu verstehen und ihm zu helfen.

Allen diesen Methoden ist die Beschneidung des analytischen Vorgehens gemeinsam, da sie sich ausschließlich mit den unmittelbaren oder wesentlich wandelbaren Beschwerdequellen zu befassen pflegen. Die Kritik, die manchmal von der orthodoxen Analyse her an solchen Methoden ins Feld geführt wird, besteht darin, daß bei diesen Methoden eher eine Zusammenstückelung als eine umfassende Wiederherstellung der Persönlichkeit des Patienten zustande komme. Die Antwort auf eine solche Kritik kann nur die sein, daß die Ressourcen der Medizin als Ganzes in praxi unvermeidlich darauf hinauslaufen müssen, gerade dieses und nicht mehr zu tun, und zwar für möglichst viele Patienten das mögliche. Darüber hinaus kann die perfektionistische Haltung, die einem solch dogmatischen Ansatz zugrunde liegt, nicht beanspruchen, daß sie von den Ergebnissen einer kompletten Analyse auch nur kurzfristig getragen werden könnte, sogar für jene Fälle, bei denen sie praktikabel wäre.

In praxi kann ein nützlicher Rahmen für eine Kurzpsychotherapie dadurch abgesteckt werden, daß man mit dem Patienten acht bis zwölf Interviews in wöchentlichen Intervallen vereinbart, wobei jede Sitzung 30 bis 45 Minuten dauert und wobei folgende Ziele gesetzt werden:

1. Erstellen eines Berichtes; effektive Beziehung zwischen Arzt und Patient: Angemessene Vorgeschichte (auf zwei Sitzungen ausgedehnt). Diese kann zu einer Beurteilung der Lage führen, wobei das Wort „Beurteilung“ im militärischen Sinne des Wortes benutzt wird.
2. Auswahl der Ziele; Ausformulierung eines umfassenden Behandlungsplanes; Exploration der einzelnen Ziele (hierfür sollten drei bis vier Sitzungen dienen).
3. Interpretation des Materials (beginnend in angemessenen Etappen bei den jeweiligen Explorationen und zum Abschluß gebracht innerhalb der Gesamtbehandlung); Integration dieser Interpretationen aus der Lebenssituation heraus und aufgrund der darin zutage getretenen Schwierigkeiten; deren Anerkennung und Akzeptierung auf seiten des Patienten; Unterstützung und Bestätigung von seiten des Arztes (während der letzten drei oder vier Interviews).

Als allgemeine Regel kann gelten, daß sich das relative Verhältnis dieser drei aufgegliederten Methoden einer freien Erörterung bzw. Prüfung, Exploration und Orientierung im gesamten Verlauf der Behandlung jeweils bei 70%, 20% bzw. 10% bewegt. Die eingangs durchgeführten Interviews sollten hauptsächlich dazu dienen, daß der Patient sich vom Arzt angenommen fühlt und seine Nöte mitteilen kann, ferner, daß er sich verstanden sieht. Es geht nicht darum, was der Arzt dem Patienten erzählt, sondern darum, was der Arzt zuläßt, daß der Patient ihm erzählt und dies möglichst in den ersten Sitzungen: ein Umstand, dem für den Erfolg oder Mißerfolg einer solchen Behandlung sehr wahrscheinlich entscheidende Bedeutung zukommt.

Die Selektion zur individuellen aufdeckenden Psychotherapie ist sehr wenig erforscht worden. Obwohl es sich natürlich um eine individuelle Angelegenheit handelt, gibt es in den Hauptpunkten wesentliche Übereinstimmung. Die Neugier seitens des Patienten, wie es mit seiner eigenen

Die verwendeten Methoden, Mechanismen und speziellen Techniken werden in Tab. 1 aufgeführt.

Tabelle 1 Schema einer Kurzpsychotherapie

	Methoden		Mechanismen	Spezielle Techniken
	Patient	*Arzt*		
Erörterung, Prüfung: 70%	beschreibt Symptome	hört zu, akzeptiert, ermutigt	innerlich und passiv (Streßreaktion löst sich auf)	Abreaktion
Exploration: 20%	ruft Trauma in Erinnerung, entdeckt Zusammenhänge	fragt, interpretiert	innerlich und aktiv (Streßreaktion wird vom Patienten gelöst)	analytische Methode
Orientierung: 10%	hört zu, kommentiert, fragt	bestätigt, erklärt, rät	äußerlich und passiv (Streßreaktion wird vom Arzt abgebaut)	beratend, empfehlend, soziale Hilfen

Persönlichkeit bestellt ist, ferner seine Fähigkeit, in abstrakten Begriffen zu sprechen und diese zu verstehen, der Wille, mit der psychologischen Behandlung auch dann fortzufahren, wenn der Arzt einwendet, daß es harte, mühevolle Arbeit sein werde, alle diese Dinge sind von größter Notwendigkeit. Für die Psychoanalyse ist dies in hohem Maße, wie oben erwähnt, vonnöten. Wo der Arzt anläßlich eines Erstinterviews fehlenden oder mangelnden Leidensdruck entdeckt, z. B. aufgrund einer völlig zum Stillstand geratenen Lebenssituation oder wegen fortgeschrittenen Alters, da wird er dazu tendieren, eine supportive Behandlung oder andere Methoden zu empfehlen. Während des Erstinterviews wird eine versuchsweise Interpretation des Verhaltens oder ein Verhaltensmuster in Form eines emotionalen Konfliktes dazu beitragen, die entsprechende Eignung des Patienten einzuschätzen: So kann beobachtet werden, ob der Patient das Mittel der Interpretation versteht und darauf eingeht bzw. ob er unfähig ist, das Wesentliche zu erkennen, oder ob er sich abwehrend verhält.

Großgruppen und therapeutische Gemeinschaft

Nach den Prinzipien der therapeutischen Gemeinschaft sollten die Kommunikationsformen so frei und offen sein, daß Spannungen abgebaut werden und das Feedback der Gruppenmitglieder dazu benutzt werden kann, die Patienten (und gegebenenfalls auch das Personal) in ihrem Verhalten zu verändern. Sind die Gruppenmitglieder über längere Zeit zusammen, so kann die Gemeinschaft (ähnlich wie eine stationäre Abteilung oder eine Tagesklinik) ein kraftvolles Instrument für das Studium der zwischenmenschlichen Probleme darstellen. Um Erfolge zu erzielen, müssen die Gruppenmitglieder die einzelnen Stunden aufmerksam verfolgen und zur Mitarbeit bereit sein. Dies gilt auch für die Ärzte und Gruppenleiter. Eine Kommunikation wird sich um so eher ergeben, als das Personal den Willen zeigt, seine privilegierte Stellung so weit wie möglich aufzugeben bzw. sich mit der Gruppe enger zusammenzuschließen und keine uniformierende Kleidung zu tragen.

Alle Ereignisse, wie sie aus solchen Gemeinschaftstreffen erwachsen, sollten eingehend untersucht und Spannungseffekte privater Beziehungen vermieden werden: Eine Privatsphäre würde sich in therapeutischen Gemeinschaften fatal auswirken. Gruppensitzungen des Personals sind notwendig, weil dort wiederum Rollenspiele für Zielrichtungen diskutiert werden, die relativ frei von traditionellen Hierarchien sind. Die therapeutische Gemeinschaft ist als Vorläufer des bekannten Konzepts eines „multidisziplinären Teams“ in psychiatrischen Einrichtungen anzusehen, wo Entscheidungen weit demokratischer gefällt werden, als dies bisher der Fall war.

Dennoch gibt es noch eine ganze Reihe ungelöster Probleme. Das Team kann nicht vollkommen demokratisch sein, wenn sein ärztliches Mitglied eine eindeutige gesetzliche Verantwortung für das Wohl der Patienten trägt. Tatsächlich ist die Rolle des Leiters in therapeutischen Gemeinschaften noch nicht vollkommen herausgearbeitet worden. Viele renommierte therapeutische Gemeinschaften haben mit strengen Gruppenleitern Erfolg gehabt. Es wurden natürlich demokratische Vorstöße unternommen, doch ist wenig über die Ergebnisse bekannt. Allerdings lauern dort die Gefahren der Anarchie oder der Vernachlässigung des Standards traditioneller Pflege und anderer Behandlungsmethoden.

Dieses Risiko ist geringer bei Sitzungen ohne medizinischen Hintergrund, wie etwa bei den Gruppen von Abhängigen auf Rehabilitationsabteilungen und bei Kriminellen. Einige dieser Gruppen haben Erfahrung mit Treffen von besonderer Art: Sie kündigen die offene Konfrontation mit den Persönlichkeitsschwächen des jeweiligen Gegenübers an, wobei lediglich körperliche Gewalt unterbunden wird. Der emotionale Effekt eines solchen Gruppendrucks in einer geschlossenen Gemeinschaft ist sehr groß. Er könnte allerdings, obwohl dies noch nicht erwiesen ist, einigen Patienten zugutekommen. Hier sind Forschungsergebnisse vonnöten. Außerdem muß man berücksichtigen, daß diese Gemeinschaften nur ein hochselektiertes Krankengut in ihre Gruppen aufnehmen, und man sollte hier auch ausgeschlossene Gruppen berücksichtigen. In allgemeinen psychiatrischen Abteilungen kann sich die Routine regelrecht eingerichteter Stationsgruppen als hilfreich erweisen. Alle Punkte des allgemeinen Interesses auf der Station, wie etwa aufkommende Spannungen und ein gestörtes Verhalten, können offen ausgesprochen, verstanden und gegebenenfalls gelöst werden.

So wird z.B. über einen nicht beliebten, lärmenden Patienten diskutiert. Seine Probleme werden angedeutet bzw. erwähnt, und die übrigen Patienten können ihren Unmut darüber ausdrücken, daß sie nicht zum Schlafen kommen. Man kann sich für die folgende Nacht arrangieren, so daß es zu einem besseren gegenseitigen Verständnis kommt, zu weniger Spannung und zu einer nachlassenden Nachfrage nach Schlafmitteln. Spannungen zwischen Patienten und Personal können ebenfalls auch auf diese Weise gelöst werden. Bei Personalbesprechungen können die Probleme der Stationsgruppen dargestellt und die Spannungen innerhalb des Personals bewußt gemacht werden, was besonders die Arbeit auf der Station günstig beeinflussen kann.

Kleingruppentherapie

Die unterschiedlichen theoretischen Grundlagen der einzelnen therapeutischen Gruppen – wie sie oben dargestellt wurden – unterscheiden sich nur in ihrer mehr oder weniger starken Verwandtschaft zur Psychotherapie. Bei der Kleingruppentherapie hingegen wird der Patient zwar als Individuum aufgefaßt, die Prozesse konzentrieren sich aber ausschließlich auf die Gruppe als Gruppe, wobei wenige oder überhaupt keine Erläuterungen gegenüber den Einzelmitgliedern zum Tragen kommen. Trotz der Zeitersparnis – womit die Gruppenpsychotherapie unvermeidlich als ein ökonomischer Weg angesehen wird, einer Reihe von Patienten sofort eine Psychotherapie zu vermitteln (stets unter der Prämisse, daß ihnen substantiell geholfen werden kann, auch wenn man sie als Gruppe zusammenfaßt) – hängt doch der überwiegende Einsatz der gegenwärtig üblichen Gruppenmethoden von Theorie und Praxis einer vorgeschriebenen psychotherapeutischen Form innerhalb der Gruppenprozesse ab.

Die Selektion für eine Gruppentherapie betrifft besonders Symptome im Bereich der sozialen Angst, die soziale Effektivität sowie Probleme beim Aufrechterhalten erfolgreicher Beziehungen. Neugier, Beharrungsvermögen, Pflichtgefühl und ein gewisses Maß an Artikulierungsvermögen sind hier ebenso wie bei der Einzelpsychotherapie erforderlich. Ungeeignet sind Patienten, die nie eine feste Bindung eingegangen sind, deren soziale Isolation an eine paranoide Psychose grenzt und Patienten mit schwer gestörter Persönlichkeit, die, falls sie überhaupt für eine Psychotherapie geeignet sind, nur in eine äußerst sorgfältig geführte Einzelbehandlung übernommen werden müßten. Bei psychopathischen Persönlichkeiten muß auch damit gerechnet werden, daß sie eine Gruppe spalten können, wie sie gleichzeitig nicht von ihr profitieren.

Es sitzen ungefähr acht Patienten in einem Kreis zusammen mit einem Gruppenleiter, häufig auch mit einem Kotherapeuten. Man trifft sich wöchentlich für eineinhalb Stunden. Von Beginn an kann eine feste Behandlungsperiode geplant werden, wobei von allen erwartet wird, daß sie bis zum Schluß daran teilnehmen (sogenannte „geschlossene Gruppe"). Die Auswahl der Patienten hat eine beträchtliche Auswirkung auf die Ereignisse in der Gruppe: So kann eine Homogenität arrangiert werden (z.B. ausschließlich männliche Exhibitionisten). Gewöhnlich strebt man eine Mischung von Geschlechtern, Lebensalter und Art der Symptome an. Wichtig ist, daß kein Patient als der etwa einzig Homosexuelle, die einzig unverheiratete Person, der einzige Schwarze usw. isoliert wird.

Grundregeln sind Pünktlichkeit sowie die Verpflichtung, alles was in der Gruppe geschieht, geheimzuhalten, ferner die Verpflichtung, sich gesellschaftlich nicht außerhalb der Gruppe zu treffen. Der Gruppe wird keine ausdrückliche Aufgabe auferlegt, lediglich die implizit gegebene, als Gruppe im Prozeß der Behandlung zusammenzustehen und sich unvoreingenommen zu unterhalten (vgl. die sogenannte „freie Assoziation bei der Psychoanalyse").

Das Gespräch kommt durch die Patientenäußerungen in Gang. Es bildet sich ein unendlich kompliziertes System von Beziehungen und Antworten zwischen allen Teilnehmern im Gruppenraum aus, wobei auch die Atmosphäre und die Intentionen der Gruppen selbst als einer sozialen Entität miteinbezogen werden. Gegenüber dem Gruppenleiter besteht ein gewisser Druck, Direktiven zu geben, Gesprächsthemen anzuregen und Fragen zu beantworten, denen er sich widersetzt, da die Gruppe, falls er nachgäbe, in ein soziales Geplauder driften würde.

Der Gruppenleiter trägt für die Sicherheit der Gruppenmitglieder die Verantwortung. Die Gruppenmitglieder müssen vor schädlichem Druck, sexuellen Involvierungen, die nur Schaden stiften können, aber auch der Gefahr, unbarmherzig als Sündenbock ins Spiel zu geraten, verschont bleiben.

Der Leiter der Gruppe hat die Aufgabe, die Ereignisse in der Gruppe zu interpretieren, Patienten, die in die Isolation geraten, zu helfen, und den Spannungsgrad in der Gruppe zu überwachen. Er muß zwischen einem fruchtbaren und denkanstoßenden Schweigen einerseits und überlangen und bedrohlichen Schweigeminuten andererseits unterscheiden können und mit ähnlichen Interventionen gut zu Rande kommen.

Die Mitglieder der Gruppe nehmen rege an den Reaktionen der einzelnen teil, die sich zunehmend spontan und offen gestalten, da soziale Rechtfertigungen während der Existenz der Gruppe allmählich abgebaut werden. Die Gruppenmitglieder werden durch andere Mitglieder, die ihre geheimen Gefühle der Unsicherheit und Unzulänglichkeit teilen, ermutigt. Die Wirkung des einzelnen auf die Gruppe kann zu neuen Einsichten führen, und neue Verhaltensformen können mit Unterstützung der Gruppe gesucht werden, die bisher verborgen blieben. Zum nächsten Treffen können Aufgaben gestellt werden, die erledigt werden müssen, wobei das lebhafte Interesse in der nächsten Gruppenstunde zeigt, wie das Experiment wirklich verlaufen ist.

Jedes Indiviuum ist eine vielseitige und komplexe Persönlichkeit, so daß eigentlich nur die individuelle Psychotherapie im Gegensatz zu Buchwissen in der Lage ist, Studenten die Probleme nahezubringen. Die hier gegebene kurze Einführung muß durch weitere Lektüre ergänzt werden. Es gehört unbedingt Training dazu, bevor man selbst mit einer Gruppenpsychotherapie beginnen kann.

Das sogenannte *Group-counselling* steht in etwa der gleichen Verwandtschaft zur Gruppenpsychotherapie wie die Kurzpsychotherapie zur analytischen Psychotherapie. Die Mitglieder werden nach ihrem speziellen Problem oder Problemgruppen ausgewählt. Das Gesprächsthema in der Gruppe kann genau bestimmt werden, um praktische Resultate und bewußte Antworten für die Gruppenmitglieder zu erhalten. Dabei wird der Gruppenleiter die Spannungen und Übertragungsprobleme nicht interpretieren, sondern eher von ihnen wegführen.

Die *Ergebnisse* der Gruppenpsychotherapie sind noch nicht eindeutig evaluiert worden. Viele Patienten berichten, daß ihnen durch eine ganze Reihe unterschiedlicher Gruppenbehandlungsmethoden geholfen wurde. Eine beträchtliche Zahl von Patienten glaubt, überhaupt keine Hilfe erfahren zu haben: Dies sei bedingt durch die besondere Natur der Behandlung, sie seien schon zu einem früheren Zeitpunkt aus der Gruppe herausgeglitten. Das Schicksal dieser Patienten wurde bisher nicht systematisch untersucht. Wahrscheinlich sind jedoch keine negativen Ergebnisse zu erwarten. Die übrigen Patienten berichten über positive Faktoren: besonders über das Gefühl der Unterstützung durch die Gruppe und die eigene Stärkung der Gruppe sowie die Entdeckung der eigenen geheimen Gedanken nach schweren inneren seelischen Konflikten.

„Encounter"-(Begegnungs-)Gruppen und Trainingsgruppen

Mitarbeiter von Organisationen, auch von psychiatrischen Abteilungen, haben sich regelmäßig getroffen, um die Empfindlichkeit ihrer Gefühle gegenüber anderen und ihre Geschicklichkeit, andere zu verstehen, zu trainieren. Die Gruppenleiter ermunterten zu aufrichtigen, offenen und freien Reaktionen gegenüber allen ihren Mitgliedern: Diese Erwartung hat sich bestätigt. Es werden entsprechende „Spiele" aktiv angeregt, etwa das Studium der nonverbalen Kommunikation, das gegenseitige Rollenspiel sowie kleine Dramen, wie sie in der Gruppe zum Tragen kommen. Teilweise werden die Rituale durchbrochen, indem zu körperlichem Kontakt ermuntert wird. Manche Gruppenemotion kann verherrlicht werden, besonders wenn die Gruppen sich häufig treffen oder individuelle Sitzungen vereinbaren, wo sie Wut und Unzufriedenheit abreagieren. Die Diskussion der individuellen Biographie wird gern vereitelt, da sie die hochfliegenden Emotionen dämpft.

Die therapeutische Bewegung zeigt derzeit ein weites Feld verschiedener Stilarten. Diskussionsgruppen für Personal oder sogenannte T-Gruppen (T für Training) mit verantwortlichen, erfahrenen Gruppenleitern, die im eigenen Interesse jegliche Regung von Emotion vermeiden, können durchaus in der Lage sein, Einfühlungsvermögen und Erfahrenheit für die Beziehungen ihrer Mitglieder zu entwickeln. Die Bildung von Encounter-Gruppen zum Zwecke eines „persönlichen Wachstums" – als Modeerscheinung – kann jedoch bei nicht ausgewählten Mitgliedern und ungeeigneten Gruppenleitern gefährlich werden.

Die meisten Teilnehmer fühlen sich am Ende einer intensiv gestalteten Reihe von Gruppenstunden um eine fruchtbare und umfassende Erfahrung bereichert und allgemein gebessert. Langzeitstudien zeigen jedoch, daß in vielen Fällen die Euphorie zu kurz anhält und nach wenigen Monaten verflogen ist. Mehr als ein Zehntel der Teilnehmer gerät in ernste Konflikte mit der Möglichkeit eines dauerhaften emotionalen Schadens. Deshalb können Encounter-Gruppen zumindest bei ernsthaft gestörten Patienten eher als gefährlich eingestuft werden.

Balint-Gruppen in der Allgemeinarztpraxis

Michael Balint begründete und beschrieb in seinem Buch „*Der Arzt, sein Patient und seine Krankheit*" die Methode solcher Seminare für Hausärzte mit einem Psychotherapeuten an der Spitze und dem Ziel, die Beziehungen zwischen Arzt und Patient zu studieren sowie den Gebrauch und die Verbesserung psychotherapeutischer Fähigkeiten zu erlernen. Die Popularität der Methode wuchs allmählich, überlebte ihren Begründer und scheint sich weiterer Beliebtheit zu erfreuen.

Die Teilnehmer berichten über ihre Fälle und ihre fallweise erteilten Antworten. Dies wirft ein Licht auf den Einfluß des Arztes in der Medizin, sein traditionelles Interesse an somatischen Diagnosen sowie sein peinliches Bemühtsein, die Diagnose durch körperliche Untersuchungen zu verifizieren. Das Bemühen des Arztes gegenüber dem Patienten, seine tiefgehenden ärztlichen Überzeugungen über eine bestimmte Krankheit, das Leiden als solches und das gewünschte Verhalten des Patienten werden beleuchtet. Die Gefühle des Arztes, welche Patienten von Interesse, welche besonders fesselnd sind und welche besonderer Aufmerksamkeit bedürfen alle diese Dinge beeinflussen jede ärztliche Konsultation. Patienten neigen dazu, Krankheitsbeschwerden geradezu anzubieten, und einfühlsame Ärzte hören diesen Angeboten interessiert zu, während sie vorsichtig ihren Quellen nachspüren, bevor sie dazu übergehen, das „Krankheitsanerbieten“ einer Krankheit zuzuordnen, ein Umstand, der den ärztlichen Blick auf die Biographie des Patienten insgesamt begrenzen kann.

Balint schildert die Arzt-Patient-Beziehung in der Allgemeinpraxis in seinem Buch äußerst lebendig und beginnt mit einer Diskussion über unsere relative Unkenntnis der Pharmakologie der Droge „Arzt“, der wohl wichtigsten Droge, über die wir verfügen, und kommt zu dem Schluß: „Der ‚ärztliche Rat‘ ist gewöhnlich ein gezielter Schuß ins Dunkle und erweist sich fast immer als wertlos; und man muß sich besonders bemühen, eine ‚Beruhigung‘ zu erwirken. Wir glauben, daß es sowohl für den Arzt wie auch für den Patienten wirkungsvoller ist, sein Problem als solches zu diagnostizieren. Ist dies einmal geschehen, wird es meist kaum mehr nötig sein, einen ärztlichen Rat zu erteilen oder den Patienten zu beruhigen. Das wirkliche Problem ist oft für den Patienten unangenehm schmerzhaft, aber es ist realistisch, und wenn der Patient hart daran arbeitet, kann wahrscheinlich wirklich etwas an dem Problem geschehen.“

Familientherapie

Die Familientherapie ist keine neue Behandlungmethode, sondern Zeichen einer größeren philosophischen Veränderung, innerhalb der psychische Störungen konstruiert wurden, deren man sich nun bedient. Die traditionelle Sorge aller guten Hausärzte, über die Familie des Patienten im Bild zu sein, um die Auswirkungen auf den Patienten selbst und auf sein familiäres Umfeld zu verstehen, wird nun als unzulänglich angesehen. Die Krankheit des Patienten kann Teil der von der Familie versuchten Lösung seiner Probleme sein. Krankheiten und Gefühle der Angehörigen können sich auf den Patienten auswirken und einen Teil seiner eigenen Persönlichkeit darstellen. Die Beschwerden sind nicht nur Ausdruck einer bloßen Störung zwischenmenschlicher Beziehungen – dies ist ein Punkt, der so alt ist wie die Psychiatrie selbst –, sondern auch charakteristisches Merkmal der Familie als Systemeinheit. Die Familientheorie als Systemganzes, mit ihren Subsystemen (z.B. zwei unzertrennliche Kinder in einer Familie), einem übergeordneten System (der Gesellschaft als Ganzes), einem Entscheidungsmechanismus (nach Art der dominierenden Eltern) und einer Vorsorge, die über die Grenzen hinausgreift, hat in großem Stil die Familientherapie beeinflußt. Das geschlossene System besteht aus einem Netzwerk von Macht und Dominanz, innerhalb dessen jeder Aspekt mit dem anderen in einer intensiven emotionalen Interaktion verknüpft ist. Neuere Methoden betrachten die Familie nicht so sehr als Verbundsystem, sondern suchen eine Annäherung an die Symptome, die einer Behandlung bedürfen und die pathologischen Kommunikationssysteme in der Familie (bzw. bei einer Partnerschaft oder in einer Ehe) darstellen. Es werden die verschiedensten Methoden angewandt. Einige Ärzte bedienen sich in begleitenden Sitzungen bei ausreichender Motivation psychodynamischer Konzepte. Andere wiederum schlüpfen mehr in die Rolle der Lehrer und Experten, wenn sie Kommunikationsmethoden erproben. Einige arbeiten ausschließlich mit dem „Hier-und-Jetzt" des Familiensystems, zeigen nur wenig Interesse an der Einzigartigkeit des Individuums und setzen sich nicht dafür ein, den einzelnen Familienmitgliedern einen persönlichen Einblick in die Problematik des Patienten zu vermitteln. Andere Spezialisten arbeiten hauptsächlich nach verhaltenstherapeutischen Verfahren, indem sie das Prinzip von Vertrag und Belohnung benutzen. Kotherapeuten und sogar ganze Gruppen werden dabei oft eingesetzt. Die einzelnen Sitzungen sind häufig emotional geladen, doch lehrt die Erfahrung, daß hier nichts überbordet.

Ergebnisse einer kontrollierten Forschung gibt es nicht: Die Enthusiasten meinen, daß eine Veränderung bemerkenswert rasch vonstatten geht, und zwar viel schneller als mit älteren Methoden. Möglicherweise sind Resultate nur vorübergehend zu erzielen, es sei denn, daß sie von der wirklichen Veränderung der einzelnen Gruppenmitglieder anteilig getragen sind. Die Erfolge sind kaum abzuschätzen, da es schwierig ist, gemeinsame Kriterien aufzustellen, zumal sich der Zustand eines Familienmitgliedes verschlechtern und eines anderen Familienmitgliedes verbessern kann.

Zwischen den einzelnen Sitzungen liegen manchmal längere Intervalle, während der anhaltende Rückwirkungen und Effekte zum Tragen kommen, wenn die Familie wieder zu Hause ein Zusammenleben praktiziert. Wahrscheinlich können die verschiedensten Methoden den Familienmitgliedern dabei helfen, zu entdecken, was die anderen Gruppenmitglieder von ihnen wünschen, was sie aber nie äußern konnten. Die Therapeuten gestalten immer wieder neue Formen des Verhaltens, die wiederum kopiert werden, besonders wenn versucht wird, die Methode zu verändern, z. B. wenn der Vater oder die Mutter als Elternteil erzieherisch eingreifen.

Die Eltern werden meist dazu ermutigt, ihre Kinder vertrauensvoll zu kontrollieren. Einem schwachen Vater kann geholfen werden, effektiver und entschiedener aufzutreten. Dies kann zu einer Veränderung führen, die normalerweise von der gesamten Familie freudig begrüßt wird.

Indikationen und Kontraindikationen für eine Familientherapie sind nicht einhellig geregelt. Eine allgemein anerkannte Indikation besteht für Familien, in denen ein Kind Störsymptome aufweist oder eine psychosomatische Störung zeigt, die beim diagnostischen Interview, das mit der gesamten Familie bestritten werden kann, erkennen läßt, daß die Störung mit einer Spannung verknüpft sein kann, die von ehelichen Problemen der Eltern ihren Ausgang nimmt. Die Ehe als solche kann im familiären Kreise vor den Kindern ohne Schaden Gegenstand der Diskussion sein, obwohl sexuelle Dinge nur in separaten Sitzungen erörtert werden sollten. Ausgesprochen gestörte Familien mit paranoiden Zügen und schizoiden Familienmitgliedern werden in eine gemeinsame Behandlung hineingenommen, nicht jedoch Familien, in denen ein depressives oder schizophrenes schwererkranktes Mitglied behandelt werden soll.

Die familientherapeutischen Verfahren haben einen raschen Aufschwung erfahren. Dies kann in einem kurzen Lehrtext nicht näher erörtert werden. Weiterführende Literatur wird am Ende des Buches angegeben.

Verhaltenstherapie

Behandlungsmethoden, die von Verhaltenstherapeuten entwickelt wurden, werden in anderen Kapiteln dieses Buches dargestellt. Beispiele hierfür sind Token-Systeme zur Rehabilitation von Patienten mit Schizophrenie, Desensibilisierungsmaßnahmen und Expositionen bei Angstzuständen und zwanghaften Störungen; schließlich elektrische Summer bei Bettnässen.

Der gemeinsame Ansatz, der für eine Behandlung wichtig ist, besteht in der Konzentration auf eine klare Aufgliederung der Verhaltensschemata, die geändert werden müssen. Eine objektive Auswertung der Erfolge im Hinblick auf das Ziel, die Analyse der Ergebnisse im Vergleich mit der ursprünglichen Ausgangssituation sowie das Ausklammern von psychodynamischen Hypothesen, die sich für die Behandlung am Patienten als nicht notwendig erweisen würden, sollten erreicht werden. Eine Symptomsubstitution, wie sie von Psychiatern vorausgesetzt wurde, hat sich nicht als ein Problem bei der Therapie gezeigt, obwohl das Problem auftauchen kann, da zu Anfang die geeigneten Patienten ausgewählt werden. Das Fehlverhalten wird in Abstimmung mit dem Patienten besprochen und eine umfassende Kooperation mit dem Programm erwartet. Dem Patienten werden „Hausaufgaben" aufgegeben, die zwischen den einzelnen Sitzungen zu bewältigen sind.

Diese Philosophie ist ebenso pragmatisch wie wissenschaftlich ausgerichtet. Es kommt ein weites Feld von Techniken in Form des kontrollierten und evaluierten, aber fantasiereichen Gebrauchs von Interventionen des nüchternen Menschenverstands zum Tragen, nicht nur etwa Ideen aus der Experimentalpsychologie. Da neue Verhandlungsformen von ihren Innovatoren versucht und gleich von Anbeginn an evaluiert wurden, wurde jegliche Theorie beiseite gelassen. Das klassische Konditionieren als theoretische Basis für eine Reihe von Methoden wurde von einem operanten Konditionieren abgelöst, und mittlerweile wird der Lernprozeß dadurch beschleunigt, daß der Patient dahingehend trainiert wird, den Therapeuten, der das gewünschte Verhalten demonstriert, unmittelbar zu imitieren. Der Patient kann dann durch Lob oder anderweitige Formen der Belohnung dazu ermutigt werden, erfolgreich das gewünschte Verhalten nachzuahmen. Dieses Modellieren hat sich bei scheuen bzw. in ihren sozialen Kontakten unbeholfenen Patienten im Training als günstig erwiesen. Das Verhalten deckt ein weites Feld in dieser Hinsicht ab, so daß LAZARUS z. B. für einen ihm zur Verhaltenstherapie überwiesenen Patienten ein vielschichtiges Programm entwickelte. In die Behandlung werden Verhalten, Affekt, Empfindungen, Vorstellungskraft, Kognition sowie zwischenmenschliche Beziehungen, aber auch die Frage der Medikamente mit einbezogen. LAZARUS provoziert mit seiner Methode die orthodoxen Psychoanalytiker, wenn er seine Therapie mit der von ihm geschaffenen Gedächtnishilfe abgekürzt mit BASIC ID (= Behaviour, Affect, Sensation, Imagery, Cognition, Interpersonal relations and Drugs) bezeichnet.

Die Verhaltenstherapie hat sich in zunehmender Weise mit anderen psychotherapeutischen Formen überschnitten, da diese Methode die Wichtigkeit einer guten Beziehung mit dem Therapeuten betont, da sie ferner den Patienten in seinem sozialen Umfeld berücksichtigt, da sie hin und wieder in Gruppen und Familien tätig ist, und da sie schließlich Rollenspiele und andere im Rahmen der Gesprächstherapie liegende Methoden zu berücksichtigen pflegt. Soll die Verhaltenstherapie gut durchgeführt werden, so ist sie allerdings nicht weniger zeitaufwendig als eine kurze analytische Psychotherapie.

Eine verhaltensorientierte Ehetherapie wurde besonders von CROWE beschrieben. Dabei wird eine Verhaltensanalyse der ehelichen Interaktionen vorgenommen und mit den Partnern diskutiert. Üblicherweise hat die Verschlechterung in der Atmosphäre und Kommunikation dazu geführt, daß jeder der beiden Teilnehmer sich zu wenig positiven Äußerungen gegenüber dem anderen hinreißen läßt, daß im Gegenteil vielmehr die Begegnungen mit Sticheleien, Provokationen und Feindseligkeiten angefüllt sind. Die Partner werden dann aufgefordert, sich genau dahingehend zu äußern, welche Verhaltensformen man sich von der jeweiligen Gegenseite erwünscht. Es wird eine Art Vertrag geschlossen, der einen Austausch des gewünschten Verhaltens zwischen den beiden Partnern enthält. Dabei sollen vage Ausdrücke für ein besseres Verhalten nicht gebraucht werden. Vielmehr sollen spezifische Handlungsweisen, die natürlich oft auch sexuelle Wünsche einschließen, zum Ausdruck kommen. Das Paar praktiziert dann den geschlossenen Vertrag zu Hause, wobei Verhalten und Belohnung bis zur nächsten Sitzung aufgeschrieben werden. Dieses Prinzip eines „Geben, um etwas zu bekommen" klingt zwar sehr mechanisch, hat in Wirklichkeit jedoch einen großen praktischen Wert. Die Paare stürzen sich gleichsam mit großem Eifer in diese Vertragstherapie, wobei die Absicht, enttäuschende Verhaltensweisen zu vermeiden, eine Erlösung bedeutet.

Erste Ergebnisse einer vergleichenden Studie zeigen, daß es sich zumindest um eine ebenso effektive Therapie handelt wie die analytische Familientherapie, soweit sie sich auf eine Ehepaartherapie bezieht.

Hypnose

Die Technik der Hypnose kann sowohl in supportiver als auch bei gewissen Fällen im Verlauf einer aufdeckenden Psychotherapie zur Anwendung kommen. Darüber hinaus läßt sich die Hypnose in besonderer Anwendung einer dekonditionierenden und Lerntheorie bei der Behandlung von Phobien einsetzen. Es gibt eine große Anzahl von Techniken, die eine vollständige physische Relaxierung herbeiführen und dabei zu einer Hypnose unterschiedlichen Ausmaßes führen. Diese Techniken variieren außerordentlich stark, doch enthalten die wesentlichen Prinzipien all dieser verschiedenen Formen die gemeinsame Tatsache einer initialen Phase der Suggestion von Entspannung, Schläfrigkeit, Behaglichkeit und Wohlbefinden. Diesen Befindlichkeitsformen folgen dann spezifischere Suggestionen des jeweiligen besonderen Typs der hypnotischen Phänomene, den man erreichen will.

Die Erfahrung lehrt, daß möglichst Tests oder Aufforderungen zum jeweiligen Grad der Hypnose vermieden werden. Es sollte ein Zustand herbeigeführt werden, in welchem nichts versprochen oder suggeriert wird, das nicht in Wirklichkeit auch in der Macht des hypnotisierenden Arztes bzw. des Patienten liegt, die gemeinsam bei jeder einzelnen Sitzung ein bestimmtes Ziel verfolgen.

Prinzipielle Indikationen zur Anwendung der Hypnose

In der nachfolgenden Aufzählung werden nur die wesentlichsten Anwendungsmöglichkeiten der Hypnose in Medizin, Allgemeinchirurgie und insbesondere in der Psychiatrie aufgeführt.

a) Spannungszustände ohne Depression, jedoch mit Begleiterscheinungen von Angst oder allgemeine adrenerge Zustandsbilder (s. u.).

b) Zustände, bei denen hypochondrische Symptome eine große Rolle spielen, wobei auch hier wieder eine Depression als Hauptursache ausgeschlossen werden muß.

c) Allergische und andere autonome Effekte, die in Zusammenhang mit einer emotionalen Spannung stehen, aber spezifisch nachweisbar und objektivierbar sind, wie z. B. Asthmaanfälle, Migräne, Durchfall oder Erbrechen, wobei das Auftreten dieser Symptome zumindest in gewissem Grade den Auswirkungen äußerer Streßfaktoren eindeutig zugeschrieben werden kann.

d) Habituell gewordene hysterische Symptome, *bei denen nach sorgfältiger Untersuchung und angemessener Psychotherapie die psychodynamische Situation erhellt und gefördert werden konnte, aus der sie entstanden sind.*

e) Die verhaltenstherapeutische Technik einer Desensibilisierung gewinnt an Effizienz, wenn anstatt der Entspannung durch Hypnose die ursprüngliche Technik nach Wolpe zur Anwendung kommt. Die Wolpe-Technik führt zu einer direkten Aufforderung zur Entspannung, ohne daß dabei die machtvolle und zugleich beruhigende Erfahrung der subjektiven Verminderung einer Spannung, wie sie in der Hypnose vertärkt erlebt wird, auftritt. Der Vorteil einer allmählich zunehmenden Relaxierung, verbunden mit subjektiver Ruhe und Zutrauen, begleitet von einer mühelosen autonomen Kontrolle und einem nachfolgenden Wohlbefinden, wie es durch Hypnose erzeugt wird, besteht darin, daß nicht nur diese erwünschten Formen einer Entlastung und Erleichterung die Einleitung der Hypnose selbst reibungslos folgen lassen, sondern auch darin, daß ein solches Vorgehen bei jeder Art von Patienten durchgeführt werden kann, ohne daß es zu einer Verschlechterung oder gar Alarmreaktion bei diesen kommt, geschweige denn zu einer wie auch immer gearteten Verschlechterung des Zustandsbildes.

Schlußbemerkungen

Das vorwiegende Ziel der Behandlung besteht einfach in einer Reduktion der körperlichen Spannung, die zu einer steigenden Kontrolle der autonomen Funktion auf einem unbewußten Niveau führt. Was auch immer die besonderen Vorteile einer solchen Behandlung sein sollten, es wachsen durch die Kooperation zwischen Arzt und Patient Vertrauen, Moral und allgemeines Wohlbefinden. Schon bei der zweiten oder dritten Sitzung sollte es möglich sein, daß der Patient einen solchen Kontrollzustand innerhalb von fünf bis zehn Minuten erreicht und sich anschließend während des größten Teils der Sitzung darauf konzentrieren lernt, wie er in diesem Stadium die konstruktiven Suggestionen am besten nutzt.

Abgesehen von der ersten Sitzung, die eine Menge Zeit für Erläuterungen und Diskussionen um Verfahrensfragen erfordert, können die nächsten Sitzungen dann gewöhnlich auf eine halbe Stunde limitiert werden. Man kann ein oder zweimal pro Woche eine solche Sitzung je nach Übereinkunft abhalten, oder man kann sich in gewissen Fällen auch intensiv über einen Zeitraum von drei oder vier Tagen treffen. Diese Technik empfiehlt sich besonders auch zur Vorbereitung einer entspannten und vertrauensvollen Geburtseinleitung bei vorwiegend ängstlichen und empfindsamen Patientinnen. Hier sind sechs bis zwölf Sitzungen zu Anfang indiziert. Diesen folgen dann Erhaltungssitzungen jeweils in einem Abstand von ein bis zwei Wochen nach der Entbindung, um für eine gute Grundlage der Behandlung zu sorgen.

Sinn der Methode ist es, einen Gewinn der Hypnose einerseits mit einer vollständigen Erhaltung des Arzt-Patienten-Verhältnisses zu erreichen und andererseits mit einer sensiblen und ehrlichen Einschätzung der Möglichkeiten der Behandlung, frei von Magie oder Mystifizierung, vorzugehen.

In ihrer Anwendung als unterstützende oder symptomatische Form einer Psychotherapie kann die Hypnose eingefahrene hysterische Reaktionsweisen, aber auch konditionierte Antworten sowie Ängste und autonome Störbilder günstig beeinflussen, sofern nur die zugrundeliegende psychodynamische Basis dieser Symptome entdeckt, wirkungsvoll verstanden und vom Patienten in vorbereiteten psychotherapeutischen Gesprächen akzeptiert wurde. Allerdings soll Hypnose niemals dazu benutzt werden, Symptome zum Verschwinden zu bringen, deren psychodynamische Basis nicht zuvor exploriert wurde.

Abreaktion unter Einsatz physikalischer Methoden

Unter Abreaktion versteht man die explosionsartig schnelle Befreiung von Emotionen während einer psychotherapeutischen Sitzung. Dies kann dadurch geschehen, daß zuvor unterdrücktes Material plötzlich in Erinnerung gerufen wird, sei dies nun in normalen psychotherapeutischen Sitzungen, unter Hypnose oder unter besonderen Umständen, etwa durch den Einsatz physikalischer Methoden, wie bei der intravenösen Injektion von Lösungen aus Barbituratzubereitungen oder Diazepam (Valium). Der Einsatz anderer Stoffe wie etwa Äther oder ein Halluzinogen, das unmittelbar auf den Kortex wirkt, z. B. Cannabis indica oder Lysergsäurediäthylamid (LSD), ist nicht mehr gestattet.

Techniken, die der Abreaktion dienen, eignen sich besonders, wenn verborgenes Material noch vergleichsweise frisch und bündig vorhanden ist, wie etwa bei Kriegserfahrungen und Naturkatastrophen (Brände, Erdbeben, Lawinen) oder anderen Unfällen, in die der Patient verwickelt war. Häufig kann nach solchen Erfahrungen das Gedächtnis für das Ereignis selbst, das teilweise oder ganz aufgehoben war, in ein oder zwei Behandlungsstunden wiederhergestellt werden, wobei dann große Teile der unerträglich gewordenen Emotionen zurückkehren, ein Vorgang, der jedoch bei dieser Gelegenheit akzeptiert und voll in das Bewußtsein integriert wird.

Ähnlich wie bei den amnestischen Zuständen können auch frische und heftige Attacken akuter Ängstlichkeit häufig auf eine Behandlung dieser Art ansprechen. Es ist klar, daß die Auswahl geeigneter Fälle mit großer Sorgfalt betrieben werden muß und ganz davon abhängt, welche Fähigkeit der Patient besitzt, um mit dem freigesetzten Material in dieser geradezu heroischen Art umzugehen. Die Anwendung abreaktiver Techniken bei Patienten mit Randformen einer schizophrenen Krankheit z. B. kann sich äußerst verhängnisvoll auswirken.

Hier muß eingefügt werden, daß eine lebhafte Diskussion über den eigentlichen Grad vorherrscht, womit der emotionale Widerstand gegenüber solchen Methoden überwunden werden kann. Gewiß besteht in der klinischen Praxis, wo das Wohlbefinden des Patienten stets gegenüber irgendeiner und besonders gegenüber einer verkürzten Behandlungsmaßnahme Vorrang haben muß, wenig Veranlassung dazu zu vermuten, daß Patienten unter dem Einfluß von Medikamenten, Anästhetika oder auch unter Hypnose etwas enthüllen, was sie sich bewußt vornahmen, nicht ans Licht zu bringen, bevor die Behandlung begonnen wurde. Man kann allerdings auf Gedächtnisinhalte und Ideen stoßen und diese auch zum Ausdruck bringen, derer man zuvor bewußt nicht fähig war, und die die Patienten ohne fremde Hilfe nicht akzeptieren würden oder mit denen sie nicht konfrontiert werden wollten. Es gibt überhaupt keine Parallele zwischen der Anwendung von Methoden dieser Art in der Behandlung von kranken und gestörten Menschen und jenen naiven Mißverständnissen und ihrer praktischen Anwendung, wie dies etwa bei dem Wort „Wahrheitsdroge" zum Vorschein kommt, wenn es in diesem Zusammenhang gebraucht wird. Eine Information, die durch Zwang oder Vorwand gegen den Willen des Informanten erpreßt wurde, hat keinen Platz in der Medizin. Darüber hinaus ist es hinlänglich bekannt, daß eine solche Information in der Tat unzuverlässig ist, da sie von den Auswirkungen der Prozedur auf die Moral und das Urteil des Informanten gefärbt ist und unvermeidlich in die eine oder andere Richtung durch das Konzept, das der Inquisitor dem Betreffenden oktroyiert, beeinflußt wird.

Behandlungsplanung

Im Rahmen der allgemeinen Indikationen für die psychiatrische Behandlung sollten die drei ätiologischen Erwägungen, die eigentlich in Kap. 2 aufgeführt sind, auch hier entsprechend beachtet werden.

Hereditäre und konstitutionelle Faktoren

Diese Faktoren stellen die angeborene und am wenigsten dehnbare Komponente der Krankheit dar. Darüber hinaus sind sie aus der Sicht des Patienten am wenigsten erklärbar: „Warum sollte das gerade mir passieren?"

Die entsprechende Behandlung besteht in einem angemessenen „Bewußtmachen" und „Deutlichmachen" der Probleme des Patienten; ferner seine Akzeptierung als Person mit eigenem Anspruch. Hierauf gründet die eigentliche therapeutische Beziehung. Fehlt eine solche Begründung, so wird häufig jegliche weitere therapeutische Bemühung unterminiert.

Umgebungswechsel

Der physiologische und psychologische Austausch unter den Menschen und ihrer Umgebung spielt eine besonders bedeutende Rolle in der Entwicklung jeder psychiatrischen Krankheit. Folgende therapeutische Indikationen sind wichtig:

a) Eine Psychotherapie, die dazu bestimmt ist, die Beziehungen des Patienten zu seiner Umgebung zu verbessern, sowie seine Fähigkeit, sich mit seiner Umgebung zu verstehen und in ihr zurechtzukommen;

b) angemessene Regulierung durch körperliche und verhaltenstherapeutische Behandlungsformen, wobei Grad und Richtung durch die physikalische, verhaltensmäßige und psychologische Reaktion zur Entfaltung kommen. In diese Kategorie fallen Formen der symptomatischen Behandlung sowie die besonders beschriebenen physiologischen Behandlungsarten.

Persönliche Reaktion des Probanden

Wegen der Erfahrung von Krankheit aus der Sicht des Patienten und seiner individuellen psychodynamischen Antwort hierauf ist es wichtig zu wissen, ob es sich um einen leichten Angstzustand oder um ein schweres psychotisches Bild wie etwa eine Schizophrenie handelt. Hierauf muß bei der Psychotherapie geachtet werden, so daß das Vertrauen des Patienten schon gewonnen ist, bevor die eigentliche Behandlung beginnt.

In jedem Fall liegt es in der allgemeinen beruflichen Verantwortung des Arztes nach der Diagnosestellung darüber zu entscheiden, welche Behandlungsform er einschlagen kann oder soll; weiterhin, in welchem Stadium (wenn überhaupt) und aus welchem Grund (wenn ein solcher vorliegt) er den Patienten zur Überweisung an einen Spezialisten oder für eine stationäre Krankenhauseinweisung vorsehen sollte.

Jeder Arzt sollte eine angemessene Krankengeschichte erheben, objektiv, doch wohlwollend die vom Patienten geklagten Beschwerden und Äußerungen akzeptieren, sowie die Kombination einer angemessenen medizinischen Behandlung und supportiven Psychotherapie im Rahmen der Möglichkeiten beherrschen: Soweit es sich um Indikationen und Maßnahmen zu einer besonderen Psychotherapie oder zu besonderen somatischen Behandlungstechniken handelt, sind vernünftigerweise Entscheidungen in einer weiteren Instanz nötig. Die erste Diagnostik einer ernsthaften psychiatrischen Krankheit, die Einschätzung des Suizidrisikos und die für einen Notfall unmittelbar zu treffenden Maßnahmen liegen stets in der Verantwortung des Arztes, der den Fall als erster in Augenschein nimmt.

Obwohl in diesem Lehrtext somatische und psychologische Behandlungsmethoden separat beschrieben wurden, ergänzen sie sich in der klinischen Praxis in essentieller Weise. Obwohl es auch in gewissen Fällen möglich sein könnte, eine Besserung oder sogar eine völlige Wiederherstellung allein durch psychologische Methoden herbeizuführen, so ist es andererseits doch keineswegs vernünftig und auch nicht human, sich auf eine somatische Intervention allein zu verlassen, ohne auf die individuellen Belange, das Mitgefühl und das Verständnis bei der Behandlung eines Patienten abzustellen.

Schlußfolgerungen

Faßt man den oben beschriebenen Bereich der Psychotherapie zusammen, muß man an die eingangs gegebene Definition der Psychotherapie erinnern: eine Behandlungsmethode, die sich in ihren Auswirkungen auf die Kommunikation zwischen Patient und Arzt beschränkt und auf die Besserung der Symptome des Patienten ausgerichtet ist. Angesichts dieser konzisen Darlegung dürfte klar sein, daß der bei weitem wichtigste Faktor in der effektiven Besserung, Heilung oder auch Änderung der Befindlichkeit, im emotionalen „Aufprall" und in dieser realistischen Art von Kommunikation begründet liegt.

Ein kompetenter Arzt kann die tief im Innersten verwurzelten Probleme des Patienten erst im Laufe der Zeit erkennen, nachdem er sich in längeren Vorgesprächen über die Biographie des Patienten Einblick verschafft hat. Gelegentlich fordern Patienten, die den Zweck des Unternehmens erahnen, vom Arzt eine Erklärung in dem Glauben oder in der Hoffnung, er könne ihnen einen Schlüssel zur Heilung liefern. Doch kann unglücklicherweise in diesem Sinne niemand aus den Erfahrungen des Lebens eines anderen lernen, mögen die Analysen und Äußerungen des Experten auch noch so gut formuliert sein.

Wir pflegen unsere Gedanken- und Gefühlsmuster langsam und häufig nur schmerzhaft zu entwickeln, und die emotionalen Erfahrungen, die hier komplex eingeflossen sind, müssen eher wieder selbst an Leben gewinnen als von neuem erzählt werden, bevor wir von ihrem ausgeübten Einfluß befreit sind. Der Unterschied liegt in der intellektuellen Formulierung der Probleme und dem inneren Wandel der Persönlichkeit begründet, ein Wandel, der von den Ketten erlösen kann, in den die Probleme den Patienten gezwungen haben. Ob wir nun auf das Bindeglied abstellen, das der Arzt zwischen der einen und der anderen Übertragungssituation oder dem Arzt-Patienten-Verhältnis errichtet, wir haben es in Wirklichkeit stets mit einem emotionalen Band zu tun, das als Katalysator zwischen all den chaotischen Gefühlen und der Erfahrung des kranken Menschen einwirkt.

Auf seiten des Patienten entspringt, wie wir gesehen haben, vieles aus den Reservoirs verschütteter und vergessener Leidenschaften. Auf seiten des Arztes als dem anderen Partner ist von einer objektiven, jedoch absolut aufrichtigen und gezielten, wenn auch bescheidenen Hilfsbereitschaft auszugehen. Hinter beiden muß die denkbar größte Gabe, nämlich die Fähigkeit zu selbstloser Liebe stehen. Darüber hinaus bedeutet Psychotherapie bei aller Klugheit, Erfahrung und technischen Vollkommenheit, die auch mit einfließen sollte, grundsätzlich nichts anderes als die Ausnutzung kreativer Kräfte der Liebe gegenüber der Wiederherstellung des menschlichen Glücks und des Seelenfriedens.

In diesem Zusammenhang sollte schließlich noch ein letztes Detail aus der praktischen klinischen Medizin eingefügt werden. Es handelt sich kurz um folgendes: Der Arzt, der mit einem akut unglücklichen, gequälten und leidenden Menschen konfrontiert ist, darf es niemals an Akzeptanz, Mitgefühl oder Verstehen mangeln lassen; indes muß er sorgfältig abwägen, wie er diese Gefühle dem Patienten offenbart.

Auf die Schulter eines Depressiven, Schizophrenen oder anderweitig psychotischen Patienten die tröstende Hand zu legen, kann gewiß als ein Akt schlichter Freundlichkeit angesehen werden, ggf. auch begeisterte Kommunikation bedeuten. Das gleiche jedoch zu tun bei jemandem, der in neurotischer Ängstlichkeit verhaftet ist, besonders aber bei hysterischen Persönlichkeiten, kann unter Umständen nur noch größeres Mißverständnis und neues großes Leid schaffen.

Vereinfacht könnte man folgendes festhalten: Psychotische Patienten verhalten sich oftmals wie Kinder in einem Alptraum; neurotische Patienten hingegen gleichen eher verstörten und anklagenden Jugendlichen und erfordern insofern eine ganz andere Art von Aufmerksamkeit und nicht zuletzt Respekt.

19 Kinderpsychiatrie

Einleitung

Die traditionelle, aber nachhaltige Einteilung in Kinderpsychiatrie und allgemeine Psychiatrie wird (im Vereinigten Königreich) mehr und mehr verlassen. Die Hauptursachen einer Wiederannäherung gründen auf dem ansteigenden Interesse der Psychiater, die mit Erwachsenen arbeiten, aber auch auf die Details von Familieninteraktionen, die den Hintergrund der psychischen Störung des Kindes bilden. Wesentlich ist es, das Hauptaugenmerk auf gemeinsame Interviews und Sitzungen mit dem Patienten und seinen Angehörigen zu legen und dabei zu beobachten, welchen Einfluß sie aufeinander ausüben. Gleichzeitig ist es wichtig, endlich von der Vorstellung abzurücken, nur ein einziges Familienmitglied als gestört anzusehen. Vielmehr gilt es, eine gemeinsame Basis familientherapeutischer Techniken zu verfolgen, die so alt wie der Beruf der Kinderpsychiatrie selbst sind.

Ganz besonders wesentlich ist es demnach, die spezifische Qualität der Arbeit unvermeidlich mit dem kleinen Patienten als Mitglied der Familie zu betrachten. Niemals ist das Kind ganz isoliert: Sein Verhalten ist das eines Sohnes, der seinen Eltern Sorge bereitet. Seine Überaktivität mag das Problem sein, das seine Mutter bis zur Erschöpfung bringt. Sein Zurückbleiben in der Schule mag eine Enttäuschung für seinen akademisch gebildeten Vater sein, oder aber seine Geschwister leiden unter der übermäßigen Inanspruchnahme der Aufmerksamkeit beider Elternteile durch das kranke Kind. Seine Gefühle werden sich größtenteils um die Familie drehen. Die Persönlichkeit des Kindes ist bei weitem noch nicht ausgeformt. Trotzdem muß man sich anstrengen, das Kind zu verstehen und ihm in der Entwicklung seiner eigenen unabhängigen Persönlichkeitszüge zu helfen und das Kind nicht nur als ein Familienmitglied ansehen. Diese Problematik wird selbst in der Erwachsenenpsychiatrie noch weitgehend vernachlässigt, wo sich der reife Mensch in seinem eigenen Recht und in seinen Sorgen von der Umwelt doch nicht voll angenommen sieht und ihm als Individuum nicht die Hilfe zuteil wird, die er sich wünscht. Beim gestörten Kind ist der familiäre Zugang der einfachste und der weitaus angemessenere Weg zu klärender Diagnostik.

Eine weitere Besonderheit der kinderpsychiatrischen Arbeit ist die zusätzliche dynamische Dimension: das Kind als eine sich entwickelnde Persönlichkeit. Es bewegt sich in seiner zunehmend umfassender und komplexer werdenden Umwelt, paßt sich an und nimmt an ihr teil, so daß eine Prognose, die besagt, daß die Dinge so bleiben werden, wie sie sind, mit Sicherheit falsch wäre. Das vierjährige Kind verbringt den Tag zusammen mit seiner Mutter, spielt auf dem Fußboden vor dem Fernseher und kann, wenn es unsicher und ängstlich ist, mit schlechter Laune und Essensverweigerung reagieren. Wenn es sechs Jahre ist und zur Schule geht, kann es unter Umständen seine Angst dadurch ausdrücken, daß es nicht zur Schule gehen will und sich eng an die Mutter klammert.

Die eigentliche Hauptschwierigkeit der Kinderpsychiatrie liegt natürlich darin, daß der kleine Patient weit weniger als der Erwachsene sich artikulieren und dem Arzt gegenüber seine Gefühle ausdrücken kann. So ist der Arzt verpflichtet, seine Informationen von anderen zu erhalten, um durch scharfe Beobachtung Rückschlüsse auf das psychische Zustandsbild des Kindes zu ziehen und zusammen mit dem Kind geduldig zu versuchen, eine Vertrauensbasis herzustellen und so eine Kommunikation zu ermöglichen. Auch wird der Arzt versuchen, durch zusätzliche Techniken der Welt des Kindes näherzukommen, bei den Drei- oder Vierjährigen durch Spielzeug, bei älteren Kindern mit der Aufforderung, etwas zu malen, während sich die Beziehung bei den größeren, heranwachsenden Kindern ähnlich wie in einem Erwachsenengespräch herstellen läßt.

Kinderpsychiatrische Einrichtungen

Psychiater und entsprechende Kliniken, die sich auf die Behandlung von Kindern spezialisiert haben, gibt es seit etwa 50 Jahren. Sie sind in England aus besonderen Kindererziehungseinrichtungen entstanden, die von den Schulbehörden aufgebaut wurden und dazu tendierten, sich hauptsächlich auf Informationen seitens der Schule zu stützen, z.B. Verhaltensstörungen im Klassenzimmer oder erzieherische Schwierigkeiten. Man ließ sich beraten, wie man mit dem Kind in der Schule umgehen und ob man es in einer besonderen Einrichtung unterbringen solle, oder welcher Behandlung man das Kind am besten zuführen sollte. Der Arbeitsstil entwickelte sich dergestalt, daß ein Sozialarbeiter in der Familie entsprechende Hintergrundinformationen sammelte und ein pädagogisch geschulter Psychologe einschlägige Tests durchführte, die besonders auf die intellektuelle Entwicklung abzielten. Schulberichte wurden angefordert, und der Psychiater interviewte sowohl Kind wie auch Eltern. Die eigentliche Behandlung des Kindes lag normalerweise in den Händen des Psychiaters, während der Sozialarbeiter gewöhnlich die entsprechende Vorgeschichte bei der Mutter oder den Eltern in Erfahrung brachte, um den familiären Anteil an der Genese der Störung des Kindes zu eruieren und für die Behandlung entsprechend zu berücksichtigen.

Ambulanzen für Kinderpsychiatrie stehen heute in England als Teil einer normalen Krankenhauseinrichtung zur Verfügung und nehmen mehr und mehr Überweisungen von Hausärzten und klinisch tätigen Pädiatern entgegen. Diese Ambulanzen sind meist allgemein psychiatrisch ausgerichtet, bieten jedoch auch zusätzlich Therapieprogramme an, die allmählich entwickelt wurden. Eine stationäre Aufnahme ist nur selten erforderlich. Jüngere gestörte Kinder können, falls erforderlich, in normalen Kinderkrankenstationen untergebracht werden. Diese Einrichtungen erwiesen sich jedoch als unzulänglich, so daß die eigentlichen Neuentwicklungen, die schon lange dringend benötigt wurden, die Tageskliniken darstellen, wo verhaltensgestörte Kinder zusammen mit ihren Müttern, aber auch Heranwachsende zwischen 13 und 16 Jahren Aufnahme finden können.

Die Unterbringungsstätten für Kinder, die von den Sozialämtern zur Verfügung gestellt werden, kümmern sich ebenfalls um psychisch gestörte Kinder in ihrem Einzugsbereich. Ihr Personal bedarf des besonderen psychiatrischen Rates.

Die Politik des Gesundheitsministeriums und der Sozialämter zielt (im Vereinigten Königreich) auf ein einheitliches zusammenhängendes Netz kinderpsychiatrischer Dienste, die sich weniger als bisher auf stationäre Einrichtungen stützen, sondern verstärkt die Sozialarbeit in der Familie, der Schule und den Gesundheitszentren berücksichtigen. Beratungsfunktion und Ausbildung des Personals wird zumindest ebenso wichtig sein wie die klinische Behandlung, die dem kleinen Patienten unmittelbar zugute kommen soll. Eine schwierige Aufgabe ist es zu entscheiden, in welchem Verhältnis die Gemeindearbeit zur Tätigkeit traditioneller Kliniken stehen soll.

Normale und abnorme Entwicklung

Ein synoptischer, wenn auch kurzer Überblick über die normale Entwicklung des Menschen wurde bereits in Kap. 3 gegeben, unter besonderer Betonung des frühen Mutter-Kind-Verhältnisses. Eine knappe Darstellung der normalen psychosexuellen Entwicklung wurde darüber hinaus in Kap. 12 aufgezeigt.

Die Entwicklung eines normalen Kindes beruht einerseits auf dem Ergebnis der Interaktion zwischen der genetischen Vererbung des Individuums, wie sie durch unzählige frühere oder spätere Faktoren bestimmt wird, und andererseits auf Umweltfaktoren, seien diese nun physischer, psychologischer oder sozialer Natur. Ätiologische Faktoren einer psychiatrischen Erkrankung gliedern sich dementsprechend in diese anteiligen Faktoren.

Genetische Faktoren

Einige Krankheitsbilder sind in besonderer Weise durch genetische Abnormitäten bestimmt, z.B. das Down-Syndrom (=Mongolismus) (s. Kap. 15).

Geschlechtsspezifisch bestimmend wirkt die Anzahl der X- und Y-Chromosomen, und abgesehen von physischen Abweichungen lassen sich unterschiedliche Persönlichkeitsstrukturen eruieren, die sich schon in frühester Kindheit herausstellen, noch bevor das soziale Umfeld beeinflussend wirkt und bevor solche Kinder überhaupt eine Vorstellung davon haben, ob sie ein Junge oder ein Mädchen sind. Vor allem sind Jungen von Anfang an weit aktiver und werden zunehmend aggressiver. Sie neigen mehr zu launischem Gebaren und Verhaltensstörungen. In späteren Entwicklungsphasen findet, soweit es sich um die Form der sozialen Rolle der Jungen handelt, eine Interaktion genetischer und umweltbedingter Faktoren statt, bei der die Jungen mehr benachteiligt sind als die Mädchen. Auch in genetischer Hinsicht zeigt sich bei den Jungen die Tendenz, daß eine ganze Reihe biologischer Phänomene extrem überrepräsentiert ist, z.B. die höhere fötale und kindliche Sterblichkeit der Jungen, das gehäuftere Vorkommen schwer geistiger Behinderung, aber auch das vermehrte Auftreten hoher Intelligenz.

Generell läßt sich sagen, daß viele andere Faktoren mit Sicherheit durch Vererbung bedingt sind, zweifelsohne noch weit mehr als sich dies gegenwärtig beweisen läßt. Daß Unterschiede der Persönlichkeit bereits zum Zeitpunkt der Geburt bestimmt sind und sich entsprechend weiterentwikkeln, wird all jenen Eltern bekannt sein, die mehr als ein Kind haben. Dennoch spielen Umweltfaktoren eine wesentliche Rolle und dürfen nicht vernachlässigt werden: Das Kind wird durch die Augen der Mutter gesehen, deren Erwartungen nach jeder Geburt unterschiedlich sind. Die Mutter selbst wird älter, ihr Leben ändert sich, ihre Ehe bleibt nicht dieselbe, sie hat unterschiedliche Gefühle gegenüber ihren Söhnen und Töchtern, aber auch gegenüber ihren erst- und zweitgeborenen Kindern. Alle diese Gefühle spiegeln sich in der Beziehung zum Kind wider, sie bestimmen den Weg, wie die Mutter auf das frühe Verhalten des Kindes reagiert. Ihre Reaktion wiederum färbt auf die Verhaltensentwicklung des Kleinkindes ab, so daß ein langer Lernprozeß beginnt, wie man gegenseitig aufeinander reagiert.

Der wesentliche Plan der Entwicklung wird durch die Natur selbst bestimmt. Dieses Programm ist in Genen kodiert und entfaltet sich durch vorherbestimmte Stadien, deren Sequenz sich durch das Umfeld kaum verändern läßt. Das Maß einer solchen Entwicklung kann durch ungünstige Einflüsse verlangsamt werden. Sind diese beseitigt, kann sich die Entwicklung beschleunigen, doch kann sie nicht über bestimmte Grenzen hinausgehen. Natürlich kann der zeitliche Ablauf vor oder hinter dem normalen Entwicklungsplan liegen. Intellektuelle, emotionale und physische Entwicklung verlaufen nicht unbedingt parallel zur allgemeinen Entwicklung, so daß z.B. eine intellektuelle Behinderung genetischer Ursache, die immer mit einem emotionalen Handicap größeren oder kleineren Ausmaßes verbunden ist, von einer physisch normalen Entwicklung begleitet sein kann, obwohl man auch hier häufiger Teilretardierungen sieht.

Der Zeitpunkt des Einsetzens der Pubertät hat auch bei normal gedeihenden Kindern ein breites Spektrum von über vier Jahren.

Die ungehinderte Ausbildung der Persönlichkeit geht in unterschiedlichen Schritten voran, sozusagen in Wellenbewegungen, teilweise mit Gewalt nach vorne brechend, teilweise mit Verzögerung, dennoch insgesamt mit einer Bewegung nach vorne, ähnlich den anflutenden Wellen an einem unebenen Strand.

Physische Faktoren

Ein Fötus kann bereits während der Schwangerschaft geschädigt werden, z. B. durch Thalidomid, Röteln oder andere Viren, durch Syphilis und weitere, uns bis heute noch nicht näher bekannte Erreger. Das Neugeborene kann in biochemischer Hinsicht auch durch den Zustand der Mutter zur Zeit der Geburt beeinträchtigt werden, so spielen Hypoglykämie im Falle eines Diabetes eine Rolle, Heroinentzug, falls die Mutter von dieser Droge abhängig war, sowie Medikamente, die während der Schwangerschaft verabreicht wurden.

Eine ganze Reihe von Hirnschäden, die durch die Geburt verursacht werden, sind bereits gründlich erforscht worden. Weniger starke Beeinträchtigungen, wie z. B. eine leichte Störung der Koordination, werden häufig als Unbeholfenheit verkannt und in den normalen Bereich abgedrängt. Es ist sehr wahrscheinlich, daß bereits geringfügige Geburtstraumen eine, wenn auch nur geringe Wirkung auf das Gehirn ausüben und die Persönlichkeitsentwicklung beeinträchtigen. Dies geschieht häufiger, als es diagnostiziert wird. Andere Faktoren, die die zerebrale Entwicklung beeinträchtigen und daher wichtig für die ätiologische Betrachtungsweise der geistigen Behinderung erscheinen, sind in Kap. 15 dargestellt.

Jede ernste körperliche Krankheit in der Kindheit kann die emotionale und die intellektuelle Entwicklung beeinträchtigen. Gleichzeitig spielen aber auch – durch Kombination eines globalen Effektes – psychologische und soziale Faktoren einer längeren Krankheit mit ihren Beschwerden und ihrer Behinderung, ferner die Trennung von den Eltern und eine Vernachlässigung der Erziehung und der Erfahrungswelt des Kindes eine maßgebliche Rolle.

Persönliche und zwischenmenschliche Faktoren

Eine Trennung von den Eltern, wie sie im Kap. 3 erörtert wurde, ist sicher nicht der einzig ausschlaggebende Grund für länger andauernde Störungen, wenn auch eine kürzer oder länger anhaltende Verstimmung auftreten kann. Wahrscheinlich führen mangelnde harmonische Beziehungen in der Familie, die zu einer Trennung führen, zu weitaus größeren Auswirkungen.

Unglückliche Beziehungen zwischen den beiden Elternteilen und der Mangel an Zuwendung zum Kind müssen im Zusammenhang gesehen werden mit antisozialen Störungen, wie sie sich in der späteren Persönlichkeitsentwicklung des Kindes niederschlagen; dies kann in vielfältiger Weise geschehen. Mangelte es in einem wichtigen Entwicklungszeitraum an natürlichen Bindungen, wird häufig die Fähigkeit, später freundschaftliche Beziehungen aufzubauen, erheblich behindert. Die Entwicklung des Kindes kann auch als Art einer Konditionierung verstanden werden. Das Kind erhält Zeichen des Mißfallens für ein herzliches Verhalten gegenüber den Eltern und empfängt andererseits Beifall für einen etwaigen Liebesentzug. Umgekehrt kann es auch vorkommen, daß das Kind dem Ideal der Eltern folgt.

Bei normaler Entwicklung entfalten sich die angeborenen Fähigkeiten des Kindes in einer Umgebung, die die positive Auseinandersetzung mit Menschen und Objekten fördert, bzw. dazu anregt, die allmählich zutage tretende Neugier des Kindes zu stimulieren und andererseits seine schon embryonal angelegten emotionalen Reaktionen nicht zu verletzen. Die Hilflosigkeit und Verletzbarkeit des Kindes erfordern eine gesicherte Atmosphäre der Zuwendung, der Akzeptanz und der Harmonie. Eine Reihe seiner Handlungen erfordert natürlich Überprüfung und verdient gelegentlich Kritik, doch müssen sich diese Äußerungen gegen die unzähligen anderen Gelegenheiten abheben, in denen das Kind mit seinen Eltern in einem laufenden Wechselspiel steht und ihm dazu verholfen wird, einen gesunden Maßstab für seine Persönlichkeit zu finden, in dessen Rahmen es sich geschützt und geliebt fühlt.

Eine übermäßige „Bemutterung“ kann den Drang, Dinge zu erforschen und Risiken auf sich zu nehmen, behindern, so daß solche Kinder auch als Erwachsene dazu tendieren, verschüchtert und ängstlich zu reagieren. Da der von Natur aus dem Menschen innewohnende Wunsch, die Unabhängigkeit zu erproben, vereitelt wird, ist das Kind frustriert; auf diese Weise wird der Grundstock für Aggression und Feindseligkeit im Kind-Eltern-Verhältnis gelegt. Die Ängstlichkeit der Mutter gegenüber der Umwelt überträgt sich leicht auf das Kind, so daß sich ein fruchtbarer Boden für Phobien, aber auch für körperliche Krankheiten ausbilden kann. Solche Dinge können unbewußt von der Mutter in Szene gesetzt werden, indem sie mit heimlichen Motiven das Kind zu Hause bindet.

Inkonsequente Erziehung der Eltern oder anderer Personen, die mit der Erziehung beauftragt sind, führt ebenso zur Ängstlichkeit und zur Unfähigkeit, soziales Verhalten zu erlernen. Das Kind kann versuchen, jeder Schwierigkeit aus dem Weg zu gehen. Ermutigt der Vater das Kind, auf Bäume zu klettern, während die Mutter das Kind mehr beschützt und nur seinen Fleiß beim Lernen lobt, während sie gleichzeitig seine körperliche Aktivität verunglimpft, dann stellt sich unweigerlich die Frage, wie soll sich das Kind verhalten, wenn beide Elternteile zusammen sind und sich auf keine gemeinsame Marschroute einigen können.

Grundzüge der klinischen Untersuchung

Zur Krankengeschichte

Die Vorgeschichte zum Problemkomplex des Kindes wird hauptsächlich von den begleitenden Eltern erhoben. Die Beobachtungen erfassen nicht nur die Ängstlichkeit der Eltern und ihr Verhalten gegenüber dem Kind, sie reflektieren auch ihre Erwartungen seiner Entwicklung, ihre Hoffnungen seit der Geburt des Kindes, ihr Vergleich mit seinen Geschwistern und schließlich auch ihre Erläuterungen zur eigenen Kindheit. Da die Persönlichkeit der Eltern in ihrer Kindheit teilweise von *deren* Eltern geformt wurde, kann ein Hinweis auf diesen Personenkreis, also die Großeltern des Kindes, sehr aufschlußreich sein, um die Atmosphäre in der Familie des Kindes zu verstehen. Differenzen zwischen den Eltern, auch unter Umständen eines Großelternteiles, der zu Hause lebt und an der Erziehung des Kindes mitwirkt, all dies kann Gegenstand der Erörterung werden, wenn Eltern die Unterstützung des Arztes suchen.

Der Erstbefund des gegenwärtigen Beschwerdebildes sollte in genauem Wortlaut festgehalten werden, denn eine solche Information kann, so versteckt und gedrängt sie auch vorgetragen sein sollte, viel relevantes Material enthalten. Es bestehen deutliche Unterschiede zwischen den Ausdrükken „er scheint so nervös zu sein“, und „er scheint viel nervöser als sein Bruder zu sein“; ferner „er scheint so nervös zu sein, und das macht mich ganz fertig“; „mein Mann sagt, daß Kind sei so nervös“; und „der andere Arzt glaubt nicht, daß das Kind nervös sei“. Weitere Fragen können gestellt werden, um die Implikation des Erstbefundes zu ergründen und nach unerwähnten Problemen zu forschen. Systematisch kann man nach Fütterungsschwierigkeiten, Defäkationsverhalten, dem körperlichen Gesundheitszustand während der einzelnen Entwicklungsjahre, der Abhängigkeit von den Eltern, einem etwaigen antisozialen Verhalten und dem Verhalten gegenüber den Geschwistern fragen.

Die Familienanamnese zu Fragen psychischer Störungen wird ebenso exploriert wie entsprechende Themen und Persönlichkeitsvarianten in der Familie. Detaillierte Berichte über die Entwicklung der übrigen Geschwisterkinder können Klarheit über das in der Sprechstunde vorgetragene Problem bringen.

Eine vollständige Vorgeschichte umfaßt insbesondere die körperliche und seelische Gesundheit der Mutter während der Schwangerschaft. Dieser Komplex sollte als Vorgeschichte der Geburt des Patienten vorangestellt werden. Weiterhin sollte man die frühkindliche Entwicklung und die Jahre, auf denen die Meilensteine für die weitere Reifung basieren, explorieren. Trennungen und andere familiäre Störungen sind ebenso wichtig wie Krankheiten und sonstige Vorgänge, die die Eltern als wichtig in der Entwicklung des Kindes schildern. So kristallisiert sich ein Persönlichkeitsbild des Kindes mit seinen individuellen Interessen und Reaktionsmustern auf Streß heraus.

Nach dem fünften Lebensjahr können Berichte aus der Schule von Interesse sein, die einen Gesichtspunkt von außerhalb der Familie vermitteln, insbesondere wie sich das Kind gegenüber anderen Kindern im Spiel und im Unterricht, in der Umgebung von Gleichaltrigen und unter disziplinären Anforderungen verhält.

Untersuchungstechnik

Das Kind sollte ohne einen Elternteil ins Untersuchungszimmer gebracht werden, damit ihm nicht unnütze Gelegenheit gegeben wird, ein Sich-Anklammern oder eine Untrennbarkeit zu demonstrieren. Das läßt sich leichter erreichen, wenn die Klinik bzw. das Wartezimmer nicht zu formal und streng gestaltet sind, sondern Kinder sich dort erwartet fühlen, etwa mit Spielzeug oder einschlägigen Comic-Heftchen. Bei der ersten Kontaktierung mit dem Kinde sollte sich der Arzt ruhig und freundlich verhalten und erklären, was er vorhat. Dann läßt sich das Kind nahezu immer an die Hand nehmen und ins Untersuchungszimmer führen.

Nach dem sechsten Lebensjahr kann die Untersuchung schon so gestaltet werden, daß die Ausdrücke für das Kind verständlich sind und der Arzt klar macht, daß es auch andere Kinder mit ähnlichen Beschwerden gibt, die er gern ärztlich behandeln möchte. Durch Mißverständnisse kann Angst beim Besuch des Arztes ausgelöst werden, etwa bei der Vorstellung von schmerzhaften Injektionen oder der Warnung, daß der Arzt nach der Konsultation entsprechende Maßregeln der Bestrafung für ein ungezogenes Verhalten den Eltern mit auf den Weg geben könnte.

Die Exploration kann mit Fragen nach Namen und Alter beginnen, man kann sich nach möglichen Interessen und Schulproblemen erkundigen. Alle Fragen sollten so einfach wie möglich gestellt werden, um Mißverständnisse zu vermeiden. Nähert man sich stufenweise, und wenn nötig indirekt, angsterzeugenden Themen, so werden Kinder in solchen Situationen schon normalerweise selbst beginnen, über ihr Leben zu sprechen und ihre Gefühle zu äußern, obwohl sie natürlich dann nicht in der Erwachsenensprache über „Depression“, „Eifersucht“ usw. reden werden.

Ein stilles und verschlossenes Kind spricht manchmal viel leichter, wenn es mit einfachen Spielsachen, z. B. Bauernhäusern und Modellen von Familienfiguren oder einfach mit einer Sandkiste konfrontiert ist. Hoffnungen und Phantasien können verständlich werden, wenn man den kleinen Patienten seine drei heimlichen Wünsche erzählen läßt, ihn aber auch nach imaginären Freunden fragt oder indem man das Kind dazu bewegt, kleine Geschichten zu erzählen oder Bilder zu malen.

Eine körperliche Untersuchung wird oft angezeigt sein und kann zu weiteren relevanten Ergebnissen führen. Psychologische Untersuchungen schließen einen standardisierten Intelligenztest ein, wobei man bei älteren Kindern und Heranwachsenden altersentsprechende Testverfahren anwendet, bei kleineren Kindern wird man sich damit begnügen können, die Geschicklichkeit und Komplexität ihrer Zeichnungen zu beurteilen.

Beurteilung und Diagnose

Die Abwägung aller Informationen führt schließlich zu einer Beurteilung der Fähigkeiten und der Persönlichkeit des Kindes. Man sollte bestrebt sein, das gegenwärtige Problem zu analysieren und festzustellen, inwieweit es von einem normalen Phänomen abweicht, inwieweit es sich um eine körperliche Krankheit handelt, ob das Syndrom einem Intelligenzmangel zuzuschreiben ist oder ob sich das Zustandsbild schlicht als Reaktion auf eine Streßsituation verstehen läßt.

Es sollten alle Anstrengungen unternommen werden, nicht nur zu verstehen, was mit dem Kind nicht stimmt, sondern auch, warum es gerade jetzt zur Untersuchung gebracht wurde. Handelt es sich dabei um ein bedeutungsloses körperliches Phänomen? Ist es ein Appell nach Hilfe und falls ja, wem soll geholfen werden? Handelt es sich quasi um eine Eintrittskarte in das Sprechzimmer des Arztes? Hat dieses besondere Symptom eine besondere Bedeutung in dieser Familie? Ist der Besuch beim Arzt Ausdruck für eine ausweglose Situation zu Hause, wo im Familienleben keinerlei direkte Kommunikation mehr möglich ist?

Klassifikation kinderpsychiatrischer Zustandsbilder

In der Kinderpsychiatrie war es immer schon schwierig, eine Systematik aufzustellen, da es nur wenige Zustandsbilder gibt, die als Krankheiten imponieren. Die meisten der kleinen Patienten, die Symptome von Verhaltensstörungen zeigen, verlangen eine äußerst komplexe Analyse, die die familiären Interaktionen und den Streß, der auf das Kind einwirkt, einbeziehen müssen. Eine umfassende Beschreibung eines Krankheitsbildes gründet auf den zusammenfassenden Befunderhebungen in verschiedenen Ebenen, sozusagen als „multiaxiale Klassifikation", wie sie von der WHO empfohlen wurde. Diese Klassifikation gliedert sich in vier Bereiche:

1. Das klinisch-psychiatrische Syndrom, einschließlich der Störungen der Entwicklung, des Verhaltens der Persönlichkeit, unter Einbeziehung neurotischer, psychotischer und psychosomatischer Störungen sowie der Situation bei geistiger Behinderung als einzig signifikanter Auffälligkeit.
2. Die Dimension der Intelligenz.
3. Befunde der wesentlichen körperlichen Störungen.

4. Eine Aussage über die wesentlichen psychosozialen Faktoren, wie z. B. familiäre Probleme sowie Über- und Unterstimulation von elterlicher Seite aus; ferner Deprivation in sozialer oder materieller Hinsicht, aber auch Befunderhebungen bei Kindern, die in strenger Isolation von der Außenwelt aufgezogen werden.

Häufigkeitsverteilungen

Hier stehen Zahlenwerte durch ausführliche Untersuchungen von RUTTER und Mitarbeitern zur Verfügung, die die gesamte Population der zehnjährigen Kinder auf der Insel Wight überprüften, indem sie Informationen von Hausärzten, Lehrern und den Kindern selbst einholten.

Hierbei wurde eine intellektuelle und erzieherische Retardierung erheblichen Ausmaßes bei insgesamt 8% der Population gefunden. Dabei ergab sich jedoch eine beträchtliche Überschneidung der Kategorien mit einfacher geistiger Behinderung von 2,5%, auffällig war ferner eine Gruppe mit spezifischer Retardierung des Lesevermögens in Höhe von 4% und schließlich eine Gruppe von 6%, die einen generellen Rückstand im Lesevermögen zeigten. Geistige Behinderung fand sich zu gleichen Teilen bei beiden Geschlechtern, doch tauchte die spezifische Leseschwierigkeit bei Jungen weit häufiger auf.

Psychische Störungen eines solchen Ausmaßes, daß sie ein soziales Handicap verursachten, fanden sich bei 7%. Emotionale Störungen traten annähernd zu gleichen Teilen bei Mädchen und Jungen auf, während sich ein schlechtes Benehmen häufiger bei Jungen fand. Körperliche Krankheiten wurden ebenfalls untersucht. Hier stellte sich heraus, daß 5% unter chronischen Störungen litten; unter den häufigsten Krankheitsbildern dominierten Asthma mit insgesamt 2,3%, Epilepsie zu 0,9% und schließlich eine Gruppe zerebraler Lähmungen und anderer Hirnschäden mit 0,5%.

Insgesamt gesehen – und unter Berücksichtigung der Überschneidungen einiger Gruppen, die doppelt oder mehrfach behindert erschienen – ergab sich, daß jedes sechste Kind der untersuchten, sozial gemischten Bevölkerungsstruktur an irgendeiner Art chronischer oder gehäuft auftretender Behinderung litt. In einem Armenviertel Londons war der Prozentsatz der Kinder mit psychischen Störungen doppelt so hoch, hauptsächlich bedingt durch ungünstige Familienverhältnisse, psychisch kranke oder kriminelle Eltern, schiere Armut oder schlechte Schulverhältnisse.

Bei Jugendlichen im Alter von 14 Jahren wiesen 8% offensichtliche psychische Störungen auf, während viele andere, besonders emotional gestörte Mädchen, die offiziell in der Gesundheitsstatistik und in den psychiatrischen Diensten nicht erfaßt sind, unerkannt blieben, so daß der gesamte Prozentsatz auffälliger Jugendlicher mit psychischen Störungen auf 21% zu beziffern ist, ein Prozentsatz, dessen Vergleichszahl weit höher als bei Kindern liegt.

Allgemeine Retardierung

Allgemeine Retardierung beruht gewöhnlich auf einer verzögerten Reifung des Kindes, das geistig behindert ist und eine rückständige Entwicklung in allen Bereichen aufweist. Das Zustandsbild ist in Kap. 15 näher beschrieben.

Erziehungsschwierigkeiten

Erzieherische Probleme ergeben sich oft infolge einer unerkannten geistigen Behinderung. Wird eine solche erkannt, wird das Kind meist in eine besondere Klasse oder Schule versetzt, die durch spezielle Fachkräfte und Methoden eine bessere Ausbildung gewährleisten kann.

Emotionale Probleme und psychische Unausgeglichenheit im Reifungsprozeß können auch durch erzieherische Schwierigkeiten bedingt sein, etwa wenn das Kind für die adäquate Erziehung des betreffenden Altersjahrgangs noch zu unreif oder durch Überängstlichkeit bzw. infolge von Verhaltensproblemen benachteiligt ist. Die Konzentration ist dann verringert, bzw. die psychomotorische Unruhe des Kindes behindert das normale schulische Fortkommen, so daß es insgesamt in erzieherischer Hinsicht zurückfällt. Ein genaues Erkennen kann zu einem adäquaten Ratschlag für die Eltern, zu einer Hilfe und Beruhigung des Kindes führen, schließlich zur erzieherischen Konsolidierung, unter Umständen mit Hilfe spezieller heilgymnastischer Methoden oder der Einschulung in Sonderschulklassen.

Verhaltensstörungen in der Entwicklung

Ernährungsschwierigkeiten

Die größte Verantwortung der Mutter ihrem Neugeborenen gegenüber besteht in der Aufgabe, es zu füttern. Kommt sie dieser Verpflichtung nicht in der richtigen Weise nach, so kann das Kind sterben. Sauberkeit und Reinhaltung sind dagegen ein weniger wichtiges Problem, wird doch der Säugling normalerweise von selbst abführen. Erstrangig muß die Mutter ihr Kind am Leben erhalten. Weit mehr als die normale Nahrungszufuhr stellt die Fütterung einen Akt zärtlicher Zuwendung und Liebe dar. Das Fütterungsverhalten läßt sich leicht stören, wenn das Verhältnis zwischen Mutter und Kind in einer Entwicklungsstufe gestört und gespannt ist.

Im ersten Lebensjahr kann der Kampf mit den Zeitplänen und der ausreichenden Nahrungsmenge den Säugling dazu bringen, die Nahrung zu verweigern oder gar zu erbrechen. Allmählich setzen sich Gewohnheiten fest: Das Kind ißt zu langsam, was die Mutter zunächst ängstlich registriert und schließlich mit Frustration oder gar Wutanfällen quittiert, während sich von seiten des Kindes ein Widerstand gegen die Mutter herausbildet, den man als Zeichen des Protestes werten kann und dem die Mutter nichts entgegenzusetzen hat. Auf diese Weise oder, wenn die Mutter eine geschäftige, überbeschützende Haltung gegenüber dem Kind einnimmt, können sich Eßlaunen entwickeln. Die Verweigerung einer neuen Nahrung stellt einen Hinweis auf den Willen zur Unabhängigkeit des Kindes dar, der eine nervöse Reaktion auf seiten der Mutter folgt, wenn ein solcher Vorfall nochmals auftritt. Dann beginnt die Mutter, das Kind als launenhaft und nervös anzusehen. Das Kind verspürt keinerlei Anreiz, die eingeübte Rolle aufzugeben, so daß letztlich das Verhaltensmuster persistiert. Alle möglichen Besonderheiten in bezug auf die Nahrungsaufnahme können sich auf diese Weise entwickeln, z. B. Erbrechen, Unterernährung und Überernährung. Das Pica-Syndrom, also das Essen von Schmutz, fällt unter diese Besonderheiten. Doch persistiert das Pica-Syndrom bis jenseits des dritten Lebensjahres, ist dies als ein Zeichen ernster Krankheit anzusehen, das man besonders bei schwerer geistiger Behinderung findet.

Übelkeit und Erbrechen können auch ein Zeichen von Angst oder Depression sein, da die autonomen Störungen der gastrischen Funktionen mit diesen Emotionen durch einen indirekten Mechanismus verbunden sind: Das Kind kann jederzeit unter Streß geraten und Zeichen der Krankheit zeigen. Überernährung kann auftreten, da die Assoziation der Nahrungsaufnahme mit Genuß und Befriedigung gekoppelt ist, so daß schließlich die Folge einer prolongierten exzessiven Nahrungsaufnahme, um eine depressive Verstimmung zu lindern, ein übergewichtiges Kind ist. Gehäuftes Vorkommen von Fettleibigkeit in der Familie kann durch Veranlagung bedingt sein oder aufgrund eines übermäßigen Eßverhaltens bei allen Familienmitgliedern. Dieses Verhalten läßt sich besonders bei Hausfrauen beobachten, die es für ihre Verpflichtung halten, allen Familienmitgliedern „bloß genug zu essen zu geben“. Endokrine Ursachen der Fettleibigkeit müssen natürlich vorher ausgeschlossen werden.

Schlafstörungen

Häufig sich wiederholende Kämpfe über das Zu-Bett-Gehen oder das angsterfüllte Erwachen und der Ruf nach den Eltern in der Nacht seien nur als einige Beispiele für das Verhältnis „kindlicher Schlaf und Kind-Eltern-Beziehung“ genannt, wobei Angst und Frustrationselemente eskalieren können. Die Unsicherheit des Kindes kann Ausdruck einer Disharmonie zwischen den Eltern sein, oder der eigentliche Grund, warum das Kind im elterlichen Bett schläft, kann der Wunsch der Eltern sein, ein Alibi zu haben, den ehelichen Verkehr zu verhindern. Gelegentliches Auftreten von Alpträumen und Schlafwandeln, so alarmierend sie auch erscheinen mögen, sind sicher keine ernsthafte Störung, die über das Maß normaler Ängste hinausgehen, so daß meist gutes Zureden ohne besondere ärztliche Behandlung ausreicht. Nächtliche Angstzustände und persistierende Schlafstörungen erheblichen Ausmaßes können jedoch Symptome eines schweren Angstsyndroms und einer erheblichen Störung in der Familie darstellen und benötigen eine spezielle Behandlung.

Bei Schlafstörungen geringen Ausmaßes genügen meist schon einfache Ratschläge und eine gesunde Schlafroutine. Nur in seltenen Fällen muß ein Schlafmittel verschrieben werden. Wichtiger ist es, die Aufmerksamkeit auf verborgene Quellen der Angst und eines evtl. Konfliktes zu lenken, indem man sich mit den Eltern und dem Kind eingehend unterhält. Gelegentlich reicht schon die Ausschaltung gewisser stressierender Situationen, etwa in der Schule.

Bettnässen

Das Alter, in dem Kinder nicht mehr einnässen, variiert stark und hängt in den meisten Fällen von einem beherrschenden Faktor ab, der als ein von der Natur vorgegebener Reifungsprozeß aus komplexen Verhaltensmustern besteht, aber auch von umweltbedingten Faktoren einschließlich des Trainings von seiten der Eltern sowie von emotionalen Problemen abhängt, die ihrerseits den reibungslosen Ablauf dieses Trainingsprozesses stören. Nur wenige Kinder sind nachts vor dem zweiten Lebensjahr trokken. 10% der Fünfjährigen nässen nachts noch ein, immer noch halb so viele mit zehn Jahren. Erst mit zunehmendem Alter sinkt der Prozentsatz, obgleich nicht übersehen werden darf, daß auch noch eine geringe Anzahl von Erwachsenen ihr ganzes Leben über einnässen. Diese Zahlenverhältnisse müssen bei der klinischen Betrachtung des Bettnässens Berücksichtigung finden, da es häufig vorkommt, daß Eltern eine völlig unrealistische Erwartungshaltung an den Tag legen und bereits in einem sehr frühen Stadium ihr Kind trocken wissen wollen. Andererseits sehen manche Eltern es als abnorm an, wenn ihr Kind mit sechs oder sieben Jahren nachts noch nicht völlig trocken ist.

Der enge Zusammenhang zwischen persistierendem Bettnässen eines Elternteils, dem gehäuften Auftreten dieses Problems unter sozial schlechtgestellten und unintelligenten Familien und der Prävalenz der obengenannten Zahlen läßt die Vermutung aufkommen, daß das Symptom persistierenden Bettnässens als Interaktion zwischen einem Reifungsmuster zu Ende der als normal zu bezeichnenden Zeit, in der Bettnässen bereits aufgehört haben sollte, sowie dem familiären Umfeld, in welchem es am erfolgreichen Training zur nächtlichen Trockenheit mangelt, in Erscheinung tritt.

Eltern reagieren in solchen Situationen oft mit Feindseligkeit und Zurückweisung, so daß sich das hilflose Kind mit solchen Reaktionen regelrecht terrorisiert sieht, bis es zum nächsten Einnässen kommt. Die daraus resultierenden familiären Reibereien verhindern das weitere erfolgreiche Training. Der Beginn des kindlichen Bettnässens kann als eine emotional fehlgeleitete Antwort auf die familiäre Situation betrachtet werden, ja sogar als Rache gegenüber der Mutter. Die später resultierende emotionale Störung beim Kind ist allerdings dann sozusagen eine Antwort auf die elende Unfähigkeit, mit Bettnässen aufzuhören.

Sicherlich ist Bettnässen gelegentlich ein Symptom tiefgreifender emotionaler Störung. Meist liegen dann auch andere Störungen und neurotische Symptome vor. Tritt Bettnässen erst nach einer langen Phase nächtlicher Trockenheit erneut auf, kann es sich um eine regressive Reaktion handeln, die als Ausdruck der Angst oder Depression aufzufassen ist und unbedingt eine eingehende Untersuchung erfordert.

Körperliche Ursachen sind selten zu finden, obwohl sie oft vermutet werden. In der Krankengeschichte liest man dann von einem Verdacht auf Abnormitäten im Bereich des Urogenitaltrakts oder gar einem Defekt im Bereich des spinalen Reflexbogens, wenn die Inkontinenz auch tagsüber stattfindet oder Entzündungen der Harnwege vorliegen. Epilepsie kann eine mögliche Ursache des Bettnässens sein. Gibt es jedoch keinerlei Verdacht auf körperliche Ursachen in der Vorgeschichte oder bei der körperlichen Untersuchung, so muß man davon abraten, eine das Kind übermäßig strapazierende somatische Diagnostik durchzuführen.

Die Behandlung beginnt bereits mit der Konsultation, in der sich das Kind von dem angstvollen Druck befreit sieht. Eine ruhige Aussprache mit dem Kind und den Eltern darüber, wie viele Kinder in diesem Alter unter dem gleichen Problem leiden, wo das Bettnässen jedoch nicht persistiert, schafft eine vertrauensvolle Atmosphäre. Danach können die Eltern beraten werden, wie sie ihr Kind belohnen oder ihm besondere Aufmerksamkeit schenken können, wenn es während der Nacht trocken war. Jede Kritik sollte vermieden werden, wenn nachts wieder ein „Unglück“ passiert. Man sollte schließlich dem Kind eine Art Kurve mitgeben, die man ihm erläutert. Dabei ist der einfache Hinweis, daß das Kind schon allmählich „aus dem Problem herauswachsen“ werde, nicht ausreichend. Über eine gewisse Zeit wird dies ja zumindest nicht der Fall sein, und die Besorgnis wird so lange andauern, bis die Eltern davon ablassen, sich über den mangelnden Fortschritt ihres Kindes zu beklagen.

Das Kind muß regelmäßig dem Arzt vorgestellt werden, damit man von Erfolgen hören kann. Dabei sollte man einen Blick auf die Kurve der „trockenen und nassen Nächte“ werfen und das Kind für die trockenen Nächte ausgiebig loben. Der nächste Behandlungsschritt besteht darin, Imipramin in einer Eingangsdosis von 25 mg zur Nacht zu verabreichen, mit der Möglichkeit, die Dosis auf 50 mg oder ggf. auch mehr bei älteren Kindern zu steigern. Der Wirkungsmechanismus ist unbekannt, doch falls das Medikament mit der regelmäßigen Beobachtung der Erfolge und der positiven elterlichen Einstellung bezüglich des Bettnässens kombiniert wird, so zeigen sich meist hervorragende Resultate, die bis zur vollständigen Trockenheit in etwa ¾ aller Fälle führen. Wird das Mittel abgesetzt, so treten jedoch häufig Rezidive auf. Diese Rückschläge sollten erneut daraufhin geprüft werden, ob möglicherweise der allgemeine Reifungsgrad des Kindes noch nicht die Stufe der willkürlichen nächtlichen Blasenkontrolle erreicht hat oder ob andere Umstände den Fortschritt des Kindes hemmen.

Man hüte sich davor, Tabletten in einem Haushalt mit kleinen Kindern einfach herumliegen zu lassen, z. B. ist Imipramin in einer versehentlichen Überdosierung äußerst gefährlich.

Oft hört man von den Eltern, daß ihre Kinder einen sehr tiefen Schlaf haben, so daß die Verschreibung von Amphetamin in kleinen Dosen manchmal Besserung verschafft, weil das Kind leichter aufwacht, wenn die Blase gefüllt ist.

Ein elektrisch arbeitender Summer, der schon bei den ersten Urintropfen ausgelöst wird – Feuchtigkeit zwischen den Bettlaken –, hat bei sorgfältiger Anwendung bereits beste Resultate gezeigt, die Heilungsquote lag teilweise über 80%. Die Methode kann bei den meisten Kindern vom sechsten Lebensjahr an eingesetzt werden. Die detaillierten Gebrauchsanweisungen müssen jedoch strikt befolgt werden, um sicherzustellen, daß der Alarm so prompt wie möglich einsetzt und laut genug ist, um das Kind sofort zu wecken. Das Kind steht dann auf, um den Summer abzustellen und seine Blase zu entleeren. Dabei sollte es auch auf das Bett achten. Häufig gibt es Schwierigkeiten mit dem ordnungsgemäßen Funktionieren des Apparates, so daß die Familie monatelang geduldig auf Erfolge warten muß. Sie sollte die Chance aber nutzen, währenddessen etwaige Probleme zu besprechen. Die Summer sind im Handel erhältlich, können aber auch bei vielen Kliniken ausgeliehen werden.

Bisher wurde angenommen, daß die Methode nach Art einer Konditionierung abläuft, indem ein Reflex, der zuvor nicht vorhanden war, eingeübt wird – Verbindung zwischen Urindrang und Erwachen –, doch erweist sich diese Theorie als nicht hinreichend. Vielmehr ist davon auszugehen, daß hier eine ganze Reihe von Faktoren ausschlaggebend sind.

Enkopresis (Einkoten)

Jenseits des zweiten Lebensjahres kommt es nur noch selten vor, daß die Kinder die Wäsche mit Fäkalien beschmutzen. Sollte das Symptom der Enkopresis jedoch persistieren und keine körperliche Ursache vorliegen, handelt es sich um ein Zeichen für eine schwere psychische Störung. Das

Kind steht gewöhnlich unter großem Streß, wenn es zum Arzt kommt. Hier muß eine psychologische Behandlung einsetzen, die sowohl das Kind als auch die gesamte Familie einbezieht.

Probleme des Sexualverhaltens

Masturbation findet sich in allen Altersstufen, angefangen von einfacher Manipulation an den Genitalien in den ersten beiden Lebensjahren bis hin zu einem sich steigernden komplexen und erotischen Verhalten mit sexuellen Phantasien in der späteren Kindheit. In der Adoleszenz ist das Phänomen generell bei Jungen vorhanden, wird aber auch in der Mehrzahl bei den Mädchen gefunden; insofern ist Masturbation bei beiden Geschlechtern als normal anzusehen. Die Sorge der Eltern gründet meist auf einer Unwissenheit über dieses Problem, darüber hinaus aber auch auf allzu strengen Vorstellungen über sexuelle Dinge. Dies sollte beim Arzt zur Sprache kommen. Die Masturbation als solche kann jedoch nur dann als Fehlverhalten interpretiert werden, wenn sie extrem häufig vorkommt und in zwanghafter Weise ausgeübt wird, um sich von Spannungen zu befreien. Solche Kinder sind einsam, gelangweilt und ängstlich, können aber auch Schuldgefühle gegenüber ihrer Masturbation zeigen.

Homosexuelles Verhalten und sexuelle Deviationen können schon in früher Kindheit festgestellt werden. Hierauf wird in Kap. 12 eingegangen.

Sexuelle Promiskuität ist häufig als Charakterzug straffälliger Kinder angesehen worden, die eine Reihe sozialer Regeln durchbrechen und kaum in der Lage sind, dauerhafte zwischenmenschliche Beziehungen einzugehen. Je mehr sich die sozialen Verhältnisse jedoch ändern, um so eher und häufiger wird man auch sexuelle Freizügigkeit bei relativ normal veranlagten jungen Menschen antreffen.

Opfer sexueller Mißhandlungen müssen in jedem Fall untersucht werden. Einige der betroffenen Kinder scheinen kaum durch das Ereignis erschüttert zu sein, während andere stark verängstigt sind und später Schuldgefühle entwickeln, die manchmal auch verheimlicht werden. Die Opfer können in ähnliche Ereignisse wiederholt verwickelt werden, ja sie scheinen manchmal durch ein verführerisches Verhalten provozierend selbst dazu beizutragen, daß es zu einem erneuten Vorfall kommt oder dieser zumindest nicht aufgehalten wird. Elterliches Entsetzen und Überbesorgtheit können neben den Fragen seitens der Polizei oft weit mehr Schaden anrichten, so daß es wichtig ist, den Eltern mit viel Geduld zu erklären, daß es das Beste sei, den Vorfall ganz zu vergessen.

Kindliche Opfer eines Vater-Tochter-*Inzestes* können auf einem verführerischen Verhalten seitens der Tochter beruhen. Häufig stehen Vater und Tochter über längere Zeit in heimlichen Einverständnis miteinander, was gelegentlich auch für die Mutter gilt. Das Mädchen muß nach dem Ereignis nicht unbedingt schwer gestört sein, doch sollte der Familie während der unvermeidbaren Periode des familiären Streites nach dem Geschehen hilfreich beigestanden werden.

Schulschwänzen

Während es sich beim *unentschuldigten Fernbleiben* vom Unterricht um eine Pflichtvergessenheit handelt, ist *Schulangst* als neurotisch anzusehen. Das die Schule schwänzende Kind zeigt gewöhnlich auch andere antisoziale Züge, wie sie weiter unten beschrieben werden. Es ist in der Schule gelangweilt und meist auch ein schlechter Schüler. In bezug auf das Fernbleiben vom Unterricht ist es dabei durchaus trickreich und überhaupt nicht ängstlich. Die Haltung der Eltern ist durch Gleichgültigkeit, Vernachlässigung oder gar Feindseligkeit gekennzeichnet. Nur selten findet sich ein glücklicher und umsorgender familiärer Hintergrund.

Schulschwänzer mit gestörter Persönlichkeit verbringen den Tag außerhalb der Schule in Einsamkeit und gehen auch manchmal antisozialen Aktivitäten nach. Um das Schulschwänzen zu verstehen, ist eine eingehende soziale Anamnese von größter Wichtigkeit. Das Phänomen findet sich gehäuft an Schulen in sozial schlechtem Umfeld mit Schulabgängern in fortgeschrittenem Alter, ferner dort, wo örtliche Banden sich etablieren, um aufregende Streifzüge zu organisieren.

Das Kind mit einer Schulphobie leidet an Ängsten, das sichere Zuhause und die Mutter zu verlassen, die ihrerseits meist auch ängstlich und überprotektiv ist, aber gleichzeitig auf sich allein gestellt, so daß sie das Kind an sich kettet. Angst tritt bereits auf, wenn die Trennung ansteht, um zur Schule zu gehen, wo das Kind häufig als musterhafter, wohlerzogener Schüler gilt. Krisen der Schulverweigerung treten typischerweise während familiärer Streßsituationen zutage, indem das Kind einen Verlust seines Zuhauses oder seiner Eltern während seiner Abwesenheit befürchtet. Gleiches kann auftreten, wenn das Kind die Schule wechselt. Eine Behandlung in all diesen Fällen schließt daher eine eingehende Untersuchung der familiären Umstände ein. Diese muß durch eine eingehende Exploration sowie ein einfühlendes Verstehen und Interpretieren erfolgen, um die emotionalen Störungen möglichst zu ändern. Die große Schwierigkeit besteht darin, die nur langsam fortschreitende Psychotherapie mit der dringlichen Maßnahme zu kombinieren, das Kind dazu anzuhalten, weiterhin zur Schule zu gehen. Ansonsten würde die Erziehung für viele Monate gefährdet, je länger sich das Nicht-zur-Schule-Gehen als festes Verhaltensmuster einprägt. Drohungen mit gesetzlichen Sanktionen können dabei ebenso notwendig werden wie die Verordnung von Tranquilizern.

Deliktisches Verhalten

Der Terminus des deliktischen Verhaltens und der Delinquenz bei Jugendlichen wird in all jenen Fällen benutzt, wo Kinder gesetzliche, moralische oder allgemein übliche Regeln durchbrechen und insofern dem Arzt vorgestellt werden.

Vereinzelt auftretendes Schulschwänzen, kleinere Diebstähle, Vandalismus, Weglaufen, Lügen oder Grausamkeit stellen im wesentlichen normale Ereignisse bei allen Kindern dar, da sie die Grenzen dessen, was erlaubt ist, austesten wollen. Gleichzeitig sammeln sie ihre Erfahrungen in bezug auf Ungezogenheit und Schuld, wobei sie dann die Reaktion ihrer Eltern beobachten. Schüchterne und gewissenhafte Kinder wagen nur kleine Abenteuer. Die kühlen, anspruchsvollen und ichbezogenen Kinder hingegen überschreiten weit öfter solche Grenzen, die dann nicht mehr akzeptiert oder einfach nur hingenommen werden dürfen.

Eine persistierende Delinquenz stellt teilweise ein vorübergehendes Phänomen der späten Kindheit und Adoleszenz dar. In vielen Fällen kann sich jedoch das gleiche Verhalten im späteren Leben weiter fortsetzen. Die Probleme der Kriminalität, die nicht Gegenstand der Psychiatrie bzw. einer psychopathischen Persönlichkeit sind, werden in Kap. 11 erörtert.

Kinder mit deliktischen Verhaltensweisen sind in der Gruppe meist nicht weniger intelligent als der Durchschnitt, obwohl sie häufiger eine zu geringe Erziehung und Förderung ihrer Fähigkeiten erfahren. Vom Typus her tendieren sie zum athletischen Körperbau und zu großer Aktivität. Der Familienhintergrund zeigt oft zerbrochene Familien und Eltern, die ihre Kinder vernachlässigen und abweisen. Familientraditionen, die stillschweigend Gesetzesüberschreitungen und ein unverantwortliches Verhalten dulden, fließen dabei in den Reifungsprozeß des Jugendlichen ein, wobei sich die antisoziale Struktur als maßgeblicher Einfluß erweist. Allgemein läßt sich sagen, daß soziale Gründe die Hauptursache für kriminelles Handeln darstellen. Hierzu zählen Armut, unzureichende Behausung in schlecht organisierten Wohnvierteln, die den gegenseitigen Respekt und das normale zwischenmenschliche Verhalten kaum fördern, ferner das Auseinanderklaffen zwischen materiellen Wunschvorstellungen und den tatsächlich erreichbaren Zielen für den sozial Schwachgestellten; schließlich aggressive und auf Sex ausgerichtete Verhaltensmuster bei Jugendlichen und der Zusammenbruch traditioneller Formen elterlicher, religiöser und gesetzlicher Autorität sowie ähnlicher Faktoren.

Das Alter, in dem ein antisoziales Verhalten als allgemeines Problem auftaucht, trifft man vom zehnten Lebensjahr an über die gesamte Adoleszenz, und die Kurve fällt dann in den frühen Stadien des Erwachsenenlebens ab. Für eine manifeste Kriminalität liegt der Gipfel im Alter von etwa 13 Jahren. In den einschlägigen Kriminalstatistiken zeigt sich deutlich, daß Gesetzesübertretungen weit häufiger bei Jungen als bei Mädchen auftreten. Festgehalten muß werden, daß hierzu auch die Promiskuität der Mädchen zählt, die zwar von der Gesellschaft mißbilligt, aber in der Statistik nicht erfaßt wird. Viele Delikte werden in Banden oder kleinen Gruppen von zwei oder drei Mitgliedern ausgeführt: ein typisches Phänomen der Adoleszenz.

Ein Großteil des deliktischen Verhaltens in der späten Kindheit und Adoleszenz läßt sich im sozialen Kontext verstehen, wobei festzustellen ist, daß das einzelne Individuum durchaus im psychiatrischen Sinne als normal gelten kann. Die Kriminalität kann als Folge eines Auswuchses von exzessiver Männlichkeit oder Weiblichkeit angesehen werden. Solche Jugendliche testen ihre Grenzen, stehen unter dem Gruppendruck Gleichgesinnter bzw. der sie umgebenden Gesellschaft, wobei gleichzeitig die unruhige Periode der Pubertät einwirkt, ein Zeitraum, in dem die Jugendlichen mit dem „Fast-Erwachsensein" experimentieren.

Das Problem des gestörten, sich antisozial verhaltenden Individuums ist als Phänomen im weiteren Rahmen unbestreitbar. Die Züge *erwachsener psychopathischer Persönlichkeiten* lassen sich bis zum Alter von fünf oder sechs Jahren zurückverfolgen, wenn ein Großteil der Persönlichkeit einschließlich der Einstellung zu moralischen und sozialen Werten bereits ausgeformt ist. Ein persistierender Hang zum Stehlen z. B. ist weit verbreitet, stammt meist schon aus dem Elternhaus und setzt sich in der Schule und anderswo fort. Ein solches Verhaltensmuster läßt sich als gestörte Fähigkeit des Kindes begreifen, enge Bande zu seiner Umwelt zu knüpfen: Das Kind stiehlt den symbolischen Wert von seinen Eltern und testet gleichzeitig ihre Reaktion aus. Das Kind kann dabei das Geld in der Weise ausgeben, daß es sich damit eine oberflächliche Zuwendung von anderen Kindern erkauft, da es selbst keine festen Freunde besitzt. Ein persistierendes grausames Verhalten gegenüber anderen Kindern und Tierquälereien, Phänomene, die also oft aggressive Züge tragen, müssen als Zeichen schwerer Persönlichkeitsstörung angesehen werden.

Das Vergnügen an der Tat ist gering und kann als symbolischer Akt interpretiert werden, wie das oben erwähnte Beispiel des Stehlens wertvoller Gegenstände von den Eltern zeigt. Die Sucht kann durch den Wunsch motiviert sein, den Eltern eine Antwort zu entlocken. Das Kind wird wiederholt vor Strafe von anderer Seite geschützt werden müssen, eine harte Zurechtweisung darf jedoch nicht ausbleiben. Das Kind lernt mit seiner Unzufriedenheit umzugehen, indem es glaubt, sich um nichts mehr kümmern zu müssen und entwickelt sich damit zu einem verbitterten Außenseiter der Gesellschaft. Es ist behauptet worden, daß psychopathische Persönlichkeiten durchaus nicht unfähig sind, zwischenmenschliche Beziehungen aufzubauen, soweit sie durch verhärmte und verbitterte Erfahrungen in einer unglücklichen Eltern-Kind-Beziehung nicht zum Erliegen kamen.

Die Behandlung solcher psychisch gestörter Individuen wird durchaus angestrebt. Formen der Überwachung und ein spezielles Training in Zusammenarbeit mit Bewährungshelfern und Sozialarbeitern in einem Verbund institutionalisierter Maßnahmen sind dazu erforderlich. Es bestehen Schulen für schlecht integrierbare Kinder, sowohl als Tagesschulen als auch in Form von Internaten, ferner Kinderheime, die von den örtlichen Behörden geleitet werden. Im stationären Bereich gibt es zunehmend spezielle Abteilungen und Tageskliniken, die gruppenpsychotherapeutische Methoden anwenden, aber auch Ausbildungs- und Erziehungsprogramme anbieten.

Es steht eine große Anzahl spezialisierter Mitarbeiter zur Verfügung. Dennoch erweist sich die Prognose für die kurzfristige Behandlung eines ausgeprägt antisozialen Verhaltens bei jungen Menschen als schlecht.

Körperliche Bewegungen und Habituierungsphänomene

Die *Hyperkinese* ist ein Syndrom, das im Alter von ein bis vier Jahren auftreten kann und sich gewöhnlich in der späteren Kindheit bessert. Gravierende Fälle treten selten auch jenseits des zehnten Lebensjahres auf. Die ruhelose Aktivität, der Erforschungsdrang, die Ablenkbarkeit und gelegentlich auch die Aggressivität solcher Kinder führt zu einer schweren Belastungsprobe für die Familie, die dann ihrerseits mit zunehmender Ablehnung und der Klassifizierung als Problemkind reagiert. Die Erziehung dieser Kinder wird dadurch stark behindert. Unaufhörlicher Bewegungsdrang, Ungeschicklichkeit und Reibereien mit anderen Kindern in der Klasse können schließlich dazu führen, daß das Kind von der Schule verwiesen wird und damit im Lernprozeß benachteiligt ist.

In einigen schweren Fällen zeigen sich auch neurologische Ausfallserscheinungen, im allgemeinen eine leichte Hirnschädigung bzw. eine gewisse intellektuelle Minderbegabung. In den meisten Fällen lassen sich aber kaum Anhaltspunkte finden, so daß das Konzept eines solchen Syndroms völlig falsch definiert erscheint. Vielmehr ist es angezeigt, hier von einem Altersproblem des Verhaltens, mithin von nervösen und zappeligen Kindern zu sprechen.

Einige Fälle mögen emotionalen Ursprungs sein, wobei Angst oder Frustration zu einer körperlichen Überaktivität führten, auf welche Eltern, Geschwister und Lehrer in der Schule entsprechend reagierten. Sehr leicht kommt es dann in all diesen Fällen zu einem Teufelskreis, der auch solche Syndrome einschließt, die unzweifelhaft ein organisches Kolorit aufweisen. Das überaktive Verhalten führt schließlich dazu, daß das Kind als unwillkommenes Problem gilt und mitunter erhebliche Schwierigkeiten mit Konzentration und Lernen hat. Eltern und Schüler versuchen durch Kontrolle und Bestrafung einzuwirken, während auf seiten des Kindes sich nur noch größere Not einstellt, die sich wiederum in einer noch stärkeren Hyperkinese manifestiert.

Die Behandlung besteht in einer Kombination mit Psychotherapie, die darauf abzielt, die emotionalen Komplikationen zu verbessern und auf der anderen Seite in einer Medikation, die entweder auf Haloperidol basiert und langsam gesteigert wird oder in Form des paradox sedativ wirkenden Methylphenidats (20–80 mg täglich) bzw. des Dexamphetamin (10–40 mg täglich).

Tics oder habituelle Spasmen, die sich in Gestalt von stereotyp und ruckartig auftretenden Bewegungen manifestieren, besonders im Bereich des Gesichtes und des Nackens, treten bei Kindern gehäuft auf. Hustenanfälle und Grunzen können zur gleichen Zeit vorkommen. Meist läßt sich eine eigentliche Ursache nicht eruieren, obwohl gestörte Gefühlsmuster und mangelnde Zuwendung in der Familie oft vermutet wurden. Gelegentlich wirkt die Interpretation der Körpersprache dabei überzeugend, so kann z.B. ein Kopfschütteln als bruchstückhaft negative Geste interpretiert werden. Die meisten Tics verschwinden spontan im Laufe von einigen Monaten oder allenfalls in ein bis zwei Jahren. Dennoch ist manchmal eine psychotherapeutische Überwachung der Familiensituation erforderlich: So sollten Verhaltensmuster der Zuwendung und Belohnung mit dem Kind, das dabei selbst seinen eigenen strengen Maßstab anlegen muß, erörtert werden.

Das *Gilles-de-la-Tourette-Syndrom* bezeichnet Fälle, bei denen bedeutungsloses Grunzen sich zu fragmentarischer Wiedergabe von Worten, besonders von Obszönitäten, ausweitet. Meist finden sich hier leichte Hinweise für geringfügige zerebrale Dysfunktionen. Haloperidol oder ähnliche Medikamente sind bei diesen Fällen versuchsweise eingesetzt worden.

Nägelkauen, ein weitverbreitetes Phänomen, nimmt mit zunehmendem Alter ab, kann jedoch auch noch im Erwachsenenleben als schlechte Gewohnheit persistieren. Die Kinder sind gelgentlich, jedoch nicht immer, bemerkenswert verspannt. Sie sind davon überzeugt, ihr Symptom gänzlich unter Kontrolle zu haben, so daß sich Behandlungsversuche als wenig erfolgversprechend erweisen.

Eine *Jactatio capitis*, die im Alter von drei Jahren auftreten kann, ist gelegentlich mit einer geistigen Behinderung verbunden, kann aber auch als Gewohnheit bei normalen Kindern auftreten, so daß eine besondere Behandlung nicht erforderlich ist.

Sprachentwicklungsstörungen

Stottern findet sich bei rund 4% aller Kinder, bei 1% regelmäßig. Das Phänomen wird häufiger bei Jungen angetroffen, und zwar vorwiegend bei niedriger Intelligenz. Die Ursachen sind unbekannt. Diskutiert werden Theorien der Heredität, der inkompletten zerebralen Dominanz, aber auch emotionale Anpassungsstörungen im Umfeld einer gehemmten Aggression, doch sind alle Theorien bei weitem noch nicht zuverlässig untermauert.

Viele passagere und leichte Stotterer verlieren dieses Problem, wenn sie älter werden, andere mit stärkeren Sprechschwierigkeiten stottern auch noch als Erwachsene. Bei letzteren finden sich emotionale Anpassungsstörungen als Ergebnis eines sozialen Mangels durch das Stottern.

Schweres Stottern gehört in die Hände von Sprachtherapeuten, die eine ganze Reihe von Techniken einsetzen können, einschließlich des rhythmischen Sprechens, der Wiedergabe der eigenen Sprache über Kopfhörer und schließlich verhaltenstherapeutischer Maßnahmen mit Desensibilisierung gegenüber Situationen, die das enorme Stottern geradezu provozieren. Auch die Eltern sollten über ihre Haltung zu den Problemen befragt werden. Manchmal erweist sich eine psychotherapeutische Behandlung des Kindes als sinnvoll.

Eine *verzögerte Sprachentwicklung* stellt diagnostisch ein sehr wichtiges Problem dar. Sie kann durch eine geistige Behinderung, eine Gehirnschädigung, durch Taubheit oder Psychose verursacht sein, kann aber auch Ausdruck eines elektiven Mutismus in einer gestörten Mutter-Kind-Beziehung sein.

Die *Dyslexie*, die Unfähigkeit zu lesen, kommt häufig vor und bedeutet ein langwieriges Handicap, das oft mit Verhaltensstörungen und niedriger Intelligenz verknüpft ist, und sich vorwiegend in Großfamilien und unteren sozialen Schichten findet. Es gibt allerdings auch eine besondere Form, bei der sich dieses Manko nicht durch diese Faktoren erklären läßt. Biologische Gegebenheiten (familiäre Häufung und Reifungsstörungen) interagieren mit dem erzieherischen Umfeld und führen zu dieser schweren Behinderung: Kinder mit durchschnittlicher Intelligenz können unfähig sein, Zeitungen zu lesen, und das in einem Alter, in dem sie die Schule verlassen. Alle diese Kinder benötigen Lernhilfen zur Überwindung der Leseschwäche, doch darf nicht übersehen werden, daß die Behandlung langwierig und mühsam ist.

Psychogene Störungen

Das Verhalten eines Vorschulkindes kann in den Augen seiner Familie als aggressiv und launenhaft angesehen werden, und Trotz und Verweigerung können die Antworten auf die Forderung der Eltern darstellen, sich ordentlich zu benehmen. Der Kampf eines Kindes, seine Umwelt zu kontrollieren und zu beherrschen, kennt keine Grenzen, wie es in der lebendigen Darstellung von BENTOVIM deutlich wird:

„Ein drei Jahre und acht Monate alter Junge wurde beobachtet, wie er zunehmend im letzten halben Jahr schwieriger wurde. Schwere, heftige Wutanfälle stellten das Hauptproblem dar, sie entwickelten sich oft ohne erkennbare Gründe, manchmal aber auch durch geringfügige Frustrationen. Stets mußte der Junge das letzte Wort behalten und schrie dann einfach in solchen Momenten ‚nein', zerstörte wahllos Gegenstände, warf sein Spielzeug in die Ecke und stellte die Forderung, jederzeit fernsehen zu wollen, ja er lernte sogar, wie man den Fernsehapparat selbst einschalten konnte. Seine Eltern versuchten mit allen Möglichkeiten, Wege zu finden, das Kind zu bremsen und brachten es stets ins Kinderzimmer. Der Junge legte eine außergewöhnliche Ausdauer und Willenskraft an den Tag. Ärztlicherseits gab es keine Anhaltspunkte für eine Temporallappenepilepsie. Nur manchmal gelang es den Eltern, den Jungen zu beruhigen und einen neuen Koller abzuwenden, doch gelang dies höchst selten.

Schon immer war es ein temperamentvolles und schwieriges Kind gewesen, das einen ausgeprägten Spieltrieb aufwies. Seine Entwicklung vollzog sich rapide. Doch konnte es nur dazu bewegt werden, schlafen zu gehen, wenn man mit ihm als kleines Kind einmal um den Häuserblock herumfuhr. Das Kind war zudem schwierig zu füttern und kaute nur sehr widerstrebend. Dies war der einzige Bereich, wo es ihm nicht gelang, sich durchzusetzen. Sein herrisches, ungehorsames und heftiges Gehabe beschränkte sich allein auf sein Zuhause, während im Kindergarten derartige Verhaltensweisen nicht auftraten.

Offensichtliche Anlässe, die seine sich in zunehmendem Maße steigernden Zornausbrüche heraufbeschworen haben könnten, ließen sich nicht erkennen. Als die Familie jedoch zu einem gemeinsamen ärztlichen Gespräch auftauchte, ergaben sich einige Anhaltspunkte. Es fiel auf, daß sich der Junge beim Spielen vorwiegend mit aggressiv getönten Dingen beschäftigte. Die verärgerte Haltung der Mutter, ihr Tonfall und die allgemeine Verhaltensweise gegenüber ihrem Sohn ließen deutlich erkennen, daß sie selbst ebenso ungehalten war und es schien, daß sie einerseits provoziert wurde, sich andererseits aber auch selbst provozierend verhielt. Ihre Auseinandersetzungen mit dem Sohn wollten einfach kein Ende finden. Sie gab an, daß ihr Bruder ein ähnliches Verhalten gegenüber den Eltern gezeigt habe. Der Vater hingegen legte eine weitaus gelassenere und kontrollierte Haltung an den Tag, allerdings auch mit einem Schuß Temperament, wenn er einmal aus der Fassung gebracht wurde, immerhin zeigte er sich bei Friktionen weit weniger betroffen. Er war der einzige, der mehr oder weniger im Hintergrund stehend den Blick des Zuschauers einnahm, auch zu dem turbulenten Zeitpunkt, als die Familie zum Gespräch mit dem Arzt erschien. Er hatte wohl bemerkt, daß sein Sohn ihm ganz absichtlich aus dem Weg ging, um die Eltern zu irritieren und um sich indirekt nach außen hin damit einen Grund für seine schlechte Laune zu geben, ganz so, als wollte er sagen: ‚Jetzt seid ihr mir also böse gewesen, insofern kann ich böse auf euch sein, selbst wenn ich damit angefangen habe.' Der Vater ermutigte die Mutter, das störende Verhalten zu ignorieren; und wenn dann wiederum ein heftiger Wutanfall ausbrach, hielt der Vater gemeinsam mit einem zu Hilfe gerufenen Freund den Jungen bis zu einer Stunde fest, jedenfalls so lange, bis das Kind sich allmählich beruhigt hatte. Bei dieser Gelegenheit konnte sich der Junge davon überzeugen, gute Eltern zu haben, die weder grausam noch zornig waren, ein Umstand, der ihn stets dazu bewogen hatte, tyrannisierend und schikanierend aufzutreten, koste es, was es wolle. Aus solchen Wutanfällen ging er meist mit erheblich besserer Laune hervor, wurde herzlich und liebevoll in einer Art und Weise, die seine Eltern zuvor noch nicht erlebt hatten. Auch begann er plötzlich, über bestimmte Ereignisse zu sprechen wie z. B. die Geburt seiner Schwester, die er zuvor nicht anerkennen wollte. Aufgabe des Arztes war es in diesem Fall, den Eltern verständlich zu machen, was sie durch ihr Verhalten spontan ausgelöst hatten."

Neurotische Symptome

Angstzustände und Phobien

Angstzustände manifestieren sich vorwiegend jenseits des fünften Lebensjahres und gehen mit Muskelverspannungen, Ängstlichkeit und einer phobischen Vermeidehaltung gegenüber bestimmten Situationen und Objekten einher. Die Angstzustände können von einer überprotektiven, angstbesetzten Mutter übernommen werden, z. B. wenn sie dem Kind ihre eigene Angst mitteilt und von Gewittern, dunklen Gestalten in nächtlichen Straßen usw. erzählt. Einzelne angsterregende Erfahrungen können dazu führen, daß sich bestimmte phobische Züge einprägen und festsetzen, indem man eine beharrliche Vermeidehaltung gegenüber gefürchteten Situationen einnimmt, wobei die eigentliche Angst niemals in Wirklichkeit ausgetestet wird und insofern keine Chance besteht, sie zu überwinden.

Als normal und üblich darf man eine Furcht vor Krankheit oder Tod der Mutter, des Vaters und der Geschwister ansehen. In solchen Fällen lassen sich leicht die ambivalenten Gefühle der Liebe und des Hasses seitens des Kindes aufdecken. Ebenso können dabei eine ängstliche Unsicherheit des familiären Klimas, aber auch Streßfaktoren, die auf das Kind im besonderen einwirken, offenbar werden. Beispiele für derartige angsteinflößende Situationen betreffen Probleme im Familienkreis (Alkoholismus des Vaters, depressive Verstimmungen der Mutter, geistige oder körperliche Behinderungen der Geschwister) bzw. in der Schule (überhöhter akademischer Druck, dem das Kind nicht gewachsen ist, Schikanen durch Klassenkameraden, Rassenvorurteile usw.). Ältere Kinder können Ängste entwikkeln, daß sie selber sterben und schwer erkranken könnten. Das Beispiel einer Schulphobie und ihr typischer Hintergrund wurden bereits oben beschrieben, ebenso nächtliche angstgetönte Alpträume.

Zwangssymptome

Zwangssymptome, besonders solche, die als Rituale ausgestaltet sind, finden sich häufig, in den meisten Fällen jedoch als passageres Phänomen. Sie gründen auf dem Versuch, mit der Angst auf magische Weise fertig zu werden und sie zu neutralisieren. Die Phänomene können jedoch auch persistieren und als konditionierte Gewohnheit fortbestehen, wenn die eigentliche Bedeutung bereits verlorengegangen ist.

Die Mechanismen sind die gleichen, wie in Kap. 10 beschrieben, doch lassen sich die Symptome bei Kindern leichter fassen.

Eine Behandlung sollte psychotherapeutische und verhaltenstherapeutische Maßnahmen, gelegentlich auch die zusätzliche Verordnung von Tranquilizern über kurze Zeit umfassen.

Depressive Zustandsbilder

Im Sinne einer schweren Traurigkeit, die das allgemeine Gesundheitsbefinden und das tägliche Leben in erheblichem Maße beeinträchtigt, können sich schon in frühester Kindheit depressive Zustandsbilder entwikkeln. Sollte das Kind z.B. von seiner Mutter getrennt werden (vgl. Kap. 3), so sind Depressionen häufig anzutreffen. In späterer Kindheit können Depressionsformen entstehen, weil das Kind zu antisozialem Verhalten neigt, in der Schule versagt, ferner eine Regression früherer Verhaltensformen – z.B. Bettnässen – zeigt, aber auch dadurch, daß das Kind sich in einem allgemein schlechten Gesundheitszustand befindet. Psychotische Depressionen, die denjenigen der Erwachsenen ähneln und nicht offensichtlich bestimmten Lebensereignissen zugeordnet werden können, finden sich nur selten. So ist z.B. Suizid vor dem 15. Lebensjahr ein seltenes Phänomen.

Zielsymptom der Behandlung ist die Depression. Es können hierbei trizyklische Antidepressiva in kindgerechten Dosen verabreicht werden.

Psychosen

Frühkindlicher Autismus als Ausdrucksform einer Psychose

Frühkindlicher Autismus manifestiert sich gewöhnlich innerhalb des ersten Lebensjahres, allenfalls bis zum Alter von drei Jahren. Das Krankheitsbild ist selten und tritt nur bei 4,5 auf 10000 Kinder auf. Bisher war man der Ansicht, daß das Zustandsbild meist bei Kindern höhergestellter sozialer Klassen vorkomme, doch trifft diese Aussage keinesfalls mit Sicherheit zu.

Von den Kindern heißt es meist, sie hätten es schwer, „sich durchzusetzen" und zeigten keine Reaktion auf Liebkosungen. Das charakteristische Bild einer solchen Psychose stellt sich folgendermaßen dar:

1. Ausgesprochenes Ausweichen vor Blicken, Berührung und sozialen Kontakten.
2. Das Kind verhält sich schweigend, allenfalls kommt es zu einer schwer behinderten, fragmentarischen bizarren Sprechweise, zu einem ungewöhnlichen Gebrauch von Pronomina und anderen Spracheigentümlichkeiten.
3. Hartnäckiges Festhalten an Ritualen, die eine Konzentration auf die Identifikation in der Umwelt des Kindes sicherstellen, kombiniert mit geradezu katastrophalen emotionalen Reaktionen auf irgendwelche Änderungen.
4. Andere sonderbare Posen, Grimassieren und seltsame Angewohnheiten.

Den Intelligenzquotienten jener Kinder zu ermitteln, ist schwierig, oft findet sich jedoch ein IQ von unter 60, obgleich das oben beschriebene Verhalten von den Verhaltensweisen anderer Kinder, die geistig behindert sind, abweicht. Das seltsam zurückgezogene Verhalten, die enorme sprachliche Behinderung und die Tendenz, unruhig hin und her zu laufen, machen es unmöglich, psychotische Kinder auf gewöhnliche Schulen zu schicken.

Die Ursache des Krankheitsbildes ist bisher noch unbekannt. Es ergeben sich keine Hinweise darauf, daß die Familienvorgeschichte etwa mit Schizophrenie oder anderen erblich bedingten Faktoren belastet sei. Frühere Vermutungen, daß die Eltern zurückhaltend kühl und akademisch fordernd seien, haben sich nicht bestätigen lassen. Doch gibt es mittlerweile – wenn auch nur bruchstückhafte – Beweise dafür, daß eine Vielfalt leichter Formen von zerebraler Dysfunktion eine Rolle spielt, wie immerhin bei rund 50% aller Fälle nachgewiesen werden konnte. Eine Erklärung für das Syndrom könnte darin bestehen, daß die Kinder eine Dysphasie haben bzw. bestimmte Sprachlaute nicht verstehen können. Ihre verhältnismäßig intelligenten und wortgewandten Eltern bombardieren das Kind, ohne es zu wollen, mit ihrer Sprache, so daß dieses schließlich mit einem komplexen Syndrom des Rückzugs überreagiert und es in der Folge zu einem ausgesprochenen Bruch zwischen dem Sprachvermögen der Eltern und der geringen Ausdrucksmöglichkeit des Kindes kommt.

Differentialdiagnostisch müssen Taubheit, gewöhnliche geistige Behinderung, extremer emotionaler Streß bei ausgesprochen exzentrisch erregbaren Kindern, ferner seltene zerebrale Störungen und spätkindliche Psychosen ausgeschlossen werden.

Die Behandlung konzentriert sich auf erzieherische und trainierende Maßnahmen bei den Kindern. Besonderes Augenmerk wird auf Berührung und Bewegung durch liebevolle Krankenschwestern gelegt. Ein operantes Konditionieren sozialer Fähigkeiten ist weitgehend erfolgreich, doch darf der Enthusiasmus nicht nachlassen, da sonst auch der Erfolg rasch wieder dahinschwindet, so daß gerade die Eltern in die besonderen Techniken eingeführt werden müssen. Den Eltern müssen jede nur mögliche Unterstützung gewährt und entsprechende Ratschläge gegeben werden.

Die Prognose dieser Zustandsbilder ist nicht sehr vielversprechend. Die meisten müssen laufend in stationärer Behandlung bleiben und wachsen mit autistischen und geistig behinderten Erwachsenen auf. Nur knapp 10%, und zwar diejenigen, die ein Minimum an Sprache aufweisen und nicht allzu sehr hinsichtlich ihrer Intelligenz behindert sind, können zu einer weitgehend sozialen Anpassung außerhalb einer klinischen Einrichtung finden. Die Behandlung mit Phenothiazin vermag den Gesamtprozeß zwar nicht zu verändern, doch kann sie dazu beitragen, eine gewisse Verhaltenskontrolle bei den Patienten zu erzielen.

Psychosen der späten Kindheit und kindliche Schizophrenie

Vom achten Lebensjahr an treten in seltenen Fällen schon schizophrene Krankheitsbilder auf. Halluzinationen, Wahnvorstellungen und Gefühle der Passivität des Denkens kommen ebenso wie bei den Erwachsenen vor. Oft findet sich eine Belastung mit Schizophrenie in der Familie. Ein organisches Krankheitsbild muß ausgeschlossen werden. Die Behandlung besteht in der Anwendung von Phenothiazinen sowie in supportiven psychotherapeutischen Maßnahmen für die gesamte Familie. Das Bild der Schizophrenie ist ausführlich in Kap. 6 dargestellt.

Zerebrale Störungen

Akut delirante Zustände mit Verwirrtheit, getrübtem Bewußtsein und optischen Halluzinationen treten bei Kindern häufig auf und sind gewöhnlich vorübergehender Natur.

Hirnschäden können in vielfältiger Weise auftreten. Hierzu zählen auch vererbte zerebrale Anomalien, pränatale Schäden durch Einflüsse auf den Föten, sowie umweltbedingte Faktoren während der Kindheit. Zu letzteren sind sowohl Geburtstraumata, Icterus neonatorum, Enzephalitis, Folgezustände nach epileptischen Anfällen sowie unfallbedingte Kopfverletzungen zu zählen.

Die psychische Störung eines solchen Kindes ist unter zwei wesentlichen Aspekten zu betrachten: a) die Behinderung als solche, wobei oft eine symptomatische Epilepsie sowie natürlich neurologische Ausfallserscheinungen eine Rolle spielen und b) die Reaktion seitens des Kindes und der Umwelt auf diese Behinderung.

Die zerebrale Störung behindert die allgemeine Entwicklung und Intelligenz durch die Beeinträchtigung der Lernfähigkeit und die Ausbildung spezifischer Fertigkeiten sowie die Verzögerung der motorischen Koordination. Typisches Anzeichen im Verhalten des hirngeschädigten Kindes ist neben der niedrigen Intelligenz seine Ablenkbarkeit, die durch das zeitlich begrenzte Aufmerksamkeitsvermögen sowie eine Hyperkinese hervorgerufen wird. Auch gibt es häufig schwierige Fälle, die mit ausgeprägten Stimmungsschwankungen einhergehen und meist aggressivgetöntes Beiwerk zeigen, aber auch Episoden von Ängstlichkeit aufweisen können. Soweit die Hirnschädigung in der Kindheit stattgefunden hat, kann man häufig Symptome wahrnehmen, die eine Vergröberung präexistenter Muster der sich entwickelnden kindlichen Persönlichkeit zeigen.

Die Art und Weise der Antwort des Kindes auf diese Unfähigkeit und gleichermaßen die Antwort der Eltern wie der Schule, alle diese Reaktionen spielen eine wesentliche Rolle in der Beeinflussung des Verlaufs einer solchen Störung. So kann ein Kind mit nur geringfügigem Hirnschaden und durchschnittlicher Intelligenz von seinen Eltern und Lehrern als sehr langsam, faul und schwierig abgeurteilt werden. So kommt es zur Ablehnung und Bestrafung des Kindes. Das Kind seinerseits reagiert dann mit Frustration, Zorn und Angst, wodurch seine Überaktivität sowie seine Konzentrations- und Lernschwäche nur noch gesteigert werden können.

Die Behandlung eines solchen Zustandsbildes erfordert eine besonders intensive und sorgfältige Aufarbeitung der gesamten Vorgeschichte hinsichtlich Krankheit und einzelner Stadien der Entwicklung. Außerdem ist eine körperliche Untersuchung notwendig, wobei insbesonders neurologische Ausfallserscheinungen berücksichtigt werden müssen. Weiterhin müssen Tests zur Untersuchung der motorischen Koordination und Konzentrationsfähigkeit durchgeführt werden. Psychologische Testverfahren, die dem Alter des Kindes entsprechen, können für eine möglichst umfassende Analyse der intellektuellen Funktionen hilfreich sein und stellen somit die Basis dar, an der sich der weitere Fortschritt erkennen läßt. Eine EEG-Ableitung trägt nur selten zur entscheidenden Aufklärung bei, da das Kurvenbild einen hohen Prozentsatz „unreifer" Kurventeile aufweist (langsame Wellen finden sich auch bei unauffälligen Kindern) und weil kaum ein Kurvenbild als pathognomonisch für eine diffuse Hirnschädigung gelten kann.

Die medikamentöse Behandlung wird sich auf die Beherrschung der Hyperkinesen konzentrieren (wie oben beschrieben), jedoch sollte das Schwergewicht auf psychotherapeutische Maßnahmen gelegt werden. Hier sind Diskussionen über die Einstellung der Familie zu dem Kind ebenso wichtig wie die Bemühungen um die Ausräumung emotionaler Schwierigkeiten, die sich durch die Behinderung ergeben können, ferner der Umgang mit Problemen aus der Umwelt des Kindes.

Epilepsie im Kindesalter ist ein weitverbreitetes Krankheitsbild und tritt bei nahezu 1% der zehnjährigen Kinder auf, wie in einer Studie auf der Insel Wight festgestellt wurde. Die Ätiologie ist ähnlich wie bei den oben beschriebenen Hirnschäden. Hereditäre Elemente, vermutlich eine konstitutionell niedrige Krampfschwelle sowie Fieberkrämpfe spielen eine zusätzlich wichtige Rolle. Im Gegensatz zu früheren Behauptungen sind diese Fieberkrämpfe nicht als harmlos zu bezeichnen, sondern tragen wahrscheinlich oft zu minimalen Hirnschäden bei, insbesondere dann, wenn es zu einer Anfallshäufung in schneller Abfolge kommt. Auf die unterschiedlichen Anfallstypen soll in diesem psychiatrischen Lehrtext nicht näher eingegangen werden. Die psychopathologischen Befunde, die Epileptiker aufweisen, sind weit häufiger als bei körperlich behinderten Kindern. Hierzu zählen u.a. eine durchschnittlich niedrige Intelligenz sowie nichtiktale episodische Störungen, die sich besonders durch eine gesteigerte Überaktivität, aber auch heftige Wutausbrüche (typisch für Läsionen im Temporallappenbereich) auszeichnen. Es muß jedoch betont werden, daß viele der für epileptische Kinder typischen Schwierigkeiten, wie z.B. mangelnde Schulleistungen, durch viele zusätzliche interagierende

Faktoren sowie die Reaktion des Kindes und der Eltern auf die Epilepsie, die dadurch bedingten Schwierigkeiten und eine entsprechende Stigmatisierung verursacht werden. Eltern, Schule und Umwelt, die die ersten Anfälle miterleben, sind meist weit mehr entmutigt, als allgemein angenommen wird, so daß ihre Haltung gegenüber dem Kind entweder ausgesprochen überprotektiv oder aber völlig ablehnend zum Ausdruck kommt.

Eine Behandlung besteht zunächst in der Anwendung antikonvulsiver Medikation. Ferner sollten engmaschische Maßnahmen in psychologischer und sozialer Hinsicht zum Einsatz kommen, welche die zusätzlichen Schwierigkeiten ausräumen, die den Anfällen vorauseilen oder als Folge solcher Attacken auftreten.

Allgemeines zu Behandlungsmaßnahmen in der Kinderpsychiatrie

Der traditionelle psychotherapeutische Ansatz, der sich im wesentlichen von der Analyse her ableitet, jedoch für Kinder modifiziert und bei kürzeren Behandlungsmethoden eingesetzt wurde, hat mittlerweile an Bedeutung verloren. Die klinischen Einrichtungen waren in der Lage, nach langen Wartezeiten einige wenige Patienten zu behandeln. Eine sich steigernde Kritik gegenüber diesen Behandlungsformen und die Erkenntnis, daß eine Psychotherapie alten Zuschnitts zu wenig effektiv ist, führte letztlich besonders in den vergangenen 15 Jahren zu einem weitgehenden Wandel des Behandlungsstils.

Kürzere Behandlung und einfache Konsultationen sind üblich geworden, wobei man sich auf begrenzte Ziele konzentriert, z. B. die Beseitigung einiger weniger Zielsymptome oder Probleme. In zunehmendem Maße wird die Familie als Ganzes gesehen, so daß ein allmählicher Übergang zur Familientherapie deutlich wird, wobei sowohl der Vater als auch die Mutter eine wesentliche Rolle spielen. Mit größerer Skepsis und weitgehender Zurückhaltung gegenüber günstigen Resultaten sind diese kürzeren Behandlungsperioden anfangs angeboten worden, einige sogar in Kombination mit einem speziellen Vertrag, in den die Familie einwilligen mußte.

Gleichzeitig wurden – als Teil einer Innovationsbewegung und als Ausdruck einer hohen Priorität der wissenschaftlichen Ansätze zur Verbesserung der Evaluierung – verhaltenstherapeutische Methoden mehr als bisher üblich zum Einsatz gebracht. So werden diese Techniken zur Desensibilisierung von Phobien eingesetzt, obgleich die Technik schwieriger als bei Erwachsenen durchzuführen ist. Der (bisher noch nicht völlig erforschte) Erfolg vermittels des Summers bei der Behandlung des Bettnässens wurde bereits erwähnt. Frühere Experimente in der Anwendung dieser Methoden bei Unruhe und Aufruhr im Klassenzimmer und in der Familie wirken ermutigend: Lehrer bzw. Eltern werden systematisch trainiert, das unerwünschte Verhalten zu ignorieren und gleichzeitig das gewünschte

Verhalten durch Aufmerksamkeit, gutes Zureden sowie andere Belohnungen zu stimulieren.

Das Verfahren, gegenwärtig auch einen weiter gespannten Personenkreis in den Kontakt mit gestörten Kindern einzubeziehen, ist zum Gegenstand von Diskussionen beim Personal von Kinderheimen, mit dem Lehrerkollegium an den Schulen, besonders von Sonderschulklassen, aber auch bei den Familien zu Hause geworden. Unterschiedliche Berufsausrichtungen verwischen sich allmählich. So wird ein wesentlich höherer Anteil therapeutischer Maßnahmen mittlerweise von Sozialarbeitern und klinischen Psychologen durchgeführt. Allmählich geht man auch dazu über, Krankenschwestern in die psychotherapeutischen Maßnahmen und in die Verhaltenstherapie mit gestörten Kindern einzubinden. Diese Maßnahmen werden gewiß mit der Zeit an Bedeutung gewinnen und tragen dazu bei, das Team der Berater und Therapeuten in Kliniken oder anderen Einrichtungen enger miteinander zu verbinden.

Nachwort

Persönliche Reflexionen des Autors an den Leser

Menschliches Leiden ist zwangsläufig komplex gestaltet. Die Komplexität machte es erforderlich, daß jeder Arzt sich darin übte, mit Trauer, Angst, aber auch mit Schmerz umgehen zu lernen; ferner mit ablehnender Scheu, reservierter Haltung und der Anspannung von Muskeln an falscher Stelle. Der Arzt muß lernen, daß Schroffheit ebenso grausam sein kann wie der unbeholfene Umgang mit zerstörten Geweben, und daß die Beziehung zwischen Arzt und Patient ebenso viel Nachsicht, Einbildungskraft und Selbstlosigkeit erfordert wie die zwischen Eltern und Kind. Der Arzt kann nicht erwarten, daß er seine Weisheit aus Vorschriften oder Beispielen gewinnen kann, ein Gedanke, der jedoch verbreitet ist. Das kann den Arzt dazu verleiten, die Diagnose einer Neurose bei einem Patienten zu stellen, der über körperliche Symptome klagt, was gleichbedeutend wäre mit der Demaskierung eines Betrügers. Dieser Prozeß einer wissenschaftlichen Deduktion, der dem Arzt Glaubwürdigkeit und Satisfaktion verleiht, dient hauptsächlich dazu, ihn vor weiterer Verantwortung gegenüber dem Patienten, der so geschickt diskreditiert wurde, zu entlasten. Wie lautet also der Beitrag der Psychiatrie zu diesem Problem?

Ich bin der Meinung, daß das Thema des Sendungsauftrags und der Regeln, welche die Psychiatrie bestimmen und die beispielgebend für ihre Wissenschaftlichkeit sein müssen, am besten durch eine denkwürdige Zeile aus Arthur Millers Stück „Tod eines Handlungsreisenden“ subsumiert werden kann. Die Worte werden von der Ehefrau des gerichteten Mannes gesprochen, die den Versuch unternimmt, das Gewissen, das Mitleid und die Menschlichkeit ihrer beiden Söhne gegenüber dem Vater zu wecken, der mit ihnen unendlich nachsichtig war, den sie aber jetzt verachten.

Sie haben seine pathetischen und eigennützigen Vorbereitungen zum Suizid entdeckt, und ihre Reaktion darauf bestand in einem Schaudern. Ihre Schuld schlägt sich als Haß gegen ihren Vater nieder, den sie als Quelle des Ärgers für ihre Mutter ansehen, von der sie abhängen. Sie sind aufgebracht über seine Feigheit und Hinterlist, weil er sich auf eine so gemeine Weise heimlich aus dem Leben stiehlt und all seine Probleme ungelöst läßt. Ihre Mutter, plötzlich weise und gesprächig geworden, versteht die Tragödie dieser Situation und fährt ihre Söhne heftig an. Sie erinnert beide an das verwandtschaftliche Verhältnis zu ihrem Vater, erinnert sie daran, daß der Vater die Söhne, aber auch sie, die Mutter gebraucht habe, daß er auf der Suche gewesen sei nach Verständnis, das er nie erreicht habe, sei dies nun von seiten seiner Mitmenschen, oder bei sich selbst in seinem Innersten. „Einem solchen Mann", sagt sie, „muß man schließlich Beachtung schenken."

Das oben Gesagte scheint mir der Schlüssel zur praktischen Medizin und Chirurgie ebenso wie zur Praxis in der Psychiatrie zu sein; der Schlüssel für den Beitrag, den die Psychiatrie zu leisten hat, und zu den Werten, die sie umschließt. Jedem einzelnen Menschen muß man Achtung zollen, ohne Rücksicht auf die Ursache seiner Krankheit oder seines Leidens, ohne Rücksicht darauf, wie schwerwiegend die Störung oder Verzerrung seiner Welt oder seiner Umweltkontakte ist, ohne Rücksicht darauf, wie seltsam oder erschreckend der Mensch auftreten kann, ohne Rücksicht darauf, wie gemein oder schändlich der Charakter eines solchen Menschen ist. Im speziellen Kontext des Satzes meint das Wort „Beachtung" nicht einfach Interesse oder nicht einfach Mitleid, sondern aktive, hingebungsvolle, objektive, jedoch nicht kompromißlose Zuwendung zum anderen Menschen, der einzig und allein in der Lage ist, zu den höchsten Anstrengungen in der Medizin Veranlassung zu geben und sie letztlich auch zu krönen.

Der Beitrag der Psychiatrie zu einem besseren Verständnis der Prinzipien und der Praxis der Medizin verdeutlicht letztlich eine schlichte fundamentale Wahrheit: Die essentielle Gänze und Würde des Menschen. Die Technik der Psychiatrie als Teilstück der Ausbildung für den Medizinstudenten ist von großer Wichtigkeit angesichts des gesamten komplizierten Feldes menschlicher Beziehungen, geistiger Gesundheit und Krankheit. Andererseits stellt dieses Fach die Brücke dar zwischen den eigentlich medizinischen, chirurgischen, gynäkologischen oder geburtshilflichen Störungen und ihren emotionalen Aspekten mit ihren entsprechenden Manifestationen, so daß eigentlich erst dadurch die gesamte Wirklichkeit der Medizin verständlich wird.

Begegnet der Arzt einem Kranken, einem ängstlichen, unruhigen oder unglücklichen Menschen, so kann er sich stets dieser einfachen Regel erinnern: „Einem solchen Menschen muß Beachtung geschenkt werden..." Hat der Patient einmal begriffen, daß man sich darum sorgt, wie er fühlt, so hat man ihm bereits eine Brücke gebaut, um seine Not an der Fähigkeit des Arztes festzumachen. Diese Brücke kann er überschreiten, um dem Arzt zu begegnen, und der Arzt kann sie seinerseits überschreiten, um dem Patienten zu begegnen. Gute Ärzte haben stets die Notwendigkeit für einen solchen Brückenbau erkannt: Die Besten von ihnen haben ein Stück des Weges entdeckt, um die Brücke für sich und ihre Patienten zu bauen. In diesem Sinne: Je besser der Arzt, desto umfassender sind die Kenntnisse und Fähigkeiten seines psychiatrischen Wissens; und je umfassender die Fertigkeit angesichts dieser Ziele ist, desto besser wird dieser Arzt sein.

Literatur

Beck, D.: Die Kurzpsychotherapie. Eine Einführung. Huber, Bern 1974

Benkert, O., H. Hippius: Psychiatrische Pharmakotherapie. Ein Grundriß für Ärzte und Studenten, 2. Aufl. Springer, Berlin 1976

Benton, H. L., O. Spreen: Der Benton-Test (Handbuch), 4. Aufl. Huber, Bern 1972

Binswanger, L.: Schizophrenie. Neske, Pfullingen 1957

Bleuler, E.: Dementia praecox oder Gruppe der Schizophrenien. Deuticke, Leipzig 1911

Bräutigam, W.: Sexualmedizin im Grundriß. Eine Einführung in Klinik, Theorie und Therapie der sexuellen Konflikte und Störungen, 2. Aufl. Thieme, Stuttgart 1979

Bräutigam, W.: Reaktionen, Neurosen, Psychopathien. 3. Aufl. Thieme, Stuttgart 1972; 5. Aufl. 1985

Bräutigam, W., P. Christian: Psychosomatische Medizin, 2. Aufl. Thieme, Stuttgart 1975; 4. Aufl. 1986

Ciompi, L., C. Müller: Lebensweg und Alter der Schizophrenen. Springer, Berlin 1975

Delay, J., P. Pichot: Medizinische Psychologie, 3. Aufl. Thieme, Stuttgart 1971; 6. Aufl. 1981

Dührssen, A.: Psychotherapie bei Kindern und Jugendlichen. 5. Aufl. Verlag für Medizinische Psychologie im Verlag Vandenhoek und Ruprecht, Göttingen 1974

Eberhard, G.: Hilfen und Schutzmaßnahmen bei psychischen Krankheiten in Nordrhein-Westfalen. Handbuch PsychKG NW. In Mombaur, P. M.: Kommunale Schriften für Nordrhein-Westfalen, Nr. 19, 2. Aufl. Deutscher Gemeindeverlag 1980 (analoge Vorschriften-Sammlungen für die übrigen Bundesländer)

Ehrhardt, H., W. Villinger: Forensische und administrative Psychiatrie. In Gruhle, H. W., R. Jung, W. Mayer-Gross u. M. Müller: Psychiatrie der Gegenwart, Bd. III. Springer, Berlin 1961

Epilepsien. Beiträge von D. Janz, H. Landolt, G. Huber u. H. Penin, B. Harvald, R. Dreyer. In: Psychiatrie der Gegenwart. 2. Aufl., Band II/2. Springer, Berlin 1972

Feuerlein, W.: Alkoholismus. Mißbrauch und Abhängigkeit. Thieme, Stuttgart 1975; 3. Aufl. 1984

Freud, S.: Drei Abhandlungen zur Sexualtheorie. Gesammelte Werke, Bd. V. London: Imago Publishing 1905 (Fischer-Taschenbuch 1961)

Göppinger, H., H. Witter: Handbuch der forensischen Psychiatrie. Springer, Berlin 1973

Harbauer, H., R. Lemp, G. Nissen, P. Strunk: Lehrbuch der speziellen Kinder- und Jugendpsychiatrie. Jugendpsychiatrie, 3. Aufl. Springer, Berlin 1976

Huber, G.: Psychiatrie, 3. Aufl. Schattauer, Stuttgart 1981

Janz, D.: Die Epilepsien. Thieme, Stuttgart 1969

Jaspers, K.: Allgemeine Psychopathologie, 9. Aufl. Springer, Berlin 1973

Kielholz, P., R. Battiegay, D., Ladewig: Drogenabhängigkeiten. In Kisker, K. P., J.-E. Meyer, M. Müller, E. Strömgren: Psychiatrie der Gegenwart. Forschung und Praxis. Bd. II/2, 2. Aufl. Springer, Berlin 1972

Kretschmer, E.: Medizinische Psychologie, 14. Aufl. Thieme, Stuttgart 1975

Lersch, Ph.: Aufbau der Person, 11. Aufl. Barth, München 1970

Metzger, W.: Psychologie, 5. Aufl. Steinkopf, Darmstadt 1975

Matussek, P.: Störungen des Sexuallebens. In: Handbuch der Neurosenlehre und Psychotherapie, Bd. II. Urban & Schwarzenberg, München 1960

Möllhoff, G.: Die „Unterbringung" psychisch Kranker. Psychiat. Prax. 6 (1979) 31–40

Oligophrenien, Genopathien. Beiträge von A. Dupont, F. Specht. In: Psychiatrie der Gegenwart, 2. Aufl., Bd. II/2. Springer, Berlin 1972

Organische Psychosen. Beiträge von K. Conrad, G. Huber, C. Faust, W. Scheid, H. Helmchen u. H. Hippius. In: Psychiatrie der Gegenwart, 2. Aufl, Bd. II/2. Springer, Berlin 1972

Panse, F.: Unterbringungs- und Fürsorgegesetze. In Panse, F.: Das psychiatrische Krankenhauswesen. Thieme, Stuttgart 1964 (S. 209–232)

Peters, U. H.: Wörterbuch der Psychiatrie und medizinischen Psychologie, 3. Aufl. Urban & Schwarzenberg, München 1984

Poeck, K.: Neurologie, 6. Aufl. Springer, Berlin 1982

Quint, H.: Psychosomatische Syndrome. In: Psychiatrie der Gegenwart, 2. Aufl., Bd. II/2. Springer, Berlin 1972

Ringel, E.: Selbstmordverhütung. Huber, Bern 1969

Schneider, K.: Die psychopathischen Persönlichkeiten, 9. Aufl. Deuticke, Wien 1950

Schneider, K.: Klinische Psychopathologie, 10. Aufl. Thieme, Stuttgart 1973; 12. Aufl. 1980

Schulte, W., R. Tölle: Psychiatrie. 5. Aufl. Springer, Berlin 1979

Strömgren, E.: Psychiatrische Genetik. In: Psychiatrie der Gegenwart. Bd. I/1 A. Hrsg. von H. W. Gruhle, R. Jung, W. Mayer-Gross u. M Müller. Springer, Berlin, Göttingen, Heidelberg 1967

Schulte, W., R. Tölle: Cerebrale Gefäßsklerose und Hirninvolution. In: Schettler, G.: Alterskrankheiten, 2. Aufl. Thieme, Stuttgart 1972

Schultz, J. H.: Das autogene Training, 14. Aufl. Thieme, Stuttgart 1973; 17. Aufl. 1982

Schwidder, W.: Klinik der Neurosen. In: Psychiatrie der Gegenwart, 2. Aufl., Bd. II/1. Springer, Berlin 1972

Stokvis, B.: Lehrbuch der Hypnose, 2. Aufl. Karger, Basel 1965

Vogel, Th., J. Vliegen: Diagnostische und therapeutische Methoden in der Psychiatrie. Thieme, Stuttgart 1977

Wechsler, P.: Die Messung der Intelligenz Erwachsener, 3. Aufl. Huber, Bern 1964

Weitbrecht, H. J.: Studie zur Psychopathologie krampfbehandelter Psychosen. Thieme, Stuttgart 1949

Weitbrecht, H. J.: Psychiatrische Fehldiagnosen in der Allgemeinpraxis. Fibel der Differentialdiagnostik. Thieme, Stuttgart 1966

Weitbrecht, H. J.: Psychiatrie im Grundriß, 3. Aufl. Springer, Berlin 1973

Sachverzeichnis

R

S

T